16,-

Deutsche Reiterliche Vereinigung

Betriebswirtschaftslehre

Modernes Management
für Pferdebetriebe und Reitvereine

EDITION*pferd*

Betriebswirtschaftslehre

Modernes Management
für Pferdebetriebe und Reitvereine

FNverlag
der Deutschen
Reiterlichen Vereinigung
GmbH

Bibilografische Information Der Deutschen Bibliothek
Die Deutsche Bibliothek verzeichnet diese Publikation in der Deutschen
Nationalbibliografie; detaillierte bibliografische Daten sind im Internet über
http://dnb.ddb.de abrufbar.

Herausgeber:
  Deutsche Reiterliche Vereinigung e.V.
  Bundesverband für Pferdesport und Pferdezucht,
  Fédération Equestre Nationale (FN), Warendorf

Redaktion:
  Rainer Reisloh, Klaus Becker

Autoren:
  Dr. Antonius Bornemann, Dr. Nikolai von Brevern, Dr. Ernst Burandt,
  Dr. Teresa Dohms, Hans-Georg Gerlach, Christoph Hess, Marion Jennissen,
  Uwe Karow, Thies Kaspareit, Ulrich Kock, Franz Kuckelmann,
  Dr. Heiko Meinardus, Dr. J. Meyer-Blücher, Dr. Klaus Miesner,
  Dr. Ludwig Pahmeyer, Dr. Albert Potthoff (†), Rainer Reisloh, Dr. Schulte,
  Dr. Hans-Dietrich Wagner, Dr. Hans-Joachim Wann, Claus Witt,
  Norbert Wuthenow

Umschlaggestaltung:
  mf graphics, Marianne Fietzeck, Gütersloh

Satz und Layout:
  FN_verlag_, Warendorf

Digitale Bogenmontage, Druck und Verarbeitung:
  Media Print, Paderborn

ISBN 3-88542-378-2

Kapitel 12
Kostenrechnung und Betriebsplanung
Dr. Ludwig Pahmeyer

EDITION*pferd*

Pferdekauf heute

Vorwort

Nach 2-jähriger intensiver Vorarbeit erschien im Herbst 1982 die erste Auflage dieser Betriebswirtschaftslehre. Den Anstoß gaben die Lernziele innerhalb der neuen Verordnung für die Prüfung zum Pferdewirtschaftsmeister. Als Autoren für die einzelnen Beiträge stellten sich fachkundige Mitglieder aus der FN-Organisation und der Landwirtschaftskammer Westfalen-Lippe zur Verfügung, die dankenswerterweise von Anfang an dieses Vorhaben unterstützte.

Mit diesem Werk wurde Neuland betreten. Im deutschsprachigen Raum gab es lediglich 1969 das „FN-Taschenbuch für Vereine, Bereiter und Reitlehrer" mit einem ersten Beitrag zu Fragen der Organisation und Kalkulation in einem Verein. Es folgten Arbeiten von Ulrich Schnitzer zur Planung von Reitanlagen, die Datensammlung „Pferdehaltung" des KTBL, die „FN-Orientierungshilfen für die Planung und den Bau von Reitanlagen und Reitwegen" und einige Diplomarbeiten, die sich mit Einzelfragen auseinander setzten.

Eine Betriebswirtschaftslehre soll nicht nur allgemein geltende Grundsätze entwickeln, nach denen Reitbetriebe zu bewirtschaften sind; sie muss zugleich auch Anleitung zur praktischen Organisation und Betriebsführung geben, soweit dies bei der Vielfalt vorhandener Betriebsformen überhaupt möglich ist. Dieses Werk versucht, beiden Forderungen gerecht zu werden. Dazu tragen auch die zahlreichen Vertrags- und Formularmuster bei.

Die völlig überarbeitete Neuauflage (Erstauflage 1982, bereits weitere 5 Auflagen bis 2002) ist um wesentliche Neuerungen ergänzt worden. So ist der stetig wachsenden Bedeutung von Marketingüberlegungen- und Strategien im Pferdebetrieb jetzt ein eigenständiges Kapitel gewidmet. Neue gesetzliche Regelungen im Arbeits- und Steuerrecht (insbesondere zum Spendenrecht für Vereine, zu geringfügigen bzw. kurzfristigen Beschäftigten, zur Scheinselbstständigkeit sowie zu Übungsleitern) wurden eingearbeitet und die vorhandenen Kapitel aktualisiert und ergänzt. Das Kapitel Kostenrechnung und Betriebsplanung erfuhr eine vollkommene Überarbeitung. Eine Anpassung aller Ausführungen in Bezug auf den Euro ist selbstverständlich auch erfolgt.

Warendorf, im September 2002

Grundlagen der Volkswirtschaft und der Wirtschaftspolitik

Die Grundlagen des wirtschaftlichen Handelns des Einzelnen im Rahmen einer Volkswirtschaft sowie die darauf einflussnehmende Wirtschaftspolitik durch den Staat sollen im nachfolgenden Kapital wiedergegeben werden.

1.1 Wesen und Aufgaben der Wirtschaft

Aufgabe der Wirtschaft ist die Bereitstellung bzw. Produktion wirtschaftlicher Güter (Konsum- und Produktivgüter) zur Befriedigung der menschlichen Bedürfnisse.

1.1.1 Bedürfnisse als Ausgangspunkt wirtschaftlichen Handelns

Die Bedürfnisse sind der Ausgangspunkt des wirtschaftlichen Handelns. Unter Bedürfnis versteht man das Gefühl eines Mangels mit dem Bestreben, diesen Mangel zu beseitigen, z.B. sind hier zu nennen Hunger und Durst als so genannte Ur- oder auch Existenzbedürfnisse.

Im Allgemeinen gibt sich der Mensch mit der Deckung dieses Grundbedarfs nicht zufrieden, sondern er strebt danach, einen angemessenen Lebensstandard zu erreichen. Hierzu zählen z.B. Reisen, Theater, Fernsehen, die als Lebens- bzw. Kulturbedürfnisse zu bezeichnen sind.
Gehen die Bedürfnisse auf Annehmlichkeiten hinaus, die entbehrlich sind, so spricht man von Luxusbedürfnissen. Diese übersteigen die Existenz- und Lebensbedürfnisse und entspringen den Wünschen nach einem gehobenen Lebensstandard, sie richten sich in erster Linie auf Luxusgüter wie z.B. Sportwagen, kostbaren Schmuck usw.
Eine genaue Abgrenzung zwischen Luxus- und Lebensbedürfnissen ist jedoch nicht möglich, denn die Einordnung der Bedürfnisse ist subjektiv. Jeder Mensch hat eine eigene Skala der Bedürfnisse, da die individuellen Wünsche und Empfindungen nach ihrem Ursprung, ihrer Art und ihrer Intensität unterschiedlich sind. Darüber hinaus prägt die Umwelt in sehr starkem Maße den Standard der Lebenshaltung und die Verbrauchsgewohnheiten des Einzelnen. Zum Beispiel kann der Besitz eines Pelzmantels aufgrund des gewachsenen Wohlstandes von einigen als selbstverständliches Kleidungsstück angesehen werden, von anderen hingegen als eine

luxuriöse Annehmlichkeit. Die Einkommensverhältnisse und die damit begründeten sozialen Unterschiede spielen bei der Abgrenzung eine wesentliche Rolle.

Übersicht 1

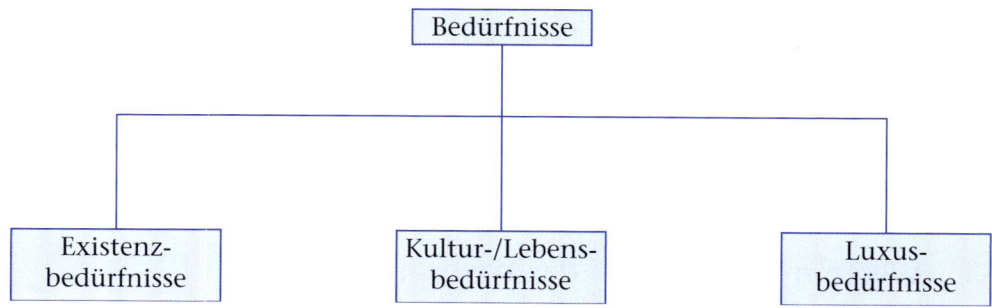

Da der Mensch grundsätzlich eine unbegrenzte Zahl von Bedürfnissen hat, die er nicht alle befriedigen kann, ist er demnach gezwungen, eine Prioritätenliste aufzustellen, in der die Bedürfnisse nach ihrer Dringlichkeit geordnet sind. Die nächste Überlegung ist, mit welchen Gütern er diese Bedürfnisse befriedigen will und kann.

1.1.2 Güter zur Bedürfnisbefriedigung

Die Mittel, die der Bedürfnisbefriedigung dienen, bezeichnet man als Güter. In der Regel sind die Güter knapp. Eine Ausnahme sind die so genannten *freien Güter*, wie beispielsweise Luft, die die Natur dem Menschen in unbeschränktem Maße zur Verfügung stellt. Aber auch hier gibt es heutzutage bereits gewisse Restriktionen, wenn man z.B. an die Umweltverschmutzung denkt. Die freien Güter sind nicht Gegenstand des Wirtschaftslebens, da ihre Beschaffung normalerweise keinerlei Probleme bereitet. Die knappen Güter bezeichnet man als *wirtschaftliche Güter,* da zu ihrer Beschaffung und Verteilung zielgerechtes Handeln notwendig ist.

Bei den wirtschaftlichen Gütern unterscheidet man nach Dienstleistungen und Sachgütern. Der Reitbetrieb ist z.B. ein Dienstleistungsbetrieb, in dem u.a. persönliche Dienstleistungen erstellt werden. Die Sachgüter unterteilt man in Konsum- und Produktionsgüter, je nachdem, ob sie dem direkten Verbrauch dienen (Brot, Kleidung usw.) oder ob sie in einem Produktionsprozess eingesetzt werden (Maschinen, Werkzeuge). Konsum- und Produktionsgüter werden wiederum unterteilt in Verbrauchs- und Gebrauchsgüter. Verbrauchsgüter werden unmittelbar konsumiert bzw. gehen unmittelbar in den Produktionsprozess, Gebrauchsgüter dagegen stehen dem Haushalt bzw. dem Betrieb längere Zeit zur Verfügung.

Übersicht 2

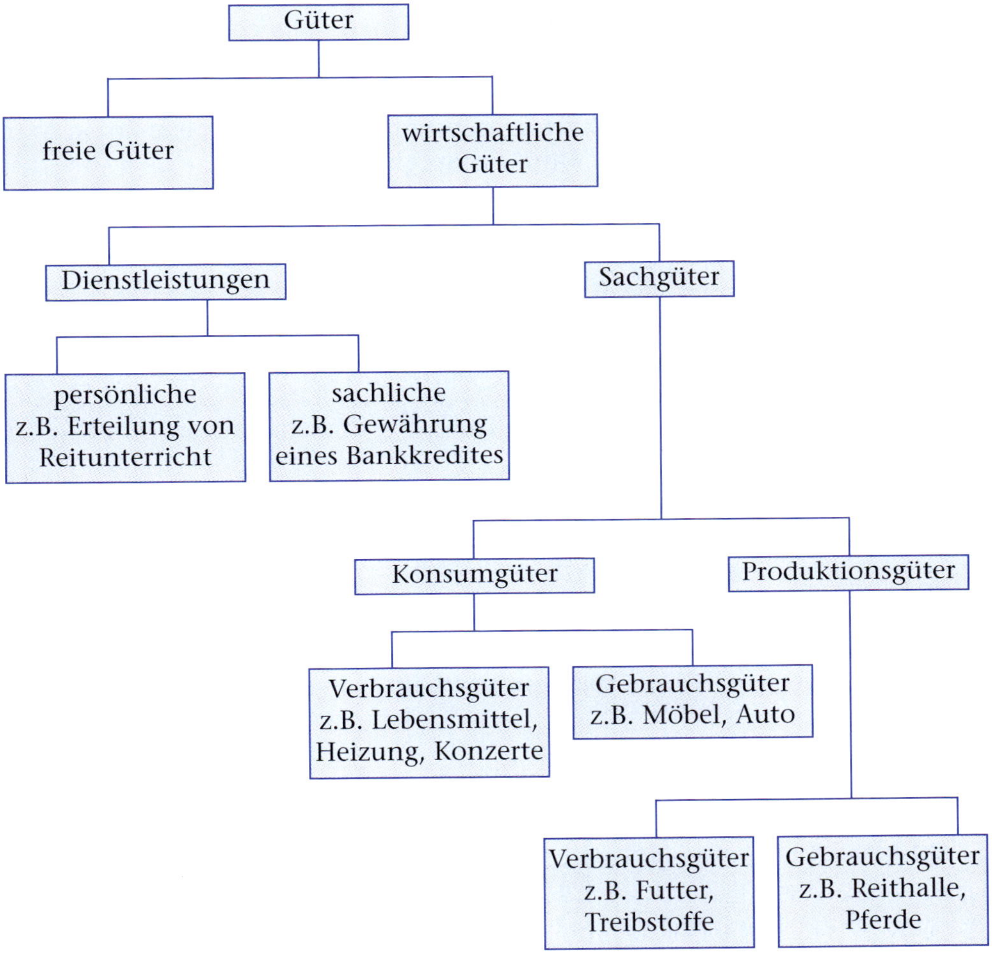

```
                            ┌──────────┐
                            │  Güter   │
                            └──────────┘
                    ┌──────────────┴──────────────┐
            ┌──────────────┐              ┌──────────────┐
            │  freie Güter │              │ wirtschaftliche│
            └──────────────┘              │     Güter     │
                                          └──────────────┘
                              ┌────────────────┴────────────────┐
                    ┌──────────────────┐              ┌──────────────┐
                    │ Dienstleistungen │              │  Sachgüter   │
                    └──────────────────┘              └──────────────┘
              ┌──────────┴──────────┐
   ┌──────────────────┐  ┌──────────────────┐
   │   persönliche    │  │    sachliche     │
   │ z.B. Erteilung von│ │ z.B. Gewährung   │
   │  Reitunterricht  │  │ eines Bankkredites│
   └──────────────────┘  └──────────────────┘
```

persönliche z.B. Erteilung von Reitunterricht	sachliche z.B. Gewährung eines Bankkredites

Konsumgüter	Produktionsgüter

Verbrauchsgüter z.B. Lebensmittel, Heizung, Konzerte	Gebrauchsgüter z.B. Möbel, Auto

Verbrauchsgüter z.B. Futter, Treibstoffe	Gebrauchsgüter z.B. Reithalle, Pferde

1.1.3 Das ökonomische Prinzip

Hat der einzelne Mensch auf der einen Seite eine unbegrenzte Zahl von Bedürfnissen und stehen ihm auf der anderen Seite zu ihrer Befriedigung nur eine begrenzte Zahl von Gütern zur Verfügung, so ergibt sich daraus ein Spannungsverhältnis. Um dieses Spannungsverhältnis möglichst optimal abzubauen, ist wirtschaftliches Handeln zwingend vorgeschrieben. Dieses vollzieht sich nach dem ökonomischen Prinzip, wobei man zwischen dem Maximum- und dem Minimumprinzip unterscheidet.

Beim *Maximumprinzip* sind die Mittel gegeben, und mit den gegebenen Mitteln ist der maximale, möglichst größte Ertrag zu erreichen.

Beispiel:
Einem Reitbetrieb stehen 5 Lehrpferde zur Verfügung. Der Betriebsinhaber muss nun versuchen, mit diesen gegebenen Mitteln einen möglichst hohen Ertrag, das heißt, einen möglichst optimalen Einsatz der Pferde zu erreichen.

Beim *Minimumprinzip* ist der Ertrag vorgegeben, und dieser gegebene Ertrag ist mit minimalem, möglichst geringem Mitteleinsatz zu erzielen.

Beispiel:
Der Pensionspreis beträgt beispielhaft 225,– EUR. Der Betriebsinhaber wird nun versuchen, mit möglichst geringem Personal- sowie Futtermitteleinsatz auszukommen.

Nachfolgendes Schaubild soll die Grundzüge des wirtschaftlichen Handelns verdeutlichen.

Übersicht 3

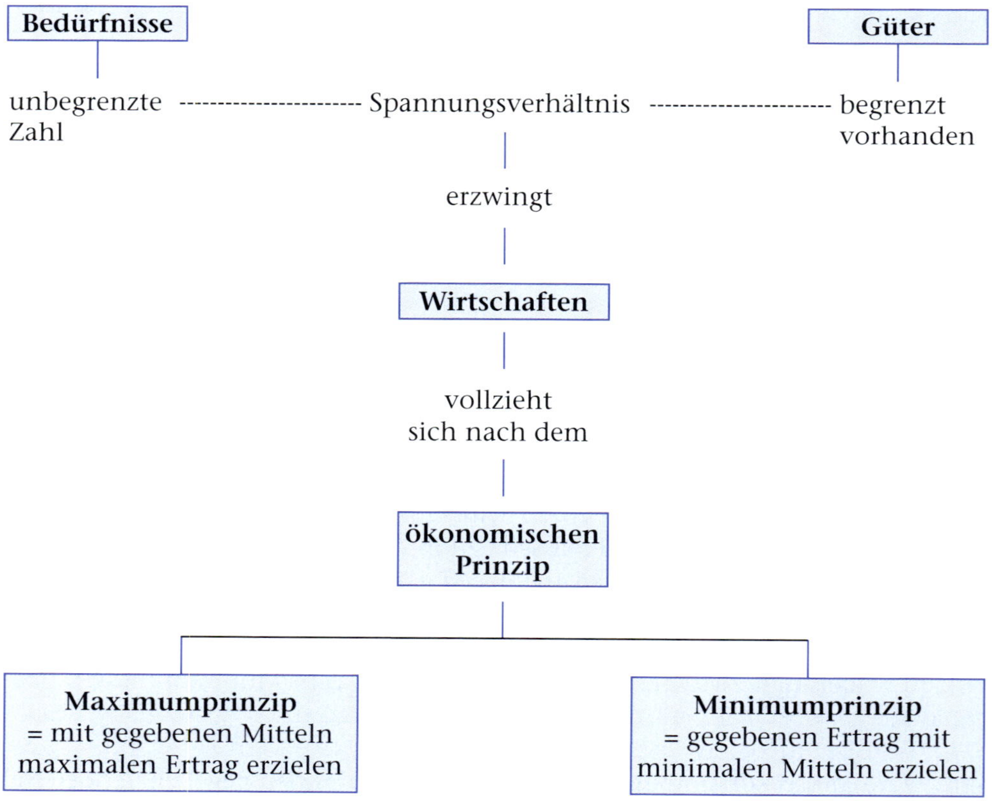

Bedürfnisse		**Güter**

unbegrenzte ----------------------- Spannungsverhältnis ----------------------- begrenzt
Zahl   vorhanden

erzwingt

Wirtschaften

vollzieht
sich nach dem

ökonomischen Prinzip

Maximumprinzip = mit gegebenen Mitteln maximalen Ertrag erzielen	**Minimumprinzip** = gegebenen Ertrag mit minimalen Mitteln erzielen

Das Verhältnis von Ertrag zu Aufwand wird auch als Produktivität des wirtschaftlichen Handelns bezeichnet. Daraus leitet sich die Rentabilität eines Betriebes ab. Diese ermittelt sich wie folgt:

$$\text{Rentabilität} = \frac{\text{Gewinn x 100}}{\text{Kapitaleinsatz}}$$

Die Rentabilität dient somit als Maßstab für die Kapitalverzinsung eines Betriebes (Rendite).

In der Regel handeln alle Wirtschaftsteilnehmer nach dem ökonomischen Prinzip. Ihre Handlungsweise unterscheidet sich lediglich nach der Zielsetzung: Der Unternehmer strebt nach Gewinnmaximierung, der private Haushalt versucht seinen individuellen Nutzen zu maximieren.

1.2   Die Gütererzeugung (Produktion)

Wie bereits oben ausgeführt, dienen die Güter der Bedürfnisbefriedigung des Menschen. Man versteht unter Gütererzeugung (Produktion) jede Tätigkeit, die auf die erstmalige Gewinnung oder Veredelung der Güter gerichtet ist.

1.2.1   Die Produktionsfaktoren

Um Güter zu produzieren, bedarf es der drei Produktionsfaktoren *Boden, Arbeit* und *Kapital.* Jeder einzelne dieser Faktoren wäre nicht in der Lage, Güter zu erzeugen, denn sie bedingen sich gegenseitig. Nur ein Zusammenwirken aller Produktionsfaktoren gewährleistet die Güterproduktion.

Der *Boden* gilt als ursprünglicher natürlicher Produktionsfaktor. Die Bedeutung des Bodens liegt zunächst darin, dass der Boden den Standort der Produktion bildet, zum andern ist der Boden Rohstoff- und Energiequelle. Der wirtschaftlich denkende Mensch wird als Boden den Standort wählen, der ihm für sein wirtschaftliches Handeln die optimalen Voraussetzungen bietet. Der Landwirt macht den Standort seines Betriebes abhängig vom Klima und von der Fruchtbarkeit des Bodens. Der Industrielle ist weniger auf Klima und Fruchtbarkeit des Bodens angewiesen. Seine Standortwahl ist im Wesentlichen nach Rohstoff-, Absatz- sowie Arbeitskräften orientiert.
Auch der künftige Reitbetriebsinhaber wird sich Gedanken machen müssen, wo er am zweckmäßigsten seinen Reitbetrieb errichtet oder einen bestehenden Reitbetrieb übernimmt. Dabei spielt der Anschluss an ein bestehendes Reitwegenetz sicher eine große Rolle. Aber auch der potentielle Kundenkreis, z.B. in der Nähe eines Ballungsgebietes, spielt eine wesentliche Rolle für die Standortwahl.

Die *Arbeit* ist ebenso wie der Boden ein ursprünglicher natürlicher Produktionsfaktor. Man versteht darunter jede geistige oder körperliche Leistung des Menschen zum Zwecke der Güterbereitstellung. Die Bedeutung der Arbeit liegt zunächst darin, dass ohne sie weder Boden genutzt noch Werkzeuge und Maschinen, also Kapital, hergestellt werden kann. Die Arbeit ist somit als wichtigster Produktionsfaktor anzusehen. Lässt man den wirtschaftlichen Aspekt der Arbeit einmal beiseite, bietet sie darüber hinaus dem Menschen die Möglichkeit zu seiner persönlichen Entfaltung.

Auch im Reitbetrieb, der als reiner Dienstleistungsbetrieb anzusehen ist, stellt die Arbeit den wichtigsten Produktionsfaktor dar. Denn ohne die geistige und körperliche Tätigkeit des Reitlehrers ist z.B. das „Produktionsgut" 'guter Reitunterricht' nicht zu erreichen.

Das *Kapital* ist ein abgeleiteter, ein künstlicher Produktionsfaktor. Kapital im volkswirtschaftlichen Sinne ist etwas anderes, als man im allgemeinen Sprachgebrauch damit bezeichnet. Es ist kein Geld, sondern man meint damit Sachgüter, wie z.B. Werkzeuge und Maschinen. Zu ihrer Erzeugung sind jedoch die beiden ursprünglichen Produktionsfaktoren Boden und Arbeit erforderlich.

Durch Verwendung von Kapital lässt sich die Produktion von Gütern erheblich steigern, was zu einer höheren Produktivität führt. Höhere Produktivität führt wiederum zu einem höheren Lebensstandard. Daher kommt der Schaffung von Kapital volkswirtschaftlich eine große Bedeutung zu.
Diese Kapitalbildung (Investition) erstreckt sich auf zwei Teilbereiche. Soll Sachkapital ersetzt werden, so spricht man von Ersatzinvestitionen, soll hingegen ein Betrieb erweitert und modernisiert werden, so handelt es sich um *Neuinvestitionen*.

Exkurs: Die Finanzierung der Kapitalbildung
Um Kapital zu bilden, muss der Unternehmer die Anschaffung bzw. Herstellung der erforderlichen Güter wie Rohstoffe, Werkzeuge und Maschinen finanzieren.
Die *Ersatzinvestitionen* werden im Allgemeinen mit Hilfe der Abschreibungen finanziert. Die Abschreibungen werden im Rahmen der Kalkulation der Güterpreise berücksichtigt. Der vom Unternehmer beim Verkauf seiner Güter erzielte Gelderlös enthält somit auch einen Gegenwert für die vorgenommenen Abschreibungen. Dieser wird angesammelt und dient der Ersatzinvestition.
Die *Neuinvestitionen* werden im Allgemeinen mit Hilfe des Sparens finanziert. Die privat angelegten Spargelder dienen wiederum über die Banken dem Unternehmer als Kreditfinanzierung für Neuinvestitionen. Das Sparen im Betrieb ist dadurch gekennzeichnet, dass ein Teil des Gewinns nicht entnommen, sondern zurückbehalten und angelegt, also investiert wird. Dieser Vorgang wird auch als *Selbstfinanzierung* bezeichnet und ist ein besonders wichtiges Finanzierungsmittel der Wirtschaft.

1.2.2 Die Organisation der Produktion

Der Betrieb bzw. das Unternehmen ist die organisatorische Einheit des Wirtschaftens. Aufgabe des Unternehmers ist die optimale Kombination der drei Produktionsfaktoren nach dem ökonomischen Prinzip.

Das Ergebnis der Kombination der Produktionsfaktoren lässt sich zum einen anhand des Gesamtertrages bestimmen – d.h. wie entwickelt sich der Gesamtertrag, wenn die Einsatzmenge und Kombination der einzelnen Produktionsfaktoren verändert wird (Produktionsfunktion) – und zum andern anhand der Kosten – d.h. wie entwickeln sich die Kosten eines Gutes, wenn mehr oder weniger produziert wird (Kostenfunktion).

Man unterscheidet *degressive, lineare* und *progressive Produktionsfunktionen.* Die degressive Produktionsfunktion ist dadurch gekennzeichnet, dass der zusätzliche Aufwand zwar einen höheren Gesamtertrag ergibt, der Ertragszuwachs im Verhältnis zum Aufwand jedoch abnimmt. Anhand eines Beispieles soll dies verdeutlicht werden:

Ein Reitbetrieb bietet einmal wöchentlich eine Stunde so genanntes „Hausfrauenreiten" an. Die Stunde wird von 10 Teilnehmerinnen besucht. Aufgrund weiterer Nachfragen wird eine zweite Stunde angeboten. Hierzu finden sich jedoch lediglich 6 Teilnehmerinnen noch ein. Der zusätzliche Aufwand eines Produktionsfaktors, nämlich Arbeit von 1 Stunde, bringt zwar insgesamt einen höheren Ertrag aus dem so genannten Gut „Hausfrauenreiten", der Ertragszuwachs nimmt jedoch ab. Würde eine weitere Stunde angeboten, so würde bei einer Teilnehmerzahl von z.B. 4 der Gesamtertrag weiter ansteigen, jedoch der Ertragszuwachs im Verhältnis zum zusätzlichen Aufwand abnehmen.

Der zuvor dargestellte Sachverhalt wird im volkswirtschaftlichen Sinne auch als das „Gesetz vom abnehmenden Ertragszuwachs" dargestellt.

Die Entwicklung der Kosten in Abhängigkeit von der Ausbringungsmenge wird in der *Kostenfunktion* beschrieben.

Exkurs: Kostendefinitionen
Gesamtkosten sind alle Kosten, die bei der Produktion von Gütern (Dienstleistungen) anfallen. Sie setzen sich zusammen aus Fest- und variablen Kosten. Zu den Festkosten (Fixkosten) rechnet man alle Kosten, die unabhängig von der Produktionsmenge ständig anfallen, z.B. Abschreibungen, Mietzinskosten, Festgehälter. Die variablen Kosten sind direkt von der Produktion der Güter abhängig, das heißt sie verändern sich im gleichen Verhältnis wie sich die Produktion verändert.

Beispiel:
In einem Pensionspferdestall ist die Möglichkeit gegeben, zusätzliche Boxen einzurichten. Bei voller Auslastung erhöhen sich die variablen Kosten wie z.B. Futter, Einstreu, Lohnkosten. Dagegen bleiben die Festkosten wie z.B. Abschreibungen, Zinsen, Strom für das Gebäude konstant. Betrachtet man in diesem Beispiel die Kosten pro Pensionspferd, so verringern sich diese, da die Festkosten sich auf mehr eingestallte

Pferde aufteilen lassen. Nun könnte man der Meinung sein, je mehr Pensionspferde, je geringer die Stückkosten pro Pferd, je höher der Rohertrag pro Pferd. Dieses stimmt jedoch nur, solange vorhandene Kapazitäten nicht ausgeweitet werden müssen, das heißt kein zusätzliches Stallgebäude errichtet, kein zusätzlicher Pfleger eingestellt werden muss, da in diesen Fällen die Stückkosten je Pferd sich wieder erhöhen würden. Insbesondere die industrielle Fertigung profitiert von diesem „Gesetz der Massenproduktion", wonach bei zunehmender Produktionsmenge die Stückkosten sinken.

1.2.3 Das Sozialprodukt und die Ermittlung des Volkseinkommens als Ergebnis der Gesamtproduktion

Das Sozialprodukt ist das Ergebnis in Geldeinheiten aller in einem Jahr hergestellten Endprodukte und Dienstleistungen einer Volkswirtschaft. Das Sozialprodukt stellt den Wertmesser der Wirtschaftskraft eines Volkes dar und bestimmt maßgeblich den Lebensstandard des Einzelnen. Soll das Sozialprodukt als Wertmesser über mehrere Jahre verwendet werden, so ist eine Minderung des Geldwertes (Inflation) zu berücksichtigen. Aus diesem Grunde muss bei der Messung des Sozialproduktes derjenige Teil abgezogen werden, der nur auf inflationäre Preissteigerung zurückzuführen ist und keinen Gegenwert an Produkten und Dienstleistungen darstellt. Danach erhält man das „reale Sozialprodukt".

Um die reale Wertschöpfung einer Volkswirtschaft zu ermitteln und somit das Volkseinkommen zu erhalten, ist eine Modifizierung des Sozialproduktes erforderlich.
Die gesamte produzierte Gütermenge eines Jahres zu Marktpreisen ergibt den Bruttoproduktionswert zu Marktpreisen. Dabei muss jedoch beachtet werden, dass ein Endprodukt nicht von einem einzelnen Betrieb hergestellt wird, sondern dass verschiedene Vorleistungen erfolgt sind. Alle diese Vorleistungen und das Endprodukt zusammen ergeben den Bruttoproduktionswert. Dieser muss um die Vorleistungen korrigiert werden, damit keine Doppelerfassungen erfolgen. Man erhält somit das Bruttosozialprodukt zu Marktpreisen. Da im Produktionsprozess diverse Anlagegüter eingesetzt werden, die Wertminderungen unterlegen sind, also auch die Wertschöpfung der Volkswirtschaft mindern, sind diese Abschreibungen in Abzug zu bringen. Man kommt somit zum Nettosozialprodukt zu Marktpreisen. Da der Staat durch indirekte Steuern (z.B. der Mehrwertsteuer) den Kaufpreis von Produkten und Dienstleistungen erhöht, dieser künstlichen Anhebung des Marktpreises jedoch keine echte Wertschöpfung gegenüber steht, müssen diese indirekten Steuern abgezogen werden. Umgekehrt verhält es sich mit den staatlichen Subventionen, die die Faktorkosten künstlich senken und somit dem Nettosozialprodukt hinzugerechnet werden müssen. Man erhält somit das endgültige Nettosozialprodukt zu Faktorkosten (= Herstellkosten der Produktionsfaktoren). Dieses Nettosozialprodukt zu Faktorkosten ist gleichzusetzen mit dem Volkseinkommen.

1.3 Der Güteraustausch

1.3.1 Wesen des Güteraustausches

Die Produktion von Gütern basiert, wie bereits dargestellt, auf dem Zusammenwirken vieler Einzelner innerhalb einer Volkswirtschaft. Um beispielsweise das Endprodukt „Reitunterricht" zu erhalten, ist der Reitbetriebsinhaber u.a. angewiesen auf den Landwirt, der die Futtergrundlage für die Pferde bereitstellt, auf den Architekten sowie den Bauunternehmer, der die Reithalle errichtet hat, auf die Maschinenbauindustrie, die Werkzeuge und Maschinen zur Verfügung stellt.

Der Verkauf und Kauf von Gütern aber ist ein Tausch von Gütern, denn der Reitbetriebsinhaber verkauft seine „Reitstunde", um damit Futter und anderes für die Pferde einkaufen zu können. Er tauscht quasi das Produkt „Reitstunde" gegen das Produkt „Futter". Das Geld dient lediglich als Hilfsmittel des Tausches.

Gütererzeugung und Güteraustausch sind somit unzertrennbar miteinander verbunden und bedingen sich gegenseitig. Das Endprodukt gelangt schließlich in die Haushalte (Endverbraucher). Diese wiederum haben bereits den Unternehmen ihre Arbeitskraft, ihren Boden, ihr Kapital (Produktivgüter) zur Verfügung gestellt. Somit schließt sich der *Güterkreislauf*. Dabei dient das Geld (Einkommen) als Mittel zum Zweck. Diese Zusammenhänge sollen anhand des nachfolgenden Schaubildes verdeutlicht werden:

Übersicht 4

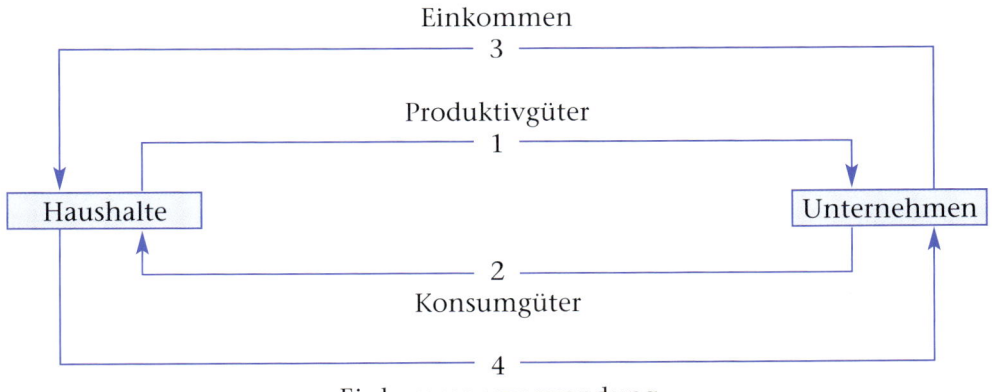

1.3.2 Markt als Zentrum des Güteraustausches

1.3.2.1 Wesen des Marktes

Das Zusammentreffen von Angebot und Nachfrage nach Gütern und Dienstleistungen wird im volkswirtschaftlichen Sinne als Markt bezeichnet. Demnach gibt es für jedes Gut einen Markt, auf dem z.B. die Wünsche der Konsumenten und Produzenten, der Arbeitgeber und Arbeitnehmer, der Vermieter und Mieter usw. aufeinander treffen. Darum spricht man dann auch von einem Verbrauchsgütermarkt, einem Arbeitsmarkt, einem Wohnungsmarkt usw. Volkswirtschaftlich werden die Märkte grundsätzlich unterschieden nach Faktormarkt (Boden, Arbeit, Kapital) sowie Gütermarkt (Konsum- und Produktivgüter). Wegen ihrer volkswirtschaftlichen Bedeutung sind die Märkte als Zentren der Wirtschaft anzusehen.

1.3.2.2 Preisbildung von Gütern und Dienstleistungen

Angebot und Nachfrage von Gütern und Dienstleistungen erfolgt auf den Märkten. Dabei gibt der Preis für ein bestimmtes Gut bzw. eine bestimmte Dienstleistung das Tauschverhältnis des entsprechenden Gutes bzw. der entsprechenden Dienstleistung in Geldeinheiten wieder.

Angebot, Nachfrage und Preis beeinflussen sich also gegenseitig und sind direkt voneinander abhängig, wobei der Preis der Regulator ist *(Preismechanismus)*. Um diese Interdependenzen zu veranschaulichen, ist es erforderlich, die Bestimmungsfaktoren für die Preisbildung einmal näher zu betrachten.

Bestimmungsgründe der Nachfrage
Die Nachfrage nach einem Gut äußert sich in dem Wunsch der Verbraucher, eine bestimmte Menge des Gutes zu kaufen. Da aber die Verbraucher nur über ein begrenztes Einkommen verfügen, müssen sie wirtschaften, das heißt die Bedürfnisse nach ihrer Dringlichkeit ordnen, damit ein Maximum an Bedürfnisbefriedigung erreicht wird. Die Rangfolge der Bedürfnisse bestimmt dann, welche Gütermengen gekauft werden können (siehe Kapitel 1.1.3).

Die Nachfragereaktionen der Haushalte bei Einkommensveränderungen sind je nach Güterarten unterschiedlich. Das Ausmaß der Nachfragereaktionen lässt sich mit Hilfe der Einkommenselastizität messen. Sie gibt an, um wie viel die mengenmäßige Nachfrage variiert, wenn sich das Einkommen um 1% verändert.

$$\text{Einkommenselastizität der Nachfrage} = \frac{\text{prozentuale Veränderung der Nachfrage}}{\text{prozentuale Veränderung des Einkommens}}$$

Bei einer Einkommenszunahme um 1% steigt beispielsweise die Nachfrage nach Luxusgütern, wie Reisen, Möbeln und Kleidung stärker als 1% (Einkommenselastizität größer als 1). Die Nachfrage nach so genannten Lebensbedürfnissen, wie Nahrung, Wohnraum nimmt zwar auch zu, aber nicht im selben Maße (Einkommenselastizität kleiner als 1, aber positiv). Der Grund für den langsameren Anstieg der Nachfrage nach den zuletzt genannten Gütern liegt darin, dass der lebensnotwendige Bedarf bereits bei kleinen und mittleren Einkommen gedeckt ist und das zusätzliche Einkommen hauptsächlich zum Kauf höherwertiger Güter ausgegeben wird.

Als weiterer Beeinflussungsfaktor für die Nachfrage ist der Preis des nachgefragten Gutes anzusehen. Dabei wird der Verbraucher den Preis des Gutes im Verhältnis zum individuellen Nutzen, den er aus dem Gebrauch dieses Gutes erzielen kann, setzen und somit seine Entscheidung treffen. Bei dieser Entscheidung spielen auch die Preise von so genannten Substituten (Ersatzgütern) eine wichtige Rolle. Zum Beispiel steigt der Preis für Butter merklich, werden manche Verbraucher Butter durch Margarine ersetzen. Bei anderen Gütern jedoch, die nur schwer oder überhaupt nicht austauschbar sind (z.B. Salz), können die Nachfrager auf Preissteigerungen kaum reagieren.

Nachfolgend noch einmal zusammengefasst die bestimmenden Faktoren der Nachfrage nach Gütern und Dienstleistungen:
- die Bedürfnisse der Nachfrager und ihre sachliche Rangordnung;
- die Höhe des verfügbaren Einkommens der Nachfrager;
- der Preis des nachgefragten Gutes und die Preise von Substituten.

Bestimmungsgründe des Angebots
Das Güterangebot orientiert sich grundsätzlich an den Bedürfnissen der Nachfrager und an den Preisen, die in Abhängigkeit von den Produktionskosten am Markt zu erzielen sind. Unterstellt man wirtschaftliches Handeln der Anbieter, so sind langfristig die Produktionskosten und ein angemessener Gewinnzuschlag die Preisuntergrenze für das Güterangebot. Mitentscheidend sind jedoch auch die Preise von Substitutgütern bzw. das Verhalten von Konkurrenzanbietern, sodass auch kurzfristig lediglich die variablen Kosten die Preisuntergrenze des Güterangebotes bilden können.

Der Marktpreis
Unterstellen wir, dass freier Wettbewerb zwischen Anbietern und Nachfragern besteht, so ergibt sich aus dem Ergebnis des Zusammenwirkens von Angebot und Nachfrage der Marktpreis. Bei diesem Preis stimmt die angebotene Menge mit der nachgefragten Menge an Gütern überein. Über den Preis regulieren sich somit Angebot und Nachfrage. Dieses gegenseitige Abhängigkeitsverhältnis von Angebot, Nachfrage und Preis soll anhand des nachfolgenden Beispiels verdeutlicht werden: Ein Reitbetrieb senkt den Pferdepensionspreis von 225,– auf 200,– EUR. Unterstellt

man, dass die Qualität der Einstallung bei den anbietenden Reitbetrieben in etwa gleich ist, werden nun die nachfragenden Pferdebesitzer ihre Pferde bei diesem günstigen Angebot einstallen wollen. Einige Anbieter werden daraufhin nicht mehr Pensionsplätze anbieten können aufgrund fehlender Gewinnerwartungen. Somit geht das Angebot zurück und ein Nachfrageüberhang entsteht. Dieses wiederum führt dazu, dass einige Nachfrager bereit sind, auch einen höheren Einstallungspreis zu entrichten, zu dem dann wiederum Reitbetriebe in der Lage sind, Pensionsplätze anzubieten. Es wird sich somit ein Preis einpendeln, bei dem die nachgefragte Zahl mit der angebotenen Zahl an Pensionsplätzen wieder übereinstimmt.

Sonstige Determinanten der Preisbildung
Die zuvor dargestellte Bildung des Marktpreises basiert auf dem freien Spiel der Marktkräfte, das heißt einer Vielzahl von Anbietern steht eine Vielzahl von Nachfragern gegenüber. Diese Marktform wird auch als *Polypol* bezeichnet. Daneben gibt es zwei wesentliche Marktformen, die entscheidenden Einfluss auf die Preisbildung ausüben.

Der *monopolistische Markt* wird dadurch gekennzeichnet, dass einem Anbieter viele Nachfrager gegenüberstehen (z.B. Bundespost, Bundesbahn). Dabei wird der Preis eines Gutes durch diesen Anbieter festgesetzt. Jedoch muss der Monopolist bei Festsetzung des Preises die Nachfrage insofern berücksichtigen, dass sein Gesamtgewinn (Umsatzmenge x Preis) am größten ist.

Die dritte wichtige Marktform bildet das *Oligopol*. Diese Marktform wird gekennzeichnet durch wenige Anbieter und viele Nachfrager (z.B. Zigaretten-, Mineralöl-, Kraftfahrzeugindustrie). Bei dieser Marktform ist die Gefahr der Preisabsprache zwischen den Anbietern sehr groß. Um hier einem Missbrauch vorzubeugen, gibt es in der Bundesrepublik Deutschland das Gesetz gegen Wettbewerbsbeschränkungen (GWB), das auch Kartellgesetz genannt wird.

Neben diesen Marktformen, die einen wesentlichen Einfluss auf die Preisbildung haben, können auch staatliche Maßnahmen die Preisbildung beeinflussen. Die staatliche Preispolitik kann unmittelbar einsetzen, indem sie Höchst-, Mindest- oder Festpreise bestimmt. Von mittelbarer Preispolitik des Staates spricht man, wenn dieser versucht, mit Hilfe von Stützungskäufen, Subventionen, Steuern das Verhältnis von Angebot und Nachfrage zu verändern. Jüngste Beispiele von staatlicher Preispolitik findet man im Rahmen der EG-Finanzpolitik für landwirtschaftliche Erzeugnisse.

1.4   Wirtschaftspolitik

Der in den vorhergehenden Kapiteln allgemein dargestellte volkswirtschaftliche Prozess ist ohne staatliche Lenkung nicht denkbar. Die Interessenvielfalt der einzelnen Markteilnehmer bedarf der ordnungspolitischen Maßnahmen durch den Staat. Dabei haben sich zwei wesentliche Wirtschaftssysteme als Organisationsformen der Wirtschaft entwickelt.

1.4.1   Wirtschaftssysteme

Die *zentrale Planwirtschaft* wird durch folgende Merkmale gekennzeichnet:
- Staatseigentum aller Produktionsmittel;
- Die Planung und Lenkung der Volkswirtschaft, das heißt die Produktion aller Güter, deren Art, Menge und Preis, wird von einer zentralen Behörde geplant. Der Staat bestimmt auch, an wen die Güter geliefert werden, welchen Preis man dafür verlangen kann und welche Löhne bezahlt werden. Es herrscht somit kein Wettbewerb.

Die *Marktwirtschaft* findet ihren Ausdruck in der Freiheit aller am Marktgeschehen beteiligten Personen:
- Freiheit der Konsumenten, Güter nach beliebiger Wahl aus dem Marktangebot zu kaufen (Konsumfreiheit);
- Freiheit der Eigentümer der Produktionsfaktoren, ihre Sachgüter, ihre unternehmerischen Fähigkeiten, ihre Arbeitskraft und ihr Geld nach eigener Wahl gewinnbringend einzusetzen;
- Freiheit der Unternehmer, nach eigener Wahl und auf eigenes Risiko Güter und Leistungen zu produzieren und bereitzustellen;
- Wettbewerbsfreiheit zwischen Konsumenten und Produzenten.

Die zuvor aufgeführten Punkte kennzeichnen die *freie* Marktwirtschaft. Damit die sozialen Belange einer Gesellschaft gewahrt bleiben, z.B. die Förderung wirtschaftlich Schwacher, hat der Staat von Fall zu Fall korrigierend und lenkend in das Wirtschaftsgeschehen einzugreifen. Man spricht dann von *sozialer* Marktwirtschaft. Die wesentlichen Aufgaben der sozialen Marktwirtschaft sind:
- Verwirklichung eines möglichst hohen Lebensstandards durch bewusste Wachstums-, Vollbeschäftigungs- und Antiinflationspolitik;
- Sicherung eines funktionsfähigen Wettbewerbs durch Kontrolle bzw. Verbot marktbeherrschender Unternehmen (Kartellgesetz) und durch den Schutz der Unternehmer gegen unlauteren Wettbewerb;
- Korrektur der bestehenden Einkommens- und Vermögensverteilung durch z.B. Sozialhilfeleistungen, Renten, Subventionen für defizitäre Wirtschaftsbereiche (z.B. Landwirtschaft, Stahlindustrie, Bergbau u.Ä.);
- Ausbau einer gerechten Arbeits- und Sozialordnung zum Schutz des Arbeitnehmers (z.B. Kündigungsschutz, Sozialversicherung u.Ä.).

Das in der Bundesrepublik Deutschland vorliegende Wirtschaftssystem der sozialen Marktwirtschaft wird in der nachfolgenden Darstellung wirtschaftspolitischer Maßnahmen die Grundlage bilden.

1.4.2 Ziele, Träger und Mittel der Wirtschaftspolitik

1.4.2.1 Ziele der Wirtschaftspolitik

Wie bereits in Kapitel 1.2.3 dargestellt, ist das Bruttosozialprodukt der Wertmesser der erbrachten Leistungen einer Volkswirtschaft. Die Entwicklung des Bruttosozialproduktes wird auch als Konjunktur bezeichnet. Dabei zeigt die Vergangenheit, dass diese Entwicklung einem ständigen Auf und Ab unterworfen ist. Man spricht dann von *Aufschwung und Abschwung der Konjunktur*. Da zu starke Schwankungen der Konjunktur zu einer Unkalkulierbarkeit der wirtschaftlichen Entwicklung einer Volkswirtschaft führen, versucht der Staat mit Hilfe seiner Wirtschaftspolitik, diese Konjunkturschwankungen möglichst gering zu halten.

Ziele dieser wirtschaftspolitischen Maßnahmen sind im so genannten *„Stabilitätsgesetz 1967"* festgelegt:

❶ Stabilität des Preisniveaus,
❷ Vollbeschäftigung,
❸ angemessenes Wirtschaftswachstum,
❹ außenwirtschaftliches Gleichgewicht.

Hinsichtlich der Zielerreichung kommt es jedoch häufig zu Konflikten. Um z.B. Vollbeschäftigung und damit das Wirtschaftswachstum zu sichern, ist eine Förderung der Investitionstätigkeit erforderlich. Wird jedoch durch ständige kräftige Investitionen ein anhaltender Aufschwung der Wirtschaft ausgelöst, so kann ein Zustand der Überbeschäftigung erreicht werden, in dem mehr freie Stellen vorhanden sind als entsprechend qualifizierte Arbeitskräfte. In dieser Situation werden die Unternehmer im Wettbewerb um die knappen Arbeitskräfte versuchen, sich gegenseitig zu überbieten, sodass die Löhne entsprechend steigen, ohne dass dem Einkommens- und damit Nachfragezuwachs eine entsprechende Zunahme des Güterangebots gegenübersteht. Dies wird in der Regel eine allgemeine Preissteigerung zur Folge haben. Allgemeine Preissteigerungen könnten wiederum die Investitionstätigkeit aufgrund der erhöhten Gewinnaussichten für die einzelnen Unternehmen verstärken, sodass erneute und zumeist verschärfte Preissteigerungen möglich sind. Steigende Preise im Inland bei niedrigeren Preisen im Ausland hemmen wiederum die Exportwirtschaft und können somit zu einem Ungleichgewicht im Außenhandel führen.

Da das vollständige Erreichen eines Zieles die Durchsetzung der anderen in Frage stellen kann, spricht man auch vom *magischen Viereck der Konjunkturpolitik*. Aufgabe der Wirtschaftspolitik ist es also, Kompromisse zu finden, um möglichst alle vier oben genannten Ziele angemessen verfolgen zu können.

1.4.2.2 Träger der Wirtschaftspolitik

Träger der Wirtschaftspolitik sind Regierung und Parlament, die Bundesbank bzw. jetzt die Europäische Zentralbank, die autonomen Tarifpartner, Interessenverbände sowie überstaatliche Organisationen. Der wesentliche Träger der Wirtschaftspolitik ist der Staat, der mit Hilfe der Steuer- und Strukturpolitik die rechtlichen Grundlagen festlegt. Die Europäische Zentralbank ist Hüterin der Währung und verpflichtet, mit den Regierungen zusammenzuarbeiten und mit Hilfe ihrer Geldmengenpolitik Einfluss auf die Gesamtnachfrage und somit auf die Preisentwicklung zu nehmen. Die autonomen Tarifpartner wie Arbeitgeberverbände und Gewerkschaften bestimmen mit ihrer Tarifpolitik im Wesentlichen den Produktionsfaktor Arbeit und leisten somit einen erheblichen Beitrag zur wirtschaftlichen Entwicklung einer Volkswirtschaft. Interessenverbände sowie überstaatliche Organisationen (EG, Nato) haben einen nicht unerheblichen Einfluss auf die Wirtschaftspolitik des Staates.

1.4.2.3 Mittel der Wirtschaftspolitik

Um den Konjunkturverlauf positiv zu beeinflussen und damit einer möglichst optimalen Zielerreichung nahe zu kommen, haben die Träger der Wirtschaftspolitik verschiedene Möglichkeiten:

- *geldpolitische Maßnahmen* werden durch die Deutsche Bundesbank eingesetzt. Hier sind in erster Linie zu nennen die Beeinflussung der Geldmenge (Vermeidung von Inflation und Deflation) und Einfluss auf das Zinsniveau. Zum Beispiel wird die Bundesbank versuchen, in einer Phase der Konjunkturabschwächung mit Hilfe von Zinssenkungen Investitionstätigkeiten der Unternehmen sowie Konsumnachfrage der Verbraucher anzuregen;
- *steuerpolitische Maßnahmen* durch den Staat in Form von Anhebung bzw. Senkung von Steuern, Zöllen, Gebühren u.Ä. Zum Beispiel wird die Senkung der Einkommens- und Körperschaftsteuersätze eine entsprechende Nachfrage nach Investitions- und Konsumgütern nach sich ziehen. Auch Sonderabschreibungen für kleinere und mittelständische Betriebe werden entsprechende Investitionsanreize geben, um einen stärkeren Konjunkturabschwung zu verhindern;
- *strukturpolitische Maßnahmen* durch den Staat werden z.B. dann erfolgen, um wirtschaftlich gefährdete Branchen (z.B. Werft-, Stahlindustrie) zu unterstützen, um Arbeitsplätze zu erhalten. Auch zählt hierzu die Förderung weniger gut entwickelter Gebiete, wie z.B. die Zonenrandgebiete, wo durch steuerliche Vergünstigungen, aber auch durch Investitionshilfen Anreize für die Ansiedlung von Industrie und Handwerk gegeben werden;
- *marktpolitische Maßnahmen* durch den Staat erfolgen, wie oben bereits aufgeführt, direkt durch Festlegung von Höchst-, Fest- und Mindestpreisen sowie indirekt durch Eingriffe auf das Marktgeschehen mittels Stützungskäufen bzw. Verkäufen, um die Nachfrage zu beeinflussen;

■ *lohnpolitische Maßnahmen* werden durch die autonomen Tarifpartner getroffen. Eine ausgewogene Tarifpolitik hat einen nicht unwesentlichen Einfluss auf Investitions- sowie Konsumentscheidungen von Unternehmen und Verbrauchern. So führen z.B. einem entsprechenden Konjunkturverlauf unangemessene Lohnforderungen zu vergleichbaren Preisanhebungen durch die Unternehmen, was wiederum zu Lasten der Preisstabilität führt. Man spricht hier auch von der so genannten *Lohnpreisspirale*.

Ein gut dosiertes Zusammenspiel der zuvor dargestellten wirtschaftspolitischen Maßnahmen ist erforderlich, um die gesamtpolitischen Ziele zu erreichen.

Standortfaktoren für Reitbetriebe

Die Infrastruktur des Einzugsbereiches und die Verkehrslage des Betriebes bestimmen auch heute noch weitgehend die Voraussetzungen für den wirtschaftlichen Erfolg dieses Unternehmens. Sie sind umso wichtiger, je weniger qualifiziert oder auch spezialisiert der Reitbetrieb geführt werden soll.

2.1 Infrastruktur des Einzugsbereiches

Die Infrastruktur des Einzugsbereiches (Groß-, Mittel- oder Kleinstadt, Kurort, ländliche Abgeschiedenheit, Industrie, Gewerbe oder Landwirtschaft, Bevölkerungsdichte und -schichtung, Verkehrserschließung, kommunale Einrichtungen für Kultur, Freizeit, Spiel und Sport usw.) gibt wichtige Anhaltspunkte für die Erarbeitung einer Marktanalyse, mit deren Hilfe Nachfrage ermittelt und wirtschaftlicher Erfolg prognostiziert werden kann. Besondere Aufmerksamkeit verdienen dabei bereits bestehende Reitervereine und Reitställe mit ihren Angeboten und (gegebenenfalls ungenutzten) Möglichkeiten. Der Start eines neuen Betriebes wird nachhaltig erleichtert, wenn es gelingt, Lücken im bisherigen Angebot zu schließen und entsprechende Schwerpunkte herauszustellen, z.B.

- Jugendarbeit mit Voltigieren und Ponyreiten,
- Freizeit-Breitensport mit Grundausbildung, Ausritten und mehrtägigen Wanderritten,
- Turniersport bevorzugt mit Privatpferden und hier gegebenenfalls spezialisiert auf Dressur, Fahren oder Springen,
- Ausbildungsstall für Privatpferde.

Wenig erfolgreich ist auf die Dauer ein „Einstieg" als „Preisbrecher" in der Pensionspferdehaltung.

Man kann annäherungsweise davon ausgehen, dass etwa 1 bis 1,5% der Bevölkerung für das Reiten zu gewinnen sind. Aber es gibt hier ein Nord-/Südgefälle und regional weitere Unterschiede in der Mentalität der Bevölkerung.

Besondere Bedeutung für die Wahl des Standortes gewinnt die Umweltgesetzgebung. Es handelt sich dabei nicht allein um das Reiten in Feld und Wald (einschließlich entsprechender Gebühren oder Abgaben, die die Kalkulation nachhaltig beeinflussen können), sondern auch um von Land zu Land unterschiedliche Bestimmungen über die Dunglagerung, die Abwasserabführung und das Bauen in der freien Landschaft (Errichtung von Weidezäunen oder Weideschuppen). Hinzu kommen Auflagen der Gemeinden, z.B. der Anschlusszwang an die kommunale

Wasserleitung mit sehr viel höheren Gebühren, als Kosten durch eigenes Brunnen-wasser entstehen würden, Anliegergebühren, Grundsteuern (bei gewerblichen Betrieben) und vieles andere mehr, was sorgfältig bedacht sein sollte, bevor man sich für einen Standort entscheidet. Auskünfte erteilen die Gemeinde- bzw. Kreis-verwaltungen.

2.2   Verkehrslage des Betriebes

Die Verkehrslage des Betriebes, nicht zu weit von den Wohngebieten entfernt, seine Anbindung an gut ausgebaute öffentliche Straßen und an das öffentliche Nahverkehrsnetz (Bus, Straßenbahn) ist insbesondere für jene Unternehmen wich-tig, die ihr Angebot weniger an einen kleinen Kreis von Privatpferdebesitzern rich-ten als vielmehr an die breite Bevölkerung und insbesondere an die Jugend.

Gleichzeitig sollte aber auch ein möglichst gefahrloser Zugang vom Reitbetrieb zum Ausreitgelände bestehen. Eine ideale Anbindung des Betriebes an den öffent-lichen Personenverkehr wird vielfach nicht mit dem erwünschten Zugang zum Reitgelände kombinierbar sein. Dann muss man einen Kompromiss suchen. In der Regel sollte dabei dem gefahrloseren Zugang zum Ausreitgelände der Vorzug gege-ben werden.

Für Ferienreitbetriebe „gelten besondere Gesetze". Hier kommt es ganz wesentlich darauf an, ob der Einzugsbereich schon hinreichend erschlossen und bekannt ist, ob besonders günstige Möglichkeiten für das Reiten in Feld und Wald gegeben sind und ob insbesondere am Anfang mit einer Unterstützung durch die örtlichen und regionalen Fremdenverkehrsbehörden oder -vereine in der Werbung gerechnet werden kann.

2.3   Umwelt-, Klima- und Bodenverhältnisse

Die Attraktivität eines Reitbetriebes hängt weitgehend davon ab, ob er neben dem eigentlichen Reiten auch Erholung zu bieten vermag, möglichst viel „Grün", frische Luft und freundliche Nachbarn. Industriebetriebe mit Immissionen sind ebenso unerwünscht wie nahe gelegene Tümpel oder Flussauen als Brutstätten von Mücken und anderen Plagegeistern. Gebiete mit hoher Boden- und Luftfeuchtig-keit, wie sie häufig in Talsenken oder windstillen Lagen anzutreffen sind, erschwe-ren nicht nur die Lüftung in Ställen und Reithallen, sondern sind auch für die Erholung weitaus weniger geeignet als Hügellagen oder andere, auch von Wind berührte Zonen. Bodenverhältnisse und Geländeneigung spielen eine weniger bedeutende Rolle als Klima und Nachbarschaft, wie auch dem folgenden Kapitel entnommen werden kann.

Produktionsfaktoren für Reitbetriebe

Boden, Arbeit und Kapital; das sind für alle Zweige der Wirtschaft „die klassischen Produktionsfaktoren". Für die Gütererzeugung ist jeder von ihnen unentbehrlich; nur haben sie für die Erzeugung der einzelnen Güter eine oft sehr unterschiedliche Bedeutung. In der Getreideerzeugung z.B. gewinnt der Produktionsfaktor Boden eine überragende Bedeutung, aber bei der Hähnchen- oder Schweinemast z.B. ist er gegenüber den Produktionsfaktoren Kapital und Arbeit von untergeordneter Bedeutung.

Annähernd vergleichbare Unterschiede gibt es auch bei den Reitbetrieben, denken wir z.B. an einen räumlich beengten Reitbetrieb in der Stadt mit einem besonders hohen Aufwand für gedeckte und ausgebaute offene Reitplätze gegenüber einem bäuerlichen Betrieb, der sich in einer Erholungslandschaft als „zweites Bein" einen Verleihbetrieb eingerichtet hat. In beengter Lage muss ein erhöhter Einsatz von Kapital und Arbeit den Mangel an Boden kompensieren, in der freien Landschaft kann man mit weitaus weniger Kapital und Arbeit vergleichbare Leistungen erbringen.

Größe und Ausstattung einer bestehenden Anlage geben im Einzelfall Auskunft, welche der drei genannten Produktionsfaktoren vermehrt genutzt oder eingesetzt bzw. verstärkt werden müssen, um den erwünschten und daraufhin sorgfältig geplanten Betriebserfolg erzielen zu können. Bei einer Neuplanung entscheidet das Unternehmensziel über den Einsatz der Produktionsfaktoren.

3.1 Boden

3.1.1 Größe des Grundstücks

Der Flächenanspruch an eine neu zu erstellende Reitanlage errechnet sich aus der Summe aller überbauten und nichtüberbauten Sport- oder Nutz- und Freiflächen. Die hier aufgeführten Flächen sind Richtwerte, die eine Mindestgröße der Gesamtfläche einer Reitanlage für ca. 30 Pferde darstellen.

a) *Überbaute Sport- oder Nutzfläche*

Reithalle (von Bande zu Bande 20 x 40 m; besser 20 x 60 m)	= 800 m²
Vorzusehende Erweiterungsfläche (20 x 20 m)	= 400 m²
Sanitärräume, Reiterstube und Lehrraum	= 120 m²
Frei stehende, zweireihige Stallanlage für 30 Pferde ohne Bodenlager für Heu und Stroh (Boxengröße 12 m²) mit Sattel- und Putzplatz, Sattelkammer usw.	= 600 m²
Futter-, Heu- und Strohlager (ebenerdige Lagerung)	= 140 m²
Maschinenhalle	= 100 m²
	2.160 m²

b) *Nichtüberbaute Sport- oder Nutzfläche*

Dressurviereck (20 x 60 m)	=	1.200 m²
Longier- und Voltigierzirkel (20 x 20 m)	=	400 m²
Reitplatz (Rasen)	=	3.200 m²
Dungstätte	=	200 m²
		5.000 m²

c) *Freiflächen*

Für die erforderliche Umgehungsfläche der überbauten und nichtüberbauten Sport- oder Nutzflächen ist ein Zuschlag von mindestens 100% vorzusehen.

Überbaute Sport- oder Nutzfläche	=	2.160 m²
Nichtüberbaute Sport- oder Nutzfläche	=	5.000 m²
Zuschlag somit	=	7.160 m²

d) *Paddockflächen* = 1.000 m²

e) *Weideflächen* = 10.000 m²

Grundstücksgröße gesamt somit = 25.320 m²

Die Qualität einer Reitanlage wird in Zukunft an dem Angebot solcher notwendigen Flächen gemessen. Der Größe sind hier keine Grenzen gesetzt.

Als Faustformel könnte hier dienen:

der tatsächlich errechneten Grundstücksgröße x 2
= IDEALFLÄCHE (für einen so beschriebenen Verein/Reitbetrieb)

In Kenntnis des notwendigen Flächenbedarfes, im Vergleich zu dem arithmetischen Mittel bestehender Größen von Reitanlagen, könnte man zu dem Ergebnis kommen, dass die so geplante Grundstücksgröße ausreichend ist. In Anbetracht unserer zukünftigen Haltungsformen (Paddock- und Auslaufhaltung) als Zusatzangebot zu Stallhaltung sollten die dafür vorzusehenden Freiflächen (wenn möglich) deutlich größer ausfallen.

3.1.2 Gebäude

Von einem selbstständigen wirtschaftlichen Reitbetrieb kann man sicherlich erst dann sprechen, wenn – wie unter Kapitel 3.1 aufgeführt – notwendige Gebäude und Einrichtungen auf dem Betriebsgelände vorhanden sind. Sicherlich fällt die Hauptbedeutung der Reithalle und der Stallanlage zu. Hier sollte die Größe der

Halle nicht unter 20 x 40 m Bandenmaß liegen und eine Erweiterungsmöglichkeit auf 20 x 60 m berücksichtigt sein.

Die Stallanlage mit mindestens 30 Plätzen dürfte die Basis einer so genannten Reitanlage sein. Die Aufstockung dieses Betriebes sollte in einem vorab zu erstellenden Konzept bereits geplant sein und könnte sicherlich eine Größe von insgesamt 45 bis 50 Pferde erreichen.

Der Aspekt der Offenstall- und Gruppenhaltung von Pferden wäre z.B. sicher eine wirtschaftliche Ergänzung zur gesunden Basis und der besonderen Individualität des wirtschaftlichen Betriebes.

3.2   Maschinen und Geräte

Der zweckmäßige Einsatz geeigneter Maschinen (Schlepper, Höhenförderer, Kehrmaschinen und dergleichen) und Geräte wie Futterwagen und dergleichen kann sehr wesentlich zu einer Senkung der Arbeitskosten beitragen. Die Einsatzmöglichkeiten hängen weitgehend von den baulichen Einrichtungen ab. Dies muss daher schon bei der Planung oder Umplanung der Reitanlage bedacht werden.

3.3   Mitarbeiter

Der tägliche Einsatz entsprechend qualifizierter Mitarbeiter ist nur in Reitbetrieben von einer bestimmten Größenordnung an wirtschaftlich zu gestalten. Auch hier gelten die 30 Pferde als Norm, um auch im Falle von Krankheit, Urlaub oder Kündigung den Betrieb aufrechterhalten zu können. Im Übrigen hängt der Arbeitsaufwand weitgehend von den baulichen Einrichtungen, den vorhandenen Maschinen und Geräten sowie den Ansprüchen des Leiters/Inhabers ab.

Zusammenfassend sei festgehalten:
Die Produktionsfaktoren begrenzen die Entwicklungsmöglichkeiten eines Reitbetriebes; dabei kann der Faktor Kapital die „Unvermehrbarkeit" des Faktors Boden noch in gewissem Umfang ausgleichen und die im Faktor Arbeit enthaltenen Risiken entschärfen. Ist der Reitbetrieb nur ein Teil eines anderen Betriebes (z.B. Bauernhof, Hotel), muss der wirtschaftliche Erfolg aus der Sicht des Gesamtbetriebes beurteilt werden, zu dem er (gegebenenfalls indirekt maßgeblich) beiträgt.

Hinweis:
Nähere Einzelheiten zur Planung und zum Bau von Reitanlagen siehe „Orientierungshilfen Reitanlagen- und Stallbau", **FN***verlag, Warendorf.*

Rechtsformen für Reitbetriebe

So vielgestaltig, wie sich uns Reitbetriebe in der Praxis darbieten, so unterschiedlich ist auch ihre Rechtsform. Inhaber eines Reitbetriebes kann eine „natürliche Person" oder auch eine „juristische Person" sein. „Natürliche Personen" sind Menschen; „juristische Personen" sind Organisationsformen, die im Rechtsleben wie ein Mensch behandelt werden.

4.1 Natürliche Personen

4.1.1 Reitstall als privates Hobby

Wer sich sein Reitpferd am Hause hält, ist zwar Pferdehalter, ein Pferd macht jedoch noch keinen „Betrieb". Wer sich jedoch für seinen privaten (familiären) Bedarf mehrere Pferde hält und im Rahmen dieser Pferdehaltung einen Pferdepfleger oder Bereiter einstellt, der begründet bereits einen Betrieb. Betriebsinhaber ist hier eine natürliche Person. Diese wäre z.B. auch Vertragspartner des einzustellenden Pferdepflegers oder Bereiters bzw. bei Vorliegen einer Ausbildungsberechtigung der Auszubildenden. Sobald übrigens dieser Betriebsinhaber Fremdarbeitskräfte beschäftigt, gilt er der Berufsgenossenschaft gegenüber bereits als versicherungspflichtig (siehe Kapitel 10).

4.1.2 BGB-Gesellschaft als Inhaber

Wenn sich zwei oder mehrere Privatleute zusammentun, um gemeinsam für ihre privaten Zwecke eine Reitanlage zu unterhalten, dann würden sie sich darüber einig werden, was jeder von ihnen hierzu beiträgt. Sie könnten zu diesem Zwecke eine Gesellschaft bürgerlichen Rechts gründen. Im Gesellschaftsvertrag würden alle Rechte und Pflichten der einzelnen Gesellschafter geregelt sein. Nach außen hin wären alle Gesellschafter gemeinsam als Inhaber zu betrachten. Ein Anstellungsvertrag mit einem Reitlehrer müsste also z.B. von allen Gesellschaftern unterzeichnet werden.

4.1.3 Reitstall als Gewerbebetrieb

Wenn der Betriebsinhaber mit der Pferdehaltung Gewinn erzielen will (ohne Landwirt zu sein), dann handelt es sich um einen Gewerbebetrieb. Das hat steuer-

rechtliche Konsequenzen (siehe auch Kapitel 11); der Betrieb unterliegt auch der Gewerbeaufsicht (Gewerbeordnung, § 11 Tierschutzgesetz usw.). Ein Gewerbebetrieb kann niemals gemeinnützig sein. Wenn z.B. ein gemeinnütziger Reiterverein den Reitbetrieb an einen Reitlehrer verpachtet, dann wird der Reitlehrer zum Inhaber eines Gewerbebetriebes. Der Verein sollte als Verpächter durch eine entsprechende Gestaltung des Vertrages dafür sorgen, dass er seine Gemeinnützigkeit nicht verliert (siehe Pachtvertrag im Anhang).

4.1.4 Inhaber ist Landwirt

Der Reitbetrieb kann ein landwirtschaftlicher Betriebszweig sein (Gestüt, Reiterhof, Ferien auf dem Bauernhof usw.). In diesem Falle wird der Betrieb rechtlich und steuerlich als Teil des landwirtschaftlichen Betriebes betrachtet. Wenn jedoch dieser Betriebszweig über den Umfang der Landwirtschaft hinausgeht (weil z.B. die Zahl der Pferde aus der vorhandenen Fläche nicht mehr ernährt werden kann oder weil Pferdehandel Priorität hat oder Reitunterricht erteilt wird), dann kann er steuerlich als „freiberufliche Tätigkeit" oder als „Gewerbebetrieb" eingestuft werden. Daher ist vor entsprechenden Betriebsumstellungen in jedem Fall ein Steuerberater zu Rate zu ziehen (siehe auch Kapitel 11).

4.2   Handelsgesellschaften

Hier unterscheiden wir die „offene Handelsgesellschaft" (OHG), die „Kommanditgesellschaft" (KG) und die „stille Gesellschaft".

4.2.1 Offene Handelsgesellschaft

Wir hatten oben den Fall betrachtet, dass sich mehrere Nachbarn zusammentun, um für ihre privaten Bedürfnisse einen Reitstall zu unterhalten. Das war eine BGB-Gesellschaft. Wenn sich die gleichen Personen zusammentun, um den Reitbetrieb als Handelsgewerbe zu betreiben, dann wird das Handelsgesetzbuch (§§ 105 bis 160) anwendbar, und wir hätten eine „offene Handelsgesellschaft" (OHG). Die einzelnen Gesellschafter treten zwar nach außen als Gesellschaft auf, sie haften jedoch jeder mit ihrem Geschäfts- und privaten Vermögen, können sich also (ebenso wie bei der BGB-Gesellschaft) nicht „hinter der OHG verstecken".

4.2.2 Kommanditgesellschaft

Wenn einige Gesellschafter nun ihre Haftung auf eine bestimmte Vermögenseinlage beschränken wollen, dann treten sie der offenen Handelsgesellschaft als Komman-

ditisten bei, und die offene Handelsgesellschaft wird damit zur Kommanditgesellschaft (KG). Das setzt voraus, dass mindestens eine Person wie in der OHG persönlich haftet – das ist der Komplementär; im Übrigen kann die Gesellschaft unbegrenzt viele Kommanditisten haben, die nur mit ihrer Einlage haften (§§ 161 bis 177 HGB).

4.2.3 Stille Gesellschaft

Diese Gesellschaftsform ist im Geschäftsleben sehr häufig, tritt nach außen jedoch überhaupt nicht in Erscheinung. Der stille Gesellschafter bleibt im Hintergrund wie ein Kreditgeber. Er hat jedoch aufgrund einer Einlage (Geld, Grundstücke, Pferde usw.) am Gewinn des Reitbetriebes bestimmte Anteile. Der angestellte Bereiter, Reitlehrer usw. hätte allein mit dem Betriebsinhaber (nicht mit dem stillen Gesellschafter) zu tun. Das schließt nicht aus, dass ein Angestellter selber stiller Gesellschafter an dem Reitbetrieb ist, bei dem er angestellt ist. Der Vertragsfreiheit sind hier keine Grenzen gesetzt.

4.3 Juristische Personen

4.3.1 Der eingetragene Verein

Die dem Reitsport vertrauteste Form ist der eingetragene Verein (e.V.). Der Verein ist in §§ 21 ff. BGB geregelt. Durch Eintragung in das Vereinsregister des zuständigen Amtsgerichts erlangt der Verein Rechtsfähigkeit und wird damit zur juristischen Person. Als e.V. sind die z.Zt. rund 7.000 Reit- und Fahrvereine in der Bundesrepublik organisiert. (Zur Frage der Haftung der Vereine siehe Kapitel 10 – Versicherungen – Vereinshaftpflicht). Auch der Kreisreiterverband ist ein Verein, seine Mitglieder sind die Vereine seines Einzugsgebietes. Das Gleiche gilt für die Regionalverbände und die Landesverbände. Solche vereinsrechtlichen Zusammenschlüsse oberhalb der Ebene des örtlichen Vereins bezeichnet man auch als „Dachverbände". Der Ausdruck „Verband" hat keine rechtliche Bedeutung, so bezeichnet man Vereine von höherrangiger Bedeutung.

Die meisten Reitervereine sind gemeinnützig, sie brauchen es jedoch nicht zu sein. Die Frage der Gemeinnützigkeit hat keinen Einfluss auf die Rechtsform als e.V. Sie ist jedoch von großer Wichtigkeit in steuerrechtlicher Beziehung (siehe Kapitel 11)! Daher sind alle eingetragenen gemeinnützigen Reitervereine darauf bedacht, die in der Abgabenordnung definierten Bedingungen der Gemeinnützigkeit einzuhalten.

Die Willensbildung in einem Verein vollzieht sich nach dem Mehrheitsprinzip. Die hierfür erforderlichen „Spielregeln" sind in der Vereinssatzung niedergelegt.

4.3.2 Gesellschaft mit beschränkter Haftung

Bei der Gesellschaft mit beschränkter Haftung (GmbH) handelt es sich um eine juristische Person des Handelsrechts (siehe Handelsgesetzbuch und GmbH-Gesetz). Ein als GmbH betriebener Reitbetrieb kann also niemals gemeinnützig sein, denn er ist ebenso wie die OHG oder KG auf Gewinnerzielung ausgerichtet. Der eigentliche Sinn der GmbH-Konstruktion liegt darin, dass die vermögensrechtliche Haftung von vornherein auf eine bestimmte Summe beschränkt ist.
Die einzelnen Gesellschafter übernehmen bei der Gründung gewisse Anteile an dem Geschäftsvermögen, nach denen auch die Gewinn- und Verlustbeteiligung bemessen wird. Das Gesellschaftsvermögen („Stammkapital") muss mindestens 25.000,– EUR betragen. Die Gesellschafter bestimmen einen Geschäftsführer aus ihren Reihen oder einen Angestellten, der die laufenden Geschäfte der GmbH wahrnimmt. Für Haftpflichtansprüche, die sich aus der Geschäftsführung ergeben, haften die einzelnen Gesellschafter nur bis zur Höhe ihrer Einlage.

4.3.3 GmbH & Co KG

Hier handelt es sich um eine Kommanditgesellschaft (also nicht um eine juristische Person). Im Wirtschaftsleben besteht das Bedürfnis nach einer Gesellschaft, in der es ebenso wie in der KG möglich ist, eine große Zahl von Kapitaleinlegern (begrenzt haftende Kommanditisten) für das Unternehmen zu gewinnen, ohne dass diese persönlich mit „Haut und Haaren" haften (nämlich nur mit ihrer Einlage). Da jedoch gesetzlich in der Kommanditgesellschaft stets einer (der Komplementär) persönlich haften muss, hat man zu dem Trick gegriffen, als persönlich Haftenden (Komplementär) eine GmbH einzusetzen. Die GmbH ihrerseits (siehe oben) haftet jedoch schon von Natur her nur mit einer bestimmten Summe. Diese Konstruktion ist zulässig und bei größeren Reitbetrieben auch durchaus gebräuchlich.

4.3.4 Aktiengesellschaft, kleine Aktiengesellschaft

Die unpersönlichste Form der Kapitalgesellschaft ist die Aktiengesellschaft (AG) – siehe Aktiengesetz. Da die Anteile (Aktien) an der Börse gehandelt werden, hat normalerweise kein Gesellschafter einen Überblick über seine Mitgesellschafter. Zur Zeit ist kein in der Form einer AG betriebenes Reit- oder Zuchtunternehmen bekannt. Bei kleinen Aktiengesellschaften handelt es sich um Gesellschaften mit einer kleinen Anzahl von Anteilseignern. Die kleine AG ist also die personalistisch strukturierte und damit notwendigerweise nicht-börsennotierte AG. Es gelten gegenüber der reinen Aktiengesellschaft eine Reihe von Vereinfachungsregelungen.

4.3.5 Eingetragene Genossenschaft

Die eingetragene Genossenschaft (e.G.) ist im Gesetz betreffend die Erwerbs- und Wirtschaftsgenossenschaft geregelt. Mindestens 7 Genossenschafter sind erforderlich. Die Genossenschaft erlangt Rechtsfähigkeit durch Eintragung im Genossenschaftsregister.

Die eingetragene Genossenschaft ist traditionsgemäß die Rechtsform, in der sich landwirtschaftliche Betriebe zusammenschließen, um gemeinschaftliche wirtschaftliche Anliegen zu fördern (z.B. Molkerei-Genossenschaften, Zuckerfabriken, Viehvermarktung usw.). Daher ist die Form der e.G. auch durchaus geeignet, um den Züchtern eines bestimmten Einzugsgebietes zur Organisation eines gemeinschaftlichen Vermarktungszentrums zu dienen. Nach dem Gesetz werden zwei Arten von Genossenschaften unterschieden:

- die e.G. mit unbeschränkter Haftung: die Genossenschafter haften mit ihrem gesamten Privatvermögen;
- die e.G. mit beschränkter Haftung: die einzelnen Genossenschafter haften mit einer bestimmten vorher festgelegten Summe (die höher sein kann als die Einlage).

4.4 Staatliche Einrichtungen

Die öffentliche Hand kann auch wie ein Privatmann Geschäfte machen, in dem Falle handelt der Staat „fiskalisch". In der Praxis sind Gemeinden zwar häufig Verpächter von Reitanlagen, betreiben diese jedoch kaum jemals in eigener Regie.

Die öffentliche Hand kann jedoch ein Gestüt/Reitanlage auch betreiben, z.B. um staatliche Aufgaben nach dem Tierzuchtgesetz durchzuführen. Hier handelt der Staat nicht fiskalisch, sondern „hoheitlich". In diesem Falle ist der Betrieb Teil einer Behörde. Das ist die Konstruktion der Landgestüte als nachgeordnete Behörden der jeweiligen für die Tierzucht zuständigen Landesministerien.

Markt, Werbung, Pferdeankauf und Pferdeverkauf

Die Vorgänge auf dem Markt für Pferde sind äußerst kompliziert und vielfach nicht nur für Laien undurchsichtig. Die in anderen Wirtschaftsbereichen gültigen Marktmechanismen lassen sich nicht ohne weiteres auf den Bereich der Pferde anwenden. Die Ursachen hierfür sind vielschichtig. Sie sind zum Teil sicherlich darin zu sehen, dass sich Produktion sowie Vermarktung von Pferden keineswegs nur nach wirtschaftlichen Gesichtspunkten vollziehen. Häufig spielen hierbei nicht rationale, sondern eher gefühlsbetonte Überlegungen eine wesentliche Rolle. Dennoch ist es sinnvoll und zweckmäßig, zu versuchen, das Geschehen auf dem Pferdemarkt zu verstehen und gewisse Regelmäßigkeiten herauszufinden, die Rückschlüsse auf zukünftige Entwicklungen zulassen.

5.1 Allgemeine Situation auf dem Pferdemarkt

Ebenso wie in anderen Wirtschaftsbereichen sind auch auf dem stark konjunkturabhängigen Pferdemarkt Angebot und Nachfrage die entscheidenden Kräfte. Sie sind u.a. in großem Maße verantwortlich für die Preisbildung. Angebot und Nachfrage werden durch verschiedenartige Faktoren bedingt, die im Folgenden kurz besprochen werden.

5.1.1 Faktoren auf der Angebotsseite

Gesamtpferdebestand
Der Gesamtpferdebestand umfasst die Zahl aller Pferde, d.h. sowohl der Zuchtpferde als auch der Reit-, Arbeits-, Hobby- oder der sonstigen Gebrauchspferde. Er wird in Deutschland vom Statistischen Bundesamt in Wiesbaden erfasst. Für das Jahr 1996 weist die Statistik z.B. einen Bestand von insgesamt 652.000 Pferden und 171.000 Ponys aus. In Anbetracht der Tatsache, dass es aufgrund der Vielzahl von nicht zur Landwirtschaft gerechneten Einzelpferdehaltern kaum möglich ist, exakt alle Pferde nachzuweisen, dürfte die tatsächliche Zahl wohl noch höher einzustufen sein. Hochrechnungen haben ergeben, dass hierzulande deutlich mehr als 1 Mio. Pferde und Ponys leben.
Ein im Vergleich zur Nachfragesituation geringer Gesamtpferdebestand wirkt sich naturgemäß belebend auf das Preisniveau aus, während umgekehrt ein relativ großer Pferdebestand meist nachgebende Preise zur Folge hat.

Zuchtpferdebestand

Für das mittelfristige Angebot an Reitpferden spielt die Größe des aktiven Zucht-pferdebestandes eine wesentliche Rolle. Anhand dieser Zahlen lässt sich in etwa errechnen, wie viele Reitpferde jährlich aus inländischer Produktion auf den Markt gelangen. Bei den Zuchtpferden handelt es sich in der Regel um solche Hengste und Stuten, die einem gewissen Qualitätsstandard entsprechen. In den Hengst-büchern der deutschen Pferdezuchtverbände waren im Jahre 2001 insgesamt 9.018 im Deckeinsatz stehende Hengste registriert. Hierunter befanden sich 3.847 Reit-hengste – 3.271 Privat- und 576 Landbeschäler. Einen weiteren großen Anteil stell-te die Gruppe der Ponys und Kleinpferde mit 4.100 Hengsten. Die bundesdeut-schen Stutbücher wiesen im gleichen Jahr 118.780 Zuchtstuten auf. Hiervon ent-fielen auf das Reitpferd 76.168 Stuten, während bei den Ponys und Kleinpferden 34.345 Tiere gezählt wurden.

Ein Vergleich zwischen Hengsten und Stuten anhand der aufgeführten Zahlen zeigt deutlich, dass in der Pony- und Kleinpferdezucht unverhältnismäßig viele Hengste decken. Diese Erscheinung ist gleichbedeutend mit einer in der Regel hohen Unwirtschaftlichkeit der Hengsthaltung und verhindert darüber hinaus oftmals den sinnvollen Einsatz überdurchschnittlicher Vererber.

Von so genannten Hobbyzüchtern werden teilweise auch nicht eingetragene Stuten zur Zucht verwandt. Unter dem Gesichtspunkt der ständig anzustrebenden Qualitätsverbesserung ist dieses Verfahren allerdings entschieden abzulehnen. Es handelt sich hierbei im eigentlichen Sinne nicht mehr um Zucht, sondern lediglich um Vermehrung.

Stutbuchaufnahmen

In die Stutbücher der deutschen Zuchtverbände wurden 2001 insgesamt 16.504 Stuten gegenüber 16.953 Stuten im Vorjahr neu aufgenommen. Die Stutbuchauf-nahmen beim Reitpferd sanken um 3,1%; es wurden 10.858 Stuten aufgenommen. Bei den Kaltblütern wurden 507 Stuten und bei den Ponys und Kleinpferden (einschließlich Spezialrassen) 4.493 (-1,7%) neu aufgenommen. Die Stutbuchauf-nahmen bei schwerem Warmblut umfassen 143 und die der Spezialrassen (Groß-pferde) 503.

Bedeckungsziffer und Aufzuchtquote

Die Berücksichtigung der jährlichen Bedeckungsziffern gestattet einen noch genaueren Überblick über das mittelfristige Angebot an inländischen Reitpferden, als dies der Zuchtpferdebestand vermag. 2001 wurden von den deutschen Pferde-zuchtverbänden 71.606 Stutenbedeckungen gezählt. Auf Reitpferde entfielen hier-bei 50.070, auf Ponys und Kleinpferde 16.597 und auf Kaltblüter 2.485 Anpaarun-gen. Es ist allerdings zu berücksichtigen, dass bundesweit auf 100 Bedeckungen nur etwa 50 bis 60 lebende Fohlen kommen. Bei intensiven Bemühungen hinsichtlich tierärztlicher Betreuung, Hygiene usw. sollte diese Abfohlquote sicherlich auf ca. 70 bis 80% gesteigert werden können, wie entsprechende Zahlen aus der Vollblut-zucht beweisen.

Die Aufzuchtverluste liegen erfahrungsgemäß in der Warmblutzucht bei ca. 4%. Auch auf diesem Gebiet sind Verbesserungen durch entsprechende Vorsorgemaßnahmen möglich.

Die Zu- bzw. Abnahme der Bedeckungsziffern im jährlichen Vergleich sind im Übrigen ein gutes Barometer für die momentanen Erwartungen der Züchterschaft an den Pferdemarkt.

Registrierte Fohlen

Im Jahre 2001 wurden 45.701 Fohlen gegenüber 44.715 im Jahre 2000 aufgenommen, davon 31.346 Reitpferde- (Vorjahr 30.346), 1.860 Kaltblut- und schweres Warmblut (Vorjahr 1.966), 11.654 (Vorjahr 11.602) Pony- und Kleinpferde-Fohlen (einschließlich Spezialrassen) sowie 847 (Vorjahr 801) Fohlen der Spezialrassen (Großpferde).

Bestandsergänzung

Zwangsläufig sind nicht alle geborenen Fohlen für den späteren Verkauf als Reit- oder Gebrauchspferde bestimmt. Etwa 20% eines jeweiligen Geburtsjahrganges werden jährlich für die Ergänzung des Zuchtpferdebestandes benötigt. Allerdings ist dieses keine feststehende Größe. Bei Ausweitung der Zucht – z.B. infolge einer günstigen Absatzsituation – ist mit einem höheren Prozentsatz zu rechnen, während andererseits bei einer Einschränkung – zumeist bei schwieriger Absatzlage – dieser Prozentsatz niedriger ausfallen kann.

Inlandsangebot

Die aus der inländischen Produktion anfallenden Pferde gelangen in verschiedenen Altersstufen auf den Markt. Für Zuchtzwecke geeignete Hengste und Stuten werden häufig schon als Absatzfohlen im Alter von 4 bis 6 Monaten veräußert. Dies trifft vor allem für so genannten Hengstanwärter zu, die häufig von spezialisierten Hengstaufzüchtern aufgekauft und in Gruppen gemeinsam aufgezogen werden. Zuchthengste werden gewöhnlich anlässlich der Hengstkörung im Alter von etwa 2 1/2 Jahren angeboten. Soweit es sich um Privatbeschäler handelt, stehen sie unter Umständen auch zu einem späteren Zeitpunkt zum Verkauf.

Zuchtstuten werden in den meisten Fällen bereits als Fohlen – seltener als Jährlinge oder Zweijährige – erworben. Ein Teil kommt allerdings auch im Alter von 3 bis 4 Jahren auf den Markt. Mit zunehmendem Alter ist es jedoch schwieriger, Stuten zur Zucht zu veräußern, da dem Käufer aus den verschiedensten Gründen (schlechte Vererbung, Fruchtbarkeitsprobleme etc.) ausselektierte Stuten angeboten werden.

Die für die Zucht nicht vorgesehenen Pferde werden größtenteils im Alter von 3 bis 4 Jahren als Reitpferde angeboten. Sie sind dann teilweise noch roh bzw. leicht angeritten. Mehr als die Hälfte dieser Pferde gelangt früher oder später in den Turniersport. Genauere Zahlen liefert das Jahrbuch Zucht der Deutschen Reiterlichen Vereinigung, in dem jährlich alle Turnierpferdeeintragungen festgehalten

werden. Viele Reitpferdeinteressenten bevorzugen beim Kauf ältere Pferde, die bereits gut ausgebildet sind. Hierauf wird in Kapitel 5.4.7 noch eingegangen.

Ein- und Ausfuhren

Die Ein- und Ausfuhr von Pferden kann ab einer bestimmten Größenordnung erhebliche Auswirkungen auf dem inländischen Markt hervorrufen. Während hohe Einfuhren die Preise auf dem Inlandsmarkt in der Regel sinken lassen, entlasten umgekehrt Ausfuhren in größerem Ausmaße den inländischen Markt und führen somit zu steigenden Pferdepreisen.

Mit dem Einsetzen der starken Verbreitung des Reitsports innerhalb der Bundesrepublik in den 60er Jahren wurden teilweise in beträchtlichem Umfang vor allem Reitpferde aus dem Ausland eingeführt. Im Jahre 1997 betrugen die Importe 5.291 Pferde, deren Gesamtwert sich auf 21,4 Mio. DM belief. Nach dem jeweiligen Herkunftsland können diese Pferde in Gruppen unterschieden werden:

❶ Osteuropäische Länder
❷ Westeuropa
❸ Nord- und Südamerika

Aus den osteuropäischen Ländern, vor allem aus Polen, der Tschechoslowakei, Ungarn und aus Russland, werden in erster Linie die so genannten Billig-Pferde eingeführt, die gewöhnlich zu Preisen zwischen 500,– und 2.500,– EUR gehandelt werden. Als Käufer dieser Pferde kommen vor allem Freizeitreiter in Betracht. Die hinsichtlich der Erzeugung von Sportpferden wichtigsten Konkurrenten unserer einheimischen Pferdezuchtverbände sind zweifellos die Nachbarländer wie z.B. Dänemark und die Niederlande, die ihre Pferde zumindest teilweise zu Preisen anbieten, die unter den deutschen Produktionskosten liegen. Demgegenüber besitzen die Importe aus den traditionellen Pferdezuchtländern wie Frankreich, Großbritannien und Irland heute eine eher untergeordnete Bedeutung. Seit einigen Jahren sind darüber hinaus zunehmende Importe aus Amerika, vor allem aus den USA, zu beobachten. In erster Linie werden Quarter Horses, Appaloosas, Pintos usw. eingeführt, die wegen der Westernreiterei in unserem Lande vermehrt Freunde finden. Aber auch südamerikanische Rassen wie Pasos oder Mangalagas erfreuen sich zunehmender Beliebtheit. Für gut ausgebildete Pferde dieser Rassen werden teilweise beträchtliche Summen angelegt.

Die Exporte von Pferden aus der Bundesrepublik erreichten in den vergangenen Jahren ebenfalls eine beachtenswerte Größenordnung bezüglich des Exportwertes. Im Gegensatz zu den Einfuhren handelt es sich bei diesen Ausfuhren jedoch um Schlachtpferde. Die Ausfuhr von Reit- und Zuchtpferden hat in den letzten Jahren ständig an Bedeutung gewonnen. Dieses ist sicherlich auf die Erfolge deutscher Pferde im internationalen Reitsport zurückzuführen, durch die das Ansehen der deutschen Pferdezucht erheblich gefördert wurde. Neben Exporten in die europäischen Länder wie z.B. Schweiz, Österreich, Italien, die Benelux-Länder und die skandinavischen Länder, wurden in der Vergangenheit deutsche Pferde vermehrt auch nach Nord- und Südamerika, vor allem in die USA, ausgeführt.

5.1.2 Faktoren auf der Nachfrageseite

Allgemeine Verbreitung des Reitsports
Mit Beginn des wirtschaftlichen Aufschwungs nach dem Zweiten Weltkrieg nahm die Reiterei in unserem Lande eine nicht geahnte Entwicklung. Die Zahl der in Reitervereinen organisierten Mitglieder stieg zeitweise jährlich um mehr als 10%. Diese hohen Zuwachsraten sind in den letzten Jahren in der Bundesrepublik zurückgegangen, die Tendenz ist aber noch leicht steigend. Hinzu kommen die so genannten Freizeitreiter, die nicht in Vereinen organisiert sind. Ihre Zahl wird höher eingeschätzt als die der Mitglieder von Reitervereinen. Aufgrund der gestiegenen Pferdehaltungskosten bei gleichzeitig verschlechterter wirtschaftlicher Situation kann in den nächsten Jahren nicht mit einer wesentlichen Weiterentwicklung des Reitsports in der Bundesrepublik gerechnet werden.

Ersatz- bzw. Erneuerungsbedarf
Durch das Ausscheiden von alten bzw. unbrauchbar gewordenen Reitpferden entsteht ein Ersatzbedarf. Ausschlaggebend hierfür ist die Anzahl der den Reitsport ausübenden Personen. Man kann davon ausgehen, dass der größte Teil der Pferdebesitzer an der Reiterei möglichst lange festhält. Allerdings wird in wirtschaftlich schwierigen Zeiten häufig der Neuankauf eines Reitpferdes länger als unter normalen Verhältnissen üblich hinausgezögert oder sogar unterlassen.

Nachfragezuwachs
Der zusätzliche Bedarf an Reitpferden ist abhängig von der Entwicklung der Zahl der aktiven Reiter. Mittelfristig werden von dieser Bestimmungsgröße keine nennenswerten Impulse zu erwarten sein.

Reproduktionsbedarf
Hierunter ist der Bedarf an Zuchtpferden zu verstehen. Beeinflusst wird diese Größe hauptsächlich von der Fruchtbarkeit sowie von der Nutzungsdauer des derzeit vorhandenen Zuchtpferdebestandes. Der züchterische Fortschritt und die hiermit verbundene Qualitätsverbesserung der jüngeren Pferde, aber auch eine unbefriedigende Vererbung der bisher benutzten Zuchtpferde sind häufige Ursachen für das Ausscheiden von Hengsten und Stuten aus der Zucht, obwohl ihre Gesundheit noch keinen Anlass hierfür bietet. Ihr Platz wird dann von jüngeren Pferden eingenommen, an die der Züchter höhere Erwartungen stellt.

Wirtschaftliche Gegebenheiten
Die Nachfrage nach Reitpferden wird in entscheidendem Maße von der jeweiligen wirtschaftlichen Gesamtsituation beeinflusst und ist damit stark konjunkturabhängig. An erster Stelle steht zweifellos die Zahlungsfähigkeit der als Käufer von Reitpferden in Frage kommenden Personen. Ebenso wichtig sind die Kosten der Pferdebeschaffung sowie die entsprechenden Unterhaltungskosten. Oftmals geben die von Stallbesitzern verlangten Gebühren für Unterbringung und Fütterung den

Ausschlag über Ankauf oder Nichtankauf eines Pferdes. Weiterhin müssen in diesem Zusammenhang die erforderlichen Mittel für notwendige Ausrüstungsgegenstände, für die Ausübung des Reitsports allgemein, für Unterrichtsstunden, Steuern, Versicherungen, Sonderabgaben usw. genannt werden. Schließlich besitzen auch die Kosten für mögliche alternative Sportarten eine gewisse Bedeutung.

Auslandsnachfrage

Deutsche Reitpferde genießen aufgrund ihrer internationalen sportlichen Erfolge in aller Welt einen sehr guten Ruf. Dies hat zu einer steigenden Auslandsnachfrage nach deutschen Pferden geführt. Leider werden Verkäufe ins Ausland häufig durch gewisse Restriktionen behindert. Hierunter fallen z.B. teilweise erhebliche Einfuhrzölle, die Festlegung von bestimmten Einfuhrkontingenten, veterinärmedizinische Einfuhrbestimmungen ausländischer Staaten, welche die Einfuhr von deutschen Pferden sehr erschweren oder sogar unmöglich machen können, und schließlich auch FN-Bestimmungen in einigen Staaten, die starke Behinderungen ausländischer Pferde im Turniersport dieser Länder zur Folge haben. Daneben spielen auch Wechselkursänderungen eine erhebliche Rolle.

5.2   Marktstrukturen

Die Struktur des Reitpferdemarktes ist vielschichtig und komplex. Grundsätzlich wird zwischen der Struktur auf der Angebotsseite und auf der Nachfrageseite unterschieden.

5.2.1   Struktur der Angebotsseite

Züchter

Einige Züchter vermarkten nach wie vor die produzierten Pferde selbst. Dies geschieht bereits im Fohlenalter oder in den nachfolgenden Altersstufen. Besonders vorteilhaft für den Züchter ist es, wenn er in der Lage ist, seine jungen Pferde selbst anzureiten und gegebenenfalls sogar auf Turnieren vorzustellen. Allerdings gestaltet sich der Absatz für diejenigen Züchter immer schwieriger, die hierzu nicht die Möglichkeit besitzen und auch sonst über keine ausreichenden Beziehungen zu Kaufinteressenten verfügen.

Aufzüchter

Aufzüchter erwerben in der Regel junge Pferde – vorzugsweise Hengstfohlen – im Fohlenalter und ziehen diese dann auf. Der anschließende Verkauf erfolgt bei Zuchtpferden zumeist auf der Hengstkörung. Die Reitpferde werden gewöhnlich angeritten oder sogar weiter ausgebildet, um bessere Preise erzielen zu können.

Händler

Im Pferdegeschäft spielen Händler eine bedeutende Rolle. Es kann unterschieden werden zwischen hauptberuflichen Pferdehändlern und solchen, die dieses Geschäft im Neben- oder Zuerwerb betreiben. Sie nehmen eine wichtige Mittlerfunktion zwischen Züchter und Reiter bzw. Käufer ein. Der Handelsstall bietet dem Kunden die Möglichkeit, aus einer breiten Palette auswählen zu können, während der Züchter sehr häufig nur ein einziges Pferd zum Verkauf stehen hat.

Zuchtverbände

Die Zuchtverbände versuchen auf unterschiedliche Weise, Pferde ihrer Mitglieder abzusetzen. Dies geschieht teilweise durch spezielle Absatzveranstaltungen wie Auktionen, Pferdemärkte usw. Einige Verbände verfügen über Absatzzentralen, in denen ein ständiges Angebot an verkäuflichen Pferden bereitsteht. Außerdem werden auch Verkaufslisten geführt, die nähere Angaben über zum Verkauf stehende Reitpferde im Besitz von Mitgliedern des jeweiligen Zuchtverbandes enthalten und Kaufinteressenten zur Verfügung gestellt werden oder im Internet abgerufen werden können.

Privatpersonen

Ein erheblicher Anteil an verkäuflichen Pferden wird natürlich auch direkt von Privatpersonen angeboten, die nicht zu einer der oben genannten Gruppen gehören.

5.2.2 Struktur der Nachfrageseite

Als Käufer von Reitpferden kommen zum überwiegenden Teil Privatpersonen in Betracht. Diese haben sich entweder örtlichen Reitervereinen angeschlossen oder gehören zu den größtenteils nicht organisierten Freizeitreitern. Während über die letztere Gruppe nur unzureichende Informationen vorliegen, existieren über die Vereinsmitglieder genauere Daten. Ihre Zahl belief sich beispielsweise im Jahre 2001 auf 757.726 Personen. Hiervon waren die Hälfte aller Mitglieder jünger als 26 Jahre. Nur rund 13% aller Mitglieder von Reitervereinen besitzen einen Reiterausweis und sind damit berechtigt, an öffentlichen Pferdeleistungsschauen der Kategorie A oder B teilzunehmen. Erfahrungswerte zeigen jedoch, dass längst nicht alle Reiterausweisinhaber Leistungssport betreiben, indem sie regelmäßig mit ihren Pferden in derartigen Turnierprüfungen starten. Aufgrund von durchgeführten Untersuchungen bzw. Erhebungen kann man weiterhin davon ausgehen, dass – regional unterschiedlich – lediglich zwischen 50 und 70% aller Vereinsmitglieder den Reitsport aktiv ausüben.

Reitpferde werden für die verschiedenartigsten Verwendungszwecke angekauft. In den folgenden Ausführungen werden die wichtigsten Käufergruppen behandelt. Hierbei ist allerdings zu bedenken, dass eine sichere Abgrenzung zwischen diesen Gruppen kaum möglich ist und es durchaus zu Überschneidungen kommen kann.

Freizeitreiter

Als Freizeit- oder Breitensport gilt allgemein jede reiterliche Betätigung, die nicht Turniersport im Sinne der LPO ist. Diese Art der Reiterei betreibt die überwiegende Mehrheit aller Aktiven, und zwar weitgehend ohne turniersportlichen Ehrgeiz nur zum eigenen Vergnügen. Trotz der verschiedenartigsten individuellen Reitauffassungen lassen sich im Breitensport allgemein zwei große Gruppierungen unterscheiden, wobei fließende Übergänge jederzeit festzustellen sind.

Ein Teil der Aktiven aus dem Bereich des Breitensports ist zwar gewöhnlich in Vereinen organisiert, nimmt aber nicht oder nur sehr unregelmäßig aktiv an Turnierveranstaltungen teil. Trotzdem orientieren sich diese Reiter in der Ausübung ihrer Reiterei am Turniersport, wenn auch auf niedrigerem Niveau. Je nach persönlicher Neigung empfinden sie z.B. das Überwinden von Hindernissen oder die Beherrschung bestimmter Dressurlektionen als echte Erfolgserlebnisse, die sie Freude und Befriedigung in der Reiterei finden lassen. Beim Kauf berücksichtigen sie daher in stärkerem Maße besondere Veranlagungen eines Pferdes für die von ihnen bevorzugten Disziplinen. Bei entsprechender Qualität sind sie durchaus bereit, auch höhere Preise zu zahlen. Das trifft vor allem für Pferde zu, die bereits gut ausgebildet sind und ihre spezielle Eignung durch Erfolge auf Turnieren nachgewiesen haben.

Im Gegensatz hierzu lehnt die zweite Gruppe jede reitsportliche Betätigung auf dem Dressurviereck oder im Springparcours ab. Der Umgang mit dem Pferd und das Reiten in der Natur sind für sie die schönsten und ursprünglichsten Formen des Pferdesports; hierin finden sie Ausgleich und Erholung vom Stress des Alltags. Aus dem Verzicht auf Teilnahme an Turnieren resultiert zumeist die Ansicht, sich beim Pferdekauf auf die untere Preisgrenze zwischen ca. 1.000,– und 3.000,– EUR beschränken zu können, da besondere Spring- oder Dressurveranlagung nicht erwartet wird. Zuweilen werden jedoch auch von diesen Freizeitreitern weit teurere Pferde erworben. In diesem Zusammenhang darf nicht unerwähnt bleiben, dass sich viele Freizeitreiter auch wettkampfmäßig betätigen. Die Zahl der durchgeführten Reiterspiele, Distanzritte, Streckenritte usw. wächst ständig. Allerdings steht hierbei mehr die Freude an der Reiterei als der sportliche Ehrgeiz im Vordergrund.

Turnierreiter

Turnierreiter kaufen ihre Pferde in der Regel gezielt und mit festen Vorstellungen ein. Ausschlaggebend hierbei ist die reitsportliche Disziplin, in der sie sich vornehmlich betätigen. Obwohl viele Reiter noch Freude und Genugtuung an der Ausbildung eines jungen Pferdes finden, schwindet in letzter Zeit die Bereitschaft und vor allem die Kompetenz hierzu in zunehmendem Maße. Dieser Käuferkreis bevorzugt eindeutig Pferde, die sofort für den Turniersport einsatzbereit sind und nach Möglichkeit über Erfolge in der Anfänger- oder besser noch in der leichten Klasse verfügen. Für derartige Pferde werden bei entsprechender Qualität ohne weiteres auch höhere Preise gezahlt. Ausschlaggebend für dieses Verhalten sind sicherlich die deutlich gestiegenen Unterhaltungs- bzw. Ausbildungskosten, die den schonenden Aufbau eines jungen Pferdes bis zur Turnierreife finanziell erheblich belasten.

Jagdreiter

Die Jagdreiterei ist zweifellos eindeutig dem Breitensport zuzuordnen. Da es sich hierbei jedoch um eine klar definierbare Gruppe von Reitern handelt, sollen die Jagdreiter an dieser Stelle gesondert aufgeführt werden.

Die Teilnahme an Reitjagden erfreut sich nach wie vor großer Beliebtheit. An die für diese Sparte der Reiterei benötigten Pferde werden allerdings besondere Anforderungen gestellt. Einerseits sollen sie über genügend Ausdauer verfügen, um die teilweise recht langen Distanzen konditionell durchzustehen; andererseits dürfen sie im Feld nicht pullen und sich den Hilfen des Reiters entziehen. Erfahrene und für diesen Sport besonders qualifizierte Pferde werden von ihren Besitzern kaum oder nur zu hohen Preisen veräußert. Dagegen können jüngere Pferde, die für die Jagdreiterei alle Voraussetzungen mitbringen, meist zu Durchschnittspreisen erworben werden.

Jugendliche

Jugendliche und Kinder treten fast ausschließlich nicht selbst, sondern nur in Verbindung mit ihren Eltern oder Ausbildern als Käufer auf. Da die Pferde jedoch für sie bestimmt sind, werden sie auch in diesem Zusammenhang aufgeführt.

Die genannte Gruppe macht einen Großteil der Reitsporttreibenden aus. Sie benötigt Pferde, die vor allem in Charakter und Temperament keine Schwierigkeiten aufweisen, eine gewisse Ausbildung genossen haben und besonders leichttrittig sind. Je nach Neigung und sportlicher Ambition der Kinder bzw. Jugendlichen werden Pferde für den Breitensport oder den Turniersport gekauft. Daher ist auch das Preisniveau sehr unterschiedlich. Für Jugendliche geeignete, gut ausgebildete und qualitätvolle Turnierpferde müssen in der Regel teuer bezahlt werden.

Kinder beginnen den Einstieg in die Reiterei vielfach auf Ponys. Vor allem für Anfänger ist es daher wichtig, dass diese besonders brav und zuverlässig sind.

Reit- und Fahrvereine und Reit- und Fahrschulen

Reit- und Fahrvereine und Reit- und Fahrschulen besitzen häufig eigene Pferde, die zumeist im Schulbetrieb eingesetzt werden. Reiter, die kein eigenes Pferd besitzen, erhalten so die Gelegenheit, gegen Zahlung einer entsprechenden Gebühr auf diesen Pferden stundenweise zu reiten. In der Regel ist hiermit die Unterrichtserteilung durch einen erfahrenen Reitlehrer verbunden. In bestimmten Schulbetrieben besteht auch die Möglichkeit, Pferde für Ausritte auszuleihen.

Da es sich bei diesen Reitern gewöhnlich um Anfänger oder um Personen mit relativ wenig Reitpraxis handelt, werden für den Schulbetrieb ausgeglichene und ruhige Pferde mit einem gewissen Ausbildungsstand benötigt. Besondere Spring- und Dressurveranlagung erwartet man von ihnen gewöhnlich nicht. Dafür ist das Preisniveau für diese Pferde allgemein niedrig.

Viele Reit- und Fahrvereine besitzen Voltigierabteilungen, in denen die jüngsten Mitglieder den ersten Kontakt zum Pferd finden sollen. Für diesen Zweck kommen nur charakterlich und temperamentsmäßig einwandfreie Pferde in Betracht. Es werden in der Regel mittelgroße, genügend kalibrige Pferde mit einer breiten und

elastischen Rückenpartie bevorzugt. Die Galoppade soll weich und angenehm sein. In Anbetracht der Tatsache, dass Reit- und Fahrvereine nur über begrenzte finanzielle Mittel für den Ankauf von Pferden verfügen, lassen sich auch für Voltigierpferde kaum lukrative Preise erzielen.

Therapeutische Einrichtungen
Das therapeutische Reiten gewinnt in letzter Zeit stark an Bedeutung. Obwohl auf diesem Gebiet sicherlich noch viel Forschungsarbeit notwendig ist, hat sich gezeigt, dass eine sinnvolle reiterliche Betätigung mit Erfolg zur Heilung bestimmter Krankheiten bzw. Gesundheitsschäden beim Menschen eingesetzt werden kann. Dieser Tatsache bedienen sich mehr und mehr Krankenhäuser, Kliniken, Rehabilitationszentren, Ärztepraxen usw. Die hierfür benutzten Pferde müssen selbstverständlich absolut ruhig und zuverlässig sein.

Fahrer
In diesem Zusammenhang soll schließlich noch der Fahrsport erwähnt werden, da zu seiner Ausübung Pferde benötigt werden, die vielfach auch als Reitpferde Verwendung finden könnten.

Seit Jahren erfreut sich der Fahrsport zunehmender Beliebtheit. Er kann sowohl mit Groß- als auch mit Kleinpferden ausgeübt werden. Voraussetzung sind ausgeglichene, nervenstarke Pferde mit ausdrucksvollen Bewegungen. Bei Mehrspännern bereitet die typ- und farbmäßige Zusammenstellung des Gespannes oft Schwierigkeiten. Geeignete Pferde sind gesucht und werden zu überdurchschnittlichen Preisen gekauft.

5.3   Absatzwege

Für den Züchter bzw. Verkäufer von Pferden bieten sich verschiedene Möglichkeiten des Absatzes.

5.3.1 Direktverkauf

Diese Form des Absatzes ist für den Züchter bzw. Verkäufer gewöhnlich mit den geringsten Kosten verbunden. Sie ist jedoch nur dann erfolgversprechend, wenn der Züchter einen guten Namen hat oder durch Inserate auf seine Zuchtprodukte aufmerksam macht und seine Pferde marktgerecht präsentieren kann! Diese Vermarktungsart erscheint sehr vertrauenswürdig und ist eine der am meisten akzeptierte Marketingmethode.

5.3.2 Verkauf über Verkaufsanzeigen in Zeitungen und im Internet

Inserate in bekannten Fachzeitschriften oder in der Tagespresse erreichen einen größeren Interessentenkreis. Allerdings sind sie nicht billig. Auf jeden Fall sollten Inserate interessant aufgemacht sein, damit sie nicht in der Vielzahl der anderen Annoncen untergehen. Bei aller gebotenen Kürze müssen sie einen hohen Informationswert besitzen. Zwecks schneller Kontaktaufnahme sollte man möglichst eine Telefon-Nummer angeben.

Durch die Verbreitung des Internets nutzen viele Pferdebesitzer und auch Zuchtverbände die Möglichkeit, Verkaufspferde im Internet zu präsentieren. Dabei sollte sich der Pferdeinteressent nicht nur von den Fotos und Videos der angebotenen Pferde überzeugen lassen, sondern muss auf jeden Fall das Pferd auch vor Ort begutachten und ausprobieren.

5.3.3 Verkauf über Vermittler

In der Vermarktung von Pferden sind häufig private oder berufsmäßige Vermittler tätig. Sofern diese über hinreichende Verbindungen zu Kaufinteressenten bzw. Verkäufern verfügen, kann es durchaus zweckmäßig sein, einen Vermittler einzuschalten. Üblicherweise ist an den Vermittler bei einem erfolgreichen Geschäft eine Vermittlungsgebühr zu entrichten. Je nach Auftraggeber zahlt diese der Verkäufer oder Käufer, teilweise auch beide. Bei Pferdegeschäften sind 10% des Kaufpreises üblich. Es werden aber auch individuell unterschiedliche Gebühren zwischen den Parteien vereinbart, insbesondere dann, wenn mehrere Vermittler eingebunden sind.

5.3.4 Verkauf auf Kommissionsbasis

Diese Art des Absatzes ist eine Besonderheit des Vermittlungsgeschäftes. Hierbei übernimmt der Vermittler Pferde zum Zwecke des Verkaufes. Ist ein Geschäft zustande gekommen, führt er den Kaufpreis an den Eigentümer des Pferdes ab. Für seine Tätigkeit erhält er eine so genannte Kommissionsgebühr, die vorher zu vereinbaren ist. Teilweise wird jedoch auch bei der Übergabe der Pferde an den Vermittler eine bestimmte Summe festgesetzt, die der Eigentümer im Falle eines Verkaufes erhält. Gelingt es dem Vermittler, das Pferd teurer zu veräußern, steht ihm der Mehrerlös zu.

5.3.5 Verkauf über Händler

Pferdehändler verfügen häufig über umfangreiche Beziehungen zu Kaufinteressenten. Sie sind in der Lage, Pferde in Zahlung zu nehmen oder zu tauschen. Über Händler sind oftmals auch diejenigen Pferde abzusetzen, für die nur schwer ein Käufer zu finden ist.

5.3.6 Verkauf auf Pferdemärkten

Auch heute noch existieren einige der freien Pferdemärkte, die es in früheren Zeiten weit häufiger gab. Auf diesen Pferdemärkten werden die angebotenen Pferde freihändig zwischen Verkäufer und Käufer verhandelt. In der Regel zahlt der Verkäufer für die Ausstellung seiner Pferde eine geringe Marktgebühr. Die auf diesen Märkten zum Verkauf kommenden Pferde sind zumeist nur von unterdurchschnittlicher Qualität. Zuweilen ist es jedoch durchaus möglich, dass man dort ein unerkanntes Talent zu einem günstigen Preis erwerben kann.

5.3.7 Verkauf auf Auktionen

Fast alle deutschen Pferdezuchtverbände veranstalten ihre eigenen Auktionen. Je nach Art der Auktion werden Fohlen, Reitpferde, Zuchtstuten und zum Teil auch Hengste angeboten. Diese Art des Absatzes kommt von vornherein nur für eine begrenzte Anzahl von ausgesuchten Pferden in Betracht. Sie besitzen in der Regel einen hohen Qualitätsstandard. Auktionen sind praktisch Schaufenster für den jeweiligen Zuchtverband. Auf den Auktionen werden die Pferde – beginnend mit einem festgesetzten Mindestbetrag – versteigert. Der Meistbietende erhält den Zuschlag. In der Regel ist vom Käufer und Verkäufer ein bestimmter Prozentsatz des Kaufpreises als Kommissions- bzw. Vermittlungsgebühr an den Auktionsveranstalter zu zahlen. In letzter Zeit werden auch Auktionen von Privatpersonen mit wechselndem Erfolg durchgeführt.

5.3.8 Verkauf über Vermarktungseinrichtungen

Einige Zuchtverbände besitzen eigens zu diesem Zweck geschaffene Absatzzentralen. Diese arbeiten zumeist auf Kommissionsbasis, d.h. sie verkaufen im Auftrag und für Rechnung der Pferdebesitzer die Pferde gegen eine Kommissionsgebühr. Sie nehmen dem Pferdebesitzer das Herausbringen, die Ausbildung und den Verkauf ab. Durch ein breites, qualitativ überdurchschnittliches Angebot sowie zumeist optimale Möglichkeiten des Ausprobierens der Pferde sind sie gerade für diejenigen Käufer interessant, die nicht über die Zeit verfügen, viele Züchter bzw. Verkäufer aufzusuchen. Andererseits sind diese Vermarktungseinrichtungen vor allem für die

Verkäufer vorteilhaft, die selbst nicht über umfangreiche Beziehungen zu Kaufinteressenten verfügen.

In der Bundesrepublik bestehen z.Zt. Absatzzentralen in Elmshorn, Verden, Müns-
ter-Handorf, Vechta und Standenbühl.

5.3.9   Verkauf über Züchtervereinigungen

In den letzten Jahren haben sich vermehrt in einigen Züchtervereinigungen Regio-
nalgruppen zusammengeschlossen, die als Ergänzung zu den Landesvermarktungs-
zentralen Verkaufspferde anbieten. Die Pferde, die aus den jeweiligen Regionen
kommen und zum Verkauf stehen, werden auf Hofauktionen oder Verkaufstagen
angeboten. Einige Züchtervereinigungen erstellen Kataloge mit Verkaufspferden
oder haben Verkaufslisten im Internet.

Vorteilhaft bei dieser Art der Vermarktung ist das breite Pferdeangebot in jeder
Preislage. Zudem können sich alle Züchter an diesen Absatzmöglichkeiten beteiligen, da es in der Regel keine Vorauswahl der Pferde gibt.

5.3.10 Verkauf auf Turnieren

Turniersportprüfungen ziehen besonders leistungsorientierte Pferdeinteressenten
an. Die zum Verkauf stehenden Pferde, die in den Programmheften des Turniers
gekennzeichnet werden können, werden unter Wettbewerbsbedingungen vorgestellt und können je nach Ambitionen des Käufers ausgesucht werden. Diese
Turnierveranstaltungen bieten dem Kunden ein umfangreiches Angebot an tur-
niererfahrenen Pferden.

5.4   Auswahlkriterien beim Ankauf von Pferden

Reiter bzw. Käufer von Reitpferden sind Individualisten. Gerade auf dem hier angesprochenen Gebiet wird der Anbieter von Reitpferden mit den verschiedensten
Vorstellungen und Wünschen konfrontiert. Allerdings haben sich in den vergangenen Jahren gewisse Modetrends ergeben, die für die große Mehrzahl der
Pferdeverkäufe zutreffen. Die nachfolgenden Kriterien sind in erster Linie maßgebend:

5.4.1   Typ und Exterieur

Die große Mehrheit der Reitsportbegeisterten sieht ein Pferd nicht nur als einfaches
Sportgerät an, sondern diese Menschen möchten sich auch an seiner Schönheit
erfreuen können. Bevorzugt wird eindeutig der moderne Reitpferdetyp, wobei

besonderer Wert auf einen ausdrucksvollen Kopf sowie auf Harmonie und Eleganz des gesamten Körperbaues gelegt wird. Die Korrektheit des Exterieurs – vor allem des Fundaments – gewinnt bei dem Reitpferdekäufer immer mehr an Bedeutung, da dieses Auswahlkriterium die Nutzungsart und -dauer des Pferdes beeinflusst.

5.4.2 Pflegezustand

Zweifellos ist der Futter- und Pflegezustand eines Pferdes beim Kauf von entscheidender Bedeutung. Hierzu zählt das gesamte Herausgebrachtsein wie Sauberkeit, Hufpflege, Frisieren usw. Pferde, die in dieser Beziehung keine Wünsche offen lassen, sind wesentlich besser abzusetzen als solche, die einen ungepflegten Eindruck hinterlassen.

5.4.3 Abstammung

Die Abstammung ist ein wesentlicher Gesichtspunkt beim Kauf eines Pferdes. Dies gilt in erster Linie für Zuchtpferde. Jedoch auch bei Reitpferden, vor allem bei jüngeren, wird die Abstammung in starkem Maße berücksichtigt. Nachkommen von erfolgreichen Vätern sowie von Vätern erfolgreicher Turnierpferde finden eher und zu höheren Preisen einen Käufer, als dies bei Nachkommen von noch unbekannten Hengsten der Fall ist.

5.4.4 Größe

Eines der wichtigsten Kriterien in der Vermarktung von Pferden ist die Größe. Hierin stellt sich ein besonderes Problem dar. Die Analyse von Auktionsergebnissen lässt erkennen, dass in der Regel die größeren Pferde im Durchschnitt teurer als die kleineren waren. Mittlerweile ist aber ein Trend zu erkennen, der von dem übergroßen Pferd wieder weg führt. Es ist offensichtlich, dass übergroße Pferde hinsichtlich Geschmeidigkeit, Elastizität, natürlichem Gleichgewicht, Leichtrittigkeit usw. den mittelgroßen Pferden in der Regel unterlegen sind. Andererseits benötigt natürlich ein größerer Reiter auch ein größeres Pferd, wenn die Harmonie des Gesamtbildes gewahrt bleiben soll.

5.4.5 Farbe

Ein altes Sprichwort lautet: „Ein gutes Pferd hat keine Farbe". Dieser Grundsatz ist selbstverständlich auch heute noch gültig. Trotzdem wird beim Kauf von Pferden immer wieder die Farbe zum Teil erheblich berücksichtigt. Zur Zeit ist die Tendenz zu dunkel- bzw. schwarzbraunen Farben augenfällig. Demgegenüber sind Schim-

Korrekturzettel
Betriebswirtschaftslehre

Nach Drucklegung haben sich in Kapitel 11.1.1.5 (Umsatzsteuer einschließlich der Besonderheiten in Reitbetrieben) folgende Änderungen ergeben:

Seite 148:
a) Haltung und Pflege von fremden Pferden (Pensionspferdehaltung) sowie Anlage 18.3.1., Auszug aus der Umsatzsteuerkartei zur Pensionspferdehaltung:

Das Finanzgericht Düsseldorf hat mit Urteil vom 26.06.2002, Aktenzeichen 5 K 2483/00 U umsatzsteuerliche Fragen zur Pensionspferdehaltung entschieden. Ein dem ermäßigten Steuersatz von 7 v. H. unterfallendes „Halten von Vieh" liegt danach nur vor, wenn sich der Pferdepensions-betreiber neben der Unterbringung und Fütterung auch zur umfassenden Pflege der untergestellten Pferde verpflichtet. Das Finanzgericht Düsseldorf ist der Auffassung, dass Pferdepensionsumsätze nur dann ermäßigt zu besteuern sind, wenn die artgerechte Haltung der Tiere auch ohne eigene Betreuungsleistung der Pferdebesitzer jederzeit gewährleistet ist. Falls nach den Einstallungsverträgen die Pferdepensionsbetreiber zu diesen Pflegeleistungen verpflichtet sind, ist es demnach unschädlich, dass die Pferdebesitzer gelegentlich oder auch regelmäßig selbst das Putzen, Striegeln und Bewegen der Pferde vornehmen. Dies gilt allerdings nur, wenn sich die Leistung des Pensionspferdebetreibers auf die erwähnten Leistungen der Unterbringung, Fütterung und Pflege beschränkt. Insoweit ergeben sich noch keine Änderungen zur bisherigen Sichtweise. Wird jedoch, wie es heute in der Regel geschieht, daneben noch zur Ausübung des Reitsports die Benutzung von Reitanlagen gestattet (z.B. Reithalle, Springplatz, Dressurviereck, usw.), liegt kein steuerbegünstigtes „Halten von Vieh" mehr vor, sondern eine einheitliche Leistung eigener Art (Leistungspaket zur Ausübung des Reitsports), die dem vollen Steuersatz von 16 v. H. unterliegt.

Gegen dieses Urteil ist beim Bundesfinanzhof Revision eingelegt worden.

Seite 149:
h) Durchführung von Reitkursen durch Reiterhöfe

Die Steuerbefreiung für die Beherbergung und Beköstigung von Jugendlichen greift nur, wenn die Erziehungs-, Ausbildungs- oder Fortbildungsmaßnahmen dem Unternehmer, der die Jugendlichen aufgenommen hat, selbst obliegen. Dabei ist es nicht erforderlich, dass der Unternehmer die Leistungen allein erbringt. Er kann die ihm obliegenden Leistungen zur Gänze selbst oder teilweise durch Beauftragte erbringen. Der Unternehmer muss eine Einrichtung auf dem Gebiet der Kinder- und Jugendbetreuung oder der Kinder- und Jugenderziehung im Sinne des Art. 13 Teil A Abs. 1 Buchst. h oder i der 6. EG Richtlinie unterhalten. Daher können – unter Beachtung der übrigen Voraussetzungen des § 4 Nr. 23 Umsatzsteuergesetz – die Steuerbefreiung **nur Einrichtungen des öffentlichen Rechts** auf dem Gebiet der Kinder- und Jugendbetreuung sowie der Kinder- und Jugenderziehung **oder vergleichbare privatrechtliche Einrichtungen** in Anspruch nehmen. Einrichtungen in diesem Sinne können z.B. auch mit staatlichen Mitteln geförderte Jugendheime sein. Für alle anderen Einrichtungen wie z.B. Reiterpensionen, Pferdebetriebe, Reiterfreizeiten, etc., die Jugendliche im Rahmen der aufgeführten Tätigkeiten beherbergen oder beköstigen, gilt die Steuerbefreiung ab dem 01.01.2002 nicht mehr.

18.1 Vertragsmuster

Seite 348
18.1.10 Haftungsausschluss Reitunterricht

Durch das Schuldrechtsmodernisierungsgesetz und der damit verbundenen Einbeziehung des Gesetzes über die Allgemeinen Geschäftsbedingungen (AGB) in das Bürgerliche Gesetzbuch (BGB) ist es zu einigen Änderungen gekommen.

Das auf Seite 348 abgedruckte Formular ist hinsichtlich des Haftungsausschlusses für Personenschäden dann unwirksam, wenn es – wie vorliegend – als vorformulierter Haftungsausschluss eins zu eins übernommen wird.

Die Regelung über den Haftungsausschluss in einem vorformulierten Vertrag für fahrlässig verursachte Personenschäden ist nämlich gem. § 309 Nr. 7 BGB unwirksam.

Ein Haftungsausschluss – auch für fahrlässig verursachte Personenschäden – ist nur noch möglich, wenn beide Parteien (hier Reitlehrer und Reitschüler bzw. bei Minderjährigen die Erziehungsberechtigten) diese Haftungsbeschränkung im Einzelnen aushandeln, d.h. dass diese Haftungsbeschränkung bezüglich der Personenschäden wörtlich besprochen sein muss.

Nur als Formulierungshilfe empfiehlt sich deshalb folgender Text, der handschriftlich abgefasst sein sollte:

Der Reitlehrer _____

schließt die Haftung wegen aller dem Reitschüler _____

durch leichte Fahrlässigkeit des Reitlehrers verursachten Personen-, Sach- und Vermögensschäden aus, soweit diese nicht durch eine Haftpflichtversicherung des Reitlehrers gedeckt sind.

Ferner stellt der Reitschüler den Reitlehrer im Innenverhältnis insoweit von Ansprüchen Dritter frei, insbesondere von Ansprüchen seiner Kranken- und Sozialversicherung, soweit diese nicht durch eine entsprechende Haftpflichtversicherung abgedeckt ist.

Der Reitschüler versichert, dass ihm die mit der Ausübung des Reitsports verbundenen Risiken bekannt sind.

Der Reitschüler erklärt, dass vorstehende Vereinbarungen ausführlich besprochen und ausgehandelt worden sind.

_____ , den _____

_____   _____
(Reitschüler)   (Reitlehrer)

_____
(bei Minderjährigen Unterschrift des Erziehungsberechtigten)

18.1 Vertragsmuster

Seite 352
18.1.12 Reitbeteiligungsvertrag

Durch das Schuldrechtsmodernisierungsgesetz und der damit verbundenen Einbeziehung des Gesetzes über die Allgemeinen Geschäftsbedingungen (AGB) in das Bürgerliche Gesetzbuch (BGB) ist es zu einigen Änderungen gekommen.

Das auf Seite 351/352 abgedruckte Formular muss in Ziff. 5 wie folgt geändert werden und ist bei Verwendung des Formularvertrages Reitbeteiligung wie folgt zu formulieren:

5. Die Reitbeteiligung verzichtet auf Ansprüche gegen den Tierhalter wegen aller ihr durch das Pferd verursachten Personen-, Sach- und Vermögensschäden, soweit diese nicht durch die für das Pferd bestehende Tierhalterhaftpflichtversicherung abgedeckt sind.

   Ferner stellt die Reitbeteiligung den Tierhalter im Innenverhältnis von Ansprüchen Dritter frei, insbesondere von Ansprüchen ihrer Kranken- und Sozialversicherung, soweit diese nicht durch die für das Pferd bestehende Tierhalterhaftpflichtversicherung abgedeckt werden.

   Der Reitbeteiligung ist Gelegenheit gegeben worden, in den bestehenden Tierhalterhaftpflichtvertrag Einsicht zu nehmen. Die Reitbeteiligung ist informiert, dass die Versicherungssumme .... EUR beträgt. Die Reitbeteiligung erklärt, dass ihr die Obliegenheiten aus dem Tierhalterhaftpflichtversicherungsvertrag bekannt sind.

   Die Reitbeteiligung versichert, dass sie ihre mit der Ausübung des Reitsports verbundenen Risiken durch den Abschluss einer Unfallversicherung soweit wie möglich abgedeckt hat.

   Der Eigentümer weist auf folgende Besonderheiten des Pferdes hin _____
   _____

   (die Besonderheiten des Pferdes hier eintragen, z.B. Pferd hat keine Geländeerfahrung, Pferd lässt sich schlecht verladen, Pferd darf in fremder Umgebung nicht ohne Aufsicht angebunden werden, Pferd darf nur in genügendem Abstand zu anderen Pferden geritten werden etc. ...).

Die Redaktion
Druck: 1. Mai 2003

FN-BUCH

EDITIONpferd

Antje Rahn · Eberhard Fellmer · Sascha Brückner

Pferdekauf heute
Kauf und Verkauf • Beurteilung • Gesundheit • Recht

mit neuem
Pferdekaufrecht

FNbuch

ISBN 3-88542-384-7

Dr. Antje Rahn / Eberhard Fellmer /
Dr. Sascha Brückner

Pferdekauf heute
Ein unentbehrlicher Ratgeber für alle, die
Pferde kaufen oder verkaufen. Drei kom-
petente Fachautoren vermitteln umfassende
Kenntnisse aus den Bereichen Veterinärmedizin und Juristerei und bieten somit
dem potentiellen Pferdekäufer praktische
Entscheidungshilfen und vielen Tierärzten
und Juristen wertvolle Fachhinweise.

Neuauflage 2003, 208 Seiten,
mit zahlreichen Fotos und
Zeichnungen,
Format 170 x 245 mm, gb.

Internet: www.fnverlag.de
E-Mail: vertrieb-fnverlag@fn-dokr.de

mel, die früher einmal teurer als alle anderen Pferde waren, weniger gefragt. Der Züchter sollte allerdings bedenken, dass derartige Modetrends nicht für alle Zeiten bestehen bleiben, sondern sich häufig kurzfristig ändern können.

5.4.6 Geschlecht

Im Pferdehandel werden seit einiger Zeit eindeutig Wallache bevorzugt. Der Grund hierfür ist einmal darin zu sehen, dass Wallache oftmals unkomplizierter in der täglichen Arbeit sind. Andererseits trägt zu dieser Erscheinung auch die Tatsache bei, dass bei dem z.Zt. bestehenden Überangebot an Pferden kaum noch Stuten für Zuchtzwecke angekauft werden.
Eine Besonderheit stellen die in vermehrtem Umfang angebotenen Reithengste dar. Hengste sind oftmals hervorragende Reitpferde, vorausgesetzt, dass die Reiter sie vollständig beherrschen und unter Kontrolle haben. Wer hierzu nicht in der Lage ist, sollte besser seine Finger von Hengsten lassen.
Durch die gestiegene Anzahl an Privathengsthaltern ist die Nachfrage an gekörten Hengsten gewachsen. Da heutzutage die Deckhengste vermehrt auch im Sport eingesetzt werden, besteht ein enormer Markt um gekörte Reitpferdehengste.

5.4.7 Alter

Die meisten Reiter möchten erfahrungsgemäß ein volljähriges, sofort einsatzbereites Pferd erwerben. Aus vielerlei Gründen ist die Mehrheit der Reiter heute nicht mehr gewillt oder in der Lage, ein junges Pferd selbst korrekt auszubilden. Mit zunehmendem Alter des Pferdes wird es schwieriger, ein Pferd abzusetzen, wenn dieses nicht erstklassig ausgebildet ist und über gute Turniererfolge verfügt.
Erfolgreiche Reiter und Ausbilder suchen aber vor allem junge talentierte Pferde, die sie selber ausbilden möchten. Die Pferde werden dann nach einiger Zeit mit einem entsprechenden Ausbildungsniveau weiterverkauft oder von den Ausbildern selbst im Turniersport vorgestellt.

5.4.8 Ausbildungsstand

Der Ausbildungsstand spielt eine wesentliche Rolle beim Kauf eines Reitpferdes. Er ist im Zusammenhang mit dem Alter zu sehen. Obwohl nur ein geringer Prozentsatz der Reiter den Turniersport aktiv betreibt, werden dennoch Pferde bevorzugt, die nach Möglichkeit schon Turniererfolge zumindest der Klasse A aufweisen. Gerade in diesem Punkt liegt das große Problem für viele Züchter, die selbst keine Gelegenheit haben, ihre Pferde auszubilden und auf Turnieren vorzustellen.

5.4.9 Bewegungsablauf, Springveranlagung und Rittigkeit

Bewegungsablauf, Springveranlagung und Rittigkeit sind entscheidende Kriterien für ein Reitpferd. Pferde mit elastischen, schwungvollen und raumgreifenden Bewegungen sowie einer nach Vermögen, Technik und Manier überdurchschnittlichen Springveranlagung sind besonders gefragt. Erfahrungsgemäß ist vor allem bei jüngeren Pferden der Bewegungsablauf höher einzustufen als die Springveranlagung. Dieses wird immer wieder durch Auktionsergebnisse bestätigt. Bei erfolgreichen Turnierpferden können die Verhältnisse natürlich anders liegen. Die natürliche Rittigkeit eines Pferdes findet besondere Beachtung. Vor allem für diejenigen, die im Reitsport Ausgleich für den täglichen Stress des Berufslebens suchen, steht dieses Kriterium beim Kauf eines Pferdes mit an erster Stelle.

5.4.10 Interieur

Da viele Reiter eine unvollständige und zum Teil mangelhafte Ausbildung erfahren, sind beim Reitpferd innere Werte wie Ausgeglichenheit, gutmütiger Charakter, ruhiges Temperament, Unkompliziertheit, Leistungsbereitschaft u.a. besonders wichtig. Hierauf sollte daher auch bei der Zucht unseres heutigen Reitpferdes verstärkter Wert gelegt werden.

5.5 Spezielle Einflussfaktoren beim Pferdeabsatz

Beim Pferde-An- bzw. Verkauf spielen zwei spezielle Einzelfaktoren eine wesentliche Rolle, die in engem Zusammenhang stehen.

5.5.1 Gesundheit

Für ein Reitpferd ist seine Gesundheit von ausschlaggebender Bedeutung. Ist diese nicht gegeben, sind auch die höchsten Veranlagungen wertlos. Nichts ist für einen Reiter bzw. Pferdebesitzer unbefriedigender, als wenn sein Pferd aufgrund gesundheitlicher Mängel nicht oder nur bedingt für den beabsichtigten Zweck eingesetzt werden kann.

Allerdings ist ein Reitpferd ein lebendes Wesen und keine Maschine. Jeder Pferdebesitzer muss daher damit rechnen, dass sein Pferd trotz größter Sorgfalt und Vorsicht durch Krankheiten, Verletzungen usw. vorübergehend oder sogar vollständig für den vorgesehenen Nutzungszweck ausfällt. Wer sich in diesem Punkt absichern will, sollte sein Pferd unbedingt versichern lassen. Deutsche und ausländische Versicherungsgesellschaften bieten auch für Pferde umfangreichen Versicherungsschutz an. Allerdings ist dieses vor allem bei wertvollen Pferden nicht billig, da

die jährlich zu zahlenden Prämien bis zu 10% des Versicherungswertes betragen können.

Vor dem Kauf eines Pferdes sollte auf jeden Fall auch dessen Gesundheit angesprochen werden. Gerade in diesem Punkt kommt es nachträglich immer wieder zu Streitigkeiten zwischen Käufer und Verkäufer. Sicherlich ist es unangebracht, in jedem Fall den Verkäufer hierfür verantwortlich zu machen. Oftmals trifft auch den Käufer aufgrund unsachgemäßer Behandlung des Pferdes usw. ein großes Verschulden. Grundsätzlich sollte man sich auf beiden Seiten um Fairness bemühen. Vor dem Abschluss eines Kaufvertrages ist es daher in jedem Falle angebracht, das Pferd einer Ankaufsuntersuchung durch einen qualifizierten Tierarzt zu unterziehen. Zweifellos wird es kaum ein Pferd geben, an dem gar nichts auszusetzen ist. Entscheidend sollte daher der vorgesehene Verwendungszweck sein. Von einem verantwortungsbewussten Tierarzt muss daher verlangt werden, dass er nicht nur Fehler bzw. Mängel aufdeckt, sondern diese auch ins rechte Licht zu rücken weiß. Eine wichtige Aufgabe bei der Ankaufsuntersuchung besteht für ihn darin, beide Parteien optimal zu beraten. Schwerwiegende Mängel bei Pferden können heute ohne weiteres durch moderne Medikamente unterdrückt bzw. vertuscht werden. Solche Täuschungen beim Pferdeverkauf sind allerdings kein Kavaliersdelikt, sondern werden strafrechtlich verfolgt. Der Käufer eines Pferdes kann sich durch bindende Zusagen des Verkäufers hiergegen weitgehend absichern.

Bestimmte Mängel bzw. Krankheiten können bei Pferden durch Operationen entfernt werden (z.B. Koppen, Kehlkopfpfeifen usw.). Auch wenn der vorher vorhandene Mangel hierdurch vollkommen beseitigt ist, sollten diese Operationen auf jeden Fall vor Kaufabschluss bekannt gegeben werden. Für den Käufer eines Reitpferdes ist es wichtig zu wissen, dass bestimmte Mängel zu keinerlei Leistungsbeeinträchtigung führen. Entscheidend ist in diesem Punkt natürlich der vorgesehene Verwendungszweck. Im Zweifelsfall empfiehlt es sich, einen qualifizierten Tierarzt zu Rate zu ziehen.

Seit mehreren Jahren wird beim An- bzw. Verkauf von Pferden die röntgenologische Untersuchung auf Beinschäden wie Hufrollenentzündung, Schale und Spat sowie Chips in vermehrtem Umfang angewandt. Ohne Zweifel ist diese Röntgendiagnose für den Tierarzt eine wertvolle Hilfe bei der Erkennung bzw. Beurteilung von Schädigungen des Skelettes, speziell im Bereich der Extremitäten. Auf jeden Fall sollten Röntgenaufnahmen aber niemals zum alleinigen Maßstab für den Kauf eines Pferdes erhoben werden; sie sind immer im Zusammenhang mit der klinischen Untersuchung zu sehen. Nicht jede durch Röntgendiagnose festgestellte Veränderung im Bereich der Extremitäten führt zwangsläufig zur Lahmheit oder Unbrauchbarkeit. Es gibt genügend Beispiele dafür, dass Pferde, die aufgrund von Röntgenaufnahmen für unbrauchbar erklärt wurden, über lange Jahre hinaus gleich bleibende Leistungen im Spitzensport erbrachten. Hinzu kommt, dass selbst als Fachleute anerkannte Veterinärmediziner in der Beurteilung von Röntgenaufnahmen häufig nicht übereinstimmen.

5.5.2 Kaufrecht

Im Zuge der Schuldrechtsreform fiel die den Pferdebesitzern bekannte „Kaiserliche Verordnung" mit den Hauptmängeln und Gewährsfristen fort. Durch die Verbrauchsgüterkaufrichtlinie der EU entfällt beispielsweise nun die Unterscheidung der Hauptmängel (so genannte „Gewährsmängel") von den so genannten Neben- und Vertragsmängeln sowie die 2-wöchige Gewährsfrist.

Das novellierte Schuldrecht, das ab dem 01.01.2002 die allgemeinen Gewährsleistungsregeln für Sachen auch auf Tiere allgemein anwendet, enthält folgende wichtige Punkte für den vertraglichen Pferdekauf:

Der Verkäufer verpflichtet sich, dem Käufer eine mangelfreie Sache, also ein mangelfreies Pferd zu verschaffen. Das Pferd ist dann mangelfrei, wenn es die zwischen Verkäufer und Käufer vereinbarte Beschaffenheit hat, oder aber, soweit eine solche Vereinbarung nicht getroffen wurde, sich das Pferd für den Zweck eignet, den Verkäufer und Käufer im Vertrag vorausgesetzt haben, oder wenn sich das Pferd für die gewöhnliche Verwendung eignet und wenn das Pferd so ist, wie bei Pferden gleicher Art üblich oder wie es der Käufer nach der Art des Pferdes erwarten kann.

So empfiehlt es sich zur Rechtssicherheit, stets die Beschaffenheit des verkauften Pferdes in einem Vertrag anzusprechen, wie z.B. den Gesundheitsstatus des Pferdes. Hier wird gegebenenfalls auch vereinbart, dass der Kaufvertrag erst wirksam werden soll, wenn der vom Käufer zu beauftragende Tierarzt eine Ankaufsuntersuchung vorgenommen hat. Auch der Ausbildungsstand des Pferdes, die so genannte sportliche Beschaffenheit, sollte vertraglich festgehalten werden. Dabei sollte klargestellt werden, dass diesbezüglich keine Zukunftsprognose abgegeben werden kann.

Im neuen Schuldrecht ist auch die Verjährung völlig neu geregelt. Jetzt ist die normale Verjährungsfrist für die Geltendmachung von Mängelansprüchen bei „beweglichen Sachen" 2 Jahre. Dies gilt auch für Pferde, da sie im Rahmen des Schuldrechts wie eine „Sache" behandelt werden. Eine vertragliche Vereinbarung im Kaufvertrag über eine Verkürzung dieser Verjährungsfrist ist im Rahmen eines Kaufvertrags zwischen Privatpersonen möglich. Verkauft hingegen ein Unternehmer (Händler, Ausbilder, Reitlehrer) ein Pferd, dann besteht nur die Möglichkeit der Reduzierung der Verjährungsfrist auf 1 Jahr, wenn es sich um eine gebrauchte Sache handelt. Derzeit nehmen wir an, dass bereits ein Fohlen eine gebrauchte Sache ist. Diese Einschätzung bedarf jedoch der Bestätigung durch entsprechende Rechtssprechungen.

Bisher konnte der Verkäufer bei Vorliegen eines Mangels lediglich die Rückgängigmachung des Kaufes verlangen. Jetzt hat der Käufer zusätzlich das Recht, ein anderes gleichartiges (aber mängelfreies) Pferd zu verlangen. Das heißt, der Käufer kann wählen, ob der Verkäufer den Mangel beseitigen muss oder ob er vom Verkäufer die Lieferung eines anderen Pferdes wünscht. Die Rückgabe eines Reitpferdes zum Auskurieren eines Hustens, zur Verbesserung des Futterzustandes oder Behebung von Ausbildungsmängeln kann zur Beseitigung des Mangels erwogen werden. Bei chronischen Krankheiten dürfte eine Mängelbeseitigung nicht möglich sein, diese sind

meist nicht zu heilen, eine existierende degenerative Veränderung kann in vielen Fällen nicht beseitigt werden. Auch die Lieferng eines anderen Pferdes als Ersatzlieferung dürfte in zahlreichen Fällen keinen Erfolg haben, weil es das betreffende Pferd nur einmal gibt und es sich insoweit in der Rechtssprache um eine „unvertretbare Sache" handelt.

Scheitert nun dieser Nacherfüllungsanspruch (Mängelbeseitigung oder Ersatzlieferung), dann kann der Käufer vom Vertrag zurücktreten, den Kaufpreis mindern und ggf. Schadenersatz verlangen.

Rücktritt vom Vertrag heißt Rückgängigmachung des Vertrages durch Rückgewähr der jeweils ausgetauschten Leistungen (Geld zurück und Pferd zurück). Bei der Minderung wird der Kaufpreis um den Betrag herabgesetzt, um den der Mangel den Wert der Sache gemessen am Kaufpreis mindert. Dies kann etwa die Kompensation für ein fortwirkendes Gesundheitsrisiko sein. Die Schadenersatzpflicht bedeutet, dass der Verkäufer dem Käufer auf Schadenersatz für Kosten und unter Umständen sogar für entgangene Gewinnmöglichkeiten haftet.

Da das neue Gesetz auf die Besonderheiten des Pferdekaufs keine Rücksicht nimmt, sollten die Kaufparteien künftig grundsätzlich einen schriftlichen Kaufvertrag abschließen, der den Besonderheiten des Pferdekaufs Rechnung trägt. (Beschaffenheitsvereinbarung, tierärztliche Untersuchung, Verkürzung der Verjährungsfrist).

5.6   Werbemaßnahmen

Der Absatz von Pferden unterliegt mit gewissen Einschränkungen wirtschaftlichen Gesetzmäßigkeiten. Ebenso wie bei anderen Produkten sollte man daher auch beim Verkauf von Pferden die modernen Methoden des Vermarktens berücksichtigen. Gegebenenfalls ist es angebracht, sich eines versierten Fachmannes zu bedienen. Sinnvolle Maßnahmen können sein:

5.6.1   Anzeigen in Tages- und Fachzeitschriften und im Internet

Anzeigen in Tages- und Fachzeitschriften erreichen einen großen Kreis von Interessenten. Durch die Entwicklung im Bereich des Internets ist es heute zudem kein Problem mehr, eine Anzeige sehr vielen Kunden zugänglich zu machen. Diese Inserate sollten jedoch so aufgemacht sein, dass sie aus der Vielzahl der anderen Annoncen herausstechen. Sie müssen den Leser ansprechen und Aufmerksamkeit erregen. Es kommt entscheidend darauf an, dass der Inhalt zugleich informativ, glaubwürdig und schnell erfassbar ist. Trotz aller gebotenen Kürze muss der Kaufinteressent sich ein umfassendes Bild von dem angebotenen Pferd machen können. Hierzu gehören auf jeden Fall Angaben zum Geschlecht, Alter, Größe, Farbe, Rasse bzw. Zuchtgebiet, Ausbildungsstand, spezielle Veranlagungen bzw. Eignungen und – soweit vorhanden – Erfolge. Die Erwähnung der Abstammung ist dann vorteilhaft, wenn man davon ausgehen kann, dass diese in Fachkreisen bekannt ist und einen guten Ruf

genießt. Bilder mit in eine Anzeige einzubeziehen, ist nur sinnvoll, wenn diese wirklich erstklassig gelungen sind. Weitschweifige Ausführungen in Annoncen besitzen in der Regel keinen verkäuferischen Wert, sind daher überflüssig und zudem auch noch teuer. Angaben über Verkaufsgründe sind nur dann zu empfehlen, wenn diese zwingend glaubwürdig erscheinen. Anzeigen können unter Chiffre aufgegeben werden oder müssen die Adresse bzw. eine Telefon-Nummer enthalten. Zwecks schnellerer Kontaktaufnahme empfiehlt es sich, eine Telefon-Nummer anzugeben.

5.6.2 Prospekte und Werbedrucke

Prospekte und Werbedrucke dienen gewöhnlich der allgemeinen Information potentieller Käufer. Die zum Teil erheblichen Herstellungskosten können sich nur dann auszahlen, wenn Aufbau und Gestaltung optimal durchdacht werden. Die Auswahl des Bildmaterials und der Texte sowie ihre Platzierung bzw. Zuordnung zueinander spielen eine entscheidende Rolle. Ebenso wie bei den Anzeigen ist auf sachliche und umfassende Information sowie auf Glaubwürdigkeit größter Wert zu legen. Grundsätzlich ist es empfehlenswert, die Erstellung eines Prospektes einer erfahrenen Werbeagentur zu übertragen. Aufgrund des finanziellen Aufwandes lohnen sich Prospekte und Werbedrucke gewöhnlich nur für Zuchtverbände oder größere Zucht- bzw. Verkaufsställe. Ein gewisses Problem stellt die zweckmäßige Verteilung dar. Aus Kostengründen verbietet sich meist eine unkontrollierte Massenausgabe an Besucher größerer Veranstaltungen, da hierbei die Mehrzahl der Prospekte ungelesen in den Papierkorb wandert. Besser wäre z.B. die gezielte Verteilung an potentielle Kaufinteressenten durch Beilagen in Fachzeitschriften, Versand an Reit- und Fahrvereine, Reiterausweis- bzw. Reiterpass-Inhaber oder durch ähnliche Maßnahmen.

5.6.3 Direktwerbung

Die Direktwerbung wendet sich gezielt an einen Personenkreis, den man als Käufer gewinnen möchte. Dies kann auf verschiedene Weise geschehen, z.B. durch einen Werbebrief. Dieser sollte so abgefasst sein, dass er beim Leser Aufmerksamkeit und Neugierde weckt. Sein Inhalt muss kurz und knapp gehalten sein, alles Wesentliche über das Angebot aussagen und dem Leser das Gefühl vermitteln, etwas zu verlieren, wenn er hierauf nicht reagiert.
Auch der persönliche Telefonanruf ist ein sehr geeignetes Mittel der Direktwerbung.
Wichtigste Voraussetzung für effektive Maßnahmen der Direktwerbung ist eine ausreichende Adressenkartei – je umfassender, desto besser. Zu diesem Zweck sollte man auf jeden Fall alle Anschriften von ehemaligen Kunden, potentiellen Kaufinteressenten, Vermittlern, Reitlehrern usw. sorgfältig aufbewahren.

5.6.4 Werbung auf Messen, Schauen und Turnieren

Die Teilnahme an Messen, Schauen und Turnieren kann äußerst werbewirksam sein. Hierdurch ist die Möglichkeit gegeben, die eigenen Pferde vor großem Publikum zu präsentieren. Voraussetzung ist, dass man sich durch die Qualität der Darbietung gegenüber der Konkurrenz behaupten kann. Auch Pflege- und Futterzustand dürfen natürlich keine Wünsche offenlassen.

5.6.5 Werbung durch gezielte Pressearbeit

Umfangreiche Beziehungen und gute Zusammenarbeit mit der lokalen, regionalen und überregionalen Presse sind vor allem für die Werbung der Zuchtverbände von ausschlaggebender Bedeutung. Presseberichte über züchterische Erfolge, Absatzveranstaltungen usw. erreichen einen großen Leserkreis und sind in ihrer Wirkung nicht zu unterschätzen. Tageszeitungen und Fachzeitschriften sind häufig an redaktionellen Beiträgen aus den Bereichen Pferdesport sowie Zucht und Haltung interessiert. Diese Tatsache darf in einer optimalen Werbekonzeption nicht unberücksichtigt bleiben.

5.6.6 Werbeartikel

Gewisse Werbeartikel wie T-Shirts, Autoaufkleber, Kugelschreiber usw. dienen zur Ergänzung anderer Werbemaßnahmen. Bei nicht zu aufwendigen Gegenständen bleiben die Kosten hierfür im Rahmen. Andererseits werden sie vom Publikum gern angenommen. Werbeartikel sind eher für Zuchtverbände und größere Verkaufsställe geeignet. Eine effektive Werbung darf sich nicht allein hierauf beschränken; andererseits können Werbeartikel andere Maßnahmen wirkungsvoll unterstützen. Im Übrigen tragen sie dazu bei, für den Verband bzw. den Zucht- oder Verkaufsstall ein eigenes Image aufzubauen.

5.6.7 Werbung durch moderne Techniken

Auch im Bereich der Pferdevermarktung hat die moderne Technik Einzug gehalten. Dies trifft vor allem für die elektronische Datenverarbeitung und die Video-Technik zu. Mit Hilfe der elektronischen Datenverarbeitung ist es möglich, Informationen über Angebot und Nachfrage in großem Umfang zu speichern und nach verschiedenen Kriterien abrufbereit zu halten. Die Video-Technik kann ein komplettes Angebot von Pferden innerhalb kurzer Zeit an beliebigen Orten in bewegten Bildern präsentieren und so eine Vorauswahl erleichtern. So sind viele Auktionsveranstalter dazu übergegangen, ihr Auktionslot auf Videobändern aufzunehmen. Besuchern oder Kaufinteressenten bietet sich so die Möglichkeit, anhand dieser

Videoaufnahmen, die auch auf den Homepages der Veranstalter zu sehen sind, eine Vorauswahl zu treffen.

Grundsätzlich ist beim Einsatz all dieser Werbeinstrumente auch die Kostenfrage zu berücksichtigen. Der einzelne Anbieter muss sich stets fragen, ob sein Einsatz durch höhere Verkaufserlöse wieder eingespielt wird. Zuchtverbände sollten einen Werbeetat unterhalten und diese Mittel gezielt für bestimmte Werbemaßnahmen einsetzen. Hierbei ist nicht nur der kurzfristige Erfolg zu sehen, sondern der langfristige Aufbau eines gewissen Images. Für die deutschen Zuchtverbände ist es notwendiger denn je, gemeinsam und effektiv für den Absatz deutscher Pferde im Ausland zu werben.

5.7 Entwicklungstendenzen auf dem Pferdemarkt

Die z.Zt. gespannte Situation auf dem Reitpferdemarkt wird in den nächsten Jahren sicherlich andauern. Man kann davon ausgehen, dass für die nahe Zukunft das Inlandsangebot etwas geringer ausfallen wird. Es bleibt allerdings abzuwarten, ob dieser Rückgang ggf. durch höhere Importe vor allem aus den osteuropäischen Ländern ausgeglichen wird. Die Nachfrage in der Bundesrepublik wird immer im Zusammenhang mit der wirtschaftlichen Gesamtsituation stehen. Selbst finanziell potente Kaufinteressenten halten sich in zunehmendem Maße zurück. Bei Pensionspreisen zwischen 250,– und 600,– EUR in den Reitställen deutscher Großstädte wird manches Zweit- oder Drittpferd nicht mehr angeschafft. Im Auslandsgeschäft bestehen demgegenüber durchaus gute Chancen; deutsche Reitpferde genießen aufgrund ihrer sportlichen Erfolge in aller Welt hohes Ansehen. Die Exporte der deutschen Zuchtverbände sowie im Ausland durchgeführte Auktionen deutscher Reitpferde beweisen, dass man im Ausland noch bereit ist, für unsere Pferde viel Geld anzulegen.

Organisation der Pferdehaltung

6.1 Pferdebestand

Das Angebot des Reitbetriebes muss sich nach den Wünschen der Kunden bzw. der Mitglieder richten. Sie bestimmen daher auch weitgehend Umfang und Zusammensetzung des Pferdebestandes. Die Palette dieser Wünsche ist weit gefächert, vielfach zu weit, um von einem Betrieb allein erfüllt werden zu können. So kommt es oft zwangsläufig zu einer gewissen Spezialisierung in dem einen Betrieb und zur Ansiedlung eines weiteren Betriebes in der Nachbarschaft, der die Lücken schließt.

6.1.1 Pensionspferde

Die Aufnahme von Pensionspferden gehört zum Standardangebot eines jeden Reitbetriebes. Sie sichern gleich bleibende, recht genau im Voraus kalkulierbare Einnahmen und ermöglichen eine auch vom Arbeitsaufwand und -ablauf her wirtschaftliche Betriebsorganisation. Darüber hinaus darf man von den Familien der Pferdebesitzer mannigfache Anregungen für das reiterliche Leben in der Anlage und eine stärkere Auslastung der betriebseigenen Lehrpferde erwarten. Die Kinder bringen ihre Schulkameraden mit.

Das Standardangebot „Pferdepension" beinhaltet
- die Unterbringung in einer Box einschließlich Streu,
- das tägliche Ausmisten,
- das Füttern einschließlich der Futtermittel.

Die Pflege der Pferde zählte früher zum Standardangebot. Sie wird heute jedoch gern ausgeschlossen, da hierfür teure Fachkräfte benötigt werden, deren Kosten zu einer kräftigen Anhebung des Pensionspreises führen. Auch sind die Ansprüche der Pferdebesitzer oft zu unterschiedlich. Wer beides anbieten möchte (oder muss) – mit Pflege oder ohne Pflege –, ist gut beraten, die entsprechenden Pferde in Ställen oder Stallabteilungen getrennt unterzubringen, nach Möglichkeit mit eigenen Sattelkammern.

Die Nutzung der Anlagen (Halle, Reitplatz, Longierzirkel, Hindernisse) gehörte früher gleichfalls zum Standardangebot. Hier wäre ein Unterschied denkbar zwischen dem gewerblichen Reitbetrieb und dem Reiterverein. Der gewerbliche Betrieb kann ohne weiteres die Nutzung der Anlagen in das Standardprogramm der Pension einbeziehen. Er wird dann von anderen Reitern, deren Pferde außerhalb seiner Anlage in der Nachbarschaft stehen, ein Nutzungsentgelt für die Anlage verlangen, wenn sie bei ihm reiten wollen. Beim Reiterverein dagegen zählt in der

Regel die Nutzung der Anlagen zum Angebot an seine Mitglieder, für die u.a. der Mitgliedsbeitrag entrichtet wird. Der Pensionspreis enthält lediglich den auf die Box entfallenden Anteil der fixen Anlagekosten. Sollte jedoch ein Verein – bei besonders aufwendigen Anlagen – auf ein Nutzungsentgelt nicht verzichten können, dann muss es für alle Mitglieder überschaubar gleich hoch sein. Es würde sich also kaum empfehlen, es in dem Pensionspreis zu „verstecken".

Rechte und Pflichten der Vertragsparteien regelt im Übrigen der Pferdeeinstellungsvertrag. Ein Muster findet sich im Anhang. Es empfiehlt sich, nur in begründeten Ausnahmefällen von diesem Muster abzuweichen. Dieser Einstellungsvertrag hat nicht den Charakter eines „Verwahrungsvertrages", sondern eines „Dienstleistungsvertrages". Wer sich auch immer geschädigt fühlt, soll den entsprechenden Nachweis für das Verschulden des anderen führen.

Ein Wort zur Nachwuchsförderung. Die Einbeziehung privater Ponys in die Pensionspferdehaltung ist dringend anzuempfehlen. Man kann den Kreis der Pensionspferdebesitzer jedoch nur dann auf die Dauer erweitern, wenn für die Ponys eine artgerechte und kostengünstigere Unterbringung zu einem entsprechenden Preis angeboten wird.

Der Pferdebesitzer ist das Rückgrat unseres Sports. Man darf ihn nicht durch überhöhte Pensionspreise verprellen oder durch Ungleichbehandlung verärgern. Die anfallenden Kosten sind von Betrieb zu Betrieb außerordentlich unterschiedlich. Näheres zur Kalkulation siehe Kapitel 12.

6.1.2 Gastpferde

Gastpferde sind mit Pensionspferden vergleichbar, die jedoch nur für einen ganz bestimmten Zeitraum, z.B. für einige Wochen, eingestallt werden. Man findet sie sehr häufig in Ferienreitbetrieben, wenn die Feriengäste ihre eigenen Pferde mitbringen.

Vor Aufnahme dieser Gastpferde versichere man sich ihres Gesundheitszustandes, verlange ein ärztliches Attest. Auch ist es ratsam, diese Pferde getrennt von den übrigen Pensionspferden unterzubringen. Als Gastpferde dürfen auch die Pferde betrachtet werden, die lediglich für einige Tage eingestallt werden, um an einem sportlichen Ereignis teilzunehmen.

Der mit der Aufnahme von Gastpferden verbundene Aufwand ist höher als bei den normalen Pensionspferden. Hier ist daher auch ein höherer Preis durchaus gerechtfertigt, insbesondere durch die geringere Auslastung der Stallkapazität und die höheren Verwaltungskosten.

6.1.3 Ausbildungspferde

Ausbildungspferde gehören gleichfalls zur Kategorie der Pensions- bzw. Gastpferde. Bezüglich Organisation und Kosten gelten für sie die gleichen Grundsätze. Hinzu

kommt der mit der jeweils vereinbarten Ausbildung erhöhte Aufwand. Je kürzer die vereinbarte Ausbildungszeit ist, umso schwieriger gestaltet sich die Einbeziehung in die Betriebsorganisation und umso höher müssen die Kosten in Ansatz gebracht werden, es sei denn, dass es sich um einen spezialisierten Ausbildungsbetrieb handelt, dessen Betriebsorganisation ganz darauf abgestellt und der das Jahr über annähernd gleichmäßig ausgelastet ist.

6.1.4 Lehr- und Mietpferde

Lehrpferde werden für die Grundausbildung und für das Voltigieren benötigt; erwünscht sind auch einzelne Lehrpferde, die höheren Ansprüchen genügen und für den Turniereinsatz in den Klassen E oder A in Betracht kommen können. Mietpferde dienen der Berittmachung fortgeschrittener Reiter, die eine Grundausbildung abgeschlossen haben und kein eigenes Pferd besitzen. Vielfach erfüllen Lehrpferde zugleich die Aufgaben der Mietpferde. Ein Unterschied sollte aber gemacht werden mit Rücksicht auf die vielen kleinen Ställe oder auch landwirtschaftlichen Betriebe, die Pensionspferdehaltung betreiben und daneben einzelne eigene Pferde stunden- oder tageweise vermieten. Würden nämlich diese landwirtschaftlichen Betriebe gleichzeitig auch Unterricht geben oder vermitteln, würden sie als Gewerbetreibende eingestuft. Die Rentabilität der Lehr- und Mietpferde hängt in erster Linie ab von ihrer Nutzungsdauer und der Zahl der Stunden, die sie jährlich eingesetzt werden können. Für den Betriebserfolg ist darüber hinaus wichtig, wie sich die anteiligen Personalkosten bei der Unterrichtserteilung auf die zur Verfügung stehenden Lehrpferde verteilen. Weniger als 6 Lehrpferde sollte man nicht halten, weil sonst der Anteil der Kosten für den Unterricht (bzw. die Begleitung bei Aus- oder Wanderritten) erheblich steigt.

In den Ferienreitbetrieben stellt die Auslastung der Lehr- und Mietpferde ein besonderes Problem dar. In der Saison fehlen sie, danach „fressen sie den Verdienst der Saison auf". Hier empfiehlt sich die Anmietung von Lehr- oder Mietpferden für die Hochsaison aus entsprechenden Betrieben in den Ballungsräumen, die im Hochsommer „unterbeschäftigt" sind. Von den Möglichkeiten einer derartigen Kooperation, die sich auch auf anteiliges Personal beziehen kann, sollte mehr Gebrauch gemacht werden.

6.2 Aufstallung und Wartung der Pferde

Die Kosten der Pferdehaltung werden weitgehend von der Art der Aufstallung und der Länge der Wege beeinflusst, die für die Versorgung der Pferde gegebenenfalls mehrmals täglich bewältigt werden müssen. Es kommt darauf an, die biologischen Lebensansprüche des Pferdes, die sich in Wohlbefinden, Widerstandskraft und Leistungsfähigkeit äußern, mit den Anforderungen einer kostengünstigen und

daher wirtschaftlichen Aufstallung und Versorgung zu verbinden. Hier gibt es zwar allgemein anerkannte Erfahrungswerte; nur werden von Betrieb zu Betrieb die Akzente unterschiedlich gesetzt werden müssen. In einer städtischen Reitschule fallen die Arbeitskosten ganz anders ins Gewicht als in einem Ferienreitbetrieb, in dem die Versorgung der Pferde zum Freizeitvergnügen der Reitgäste zählt. Mithin muss man vor dem Bau, der Erweiterung oder Übernahme einer Reitanlage sehr sorgfältig die besondere Eignung für den gedachten (Unternehmens-)Zweck prüfen, wenn nicht von vornherein der wirtschaftliche Betriebserfolg gefährdet werden soll.

6.2.1 Aufstallungsformen

Man unterscheidet hier die Einzel- von der Gruppenhaltung. In Reitbetrieben gibt es jedoch fast ausschließlich die Einzelhaltung der Pferde in Boxen oder Ständern. Die Gruppenhaltung beschränkt sich hier überwiegend auf Ponys, was aus Gründen der Kostensenkung im Grundsatz auch durchaus befürwortet werden kann, soweit sie im Freizeit-Breitensport Verwendung finden. Die niedrigeren Kosten sind im Wesentlichen auf das geringere Gebäudekapital zurückzuführen, das auf das einzelne Pony entfällt. Die Gruppenhaltung ist im Übrigen ein Kennzeichen extensiv geführter Betriebe mit Weidegang der Pferde bis zum Winter.

Bei dem in Reitbetrieben herkömmlichen Stall erfolgt die Versorgung der Pferde von einer im Innern gelegenen Stallgasse aus. Es gibt aber auch Ställe (Außenboxen und Offenställe) mit einem davorliegenden, gelegentlich mitüberdachten Versorgungsgang und gegebenenfalls anschließenden Paddocks für den Auslauf. Bei den mit einer Stallgasse ausgestatteten herkömmlichen Ställen unterscheidet man schließlich die einzeilige Aufstallung mit nur einer Boxen- oder Ständerreihe von der zweizeiligen Aufstallung mit je einer Boxen- oder Ständerreihe an beiden Seiten der in der Mitte gelegenen Stallgasse.

6.2.2 Futtermittel und Füttern

Je näher Heu, Stroh und Kraftfutter bei der Hand sind, umso kürzer sind die Arbeitswege, umso niedriger die anteiligen Personalkosten. Wir kennen die deckenlastige Lagerung, also über dem Stall mit Abwurfschächten zur Verminderung des Staubanfalles und die erdlastige Lagerung, nach Möglichkeit unmittelbar neben dem Stall. Hafer und Zusatzfuttermittel werden überwiegend erdlastig gelagert.

Die Bevorratung richtet sich nach dem vorhandenen Lagerraum, den örtlichen Möglichkeiten gleichmäßiger Belieferung, der Liquidität des Reitbetriebes und nach dem Preisvorteil, der bei Lieferung größerer Mengen eingeräumt wird. Die gängigen Faustzahlen für die Lagerung lauten:

Bei 5 kg Hafer, 6 kg Heu und 10 kg Stroh je Pferd und Tag benötigt man im Monat an Lagerraum für

- den Hafer   ca. 0,35 cm³
- das Heu   ca. 1,50 cm³*
- das Stroh   ca. 2,00 cm³*

Diese Bevorratung je Pferd muss möglich sein. Hinzu kommen Zusatzfuttermittel mit geringem Platzanspruch sowie im Spätherbst Möhren und Futterrüben, die am besten in Mieten eingelagert werden, wenn sie nicht alle 3 bis 5 Tage frisch angeliefert werden können.

Dem Preisvorteil für den Bezug größerer Mengen stehen die Zinsen für das dafür notwendige Kapital gegenüber; denn der Pferdebesitzer zahlt ja nur für jeden Monat gesondert. Oftmals ist der Barzahlungsrabatt monatlich günstiger als der einmal eingeräumte Preisvorteil beim Jahreseinkauf. Hafer, Zusatzfutter und Stroh kauft man besser monatlich. Beim Heu wird man um größere Partien nicht herumkommen, wenn man gleich bleibend gute Qualität wünscht.

Eine Erweiterung der Lagerkapazität durch bauliche Maßnahmen ist z.Zt. nur in seltenen Fällen wirtschaftlich, weil die Auflagen der Baugenehmigungsbehörden preiswerte Lösungen oftmals verhindern.

Die Wasserversorgung der Pferde erfolgt durch Selbsttränken, die jedoch täglich auf Funktion und Sauberkeit überprüft werden müssen. Das Tränken aus dem Eimer ist völlig unwirtschaftlich und nur in besonders begründeten Ausnahmefällen vertretbar.

Kraft- und Zusatzfuttergaben erfolgen vom leicht beweglichen Futterwagen aus. Muss zum Füttern die Box betreten werden, liegt der damit verbundene Arbeitsaufwand etwa 1/3 höher als bei einer Fütterung unmittelbar von der Stallgasse aus. Eine mechanische Fütterung mit den in der Tierhaltung seit geraumer Zeit gut eingeführten Futterautomaten bringt in der Regel keine unmittelbare Arbeitsersparnis; denn die Automaten müssen ja auch entsprechend der Einzelration vorher gefüllt und die Krippen im Stall vorher kontrolliert sowie gegebenenfalls gesäubert werden. Futterautomaten ermöglichen jedoch die Fütterung aller Pferde zum gleichen Zeitpunkt (auch in früher Morgenstunde ohne Bedienung durch das Stallpersonal) und helfen daher Unruhe zur Futterzeit zu vermeiden. In der Literatur werden 3 bis 4 Minuten je Pferd und Tag als mittlere Arbeitszeit bei 3-mal Füttern mit Betreten der Box angegeben.

Der mit der Heu- oder Futterstrohgabe verbundene Arbeitsaufwand hängt weitgehend von dem Aufwand der anschließenden Stallgassenreinigung ab. In größeren Ställen empfiehlt sich daher auch dafür ein Wagen, der die schweren Ballen aufnimmt, auf dem die Ballen entsprechend geteilt und von dem aus das Heu unmittelbar in die Boxen gelegt wird, ohne Aufschütteln! Staub fällt bei der Heuaufnahme durch das Pferd ohnehin heraus. In kleineren Ställen sorge man für breite

---

* jeweils hochdruckgepresst

Besen. Der traditionelle Reiserbesen sorgt eher für Beschäftigung und Luftverstaubung. In der Literatur werden je Pferd und Tag 2 Minuten Arbeitszeit als Mittelwert für eine einmalige Heugabe genannt.

Möhren und Futterrüben müssen vor dem Füttern gewaschen werden. Gibt man regelmäßig größere Mengen, empfiehlt sich zur Senkung der Wasser- und Abwassermenge sowie der Arbeitszeit die Beschaffung geeigneter und noch handlicher Metallkörbe, die mit Möhren gefüllt in Wasserbottiche getaucht werden können.

6.2.3 Dunglager und Misten

Die Dunglagerung sollte ebenfalls aus arbeitswirtschaftlichen Gründen dicht am Stall erfolgen.

Das herkömmliche Misten mit Forke und Schubkarre ist bei einem weiten Weg zur Dungablage außerordentlich zeitaufwendig. Denkbar wäre auch zur Arbeitserleichterung der Einsatz geeigneter und von Hand leicht bewegbarer kleiner Wagen mit Kippvorrichtung, wenn die Entleerung von einer Rampe auf eine tiefer gelegene Dungstätte möglich ist. Für solche leicht beweglichen Wagen gibt es gegenwärtig jedoch noch kein Angebot auf dem Markt.

Der Einsatz von Elektrokarren mit hydraulischem Frontlader ist nur in größeren Betrieben möglich, wenn zum Zeitpunkt des Mistens alle Pferde der betreffenden Stalleinheit geritten bzw. anderswo untergebracht werden. Der Karren ist schmal genug für die üblichen Boxentüren und durchaus geeignet zum Herausnehmen der nassen Stellen, wenn ein anderer Mitarbeiter entsprechend vorarbeitet. Die notwendige Investition ist jedoch beträchtlich.

In Zeiten niedriger Strohpreise kamen Boxen mit verschiebbaren Wänden auf den Markt, die eine Entmistung ganzer Boxenreihen mit Hilfe eines der üblichen Schlepper ermöglichen, ein- oder zweimal im Jahr. Dieses Verfahren ist von der hygienischen Seite her nicht unbedenklich, wenn die Matratze zu lange liegenbleibt, arbeitswirtschaftlich jedoch durchaus interessant.

Wenig eingeführt sind bislang mechanische Entmistungseinrichtungen, wie z.B. Schubstangenentmistung. Die bislang gesammelten Erfahrungen raten zur Vorsicht, da der anfallende Mist – anders z.B. als beim Rindvieh – sehr strohig und voluminös ist.

Eine allgemeine Patentlösung gibt es nicht. Vielmehr muss für jeden Betrieb eine optimale Lösung angestrebt werden. Als Arbeitszeit für einmal täglich übliches Misten einer Matratzenstreu werden in der Literatur 4 Minuten je Pferd angegeben. Hinzu kommt das Einstreuen mit ca. 2 Minuten je Pferd und Tag.

6.2.4 Pflege einschließlich Hufbeschlag

Das herkömmliche Putzen eines Pferdes auf der Stallgasse einschließlich Abschwammen der Körperöffnungen und Einfetten der Hufe dauert im Durchschnitt ca. 20 Minuten. Auch mit Hilfe eines Staubsaugers lässt sich dieser Zeitaufwand nicht wesentlich senken. Aus Sicherheitsgründen sollte der Staubsauger an einer Stelle (Putzbox) fest installiert sein. Der Staubsauger darf eher als Arbeitserleichterung gelten.

Ebenso wichtig wie das Putzen vor der Arbeit ist das Abwarten der Pferde nach der Arbeit. Im Normalfall genügt in der warmen Jahreszeit das Abschwammen von Sattellage und Kopf sowie das Auskratzen der Hufe und Abspritzen der Beine; in der kalten Jahreszeit das Durchstriegeln und anschließende Durchbürsten mit der Wurzelbürste sowie das Reinigen der Körperöffnungen und der Hufe. Der Zeitaufwand beträgt ca. 10 Minuten. Sind Besonnungsgeräte verfügbar, kann man auch im Winter die Pferde nach der Arbeit waschen; dies um so eher, wenn sie geschoren sind. Das Scheren der Pferde ist immer dann anzuraten, wenn die Pferde auch im Winter intensiv gearbeitet werden. Die Schutzfunktion der entfernten Winterhaare muss dann aber durch eine gut liegende Decke erfolgen. Die Pflege geschorener Pferde verlangt einen beträchtlich geringeren Arbeitsaufwand. Generell ist anzuraten, die gründliche Pflege der Pferde nach der Arbeit vorzunehmen. Dann genügt vor der Arbeit ein Überputzen, Hufereinigen und Säubern der Langhaare.

6.3 Ausrüstung

Für jedes einsatzfähige Pferd/Pony müssen vorhanden sein:
- ein Halfter mit Anbindestrick,
- ein passender Sattel mit komplettem Zubehör,
- eine Trense mit Reithalfter und je nach Ausbildungsstand,
  (bei Lehrpferden Ausbinde- bzw. Stoßzügel),
- eine Kandare mit Unterlegtrense,
- eine Stalldecke.

Hinzu kommen je nach dem Angebot des Betriebes komplette Longierausrüstungen mit Longe, Kappzaum, Ausbindern und Peitsche, Bandagen/Gamaschen und Springglocken, Ringmartingal, Regendecken etc.
Für jedes Wagenpferd muss ein verpasstes Geschirr mit entsprechender Leine und Peitsche vorhanden sein.
Alle Ausrüstungsgegenstände müssen sich in verkehrssicherem Zustand befinden und nach Gebrauch gepflegt werden. Die dafür benötigte Zeit wird mit knapp 2 Minuten je Pferd angegeben.

6.4   Stallgerätschaften und Maschinenpark

6.4.1   Stallgerätschaften

Benötigt werden

- für die Pflege der Pferde je Arbeitskraft ein kompletter Putzbeutel, Huffett, Schwämme (gegebenenfalls Staubsauger zusätzlich) und je Stall eine Stallapotheke,
- für die Pflege der Ausrüstung je Sattelkammer ein Sattelbock, Lederfett, Lederöl, Schwämme, Sattelseife,
- für die Stallarbeit je Arbeitskraft eine Mist- und eine Heuforke, ein Besen, eine Schaufel, eine Schubkarre,
- für Transportarbeiten je Stall ein Futterwagen sowie gegebenenfalls ein Dung- und ein Heu-/Strohwagen.

6.4.2 Maschinenpark

Maschinen erfordern einen hohen Kapital- und Pflegeaufwand. Hinzu kommen die Betriebskosten. Maschinen sollen die Arbeit erleichtern, saisonale Arbeitsspitzen verhindern, eine gleich bleibende Auslastung der Arbeitskräfte ermöglichen und ganz allgemein Personalkosten senken. Ihre Rentabilität hängt davon ab, wie viele Stunden sie im Jahr eingesetzt werden. Vor jeder Anschaffung müssen daher diese jährlichen Arbeitsstunden ermittelt und daraufhin die Gesamtkosten dieser Maschine je Arbeitsstunde errechnet werden. Diesen Kosten muss man die entsprechenden Personalkosten gegenüberstellen, um die Wirtschaftlichkeit der Anschaffung überprüfen zu können. In vielen Fällen wird es sich dann empfehlen, in der Nachbarschaft Umschau zu halten, ob man nicht besser und preiswerter entsprechende Maschinen stunden- oder tageweise anmieten kann.

Pferde-Führmaschinen werden bereits in vielen Betrieben mit großem Erfolg täglich eingesetzt, um die Pferde zu bewegen, die nicht täglich geritten werden können oder die im Schritt gearbeitet werden sollen. Eine Überdachung der Führanlage ermöglicht den Einsatz auch bei ungünstiger Witterung. Diese Maschinen sind in beengter Lage ein Ersatz für Paddocks. Sie müssen stationär eingebaut werden, gelten als „pferdefreundlich" und Personal sparend.

Rasenmäher-Selbstfahrer gibt es nur in großen Betrieben mit entsprechend großen Rasenflächen; in der Regel empfiehlt sich eine Vereinbarung mit dem kommunalen Garten- und Friedhofsamt zur Übernahme der Rasenpflege.

Elektrokarren mit hydraulischem Frontlader gibt es z.B. bei der Hengstprüfungsanstalt in Adelheidsdorf bei Celle. Er wird mit großem Erfolg beim täglichen Misten eingesetzt, wenn die Junghengste der jeweiligen Stallabteilung gearbeitet werden. Man findet ihn auch in landwirtschaftlichen Betrieben mit starker Viehhaltung. Die Anschaffungskosten entsprechen etwa denen eines kleineren Ackerschleppers.

Ackerschlepper mit hydraulischem Frontlader übernehmen in vielen größeren Betrieben Transport- und Pflegearbeiten. Da die Anschaffungskosten für neue Schlepper sehr hoch liegen, weicht man vielfach auf Gebrauchtschlepper aus, die oftmals sehr preisgünstig angeboten werden. Wirtschaftlicher wäre jedoch in vielen Fällen eine Zusammenarbeit mit benachbarten Landwirten.

Höhenförderer und Transportbänder oder auch stationär eingebaute Greifer können in vielen Fällen sehr wirksam eingesetzt werden, Arbeitsspitzen bei der Anlieferung von Heu und Stroh oder beim Verladen von Dung zu brechen.

Kehrmaschinen für die Reinigung innerbetrieblicher Verkehrsflächen sind in solchen Betrieben unentbehrlich, bei denen es lange Wege gibt vom Stall zur Reitbahn, vom Heu- und Strohlager zum Stall und vom Stall zur Dunglege.

Reitbahnpflegegeräte sind für die Planierung offener und gedeckter Reitplätze unerlässlich. Sie gibt es in den verschiedensten Formen und Ausführungen als Anbaugeräte oder als Anhängegeräte.

6.5 Gesetzliche Bestimmungen

Für den Pferdehalter gibt es eine Reihe gesetzlicher Bestimmungen, die er zu beachten hat.

6.5.1 Tierschutzgesetz

Nach dem Tierschutzgesetz darf niemand einem Tier „ohne vernünftigen Grund Schmerzen, Leiden oder Schäden zufügen" (§ 1 TierSchG). Konkreter heißt es dann in § 2:

Wer ein Tier hält, betreut oder zu betreuen hat,

❶ muss das Tier seiner Art und seinen Bedürfnissen entsprechend angemessen ernähren, pflegen und verhaltensgerecht unterbringen,

❷ darf die Möglichkeit des Tieres zu artgemäßer Bewegung nicht so einschränken, dass ihm Schmerzen oder vermeidbare Leiden oder Schäden zugefügt werden.

In Ausführung dieser Bestimmungen hat die FN mit der Arbeitsgruppe Tierschutz und Pferdesport und dem Bundesministerium für Ernährung, Landwirtschaft und Forsten die „Leitlinien Tierschutz im Pferdesport" erarbeitet. Diese Leitlinien beziehen sich insbesondere auf das Training und den Sporteinsatz. Darüber hinaus hat die Deutsche Reiterliche Vereinigung (FN) zusammen mit der Deutschen Veterinärmedizinischen Gesellschaft „Richtlinien zur Beurteilung von Pferdehaltung unter Tierschutzgesichtspunkten" erarbeitet. Diese beziehen sich auf die Pferde-

haltung. Beide Papiere können bei der Deutschen Reiterlichen Vereinigung (FN), 48229 Warendorf, angefordert werden.

Für alle Betriebe (auch Vereine) ist auch § 11 TierSchG zu beachten. Hiernach bedarf es der Erlaubnis der zuständigen Behörde, wer „für andere" Tiere hält (das ist auch der Reiterverein mit seinen Pensionspferden) oder „gewerbsmäßig ... einen Reit- oder Fahrbetrieb unterhält" (das ist jeder gewerbliche Pferdebetrieb). Die hiernach zuständige Behörde ist das Veterinäramt (beim Kreis oder der kreisfreien Stadt). Die Behörde überprüft die tierschutzgerechte Pferdehaltung und die Sachkenntnis des Betriebsleiters.

6.5.2 Tierseuchengesetz

Nach dem Tierseuchengesetz sind bei dem zuständigen Veterinäramt das Auftreten von Rotz, Beschälseuche der Pferde, Pferdeenzephalomyetitis (alle Formen), Afrikanischer Pferdepest, ansteckender Blutarmut der Einhufer und Tollwut anzuzeigen. Anzeigepflichtig ist der Besitzer, der gleichzeitig dafür sorgen muss, dass keine weiteren Ansteckungen erfolgen können. Meldepflichtige Krankheiten sind: Borna'sche Krankheit, ansteckende Metritis (CEM) und Equire Virusarteriitis (EVA). Meldung erfolgt über Veterinärämter bzw. durch Leiter und Tierärzte unter Umständen mit Angabe der Anschrift der Halter. Entsprechende Maßnahmen zur Verhütung der Weiterverbreitung können dann ohnehin vom Veterinäramt angeordnet werden. Sobald Rotz oder Afrikanische Pferdepest festgestellt worden sind, wird die Tötung der betroffenen Pferde angeordnet. Von Beschälseuche befallene Pferde dürfen nicht zur Begattung zugelassen werden, solange nicht die vollständige Heilung durch den beamteten Tierarzt festgestellt ist. Wird die Tötung von Tieren angeordnet, wird in der Regel eine Entschädigung gezahlt, die dem gemeinen Wert des Tieres entspricht. Der Höchstsatz bei Pferden liegt bei 5.000,– EUR.

6.5.3 Tierkörperbeseitigungsgesetz

Nach diesem Gesetz sind die Körper toter Ponys und Pferde sowie von Fohlen in Tierkörperbeseitigungsanstalten zu beseitigen. Meldepflichtig ist der Besitzer des Tierkörpers. Für die Tierkörperbeseitigungsanstalt besteht die Verpflichtung, den Tierkörper unverzüglich abzuholen. Die Anschrift der zuständigen Tierkörperbeseitigungsanstalt erhält man über die Ordnungsämter der Kommunen oder über die Veterinärämter der Kreise.

6.5.4 Umweltschutz

Mit dem eben genannten Tierseuchengesetz und Tierkörperbeseitigungsgesetz sind schon wichtige Bestimmungen zum Schutze unserer Umwelt genannt. Hinzu

kommt insbesondere für Reitanlagen der Gewässerschutz und der Immissionsschutz.

Wichtig für den Gewässerschutz ist die Bestimmung, dass Dung nur auf einer wasserundurchlässigen Dunglege gelagert werden darf, die auch dafür die Gewähr bietet, dass Oberflächenwasser zusammen mit Dungsickersaft nicht in den Untergrund gelangt. Jauchegruben werden generell in der Pferdehaltung nicht vorgeschrieben, da die in der Pferdehaltung verwandte Streu in der Regel den Harn aufsaugt. Bei einer umfangreichen Stallfütterung von Silage, Rüben oder Grünfutter könnte jedoch ein so großer Harnanfall entstehen, dass das Wasserhaltevermögen der Streu nicht ausreicht und für eine Beseitigung des Harns durch Ablauf in eine Jauchegrube gesorgt werden muss. Der Immissionsschutz betrifft gleichfalls die Dunglege, insbesondere in Wohngebieten. Durch sachgemäßes Pflegen der Dungstätte und gegebenenfalls Abdecken kann weitgehend eine Belästigung der Anwohner vermieden werden. Ein gutes Verhältnis zu den Anwohnern ist für manchen Betrieb notwendige Existenzsicherung.

Organisation der Unterrichtserteilung und des Pferdeeinsatzes

7.1 Lehrpferde und ihr planmäßiger Einsatz

Jeder Reitverein sollte mehrere *Lehrpferde* zur Verfügung haben. Ohne ein qualifiziertes Angebot an Lehrpferden ist eine reiterliche Ausbildung für Anfänger und für Reiter ohne eigene Pferde nicht durchführbar.

Das gute Lehrpferd ist aus wirtschaftlichen Gründen ein kleineres bis mittelgroßes patentes Pferd, das sowohl für Kinder und Jugendliche als auch für Erwachsene einsetzbar ist. Es muss gesund und gut auf den Beinen sein, ein freundliches, ausgeglichenes Temperament haben und sich durch unermüdliche Einsatzbereitschaft auszeichnen. Hinterhand, Rücken, Hals und Genick müssen so angelegt sein, dass es auch unter einem schwächeren Reiter möglichst mühelos gehen kann.
Sein Ausbildungsstand braucht nicht unbedingt über dem A-Niveau zu stehen, auch die Ergiebigkeit des Ganges ist von untergeordneter Bedeutung. Sollte das eine oder andere Pferd leistungsmäßig auch höheren Ansprüchen gerecht werden, wäre das sehr zu begrüßen.

Da in den meisten Betrieben die Anzahl der Lehrpferde gering ist, müssen sie, um wirtschaftlich zu sein, die volle elementare Unterrichtspalette abdecken können. Sie müssen als Longenpferde, notfalls zum Voltigieren, als Kinder- und Anfängerpferde, aber auch bei fortgeschrittenen Reitern als Dressur-, Spring- und Geländepferde voll einsetzbar sein.

Das kleinere Pferd ist aufgrund seiner kleineren Mechanik meist patenter, erregt beim Anfänger nicht so viel Furcht, ist auch für kleinere Kinder brauchbar, ist weniger anfällig, bleibt länger gesund und benötigt weniger Futter. Bei genügender Nachfrage im Kinderreiten ist es sinnvoll, einige Kleinpferde zu unterhalten.
Mit einem solchen Lehrpferdematerial ist es möglich, Schülern Freude am Reiten zu vermitteln, sie zu motivieren, ihnen Perspektiven aufzuzeigen und diese auch in die Tat umzusetzen. Mit solchen Pferden schafft man Nachfrage, Wirtschaftlichkeit, zufriedene Kundschaft, gute Reiter und neue Pferdebesitzer.

Um wirtschaftlich zu arbeiten, müssen die Lehrpferde so eingesetzt werden, dass sie kostendeckend genutzt werden, ohne überlastet zu werden.

Wenn wir davon ausgehen, dass der Durchschnittspreis der Reitstunden für Erwachsene und Jugendliche in den meisten Vereinen etwa bei 10,– EUR liegt, muss ein Lehrpferd mindestens 3-mal täglich eingesetzt werden:
▪ eine Stunde geht es für den eigenen Unterhalt,
▪ eine Stunde geht es für den Reitlehrer,
▪ eine Stunde geht es für allgemeine Unkosten, Ausfall und Amortisation.

Je größer der Bestand, desto wirtschaftlicher ist der Betrieb, vorausgesetzt, die Pferde sind entsprechend ausgelastet.
Überbelastung kann man nicht nur durch ein geringeres Stundenangebot vermeiden, sondern durch gezielte Abstimmung der Stunden aufeinander, z.B. Wechsel von Leistungs- und Anfängerstunden. Bei sinnvoller Stundeneinteilung kann ein Lehrpferd aber bei Bedarf ruhig noch eine vierte Stunde eingesetzt werden.
Um eine gleichmäßige Auslastung aller Lehrpferde zu erreichen, sollte der Einsatz eines jeden Lehrpferdes regelmäßig überprüft werden, um eine Überbelastung der leichtrittigeren und beliebteren Pferde zu vermeiden.

7.1.1 Unterrichtsplanung mit verschiedenen Unterrichtsinhalten

Der Ausbildungsweg eines Reitschülers geht grundsätzlich über Vertrauensbildung, Grundsitzschulung, Verbesserung des Grundsitzes und der Hilfengebung hin zum Erlernen von Sitz- und Reitvarianten. Daraus entwickelt sich je nach Alter, Veranlagung, Interesse, Möglichkeiten und Ausbildungsintensität sein individueller Leistungsstand. Diesen gilt es durch gezielten Unterricht zu festigen und zu verbessern und durch reiterliche Aktivitäten die Freude der Schüler am Reitsport zu erhalten.

Um den Schülern eine gute Ausbildung vermitteln zu können, muss der Unterricht nach Alters-, Leistungs- und Interessengruppen mit unterschiedlichen Zielsetzungen gegliedert werden, nur so kann er auf Dauer effektiv und interessant sein.
Die Einteilung der Stunden mit unterschiedlichen Unterrichtsinhalten verhindert den monotonen „Einheitsunterricht".

Folgende Stunden sollten angeboten werden:
▪ Voltigierunterricht,
▪ Anfängerunterricht an der Longe (5 bis 10 Stunden),
▪ Anfängerstunden (bis ca. 50 Stunden),
▪ Aufbaugruppen (ca. 50 bis 100 Stunden),
▪ Fortgeschrittenengruppen (100 Stunden und mehr),
▪ Talentgruppen (talentierte Schüler aus den allgemeinen Stunden herausziehen),
▪ Leistungsgruppen (Turnierreiter – Dressur, Springen, Vielseitigkeit),
▪ Interessengruppen (Hausfrauen-, Alt-Herren-, Jagdreiter-, Quadrillen-, Freizeitreitergruppe usw.),
▪ Einzelunterricht (nach besonderer Absprache).

Die Einteilung der Reiter in die verschiedenen Leistungsgruppen obliegt dem Ausbilder, der diese Einteilung auch laufend überprüfen und korrigieren sollte. Das Unterrichtsangebot muss abwechslungsreich sein und in den Kinderstunden auch spielerische Elemente beinhalten. Das reiterliche Geschick lässt sich, nachdem der Grundsitz gefestigt ist, auf die unterschiedlichste Weise verbessern (Reiten auf verschiedenen Plätzen, Temporeiten auf der Galoppbahn, Reiten im Gelände, Reiterspiele und Geschicklichkeitsreiten).
Bei der Einteilung der Stunden sollte darauf geachtet werden, dass nicht mehr als 8 bis 10 Schüler je Lehrkraft in einer Stunde sind.

Bei den Leistungsgruppen und Springstunden sollten möglichst nicht mehr als 6 Teilnehmer in der Stunde anwesend sein. Als zusätzliches Angebot könnte z.B. „theoretischer Unterricht" als Unterrichtsblock (z.B. 10 Stunden) bei allgemeiner Nachfrage oder als Vorbereitung für das Reitabzeichen ausgeschrieben werden.
Ebenso kann ein fester Unterrichtsblock mit einer bestimmten Zielsetzung angeboten werden. Die Teilnehmerzahl ist begrenzt, die Anmeldung ist verbindlich und die Unterrichtseinheit sollte mit einer kleinen Abschlussprüfung beendet werden. Diese Unterrichtsblöcke sind in allen Disziplinen durchführbar (Dressur-, Spring-, Vielseitigkeits- bzw. Jagdtraining).
Solche Unterrichtsblöcke können eventuell durch anschließenden theoretischen Unterricht mit entsprechenden Lehrfilmen ergänzt werden. Der Einsatz von Videoaufnahmen der Teilnehmer aus dem praktischen Unterricht ist hier ebenso sinnvoll und lehrreich wie bei Leistungsgruppen mit bestimmten Zielsetzungen.
Im Winter bietet sich außerdem noch ein fester Unterrichtsblock für das Quadrillenreiten an.
Die wirtschaftlich schwache Ferienzeit kann bei bestimmten Voraussetzungen mit Ferienlehrgängen überbrückt werden.

7.1.2   Aufstellung eines Unterrichtsplanes

Bei der Aufstellung eines Unterrichtsplanes müssen die Wünsche der Kunden bzw. der Vereinsmitglieder mit den Ausbildungszielen des Betriebes, den personellen und anlagemäßigen Möglichkeiten optimal koordiniert werden. Ein aufgestellter Unterrichtsplan bedarf der regelmäßigen Überprüfung im Hinblick auf die Wirtschaftlichkeit und die allgemeine Nachfrage.

7.1.2.1 Unterrichtsplanung unter Berücksichtigung der vorhandenen Anlagen

Die vorhandenen Trainingsanlagen sind für die Erstellung eines Unterrichtsplanes ebenso wichtig wie die personelle Besetzung. In der Regel ist in den meisten Betrieben nur eine Reithalle vorhanden. Da neben dem Unterricht in der Abteilung auch

noch Anfängerstunden an der Longe und eventuell Voltigierunterricht gegeben werden, muss dies bei der Belegung der Halle durch Abteilungsunterricht berücksichtigt werden. Bei Betrieben, die auch noch Pferde ausbilden, müssen genügend Freistunden für den Beritt der Pferde sein. Dieser Bedarf an Freistunden kann aber meist durch die unterrichtsfreien Vormittagsstunden gedeckt werden.

Besonders wichtig ist die Berücksichtigung der Privatpferdereiter, die nicht immer am Unterricht teilnehmen wollen. Da der Anteil der Privatpferde allgemein 2/3 bis 3/4 der eingestellten Pferde ausmacht, müssen den Pferdebesitzern genügend Freistunden zur Verfügung stehen, wobei zu berücksichtigen ist, dass sie meist erst nach Feierabend Zeit haben zu reiten. In den Sommermonaten hilft hier ein guter Außenplatz über viele Probleme hinweg. In der kühlen und nassen Jahreszeit müssen jedoch häufig Kompromisslösungen gefunden werden, um allen Ansprüchen gerecht zu werden, z.B. durch Zusammenlegung zweier nicht voll ausgelasteter Stunden zur Schaffung einer Freistunde oder durch eine Stunde längere Öffnungszeit der Halle am Abend für Privatpferdereiter.

7.1.2.2 Unterrichtsplanung unter Berücksichtigung der betrieblichen Struktur

Bei der Einteilung der Unterrichtsstunden müssen verschiedene Dinge beachtet werden, die in der Organisation des allgemeinen Betriebes begründet sind. In den meisten Betrieben gibt es aus personellen Gründen einen „Ruhetag". Da nach diesem die Pferde häufig recht munter sind, ist es unangebracht, als 1. Unterrichtsstunde an diesem Tag eine Anfängerstunde einzuteilen (Unfallverhütung). Auch eine Leistungsstunde wäre hier nicht richtig platziert, da neben dem Stallmut auch eine gewisse Steifheit bei den Pferden vorhanden ist, sodass man hier keine gesteigerte Leistung erwarten kann. Am besten wäre hier eine Aufbaugruppe für den Unterricht einzuteilen, da diese Reiter schon eine gewisse Einwirkung auf die Pferde haben, ihnen aber noch keine besonderen Leistungen abverlangen.

Die Springstunden sollten möglichst auf einen Tag gelegt werden, umso wenig Arbeits- und Zeitaufwand wie möglich zu haben (Auf- und Abbau).
Bei der Unterrichtsplanung muss auch der Pferdebestand berücksichtigt und das Angebot auf das Verhältnis Lehrpferde/Privatpferde abgestimmt werden. Die Unterrichtsstunden müssen so gelegt werden, dass das Potential der Lehrpferde gleichmäßig ausgelastet ist. Zu viele hintereinander geschaltete Stunden, bei denen hauptsächlich Lehrpferde geritten werden, zahlen sich nicht aus, da die Pferde in der letzten oder den Abendstunden unlustig sind. Die Kunden würden dies bald spüren und auf andere Stunden ausweichen, bei denen die Pferde im Laufe des Tages nicht so viel beansprucht worden sind, oder in einen anderen Stall abwandern.

7.1.3 Unterricht im Gelände

Eine besondere Form des Unterrichts ist das Reiten im Gelände. Welchen Stellenwert dieses im Unterrichtsplan einnimmt, ist abhängig von Art und Lage des Betriebes. In reinen Ferienbetrieben wird diese Unterrichtsform sehr viel häufiger angewandt als in allgemeinen Reitbetrieben. Aber alle Reitbetriebe, die die Möglichkeit haben, im Gelände zu reiten, sollten dies in der trockenen Jahreszeit fest mit in ihren Unterrichtsplan einbeziehen. Ausritte lockern den allgemeinen Unterricht auf und dienen der Entspannung von Reiter und Pferd. Bevor man den Unterricht im Gelände mit in den Unterrichtsplan aufnimmt, muss der Unterrichtende einige Dinge bedenken. Bei der Auswahl der Wege muss das bestehende Waldgesetz beachtet werden. Gute persönliche Kontakte des Reitlehrers und des Vorstandes mit Grund- und Waldbesitzern und dem Förster erleichtern erheblich die Arbeit im Gelände.

Wichtig bei der Einteilung der Gruppen ist die Zusammenstellung der Pferde und Reiter. Man sollte keine Anfänger mit ins Gelände nehmen; Reitschüler können in der Regel etwa nach 100 Reitstunden an Ausritten teilnehmen, da die Unfallgefahr im Gelände erheblich höher ist als in der Reitbahn. Nur geländesichere Pferde und sichere Reiter in Begleitung geschulter Ausbilder geben Gewähr für eine gefahrlose Arbeit im Freien. Sichere Ausrüstung von Pferd und Reiter (Reitkappe, intaktes Lederzeug, funktionierende Steigbügelschlösser) sind ebenso wie bei allen anderen Unterrichtsstunden selbstverständlich.

7.1.4 Der Umgang mit den Kunden

Ein Reitbetrieb ist ein Dienstleistungsbetrieb, der von seinen Kunden abhängig ist. Ein guter Umgangston ist wichtig für die wirtschaftliche Effektivität des Betriebes. Jeder Reitschüler, ob Erwachsener oder Jugendlicher, Pferdebesitzer oder Lehrpferdereiter, Turnierreiter oder reiner Freizeitreiter, muss das Gefühl haben, ernst genommen zu werden. Man muss allen das Gefühl geben, dass keine Gruppe bevorzugt wird, denn jede Gruppe stellt ein wichtiges Glied in der Kette des Betriebes dar.

Neben den rein betrieblichen Kontakten sollten die Unterrichtenden auch gelegentlich nach den Stunden den privaten Kontakt mit den Kunden pflegen, ohne dabei bestimmte Reiterinnen oder Reiter zu bevorzugen. Bei diesen Zusammenkünften können häufig auftauchende Probleme im Ansatz geklärt werden, und man hat gleichzeitig die Möglichkeit, neue Reiter besser in die Gemeinschaft einer Gruppe einzugliedern.

Jeder Ausbilder sollte sich darüber klar sein, dass er durch sein gutes oder schlechtes Beispiel den Stil eines Reitbetriebes bestimmt. Das gilt für den Umgang mit den Kunden, die Art zu reiten, den Umgang mit den Pferden und die Einhaltung der Stall- und Bahnordnung (siehe auch Kapitel 15 – Marketing im Reitbetrieb).

7.2 Besondere Veranstaltungen

Neben den allgemein üblichen Angeboten an verschiedenen Unterrichtsinhalten dient im Laufe des Jahres eine Reihe von besonderen Veranstaltungen zur Motivation der Kundschaft und als Werbung nach draußen.

Mit diesen Veranstaltungen sollen besonders die Lehrpferde- und Freizeitreiter angesprochen werden, denen mit diesen Veranstaltungen eine besondere Zielsetzung gegeben wird.

Folgende Möglichkeiten sollen als Anregung für solche Veranstaltungen dienen: Karnevalsreiten, Musikreiten, Weihnachtsreiten, Orientierungs- oder Rallyeritte, Tagesritt mit großer Rast, internes Turnier, Fünfkampf (z.B. Dressur, Springen, Laufen, Radfahren oder Schwimmen, Schießen).

Eine besondere Veranstaltung wäre ein Wanderritt über mehrere Tage, der aber in den meisten Betrieben nicht realisierbar ist, da dieser einen großen Arbeitsaufwand erfordert und die anderen Arbeiten weiter fortgesetzt werden müssen (Ausbildung und Versorgung der Pferde, andere fest eingeplante Stunden usw.).

Sollte so ein Ritt doch durchgeführt werden, so sind vor und während der Durchführung des Rittes viele Dinge zu beachten und zu organisieren. Dazu gehören Wegplanung, Quartierbestellung für Reiter und Pferd, Verpflegung für Reiter und Pferd, Bereitstellung eines Begleitfahrzeuges (Bagagewagen), Vorsorge für Transport eventuell verletzter Pferde, Kontrolle der Ausrüstung und Beschlag, Erste-Hilfe-Ausrüstung für Reiter und Pferd.

7.3 Teilnahme der aufgestallten Pferde an Turnieren

Die Teilnahme an Turnieren dient der wettkampfmäßigen Überprüfung der Ausbildung und als Ansporn für die Reiter, besser zu reiten und ihre Pferde besser auszubilden bzw. besser ausbilden zu lassen.

Die Nennungen zu Turnieren sollten möglichst mit dem Ausbilder abgesprochen werden, der aufgrund seiner größeren Erfahrung besser beurteilen kann, welche Prüfungen für Reiter und Pferd sinnvoll sind und dem erreichten Ausbildungsziel entsprechen. Dies gilt besonders für noch turnierunerfahrene Reiter, die sich häufig überschätzen. – Ein gemeinsames, abgesprochenes Nennen bringt auch Vorteile bei der Organisation der Beschickung eines Turnieres. So lässt sich aufgrund der Kenntnis der abgegebenen Nennungen auch ein sinnvoller Transportplan aufstellen, bei dem mit möglichst wenig Kosten- und Zeitaufwand die Pferde transportiert werden. Reiter, die in gleichen Prüfungen starten, können sich beim Transport abwechseln; Reiter, die selbst keine Transportmöglichkeit haben, können sich schon bei der Abgabe der Nennung eventuell einem anderen Reiter mit Doppelhänger anschließen.

Die Kenntnis über abgegebene Nennungen ist aber auch für den Ausbilder wichtig.

Er kann in der Unterrichtsarbeit und Pferdeausbildung gezielt auf die zu erwartenden Anforderungen hinarbeiten und den Reitern wertvolle Hinweise für die Arbeit auf dem Turnierplatz als Vorbereitung zu einer Prüfung geben. Außerdem kann der Ausbilder bei genauer Kenntnis der Zeiteinteilung und der startenden Reiter aus seinem Betrieb es zeitlich vielleicht einrichten, seine Schüler zum Turnier zu begleiten und dort zu unterstützen. Sollte er dies selbst aus zeitlichen oder betrieblichen Gründen nicht ermöglichen können, wäre es sinnvoll, einen erfahrenen Hilfsausbilder (älterer Auszubildender, Bereiter, Turnierwart, Jugendwart) mitzuschicken, der vor allem den noch unerfahrenen Turnierreitern bei der Meldung und der Vorbereitung der Prüfung behilflich ist. Bei der Abgabe der gemeinsamen Nennungen besteht für den Ausbilder auch die Möglichkeit, Einfluss darauf zu nehmen, talentierte Reiter, die kein eigenes Pferd haben, beritten zu machen.

Neben den zu nennenden Einzelprüfungen gibt es noch Mannschaftsprüfungen für Vereine, deren Beschickung auf jeden Fall dem Ausbilder obliegen soll. Diese Mannschaftswettkämpfe erfordern zwar einen zusätzlichen Arbeitseinsatz, z.B. bei der Einstudierung einer Küraufgabe oder bei der Vorbereitung zur Geländeprüfung, aber man sollte diese Wettkämpfe unterstützen. Sie fördern den Zusammenhalt der Mitglieder untereinander und stärken das Ansehen eines Vereines nach außen.

Einrichtungen und Maßnahmen zur Unfallverhütung

Der Reitsport weist z.Zt. leider hohe Unfallzahlen auf. Obwohl jeder weiß, dass auch ein gut trainiertes Pferd unter einem geübten Reiter einmal stürzen kann, liegen die Ursachen aber keineswegs nur beim Reiten. Zwei wesentliche Gefahrenmomente liegen zum einen im Umgang mit dem Pferd und den damit zusammenhängenden möglichen Gefahren und zum anderen in der häufigen Unwissenheit derer, die mit dem Pferd umgehen. Das unvermeidbare Sportart spezifische Risiko ist also nicht das Problem. Wenn der Reitsport fachgerecht und vernünftig ausgeübt wird, ist er keineswegs eine gefährliche Sportart.

Es ist daher die erste Pflicht jedes im Reitsport Verantwortlichen, auf jede nur erdenkliche Weise zur Unfallverhütung beizutragen.

Die Deutsche Reiterliche Vereinigung (FN) hat zusammen mit der Verwaltungs-Berufsgenossenschaft eine Poster-Serie zur Unfallverhütung erarbeitet. Jedes Poster behandelt einen Themenbereich (z.B. Pferdepflege, Sicherheit in der Reitbahn, Sicherheit beim Ausreiten, Sicheres Verladen, Sicherheit beim Beschlagen) und ordnet diesem Themenbereich typische Unfallsituationen zu. Die Poster werden unentgeltlich an alle Reitbetriebe abgegeben.

Im Übrigen dienen viele Vorschriften für den Bau von Reitanlagen (siehe die von der FN herausgegebenen „Orientierungshilfen Reitanlagen- und Stallbau") sowie die Reitlehre selbst der Unfallverhütung. Wenn z.B. am Anfang einer Reitstunde lösende Übungen stehen, dann hat das seinen Grund auch in der Tatsache, dass ein verspanntes Pferd zu unfallträchtigen Reaktionen neigt.

Es ist nicht möglich, hier alle Gefahrenbereiche und die entsprechenden Unfallverhütungsmaßnahmen darzustellen. Die nachstehende Auflistung ist daher notwendigerweise unvollständig. Sie mag jedoch zur Diskussion und zum selbstständigen Weiterdenken anregen.

8.1 Sicherheit der technischen Einrichtungen

Stall
- Boden rutschfest;
- Stallgasse breit genug;
- Türen (Box und Außentüren) breit genug und gegen Zufallen gesichert;
- keine herausragenden Gegenstände in der Stallgasse (z.B. Wasserhähne);
- Stromleitungen und Glasfenster absichern;
- Treppen, Leitern und Luken absichern.

Reithalle
- Sicherung gegen vorspringende Bauteile;
- nicht nach innen schlagende Bandentür;
- Bande gegen Überspringen sichern;
- regelmäßiges Eggen und Vermeiden einzelner Feuchtstellen (Schichtenbildung und Nassstellen erhöhen die Rutschgefahr);
- Sichern von Spiegeln (z.B. beim Freispringen);
- Wegräumen nicht benötigter Hindernisteile.

Außenanlagen
- Einfriedungen stabil (kein Stacheldraht);
- Sauberkeit (Steine, Scherben, Draht usw.);
- Unebenheiten beseitigen (z.B. Kanickellöcher).

8.2 Pferdepflege und Hilfe beim Beschlagen

- Pferden von vorne nähern;
- bei Annäherung oder vor Berührung stets ansprechen;
- Pferde nicht ohne geeignetes Halfter führen. Stets Strick oder Führzügel verwenden, aber nicht um die Hand wickeln. Mit rechter Hand führen. Heftige Pferde mit Trense führen;
- Pferde nur an festen Gegenständen (nicht an Türen usw.), nicht zu kurz und nicht an der Trense anbinden;
- zum Anbinden stets leicht lösbare Knoten oder Panikhaken verwenden;
- unsachgemäßes Putzen (z.B. ungepolsterte Körperteile mit Striegel) führt zu Schreckreaktionen;
- Pferde zur Pflege aus der Box nehmen, um bei Schreckreaktionen nicht bedrängt zu werden;
- festes Schuhwerk tragen;
- beim Hufauskratzen neben dem Pferd (nicht dahinter) stehen.

8.3 Reitbekleidung

- Bruch- und splittersicherer Reithelm mit Drei- bzw. Vierpunktbefestigung (EN 1384);
- festes Schuhwerk, bis zum Absatz durchgehende Sohle. Schuhe ohne Absätze sind gefährlich, weil der Fuß durch den Steigbügel rutschen kann;
- Reithosen sind anderen Hosen vorzuziehen, da sie nicht hochrutschen und scheuern. Wundsein des Reiters verringert seine Einwirkung und erhöht damit die Unfallgefahr;
- Gerte beim Anfänger nicht länger als 1,20 m, Sporen überhaupt nicht, um ungewollte „Hilfen" zu vermeiden;
- Reithandschuhe (Wundsein, Zügelrutschen bei Nässe);

- Brillen sollten beim Springen und im Gelände durch Zusatzhalterungen gesichert werden.

8.4 Zäumung und Sattelung

- Nur ein richtig verpasstes Zaumzeug und ein passender Sattel guter Qualität sind sicher;
- regelmäßiges Überprüfen der Festigkeit und der Nähte von Zügeln, Bügelriemen, Sattelgurt und Gurtstrippen;
- Steigbügel schwer und breit. Nach dem Reiten Bügel hochschieben;
- Sicherheitsscharnier (Steigbügelaufhängung) gangbar halten;
- mindestens drei Sattelgurtstrupfen. Die Strupfen müssen mit den gegenüberliegenden Strupfen durch Gurtband verbunden sein;
- regelmäßige Pflege des Lederzeugs.

8.5 Lehrpferd

Der Anfänger gehört auf ein Lehrpferd, das

- mindestens 5-jährig ist,
- einen einwandfreien Charakter und ein ausgeglichenes Temperament hat (nach Stehtagen vorher bewegen!), keine Untugenden hat,
- leichtrittig ist, den Reiter gut sitzen lässt,
- in der Größe zum Reiter passt,
- gesunde Beine hat (Einknicken und Stolpern vermeiden),
- keine Schmerzen hat (Satteldruck usw.).

Ein Lehrpferd ist vom Reitlehrer gegebenenfalls auch unter dem Sattel zu korrigieren, damit es auch für schwache Reiter nachreitbar ist.

8.6 Anfängerunterricht

- Der Reitlehrer soll für die Aufgabe qualifiziert sein;
- jede Lektion durch theoretische Unterweisung gründlich vorbereiten;
- niemals den Schüler überfordern, Leistungsgrenze erkennen;
- vor dem Reiten in der Gruppe Erlernen des Grundsitzes an der Longe (je nach Alter des Reitschülers 5 bis 10 Longenstunden);
- Anfängergruppe nicht über 8 Personen;
- Sicherheitsabstände 2 bis 4 Pferdelängen (zu wenig: Auskeilen; zu viel: Hinterherrennen);
- Galopp zuerst an der Longe üben;
- zu Anfang kein Galopp der gesamten Gruppe, sondern nur einzelner Reiter;

- Herunterfallen vermeiden (abgesehen von der unmittelbaren Unfallgefahr verursacht das Fallen Angst und Verkrampfung);
- Ausbinder oder Stoßzügel müssen zur Verfügung stehen;
- stets den Grundsatz beachten: Sicherheit vor Risiko.

8.7 Verhalten in der Reitbahn

- Vor Betreten und Verlassen der Reitbahn auf sich aufmerksam machen („Tür frei?" – „Ist frei!");
- nicht auf der Stallgasse, sondern erst in der Bahn aufsitzen (niemals auf glattem Untergrund aufsitzen);
- Pferd nicht mit eingeschnallten Ausbindezügeln führen, erst in der Reitbahn einschnallen;
- beim Führen grundsätzlich Zügel vom Hals, Martingal ausschnallen;
- Grundsätzlich nicht longieren, wenn in der Bahn geritten wird;
- zum Aufsitzen einen ruhigen Platz wählen. Abteilungen sitzen mit ausreichendem Zwischenraum auf der Mittellinie auf;
- vor dem Antraben grundsätzlich zunächst ausgiebig Schritt reiten. Pferd lösen;
- rechtzeitig nachgurten. Beim Nachgurten vom Sattel aus bleibt eine Hand am Zügel und der Fuß im Bügel;
- beim Führen und beim Reiten stets genug Sicherheitsabstand einhalten.
- Verkehrsregeln:
  - Dem Reiter auf der linken Hand „gehört" der Hufschlag;
  - Trab und Galopp haben „Vorfahrt" vor Schritt und Halt; also bei Schritt und Halt: Hufschlag frei;
  - ganze Bahn hat „Vorfahrt" vor Zirkel;
  - beim Kreuzen der Wechsellinien hat der von rechts Kommende Vortritt;
  - wird auf beiden Händen geritten, dann ist rechts auszuweichen, auch bei Handwechsel;
  - Rücksicht auf junge Pferde und schwache Reiter;
  - daneben stets die hauseigene Reitordnung (Longieren, Springen usw.) beachten. Niemals auf Rechte pochen, Rücksicht ist die erste Regel.

8.8 Springen

- Bruch- und splittersicherer Reithelm mit Drei- bzw. Vierpunktbefestigung (EN 1384);
- guter Zustand des Hindernismaterials;
- bei Bedarf Benutzung von Fängen;
- LPO-empfohlene Auflagen;
- Reiter und Pferde nicht überfordern;
- Pferde nicht durch zu häufige Wiederholung des Sprunges unaufmerksam machen;

- falsche Distanzen, zu wenig oder blendendes Licht erhöhen die Unfallgefahr.
- nicht zu viele Helfer in der Bahn.

8.9 Ausreiten

- Ausritte nur für Fortgeschrittene;
- Zusammenstellen der Gruppe und Lösen der Pferde auf Bahn oder Platz;
- erster Ausritt mit Schülern nicht im Frühjahr oder im ersten Schnee (Pferde sind übermütig);
- möglichst nicht allein ausreiten;
- bei Dunkelheit Mitführen von Beleuchtung;
- beim Begegnen nicht Trab oder Galopp, sondern Schritt;
- geordnetes Überqueren von Fahrstraßen;
- zum Ausschlagen neigende Pferde kennzeichnen und hinten gehen lassen;
- rutschfeste Zügel bzw. Handschuhe benutzen;
- bei Gruppenritten Handzeichen vereinbaren.

8.10 Jagdreiten

- Vor der Jagd darf niemals Stehtag sein. Lösen des Pferdes vor dem Angalopp;
- Teilnahme nur für Reiter und Pferde, die den Anforderungen der Klasse A genügen;
- bruch- und splittersicherer Reithelm mit Drei- bzw. Vierpunktbefestigung (EN 1384);
- je nach Ausbildungsstand von Reiter und Pferd Einteilung in verschiedene Felder. Unerfahrenen Reitern einen erfahrenen Jagdreiter zuordnen;
- genaue Instruktion aller Beteiligten vor Beginn der Jagd;
- beim Verweigern vor dem Sprung: Sprung für die folgenden Reiter freigeben, hinten ans Feld anschließen;
- „Strichreiten", Position im Jagdfeld halten (nicht überholen);
- Sicherheitsabstand zum Vordermann (mindestens eine Pferdelänge) einhalten;
- pullende Pferde gehören nicht in das Jagdfeld;
- treten Probleme auf (Pferd zu heftig, Reiter geschwächt usw.), Jagd sofort abbrechen;
- Sprünge fest, stabil und Achtung gebietend. Die Dicke der obersten Stange sollte 20 cm ⌀ nicht unterschreiten („Lieber weniger und solide, als mehr und Pfusch");
- vor und während der Jagd Zurückhaltung bei Alkohol;
- im springenden Feld muss gesprungen werden (Alternativen führen zur Konfusion vor dem Sprung); im nichtspringenden Feld darf nicht gesprungen werden (außerplanmäßige Bravourstückchen beeinträchtigen die Sicherheit);
- Wasserdurchritte nur bei festem, sandigen Untergrund. Der Grund ist sorgfältig auf Glas, Stacheldraht und dergleichen abzusuchen.

8.11 Transportieren

- Zugfahrzeug entsprechend dem zulässigen Gesamtgewicht;
- auf technischen Zustand achten;
- Pferde rechtzeitig ans Verladen gewöhnen. Hau-ruck-Maßnahmen erhöhen die Unfallgefahr. Eventuell Unterstützung mit Longe, nicht mit Schlägen;
- Pfleger muss im Wagen dem Pferd ausweichen können (Aussteigluke muss gangbar sein);
- *zunächst* Klappe schließen, *dann* anbinden;
- rutschfester Boden des Transportraumes und der Ladeklappe;
- ruhig und gleichmäßig fahren;
- bei längeren Fahrten öfter anhalten und kontrollieren;
- beim Ausladen *zunächst* Strick lösen, *dann* Klappe öffnen.

8.12 Feuerverhütung

- Zugängliche Feuerlöscher (regelmäßig überprüfen lassen!);
- Rauchverbot in Stall und Futterlagerraum;
- kein feuchtes Heu einlagern;
- Heizgeräte überwachen (sie bilden mit rund 1/4 aller Fälle den höchsten Prozentsatz der Stallbrände);
- Hinweis auf Feuerwehr (Telefon-Nummer);
- regelmäßige Unterweisung des Personals, gegebenenfalls Übungen.

8.13 Erste Hilfe

- Erste-Hilfe-Kasten regelmäßig kontrollieren (Inhalt mindestens wie für Pkw vorgeschrieben);
- Hinweis auf Arzt (Telefon-Nummer);
- Reitschüler auf Verhalten in Unfallsituationen schulen;
- Reitlehrer muss „erste Hilfe" beherrschen;
- jeder Reiter (und jedes Pferd) sollte gegen Tetanus schutzgeimpft sein.

Hinweis:
Vgl. Broschüre „Unfallverhütung im Reiten, Tipps und Ratschläge für junge Reiterinnen und Reiter", erhältlich bei der Deutschen Reiterlichen Vereinigung (FN), 48229 Warendorf.

Personalwesen

9.1 Personalplanung und -einsatz

Die Personalplanung ist eine der entscheidenden Voraussetzungen für das Funktionieren eines jeden Reitbetriebes, sowohl wirtschaftlich als auch organisatorisch, sei es innerhalb eines Vereins oder eines gewerblichen Reitbetriebes.

Die Personalplanung wird bestimmt durch folgende Daten:

- die betriebliche Zielsetzung,
- die Größe des Betriebes,
- den Planungszeitraum,
- die anfallenden Arbeiten, wobei Zeiten mit mehr bzw. weniger Arbeitsanfall zu berücksichtigen sind,
- den zur Verfügung stehenden Personaletat,
- die Urlaubs-, Freizeit- und Krankheitsregelungen,
- die Entscheidung, welche Tätigkeiten durch haupt-, neben- und ehrenamtliche Kräfte zu verrichten sind.

Die betriebliche Zielsetzung ist im Verein durch die Satzung und die sie ausführenden Beschlüsse der Mitgliederversammlung und des Vorstandes vorgegeben. Im gewerblichen Reitbetrieb wird sie durch den Eigentümer ebenfalls vorgegeben. In jedem Fall ist regelmäßig zu überprüfen, ob die geleistete Arbeit zielkonform ist oder Korrekturen vorgenommen werden müssen.

Die Betriebsgröße ist bekannt, gegebenenfalls sind im Planungszeitraum vorgesehene Erweiterungen oder Umbauten zu berücksichtigen.

Der Planungszeitraum sollte in der Regel ein Kalenderjahr umfassen, wobei bereits in der Planung mögliche Kündigungs- und Wiedereinstellungsfristen zu beachten sind. Die anfallenden Arbeiten sollten, soweit vorhersehbar, systematisch erfasst und aufgelistet werden und zu einem Stellenbeschreibungsplan führen, aus dem sich der Personalstellenplan ergibt.

Der Personalstellenplan ist mit dem Personaletat abzustimmen, um festzustellen, ob die Finanzierung des Personalbedarfs gesichert ist. Bei der Berechnung des Personalbedarfs sind bereits Urlaubszeiten und Freizeitregelungen zu berücksichtigen sowie ein gewisser Puffer für Krankheitsfälle einzuplanen.

Bei der Abstimmung des Personalbedarfs mit dem Personaletat wird man zumindest im Verein sehr schnell zu der Feststellung kommen, dass es zu teuer ist, alle anfallenden Arbeiten durch hauptamtliche Mitarbeiter bewerkstelligen zu lassen. Hier muss an Hand einer Prioritätenliste festgelegt werden, welche Tätigkeiten unabwendbar durch bezahlte Mitarbeiter und welche durch nebenamtliche oder ehrenamtliche Vereinsmitglieder übernommen werden können. Auch hierbei empfiehlt sich eine möglichst langfristige Planung, da ehren- und nebenamtliche Kräfte nicht regelmäßig und ständig eingesetzt werden können. Dabei empfiehlt es

sich, bestimmte neben- oder ehrenamtliche Mitarbeiter zu festen Zeiten bestimmten Gruppen (z.B. Anfängergruppen) schon in der Planung zuzuordnen.
Für den Stalldienst und die Pflege der Anlagen muss ein regelmäßiger Dienstplan erstellt werden, für den die Richtzahl gelten kann, dass ein hauptamtlicher Pfleger ca. 10 bis 15 Pferde pro Tag versorgen kann.

Bei der Einplanung von Auszubildenden muss darauf geachtet werden, dass die Priorität nicht in erster Linie im Stalldienst liegt, sondern in der praktischen und theoretischen Unterweisung im Reiten. Für Bereiter und Reitlehrer lassen sich nur schwierig Richtzahlen hinsichtlich des Verhältnisses eigenes Reiten zu Unterrichtserteilung festlegen, da dies wesentlich von der Betriebsgröße, vom Verhältnis Lehrpferde zu Privatpferden, Einzelunterricht zu Gruppenunterricht etc. abhängt. Hier die für den jeweiligen Betrieb richtige Relation herzustellen, ist die wesentliche Aufgabe bei Definition der Betriebsziele. Im Allgemeinen kann man jedoch als Richtzahl annehmen, dass bei 4 Unterrichtsstunden pro Tag 3 bis 4 Pferde zusätzlich gearbeitet werden können.

Der Personaleinsatz stellt die Umsetzung der Planung in die Praxis dar, wobei eine sehr enge Wechselwirkung zwischen beiden besteht. Die Planung darf nicht stur durchgesetzt werden, wenn sie sich als der Praxis nicht gerecht werdend herausstellt; andererseits sollte von der Planung nicht ohne Not abgewichen werden.
Die Überwachung des Personaleinsatzes anhand der Planung obliegt dem Betriebsleiter (Reitlehrer), wobei seine Vertretung in der Planung klar geregelt sein muss. Es obliegt auch dem Leiter, notwendige Planänderungen durchzuführen.

9.2 Personalkosten und Lohnberechnung

9.2.1 Personalkosten

Personalkosten sind diejenigen Kosten eines Betriebes, die für die Zurverfügungstellung von Arbeit bestimmter Art während einer bestimmten Zeit entstehen. Zu den Personalkosten gehören z.B.
- Gehälter,
- Löhne,
- Honorare,
- Aufwandsentschädigungen,
- Spesen,
- geldwerte Vorteile,
- sämtliche durch den Arbeitgeber zu tragenden Sozialabgaben und Versicherungsleistungen sowie Urlaubs- und Weihnachtsgeld.

Gehälter sind die Arbeitsentgelte der Angestellten, die in der Regel monatlich anfallen.

Löhne sind die Arbeitsentgelte der Arbeiter, die als Stunden-, Tages-, Wochen- oder Monatslohn vereinbart werden.

Honorare werden erfolgsabhängig gezahlt, d.h. für inhaltlich definierte Ergebnisse (z.B. Steuerberater, freiberuflich tätiger Reitlehrer).

Aufwandsentschädigungen werden in der Regel pauschaliert bezahlt zur (teilweisen) Deckung entstehenden Aufwandes für ehrenamtlich Tätige, aber auch als zusätzliche Zahlungen an Angestellte zur Deckung solcher Kosten, die im dienstlichen Interesse entstehen und durch das Gehalt nicht abgegolten sind.
Spesen sind nicht pauschalierte Kosten, die zur Deckung von Aufwendungen gezahlt werden, die im dienstlichen Interesse entstehen (in der Regel im Zusammenhang mit entsprechenden Reisen).

Geldwerte Vorteile sind solche verbilligten oder kostenlosen Leistungen des Arbeitgebers, die dem Gehalt oder Lohn steuerlich zuzurechnen sind (z.B. freie Unterkunft und Verpflegung, Freiboxen, Dienstwagen, soweit dieser privat genutzt wird etc.).

Sozialabgaben und *Versicherungsleistungen* sind insofern Personalkosten des Arbeitgebers, als sie ganz oder teilweise, freiwillig oder aufgrund gesetzlicher Vorschriften durch den Arbeitgeber geleistet werden und dem Gehalt bzw. Lohn hinzuzurechnen sind.

Personalkosten in einem Reitbetrieb/Verein können entstehen durch:

Hauptamtliche	*Neben- und Ehrenamtliche*
– Reitlehrer	– Gasttrainer
– Stallmeister	– sonstige Hilfskräfte
– Bereiter	
– Auszubildende	
– Pferdepfleger	
– Büropersonal	

9.2.2 Lohnberechnung

Sämtliche Personalkosten sind kalkulatorisch im Voraus für ein Jahr im Etat des Reitvereins oder Betriebes zu erfassen. Nur so ist eine solide Finanzführung des Betriebes sicherzustellen, da die Personalkosten wie in allen Unternehmen des Dienstleistungs- bzw. Freizeitsektors einen entscheidenden Einfluss auf die wirtschaftliche Gesamtsituation haben.

Der Haushalts- und damit der Personalplan ist auf die individuelle Situation und die speziellen Bedürfnisse jedes Betriebes auszurichten (siehe Kapitel 9.1), sodass nach-

folgend nur allgemeine Hinweise für die Kalkulation des Personalplans gegeben werden, die auf jeden einzelnen Betrieb sinngemäß zu übertragen sind.

Bei der Einstellung von Mitarbeitern im Reitbetrieb sollte aus Sicht des Arbeitgebers von der weit verbreiteten Unsitte abgesehen werden, Nettolohn zu vereinbaren, da dies einerseits die Kalkulation der Personalkosten insgesamt und der Lohnkosten im Einzelnen unnötig erschwert und zum anderen wegen der sehr individuellen Besteuerungsmerkmale bei gleicher oder vergleichbarer Tätigkeit Ungerechtigkeitstatbestände schaffen kann.

Grundlage für die Lohn-(Gehalts-)abrechnung sollte also der vereinbarte Bruttolohn, d.h. ohne Abzug von Steuern und Sozialabgaben, sein. Der Bruttolohn, der Grundlage für die Berechnung des auszuzahlenden Nettolohnes ist, setzt sich zusammen aus:

> Festgehalt
> + Geldwerte Vorteile (z.B. freie Wohnung, Freiboxen etc.)
> + Aufwandsentschädigungen (z.B. Kilometergelderstattung, die die steuerlichen Freibeträge überschreiten)
> + Arbeitgeberanteil Vermögenswirksame Leistungen
> + Urlaubs- und Weihnachtsgeld
> = Bruttolohn

Für die Berechnung des Nettolohnes sind das Einkommensteuerrecht mit seinen Ausführungsbestimmungen in der jeweils gültigen Fassung maßgebend sowie die gesetzlichen Bestimmungen über die Pflege-, Kranken-, Renten- und Arbeitslosenversicherung. All diese Vorschriften enthalten die allgemeinen Merkmale, die zur Berechnung des Nettolohnes erforderlich sind. Die individuellen Merkmale des Arbeitnehmers sind auf der Lohnsteuerkarte enthalten, die jeder Arbeitnehmer seinem Arbeitgeber vorzulegen hat.

Für die Berechnung der Sozialabgaben ist das sozialversicherungspflichtige Einkommen mit der geltenden Beitragsbemessungsgrenze entscheidend, die vom Gesetzgeber jeweils jährlich erneut festgelegt wird.

Der Nettolohn errechnet sich aus dem Bruttolohn wie folgt:
> Bruttolohn
> - Lohnsteuer
> - z.Zt. Solidaritätszuschlag
> - Kirchensteuer
> - Sozialabgaben (Arbeitnehmeranteil)
> = Nettolohn
> - vermögenswirksame Leistungen
> = auszuzahlender Nettolohn

Beispiel einer Personalkostenermittlung eines angestellten Reitlehrers für einen Reitbetrieb:

	Monat	Jahr
Festgehalt	2.000,– EUR	24.000,– EUR
+ 2 Freiboxen	400,– EUR	4.800,– EUR
+ freie Wohnung	300,– EUR	3.600,– EUR
+ Vermögenswirksame Leistungen	6,65 EUR	79,80 EUR
+ Urlaubsgeld	–	250,– EUR
+ Weihnachtsgeld	–	2.000,– EUR
Bruttolohn	2.706,65 EUR	34.729,80 EUR
+ Arbeitgeberanteil		
Krankenversicherung	196,24 EUR	2.354,88 EUR
Rentenversicherung	258,49 EUR	3.101,88 EUR
Arbeitslosenversicherung	87,97 EUR	1.055,64 EUR
Pflegeversicherung	23,01 EUR	276,12 EUR
Personalkosten Reitlehrer	3.272,36 EUR	41.518,32 EUR

Die Sozialabgaben sind je zu 50% durch den Arbeitgeber und den Arbeitnehmer zu zahlen, wobei z.Zt. (Stand 01.01.2002) folgende Beitragssätze gelten:

- Pflegeversicherung — 1,7%
- Krankenversicherung — ca. 14,5%
  (abhängig von jeweiligen Krankenversicherungsträgern)
- Rentenversicherung — 19,1%
- Arbeitslosenversicherung — 6,5%

vom sozialversicherungspflichtigen Verdienst, maximal bis zur Höhe der Beitragsbemessungsgrenzen von derzeit

- Kranken- und Pflegeversicherung   3.375,– EUR/Monat bzw. 40.500,– EUR/Jahr
- Renten- und Arbeitslosen-
  versicherung   4.500,– EUR/Monat bzw. 54.000,– EUR/Jahr

In den neuen Bundesländern betragen die Beitragsbemessungsgrenzen derzeit

- Kranken- und Pflegeversicherung   3.375,– EUR/Monat bzw. 40.500,– EUR/Jahr
- Renten- und Arbeitslosen-
  versicherung   3.750,– EUR/Monat bzw. 45.000,– EUR/Jahr

Beträge, die oberhalb dieser Bemessungsgrenze liegen, werden bei der Sozialversicherung nicht berücksichtigt.

Die Löhne und Gehälter für Reitbetriebe werden im Allgemeinen frei ausgehandelt, da es keine Tarifverträge gibt. Die Bundesvereinigung der Berufsreiter und -fahrer im DRFV legt jedoch regelmäßig Richtwerte fest, die je nach Ausbildung, Berufserfahrung, Leistung und Alter z.Zt. (2001/2002) wie folgt angegeben werden:

Empfehlungen für monatliches Gehalt bzw. Lohn brutto

Schwerpunkt Reiten:

Pferdewirtschaftsmeister/Reitlehrer (FN)	2.352,– bis 3.426,– EUR
Pferdewirt/Bereiter (FN)	1.483,– bis 2.045,– EUR

Schwerpunkt Zucht und Haltung:

Pferdewirtschaftsmeister	2.352,– bis 3.119,– EUR
Pferdewirte	1.483,– bis 1.841,– EUR

Stall- und Futtermeister	1.994,– bis 2.352,– EUR
Pferdepfleger (FN)	1.380,– bis 1.841,– EUR

Weihnachts- und Urlaubsgeld unterschiedlich, nach Vereinbarung, im Allgemeinen je 1/2 Monatsgehalt.

Empfehlungen für die monatliche Vergütung an Auszubildende brutto
Die Vergütung richtet sich nach den Richtlinien der jeweiligen zuständigen Stelle (Landwirtschaftskammer o.Ä.) und ist dort zu erfragen. Die Höhe der Vergütung ist in den einzelnen Ländern unterschiedlich.

Als *Anhalt* kann gelten:	*unter 18 Jahre*	*über 18 Jahre*
1. Ausbildungsjahr	ca. 450,– EUR	ca. 460,– EUR*
2. Ausbildungsjahr	ca. 465,– EUR	ca. 486,– EUR
3. Ausbildungsjahr	ca. 511,– EUR	ca. 527,– EUR

Wert für Kost und Logis	ca. 317,87 EUR (monatl. im Haushalt des Ausbildenden)
Wert für Kost/Tag	ca. 6,31 EUR (Erstattung bei Urlaub)
Weihnachtsgeld	ca. 76,69 EUR
Urlaubsgeld	ca. 7,67 EUR/Urlaubstag

Empfehlungen für die Arbeitszeit
Erwachsene: Die Arbeitszeit sollte ca. 45 Stunden po Woche in der Regel nicht überschreiten. Wartezeiten, besonderer Bereitschaftsdienst und Fortbildungsmaßnahmen sind darin nicht enthalten. Für Wochenenddienste und Einsatz an Sonn- und Feiertagen sollte an einem Wochentag entsprechend Freizeit gewährt werden.
Jugendliche: Bei der Arbeitszeitregelung für Jugendliche muss das Jugendarbeitsschutzgesetz beachtet werden. Danach dürfen Jugendliche bis zur Vollendung des 18. Lebensjahres nicht länger als 8 Stunden pro Tag bzw. 40 Stunden pro Woche beschäftigt werden (einschließlich Berufsschule).

---

* gilt auch für Praktikanten, die ein mindestens einjähriges Praktikum absolvieren

Urlaub
Bestimmungen für den Urlaub Jugendlicher (5 1/2 Arbeitstage pro Woche):

bis zur Vollendung des 16. Lebensjahres	(lt. Jugend-	30 Werktage
bis zur Vollendung des 17. Lebensjahres	arbeitsschutz-	27 Werktage
bis zur Vollendung des 18. Lebenjahres	gesetz)	25 Werktage

Empfehlungen für den Urlaub Erwachsener

19. bis 30. Lebensjahr*	je nach Dauer der	26 bis 28 Werktage
ab 31. Lebensjahr	Betriebszugehörigkeit	27 bis 30 Werktage
über 50. Lebensjahr		29 bis 32 Werktage

Empfehlungen für die Freizeitregelung
Es wird empfohlen, an einem Wochentag entsprechende Freizeit zu gewähren, wenn – wie häufig üblich – an Sonn- und Feiertagen vormittags Reitbetrieb ist.

9.3   Personalführung

Die Führung von Menschen gehört mit zu den schwierigsten Aufgaben, denen sich Betriebsleiter bzw. verantwortliche Mitarbeiter zu stellen haben.
Personalführung ist schwer zu erlernen. Sie ist stark persönlichkeitsabhängig. Dennoch wird der Versuch unternommen, im nachfolgenden Kapitel einige Hinweise zu geben, die den Vorgesetzten beim Umgang mit Mitarbeitern helfen sollen.
„Führen" lässt sich als richtungweisendes, regelndes und dynamisches Einwirken auf das Verhalten *„anderer Menschen"* definieren. Die klare Zielvorgabe ist von entscheidender Bedeutung. Wer nicht weiß, wohin er will, darf sich nicht wundern, wenn er woanders ankommt, als er vielleicht gehofft hat.
Erforderlich für die Erreichung der Ziele ist:
- die Autorität des Vorgesetzten, die auf überzeugendem Fachwissen und praktischen Fähigkeiten basiert,
- ein zeitgemäßer Führungsstil,
- ein verantwortliches Verhältnis aller Mitarbeiter zum Betrieb,
- ein freundliches und offenes Betriebsklima (Wertschätzung der Mitarbeiter).

Die „Autorität" des Vorgesetzten wird in eine „äußere" und in eine „innere" unterschieden.

---

*   Bei mehr als 2-jähriger Betriebszugehörigkeit sollte alle 2 Jahre der Urlaub um einen Tag bis zur jeweils oberen Grenze verlängert werden.

Äußere Autorität

Ein Vorgesetzter hat sie aufgrund seiner Stellung im Betrieb. Sie reicht jedoch nicht aus, um Ansehen bei den Mitarbeitern, Reitschülern, Mitgliedern des Vereinsvorstandes etc. zu gewinnen.

Innere Autorität

Ein Vorgesetzter gewinnt sie u.a. wegen seiner Fertigkeiten, seiner theoretischen Kenntnisse, seiner Art Unterricht zu erteilen und aufgrund überzeugender Führungsqualitäten. Dadurch gewinnt er Achtung und Anerkennung und wird von seinen Mitarbeitern sowie von den Vereinsmitgliedern geschätzt und häufig tatkräftig unterstützt.

Betriebsklima

Neben der Autorität des Vorgesetzten kommt dem Betriebsklima eine wichtige Bedeutung zu. Das Betriebsklima umfasst die Arbeitsmoral, die Arbeitsfreude, den Gesprächston, die gegenseitige Achtung und Anerkennung. Weiterhin ist die Art und Weise der menschlichen Begegnung in einem Betrieb von besonderer Wichtigkeit.

9.3.1 Führungsstile

Vom Führungsstil des Vorgesetzten hängt es wesentlich ab, in welchem Maße er Kontakt zu seinen Mitarbeitern findet. Der Vorgesetzte muss versuchen, seine Mitarbeiter erfolgreich in das Betriebsgeschehen einzubeziehen. Dabei ist es anzustreben, dass die Mitarbeiter ihren optimalen Beitrag zu der erwarteten Gesamtleistung erbringen und sich aufgrund ihrer Fähigkeiten, Fertigkeiten und Kenntnisse entfalten können.

Es werden drei Führungsstile unterschieden:
- autoritärer Führungsstil,
- partnerschaftlicher Führungsstil,
- gleichgültiger Führungsstil.

9.3.1.1 Autoritärer Führungsstil

Dieser Stil hat seinen Ursprung in den Zeiten, in denen die führende Person mit einer unbeschnittenen Machtfülle ausgestattet war. Diese Person stand an der Spitze eines streng hierarchisch gegliederten Apparates, der auf einer klaren Trennung von Entscheidung und Ausführung beruhte. Die Autorität war durch die Stellung innerhalb des Betriebes bzw. innerhalb der Institution oder durch die Art der Tätigkeit begründet.

Der autoritäre Führungsstil wird auch heute noch angewendet. Allerdings wird nur der erfolgreich autoritär führen können, dessen Autorität sich auf fachlich fundiertes Wissen und Können sowie menschliches Einfühlungsvermögen gründet (innere Autorität).

9.3.1.2 Partnerschaftlicher Führungsstil

Wesentliches Kennzeichen dieses Führungsstils ist die Tatsache, dass den Mitarbeitern ein mitunter beträchtlicher Einfluss bei der Entscheidungsfindung eingeräumt wird. Dies geschieht dadurch, dass, nachdem das Ziel vorgegeben wurde, anstehende Entscheidungen gemeinsam beraten und dem Inhalt nach auch beschlossen werden. Der Vorgesetzte behält die Gesamtverantwortung.
Bei diesem auch als „kooperativ" oder „demokratisch" bezeichneten Führungsstil wird das gesamte Aufgabengebiet in Teilbereiche untergliedert und eine Teilverantwortung an die einzelnen Mitarbeiter delegiert. Voraussetzung ist die ausführliche gegenseitige Information, die allein einen guten Überblick über den gesamten Betrieb verschafft.

9.3.1.3 Gleichgültiger Führungsstil

Dieser Führungsstil bietet den Mitarbeitern größtmögliche Handlungsfreiheit. Aufgabenwahrnehmung und Kontrolle ist jedem einzelnen selbst überlassen. Ein Informationsnetz, wie es beim partnerschaftlichen Stil unerlässlich ist, gibt es hier nicht.
Der gleichgültige Stil, auch „Laissez-faire-Stil" genannt, zeigt sich in übertriebener Gutmütigkeit des Vorgesetzten und hat seinen Ursprung meistens in dessen fachlicher Schwäche oder Interesselosigkeit. Dieser Führungsstil kann dem Mitarbeiter weder weitergehende berufliche Fähigkeiten und Kenntnisse noch soziale Orientierungshilfen vermitteln.

9.3.1.4 Schlussfolgerung

Die Grenzen zwischen den drei genannten Führungsstilen sind fließend. Während beim autoritären Führungsstil die Entfaltung der Mitarbeiter durch das Auftreten der Führungskraft weitgehend eingeschränkt wird, fehlt dem gleichgültigen Stil jeder Führungscharakter. Beide sind extreme Formen und ungünstig zu bewerten.

Erstrebenswert ist der partnerschaftliche Führungsstil mit einem klug bemessenen Umfang an Eigenverantwortung durch die einzelnen Mitarbeiter. Auf eine Kontrolle sollte aber nur im Ausnahmefall verzichtet werden. Bei der anzustrebenden partnerschaftlichen Einstellung zu seinen Mitarbeitern darf der Betriebsleiter seine Zie-

le nicht aus den Augen verlieren. Dem Vorgesetzten obliegt die letzte Entscheidung. Insofern wird es immer wieder Situationen geben, in denen „autoritär entschieden" werden muss. Dennoch kann auch in solchen Fällen ein partnerschaftlicher Ton gepflegt werden (z.B. anstelle *„Du musst den Hof fegen", „wir sollten"* ... oder *„sollten wir nicht...?"*).

Für eine positive Einstellung zur beruflichen Arbeit ist es wichtig, dass der Vorgesetzte seinen Mitarbeitern das Gefühl der Mitentscheidung und Mitverantwortung gibt. Nur so können sie zu wertvollen Mitarbeitern werden, die den Vorgesetzten deutlich entlasten.

9.3.1.5 Persönlichkeit des Vorgesetzten

Eine besondere Bedeutung kommt der „Persönlichkeit" des Vorgesetzten zu. Sie muss sich auf hervorragende Fertigkeiten und Kenntnisse stützen, die mit hohem Verantwortungsbewusstsein gepaart sein müssen.

Der „persönliche" Führungsstil entwickelt sich aus
- dem angeborenen Wesen,
- der Vorerfahrung,
- dem Verhalten der Mitarbeiter,
- der Kenntnis der Führungsstile und ihrer Wirkungen.

Je nach Alter, Geschlecht, Ausbildungsstand und Persönlichkeitsentwicklung der Mitarbeiter sind der autoritäre und der partnerschaftliche Führungsstil zu modifizieren. Dabei ist es notwendig, dass sich der Vorgesetzte über die Angemessenheit seines Führungsstils durch Selbstbeobachtung klar wird. Der Mitarbeiter muss den notwendigen menschlichen und fachlichen Halt verspüren, aber auch den Freiraum zum Mitdenken, Mitplanen und freien Schaffen erhalten. Insbesondere während der Ausbildungszeit junger Menschen ist die richtige Dosierung von autoritärer und partnerschaftlicher Führung jeweils zur rechten Zeit, am rechten Platz in angemessener Dosierung unerlässlich.

9.3.2 Führungstechniken

Unter „Führungstechnik" verstehen wir Maßnahmen, die den Führungsstil unterstützen. Vom Vorgesetzten sind folgende Grundsätze zu beachten:
- Vorbild sein hinsichtlich Leistungsbereitschaft, Arbeitsdisziplin;
  Zuverlässigkeit und eigener Weiterbildung;
- Gerechtigkeit bei Personalentscheidungen;
- ausführliches Informieren mit offenen Aussprachen;
- Mitarbeiter entsprechend ihren Möglichkeiten einsetzen und fördern;
- Mitarbeiter wirtschaftlich einsetzen und kontrollieren;

- Zuständigkeiten und Vollmachten der Mitarbeiter festlegen;
- Stellvertreter- und Nachfolgefrage klären;
- Gesundheit der Mitarbeiter erhalten;
- Bereitschaft zur Zusammenarbeit praktizieren.

9.3.2.1 Einführung und Unterweisung

Für einen ordnungsgemäß geführten Verein oder Pferdebetrieb ist es unerlässlich, dass neue Mitglieder und Mitarbeiter möglichst schnell in den Gesamtbetrieb eingegliedert werden. Hierzu gehört die Bereitstellung von Informationsmaterial und Vorschriften (wie z.B. Satzung, Stallordnung, Bahnordnung, Unfallverhütungsvorschriften).
Eine neue Arbeitskraft wird sich in großen Betrieben leichter zurechtfinden, wenn zu Beginn eine ausführliche Besichtigung der Anlage durchgeführt wird. Dabei sollten sämtliche Mitarbeiter vorgestellt und ihre Verantwortungsbereiche bzw. Befugnisse aufgezeigt werden.
Junge Mitarbeiter sind besonders sorgfältig in den Betrieb zu integrieren. Je systematischer und genauer dies erfolgt, desto besser werden die Leistungen hinterher sein. Hilfe leistet hierbei die in der Ausbildung seit langem bewährte „Vier-Stufen-Methode", die in erster Linie bei neuen, noch jungen Mitarbeitern (Auszubildenden) vom Vorgesetzten angewandt werden sollte. Diese Methode gliedert sich wie folgt:

❶ Vorbereiten des Arbeitsplatzes und Aufgliedern der Arbeitsvorgänge mit den erforderlichen Erläuterungen;
❷ Erklären und Vorführen der einzelnen Arbeitsvorgänge und -phasen;
❸ Beobachten und Korrigieren der Arbeit des neuen Mitarbeiters;
❹ Kontrollieren der Leistung des neuen Mitarbeiters und ggf. Korrekturen vornehmen.

9.3.2.2 Innerbetriebliche Information

Für Leistung und Erfolg eines Betriebes oder Vereins ist ein gesicherter Informationsfluss von „oben nach unten" wie auch von „unten nach oben" von entscheidender Bedeutung. Regelmäßige Besprechungen im Kreis ständiger Mitarbeiter (gegebenenfalls auch unter Hinzuziehung einzelner Vorstandsmitglieder) – mindestens einmal wöchentlich – und Rücksprachen über Einzelheiten sind weitaus effektiver als Rundbriefe und Anschläge am schwarzen Brett oder schriftliche Anweisungen.
Für die Information der Vereinsmitglieder bzw. der Kunden empfehlen sich neben Anschlägen am schwarzen Brett Rundbriefe, monatliche Stammtische oder auch gesonderte Informationsnachmittage, z.B. für die Eltern der Voltigierer oder Ponykinder bzw. Abende für die älteren Jugendlichen und Senioren. Die einmal jährlich stattfindende Mitgliederversammlung von Vereinen genügt zur Informationsweitergabe auf keinen Fall.

9.3.2.3 Aufgabenbereich und Verantwortung

In einem so genannten „Aufgabenverteilungsplan" werden die anfallenden Arbeiten aufgelistet und in Teilbereiche bzw. Sachgebiete gegliedert. Die Sachgebiete werden einzelnen Mitarbeitern zugeordnet. Wer die Federführung erhält, ist für diesen Bereich verantwortlich. Das folgende Beispiel für einen Aufgabenverteilungsplan ist lediglich als Anregung gedacht. Für jeden Pferdebetrieb bzw. Verein muss ein individueller, auf die spezifischen Besonderheiten abgestimmter Aufgabenverteilungsplan erstellt werden. Zu überlegen ist, ob der Aufgabenverteilungsplan am schwarzen Brett ausgehängt werden sollte.

Aufgabenverteilungsplan für einen Pferdebetrieb bzw. Verein

Beispielhafter Fachbereich: Ausbildung		Verantwortlich: Reitlehrer	
Teilbereich	*Sachgebiet*	*delegiert an*	*Mitarbeiter*
1. Organisation der Reitausbildung	– Koordination der Ausbildung und Aufstellung des Unterrichtsplanes für Reiten, Fahren, Voltigieren, therapeutisches Reiten		Bereiter
	– Einteilung der Reitergruppen		Bereiter
	– Praktische Unterrichtserteilung (einschließlich Theorieunterricht)		Bereiter, Auszubildende im 2. oder 3. Lehrjahr
	– Überwachung der Hilfsausbilder		
	– Reiterliche Veranstaltungen		Vorstand bzw. Besitzer des Vereins/Pferdebetriebes
	– Reit-, Fahr-, Voltigierabzeichen Reitpass, Lehrgänge		Bereiter
	– Lehrmittelbeschaffung		Vorstand bzw. Besitzer des Vereins/Pferdebetriebes
2. Organisation der Pferdehaltung und des Pferdeeinsatzes	– Einkauf der Futtermittel und Einstreu		Vorstand bzw. Besitzer des Vereins/Pferdebetriebes
	– Annahme, Lagerung und Ausgabe der Futtermittel und Einstreu	Stallmeister	Bereiter, Auszubildende
	– Pferdepflege	Stallmeister	Bereiter, Auszubildende
	– Beschlagplan	Stallmeister	
	– Tierarzteinsatz	Stallmeister	Bereiter
	– Einkauf der Lehrpferde		Vorstand bzw. Besitzer des Vereins/Pferdebetriebes
	– Einteilung der Ausbildungspferde		Bereiter
	– Reiten der Ausbildungspferde		Bereiter Auszubildende
	– Unterhaltung und Pflege der Ausrüstung und Geräte	Stallmeister	Bereiter Auszubildende
	– Reparaturen sowie Ersatzbeschaffung	Stallmeister	
3. Instandhaltung der Anlagen und Hindernisse	– Reinigung	Stallmeister	Bereiter
	– Reparatur		Auszubildende
	– Ergänzungen		Vorstand bzw. Besitzer des Vereins/Pferdebetriebes

9.3.2.4 Bewertung der Arbeit

Jeder Mitarbeiter hat einen Anspruch darauf, dass seine Arbeit durch seinen Vorgesetzten gewürdigt wird. Der Vorgesetzte muss deshalb von Zeit zu Zeit die Arbeitsergebnisse seiner Mitarbeiter prüfen und bewerten.
Bei der Beurteilung der Arbeitsergebnisse ist ein hohes Maß an fachlicher Qualifikation erforderlich. Aufgabe des Vorgesetzten ist es, zu fordern und gleichzeitig zu fördern.

Junge Mitarbeiter benötigen konstruktive Kritik zu ihrer eigenen Orientierung. Die Kritik wirkt fördernd, wenn der Vorgesetzte folgende Grundsätze beachtet:
- Kritisieren mit eigener Selbstbeherrschung und ohne Erregung,
- Gespräch unter vier Augen,
- sachlich Fehler aufzeigen und Möglichkeiten zu deren Behebung nennen,
- das Gelungene deutlich hervorheben,
- eigene Stellungnahme des Mitarbeiters zulassen,
- dem Mitarbeiter helfen und ihn fördern,
- versöhnlich enden.

Falsch angewandte Kritik kann das Verhältnis zum Mitarbeiter auf Dauer zerstören. Deshalb sollten dem Vorgesetzten folgende Fehler nicht unterlaufen:
- laute Kritik und unkontrollierte Erregung,
- ungerechtfertigte und unsachliche Kritik,
- öffentliche Kritik und Beschämung,
- Herabsetzen der persönlichen Würde des Mitarbeiters,
- Kritik ohne Begründung,
- Kritik bei jeder Gelegenheit und bei Kleinigkeiten,
- Kritik ohne Lösungsvorschlag,
- keine Stellungnahme des Mitarbeiters zulassen,
- unversöhnliches Gesprächsende.

Das bedeutet, dass Kritik ein behutsam anzuwendendes Führungsmittel ist. Sie kann helfen, aber auch ein positives Verhältnis zum Mitarbeiter zerstören. Richtige Kritik gibt je nach Empfindsamkeit des Mitarbeiters Anstoß zur Besserung, falsche Kritik macht mutlos und kann die Leistung negativ beeinflussen.

9.3.3 Führungsfehler

In einer nicht repräsentativen Umfrage antworteten 500 Führungskräfte (Vorarbeiter, Meister, Gruppenleiter) auf die Frage nach den persönlich festgestellten Führungsschwächen ihrer Vorgesetzten wie folgt:

Der Vorgesetzte
❶ informiert nicht genug,
❷ ist nicht entscheidungsfreudig genug,
❸ beschäftigt sich mit nebensächlichen Aufgaben,
❹ gibt nicht immer klare Anweisungen,
❺ ist wenig selbstkritisch,
❻ lässt seine Mitarbeiter nicht selbstständig genug arbeiten,
❼ zeigt Mängel bei der Beurteilung seiner Mitarbeiter,
❽ arbeitet zu unsystematisch und setzt keine Prioritäten,
❾ behandelt seine Mitarbeiter unterschiedlich,
❿ setzt sich und seinen Mitarbeitern zu wenig Ziele.

Diese Liste von Führungsfehlern lässt sich in Pferdebetrieben und Vereinen am Beispiel der Unterrichtserteilung um häufig auftretende Fehler ergänzen:
❶ mangelnde Vorbereitung durch den Reitlehrer,
❷ falsche Zusammenstellung der Reitgruppe,
❸ falscher Reiter auf falschem Pferd,
❹ Nichtbeachtung des Grundsatzes: Vom Leichten zum Schweren,
❺ kein Eingehen auf spezielle Probleme: Reiter/Pferd,
❻ Anforderungen nicht der Interessenlage bzw. dem Leistungsstand von Reiter bzw. Pferd angepasst,
❼ zu wenig Korrekturen bzw. nur Korrekturen bei einzelnen Reitern,
❽ fachlich falsche Korrekturen und Anweisungen,
❾ keine Gesprächsmöglichkeit zwischen Reitlehrer und Reitschüler vor und nach der Unterrichtsstunde,
❿ kein theoretischer Unterricht.

9.3.4 Zusammenfassung

Führungstechniken sind erlernbar. Sie stellen damit das handwerkliche Rüstzeug des Vorgesetzten im Umgang mit seinen Mitarbeitern bzw. Reitschülern und Vereinsmitgliedern dar.
Der Führungsstil hingegen ist, wie bereits erwähnt, stark abhängig von der „Persönlichkeit" und der fachlichen Qualifikation des Leitenden. Er lässt sich deshalb wesentlich schwieriger beeinflussen.
Berufsreiter haben vielfach Führungspositionen inne. Sie benötigen dafür angeborene Führungsqualitäten, erlernte Führungstechniken und das Wissen um die Führungsstile. Bei der Auswahl angehender Bereiterlehrlinge sollte darauf geachtet werden, dass gewisse Führungsqualitäten vorhanden sind. Führungsqualitäten sind erforderlich, um Pferdebetriebe und Vereine qualifiziert leiten zu können.

9.4 Arbeitsrecht

9.4.1 Zum Begriff des Arbeitsrechts

Das Arbeitsrecht ist ein Sonderrecht, das die Rechtsbeziehungen zwischen Arbeitgeber und Arbeitnehmer regelt. Es soll mit seinen zahlreichen Vorschriften dem Schutz des Arbeitnehmers dienen. Rechtsquellen des Arbeitsrechts sind neben dem Grundgesetz und dem Bürgerlichen Gesetzbuch eine Vielzahl einzelner Gesetze, die allerdings – bisher – nicht in einem einheitlichen Arbeitsgesetzbuch niedergelegt sind. Große Bedeutung kommt daneben der richterlichen Rechtsfortbildung zu, zumal die Gerichte sich nicht darauf beschränken, Gesetzeslücken zu schließen, sondern auch das Arbeitsrecht weiterentwickeln.

9.4.2 Arbeitsvertragsrecht

Herzstück des Arbeitsverhältnisses ist der Arbeitsvertrag. Er ist ein privatrechtlicher gegenseitiger Vertrag, durch den sich der Arbeitnehmer zur Leistung von Diensten, der Arbeitgeber zur Zahlung einer Vergütung verpflichtet (§ 611 BGB). Die Vergütung sollte ab dem Jahr 2002 in Euro ausgewiesen werden. Zu den Personalkosten und der Lohnberechnung wird auf die Ausführungen zu Kapitel 9.2.1 und 9.2.2 verwiesen. Grundsätzlich steht es den Parteien frei, welche Regelungen sie im Arbeitsvertrag treffen. Dies ist jedoch nur der Grundsatz. In der Praxis wird der Inhalt eines Arbeitsvertrages durch eine Vielzahl arbeitsrechtlicher Gesetze – meist zum Schutz des Arbeitnehmers – eingeengt. Das gilt erst recht, wenn ein Betrieb tarifunterworfen ist, weil die Tarifverträge durchweg unabdingbare Mindestvoraussetzungen enthalten. Zu den weiteren Einzelheiten wird auf die nachfolgenden Ausführungen in Kapitel 9.4.14 hingewiesen.

Zum Inhalt des Arbeitsvertrages
Gegenstand des Arbeitsvertrages kann grundsätzlich alles sein, was sich auf die Arbeit des Arbeitnehmers bezieht. Zum wesentlichen Inhalt gehört in aller Regel:
- Probezeit: die Probezeit soll beiden Seiten die Möglichkeit einräumen, erste Erfahrungen zu sammeln, um nach Ablauf der Probezeit zu entscheiden, ob man das Beschäftigungsverhältnis fortsetzen will. Meistens gelten innerhalb der Probezeit verkürzte Kündigungsfristen, was ausdrücklich vertraglich vereinbart werden sollte.
- Tag des Beginns des Beschäftigungsverhältnisses
- Art der Tätigkeit
- Dauer der Wochenarbeitszeit und dessen Lage
- Arbeitsentgelt, stets als Bruttobezug auszuweisen
- Zulässigkeit von entgeltlichen Nebenbeschäftigungen; es sollte die vorherige Zustimmung des Arbeitgebers vertraglich vereinbart werden. Denkbare Anwendungsfälle sind z.B. das zusätzliche Bereiten von Privatpferden oder zusätzliche Privatreitstunden für einzelne Kunden

■ Dauer des Jahresurlaubs, wobei auf Arbeitstage abzustellen ist; auch ist eine zusätzliche Regelung empfehlenswert – auch wenn es eine Selbstverständlichkeit ist –, dass der Zeitpunkt der Urlaubsnahme mit dem Arbeitgeber abzustimmen ist.

■ Kündigungsfristen

Der Arbeitsvertrag sollte schriftlich abgeschlossen werden, auch wenn dies keine rechtswirksame Voraussetzung ist. Es sind jedoch zwei Ausnahmen zu beachten: Ein befristeter Arbeitsvertrag bedarf zwingend der Schriftform (§ 14 Abs.4 TzBfG). Das Gleiche gilt für die Kündigung (§ 623 BGB). Bisher bedurfte die Schriftform der eigenhändigen Unterschrift. Durch § 126 Abs.3 BGB – neu in Kraft getreten zum 1. August 2001 – ist festgelegt worden, dass die schriftliche Form durch die elektronische Form ersetzt werden kann. Der neue § 126 a BGB legt die Voraussetzungen für die elektronische Form fest: Im elektronischen Dokument muss der Name erscheinen und mit einer qualifizierten elektronischen Signatur nach dem Signaturgesetz versehen sein. Ausdrücklich ausgeschlossen wird die Nutzung der elektronischen Form für die Beendigung des Arbeitsverhältnisses durch Kündigung oder durch Auflösungsvertrag sowie für die Zeugniserteilung.

Das Muster eines schriftlichen Arbeitsvertrages mit einem Reitlehrer/Bereiter oder mit einem Pferdepfleger ist im Anhang dieses Buches abgedruckt (vgl. Kapitel 18.1.4 und 18.1.5). Weitere Muster sind im Fachhandel, bei den zuständigen Verbänden bzw. bei der Bundesvereinigung der Berufsreiter im Deutschen Reiter- und Fahrerverband e.V., Warendorfer Str. 27, 48291 Telgte erhältlich.

zur Befristung eines Arbeitsvertrages

Es ist grundsätzlich zulässig, den Arbeitsvertrag zu befristen, z.B. bei Bereitern, die sich bei anerkannten Ausbildern für eine bestimmte Zeit auf die Reitlehrerprüfung vorbereiten oder im Fall von saisonbedingten Arbeitsspitzen (Reiterhöfe während der Ferien, Turnierställe während der Turniersaison). Die Befristung ist nur wirksam, wenn sie schriftlich erfolgt. Solche Befristungen sind auch zweckmäßig, weil dann die Arbeitsverträge mit dem vereinbarten Endtermin auslaufen, ohne dass es einer Kündigung bedarf. Damit entfällt auch die schwierige und in vielen Fällen vor dem Arbeitsgericht ausgetragene Frage, ob die Kündigung überhaupt rechtswirksam ist. Nachfolgende Gesichtspunkte sind allerdings gemäß TzBfG (Gesetz über Teilzeitarbeit und befristete Arbeitsverträge) zu beachten: Die Befristung bedarf gemäß § 14 Abs. 2 TzBfG keines Sachgrundes, wenn sie sich maximal auf 2 Jahre erstreckt, wobei innerhalb dieses Zeitraumes eine dreimalige Verlängerung zulässig ist. Eine solche Befristung ist allerdings nicht möglich, wenn mit demselben Arbeitgeber bereits zuvor ein Arbeitsverhältnis bestanden hat. Die Einschränkung bis maximal 2 Jahre gilt nicht, wenn der Arbeitnehmer das 58. Lebensjahr vollendet hat. Ohne Rücksicht auf die zeitliche Schranke von 2 Jahren ist eine Befristung aber gemäß § 14 Abs. 1 TzBfG auch aus Sachgründen zulässig. Zu solchen Sachgründen zählt das Gesetz u.a. den betrieblichen Bedarf für eine vorüber-

gehende Zeit (z.B. für Saisonspitzen) oder Rechtfertigungsgründe, die in der Person des Arbeitnehmers liegen (z.B. Vorbereitung auf die Reitlehrerprüfung). In diesen Fällen sollte der Sachgrund der Befristung ausdrücklich im Arbeitsvertrag erwähnt werden.

Das Auslaufen des befristeten Vertrages im Rahmen von § 14 TzBfG wird auch nicht durch einen etwaigen Sonderkündigungsschutz (z.B. bei Schwangerschaft oder im Fall der Schwerbehinderung) unwirksam. Vorsicht ist geboten, wenn das befristete Arbeitsverhältnis über das vereinbarte Ende hinaus mit Wissen des Arbeitgebers fortgesetzt wird. Dann gilt es als auf unbestimmte Zeit verlängert (§ 15 Abs. 5 TzBfG), mit der Folge, dass dann – jedenfalls nach spätestens 6 Monaten – der Kündigungsschutz einsetzt.

zum Recht des Arbeitnehmers auf verkürzte Arbeitszeit
Eine wesentliche Neuerung bringt das TzBfG mit der Regelung in § 8 TzBfG, wonach ein Arbeitnehmer nach Ablauf von 6 Monaten einen Rechtsanspruch auf Verkürzung der vertraglich vereinbarten Arbeitszeit hat, sofern betriebliche Gründe nicht dagegenstehen, was der Arbeitgeber nachzuweisen hat.

Für Reitbetriebe bzw. Reit- und Fahrschulen dürfte diese einschneidende Bestimmung nur in seltenen Fällen von Bedeutung sein, weil sie nur für Arbeitgeber gilt, die in der Regel mehr als 15 Arbeitnehmer (ohne Auszubildende) beschäftigen (§ 8 Abs. 7 TzBfG).

9.4.3 Zur Abgrenzung von Arbeitnehmern gegenüber Selbstständigen (z.B. freien Mitarbeitern)

Der Arbeitnehmer ist grundsätzlich vom selbstständig Tätigen zu unterscheiden. Zu den selbstständig Tätigen gehört auch der freie Mitarbeiter. Der freie Mitarbeiter ist hinsichtlich Ort, Zeit und Art und Weise seiner Arbeit weitgehend frei. Auf freie Mitarbeiter ist das Arbeitsrecht (z.B. Kündigungsschutzgesetz, Bundesurlaubsgesetz) nicht anwendbar. Die Vergütung besteht aus einem zu vereinbarenden Honorarsatz. Der freie Mitarbeiter ist weder lohnsteuer- noch sozialversicherungspflichtig. Als Einkommensteuerpflichtiger hat er seine Vergütung selbst zu versteuern. Zu beachten ist allerdings das Thema Scheinselbstständigkeit (vgl. Kapitel 11.2.6.2.)

Für den Arbeitnehmer ist dagegen die Weisungsunterworfenheit kennzeichnend. Er ist in den Betrieb fest eingegliedert und hat dem Arbeitgeber seine ganze Arbeitskraft zur Verfügung zu stellen. Die Verrichtung von Nebentätigkeiten (z.B. die Erteilung von Reitunterricht in den Abendstunden in einem benachbarten Reiterverein) bedarf der vorherigen Zustimmung des Arbeitgebers, jedenfalls dann, wenn dies im Arbeitsvertrag festgelegt wurde. Letzteres ist zu empfehlen.

9.4.4 Arbeiter/Angestellte

Innerhalb der Arbeitnehmerschaft wird zwischen Arbeitern und Angestellten unterschieden. Zu den Arbeitern zählt, wer überwiegend körperlich tätig ist, zu den Angestellten, wer kaufmännische oder büromäßige oder sonst vorwiegend geistige Tätigkeiten verrichtet. In den letzten Jahrzehnten hat diese Differenzierung mit der fortschreitenden Technologie weitgehend ihre Bedeutung verloren. Heute gibt es eigentlich nur noch einen wesentlichen Unterschied. Er liegt im Sozialversicherungsrecht: Arbeiter sind bei der LVA, Angestellte bei der (bundeseinheitlichen) BfA rentenversichert. Hinsichtlich der Krankenversicherung besteht seit dem 01.01.1996 Kassenwahlrecht.

In Reitbetrieben sind Reitlehrer und Bereiter im Regelfall Angestellte, Pferdepfleger dagegen Arbeiter. Im Zweifelsfall erteilt der zuständige Fachverband Auskunft.

9.4.5 Auszubildende/Volontäre/Praktikanten

Früher sprach man von Lehrlingen und Lehrherren, heute spricht das Berufsbildungsgesetz (BBiG) vom Auszubildenden und vom Ausbilder.

Nach § 1 Abs. 2 BBiG hat die Berufsausbildung „eine breit angelegte berufliche Grundbildung und die für die Ausübung einer qualifizierten beruflichen Tätigkeit notwendigen fachlichen Fähigkeiten und Kenntnisse in einem geordneten Ausbildungsgang zu vermitteln".
Begründet wird das Berufsausbildungsverhältnis durch den Berufsausbildungsvertrag. Dieser Vertrag hat sich am Berufsbildungsgesetz zu orientieren. Dabei muss es sich um die Ausbildung in einem anerkannten Ausbildungsberuf handeln. Durch Rechtsverordnungen sind die (anerkannten) Ausbildungsberufe festgelegt worden. Sie werden der industriellen und gesellschaftlichen Entwicklung fortlaufend angepasst und ggf. erweitert.

Ausbildungsberechtigt ist nur, wer persönlich und fachlich geeignet ist (§ 20 BBiG), d.h. die Meisterprüfung für Pferdewirte oder Berufsreitlehrer (FN) absolviert hat und über eine geeignete Ausbildungsstätte verfügt (§ 22 BBiG). Einzelheiten zur Ausbildung von Pferdewirten können in der Ausbildungs- und Prüfungs-Ordnung (APO) der FN nachgelesen werden.

Der Berufsausbildungsvertrag muss schriftlich abgeschlossen werden. Ist der Auszubildende minderjährig (also noch keine 18 Jahre alt), ist zum Abschluss des Vertrages die Zustimmung des gesetzlichen Vertreters erforderlich.

Der Vertrag muss in jedem Fall folgende Regelungen enthalten:
- Art, Gliederung und Ziel der Berufsausbildung,
- Beginn und Dauer der Berufsausbildung,
- Ausbildungsmaßnahmen außerhalb der Ausbildungsstätte,
- Dauer der täglichen Ausbildungszeit,
- Dauer der Probezeit,
- Höhe der Ausbildungsvergütung, die jährlich ansteigen sollte,
- Dauer des Urlaubs,
- Kündigungsmöglichkeiten.

Berufsausbildungsverträge für Pferdewirte oder Berufsreitlehrer sind bei den zuständigen Stellen bzw. Behörden (Adressen siehe Anhang) erhältlich.

Während der Probezeit (maximal 3 Monate) kann der Berufsbildungsvertrag jederzeit und ohne Angabe von Gründen aufgekündigt werden. Danach ist eine fristgemäße Kündigung durch den Ausbilder ausgeschlossen, fristlos aus wichtigem Grund bleibt eine Kündigung möglich. Anders ist die rechtliche Situation auf Seiten des Auszubildenden. Er kann auch nach der Probezeit mit einer Frist von 4 Wochen die Berufsausbildung aufkündigen, sofern er die Berufsausbildung aufgeben oder sich für eine andere Berufstätigkeit ausbilden lassen will (§ 15 BBiG). Die Kündigung muss schriftlich erfolgen.

Volontäre
Der Volontär unterscheidet sich vom Auszubildenden dadurch, dass ihm die Möglichkeit einer Verbreitung und Vertiefung seiner Fachkenntnisse geboten wird, ohne dass eine geregelte Fachausbildung in einem anerkannten Ausbildungsberuf erfolgt. Soweit Volontäre zur Arbeit verpflichtet sind, zählen sie zu den Arbeitnehmern und fallen unter die einschlägigen Schutzgesetze.

Praktikanten
Der Praktikant ist meist nur kurzfristig (z.B. im Rahmen studienbegleitender Praktika) tätig, um im betrieblichen Alltag Erfahrungen für seine spätere berufliche Tätigkeit zu sammeln.

9.4.6 Arbeitszeit

Das Arbeitszeitgesetz (ArbZG) gilt auch für Reitbetriebe im Rahmen eines landwirtschaftlichen Betriebes, ausgenommen das Verbot der Sonn- und Feiertagsarbeit, das gemäß § 10 Abs. 1 Ziffer 12 ArbZG nicht „in der Landwirtschaft und in der Tierhaltung sowie in Einrichtungen zur Behandlung und Pflege von Tieren" gilt.
Für jugendliche Arbeitnehmer gelten eine Reihe von Sonderregeln nach dem Jugendarbeitsschutzgesetz: Jugendlicher ist, wer noch nicht 18 Jahre alt ist. Sie dürfen im Grundsatz nicht mehr als 8 Stunden täglich und 40 Stunden wöchentlich

beschäftigt werden (§ 8 Abs. 1 JArbSchG). Der erlaubte Arbeitszeitrahmen liegt bei Jugendlichen über 16 in der Landwirtschaft zwischen 5.00 Uhr und 21.00 Uhr (§ 14 Abs. 2 Ziffer 3 JArbSchG). Ausnahmsweise dürfen sie während der Erntezeit bis 9 Stunden täglich und bis 85 Stunden in der Doppelwoche beschäftigt werden. Auch dürfen in Reitbetrieben jugendliche Arbeitnehmer (wie die Erwachsenen) grundsätzlich an Samstagen und Sonntagen arbeiten, sofern die Arbeiten naturnotwendig sind (§ 17 Abs. 2 Ziffer 2 JArbSchG). Da sie nur an 5 Tagen in der Woche arbeiten sollen (§ 15 JArbSchG), ist ihnen für Samstags- oder Sonntagsarbeit ein Freizeitausgleich an einem anderen berufsschulfreien Arbeitstag derselben Woche zu gewähren (§ 16 bzw. § 17 Abs. 3 JArbSchG). Für Berufsschulunterricht, Lehrgänge und Prüfungen sind sie freizustellen.
Das Jugendarbeitsschutzgesetz ist im Betrieb zur Einsichtnahme auszulegen.

Wegen weiterer Einzelheiten empfiehlt sich ggf. eine Rücksprache mit dem zuständigen Verband.

9.4.7 Urlaubsrecht

Nach dem Bundesurlaubsgesetz (BUrlG) hat jeder Arbeitnehmer einen Anspruch auf bezahlten Erholungsurlaub. Die gesetzliche Mindestdauer beträgt pro Kalenderjahr 24 Werktage (§ 3 BUrlG), also einschließlich samstags. Das sind bei einem zusammenhängenden Urlaub 4 Wochen. Ein längerer Urlaubsanspruch kann einzelvertraglich vereinbart werden. Jugendlichen steht ein gesetzlicher Mindesturlaub von 25 Werktagen zu, Jugendlichen unter 17 von 27 Werktagen und Jugendlichen unter 16 von 30 Werktagen. Weitere Einzelheiten ergeben sich aus § 19 JArbSchG.
Schwerbehinderte Arbeitnehmer erhalten einen zusätzlichen Urlaub von 5 Arbeitstagen (§ 47 SchwbG), was bei Abstellung auf Arbeitstage durchweg eine volle zusätzliche Kalenderwoche bedeutet.
Der Anspruch auf den vollen Jahresurlaub wird erstmalig nach einer Wartezeit von 6 Monaten erworben.

9.4.8 Entgeltfortzahlung im Krankheitsfall

1994 führte der Gesetzgeber für alle Beschäftigten (Arbeiter, Angestellte und Auszubildende) eine einheitliche Regelung ein. Das seit dieser Zeit geltende Entgeltfortzahlungsgesetz (EFZG) regelt die Zahlungspflicht des Arbeitgebers bei Krankheit und an Feiertagen. Auch Teilzeitbeschäftigte und Aushilfsarbeitskräfte fallen unter dieses Gesetz.
Anspruch auf Entgeltfortzahlung im Krankheitsfall besteht, wenn die Arbeitsverhinderung auf der krankheitsbedingten Arbeitsunfähigkeit beruht. Die Krankheit muss also die entscheidende Ursache dafür sein, dass der Arbeitnehmer nicht arbei-

tet. Dabei ist auf objektive Gesichtspunkte abzustellen. Es reicht nicht aus, dass der Arbeitnehmer sich krank fühlt.

Die Höhe des Entgelts beträgt nach neuem Recht wieder 100% (entgegen 80% vormals) des Arbeitseinkommens, das dem Arbeitnehmer bei regelmäßiger Arbeit zusteht, jedoch ohne Mehrarbeitsverdienst (§ 4 Abs. 1a EFZG). Dieses Entgelt ist für die ersten 6 Wochen der Arbeitsunfähigkeit zu zahlen (§ 3 Abs. 1 EFZG).
Kein Anspruch auf Entgeltfortzahlung besteht, wenn der Arbeitnehmer die Arbeitsunfähigkeit selbst verschuldet hat. Ein solches Verschulden kann z.B. bei Ausübung besonders gefährlicher Sportarten, bei grob fahrlässigem Verhalten im Straßenverkehr oder im Fall eines Betriebsunfalls bei grob fahrlässigem Verstoß gegen die Unfallverhütungsvorschriften vorliegen (§ 3 Abs. 1 EFZG).
Dauert die Arbeitsunfähigkeit länger als 3 Kalendertage, hat der Arbeitnehmer spätestens am darauf folgenden Arbeitstag ein ärztliches Attest vorzulegen. Der Arbeitgeber ist berechtigt, die Vorlage der ärztlichen Bescheinigung auch früher zu verlangen. Dauert die Arbeitsunfähigkeit länger als in der Bescheinigung angegeben, hat der Arbeitnehmer entsprechende Folgebescheinigungen vorzulegen (§ 5 EFZG).
Der Anspruch setzt eine 4-wöchige ununterbrochene Dauer des Arbeitsverhältnisses voraus (§ 3 Abs. 3 EFZG).

9.4.9 Entgeltfortzahlung an Feiertagen

Nach § 2 EWG hat der Arbeitgeber für die Arbeitszeit, die infolge eines gesetzlichen Feiertags ausfällt, den Verdienst zu zahlen, den der Arbeitnehmer ohne den Feiertag erhalten hätte (Lohnausfallprinzip). Das gilt auch, wenn die Arbeit an einem Sonntag, der zugleich Feiertag ist, ausfällt. Der Anspruch setzt voraus, dass der Feiertag die Ursache des Arbeitsausfalls ist.
Nach dem Lohnausfallprinzip sind die Bezüge zu zahlen, die ohne den Feiertag für die Arbeit angefallen wären.
Der Anspruch auf Feiertagsbezahlung entfällt, wenn der Arbeitnehmer am letzten Arbeitstag vor oder am ersten Arbeitstag nach dem Feiertag unentschuldigt fehlt (§ 2 Abs. 3 EFZG).

9.4.10 Mutterschutz und Elternzeit

Mütter (insbesondere werdende Mütter) stehen im Arbeitsleben unter einem besonderen Schutz. Es handelt sich dabei vor allem um das Mutterschutzgesetz (MuSchG) und das „Gesetz zum Erziehungsgeld und zur Elternzeit" (BErzGG), letzteres mit seinen Änderungen Anfang 2001 in Kraft getreten.
Mütter dürfen in den letzten 6 Wochen vor der Entbindung nicht beschäftigt werden, es sei denn, dass sie sich zur Arbeitsleistung ausdrücklich bereit erklären (§ 3 MuSchG). Während der gesamten Schwangerschaft dürfen sie nicht mit

schweren körperlichen oder gesundheitsgefährdenden Arbeiten betraut werden. Einzelheiten regelt § 4 MuSchG. Ebenso dürfen Mütter bis zum Ablauf von 8 Wochen nach der Entbindung nicht arbeiten (§ 6 MuSchG). An die Stelle des Erziehungsurlaubs ist die so genannte Elternzeit getreten. Motiv des Gesetzgebers für diese Umbenennung war, dass die Freistellung nicht der Erholung der Eltern dient, sondern der Erziehung und Betreuung des Kindes. Gemäß § 15 BErzGG besteht ein Anspruch auf Elternzeit bis zur Vollendung des 3. Lebensjahres des Kindes. Dabei handelt es sich um ein Recht auf unbezahlte Freistellung gegenüber dem Arbeitgeber. Für die Zeit der Beschäftigungsverbote (gemeint sind die letzten 6 Wochen vor und die ersten 8 Wochen nach der Entbindung) hat der Arbeitgeber allerdings einen Zuschuss zu zahlen (siehe hierzu unten). Grundsätzlich kann Elternzeit von jedem Elternteil, allein, im Wechsel oder von beiden Elternteilen gemeinsam genommen werden, übrigens auch von Adoptiveltern. Dabei kann ein Anteil der Elternzeit von bis zu 12 Monaten auf die Zeit bis zur Vollendung des 8. Lebensjahres des Kindes übertragen werden. Das setzt allerdings die Zustimmung des Arbeitgebers voraus (§ 15 Abs. 2 BErzGG). Erheblich umgestaltet worden ist das Recht zur Erwerbstätigkeit während der Elternzeit. Die Dauer der zulässigen Arbeitszeit, beträgt nunmehr 30 Stunden (früher 19) je Woche, um die Inanspruchnahme der Elternzeit durch Väter attraktiver zu machen. Auch gibt es einen Anspruch auf dauernde Verringerung der Arbeitszeit, jedoch nur in Betrieben mit mehr als 15 Arbeitnehmern, weshalb hier nicht weiter darauf eingegangen werden soll.

Die wirtschaftliche Absicherung der Arbeitnehmerin sieht folgendermaßen aus: Sie erhält für die Dauer der beiden Beschäftigungsverbote ein so genanntes Mutterschaftsgeld von der Krankenkasse in Höhe von EUR 13,– je Kalendertag (§ 200 RVO), der Arbeitgeber hat für diese Zeit (also insgesamt 14 Wochen im Regelfall) einen Zuschuss in Höhe des Unterschiedsbetrages zwischen EUR 13,– und dem kalendertäglichen Nettoarbeitsentgelt zu zahlen (§ 14 MuSchG). Diese Zuschusszahlung gilt also nicht für die sich anschließende Elternzeit. Während der Elternzeit wird maximal bis zum 24. Lebensmonat des Kindes ein (gestaffeltes) Erziehungsgeld gewährt, jedenfalls bis zu einer bestimmten Einkommenshöhe (§ 5 BErzGG).

§ 9 MuSchG enthält ein zeitlich befristetes absolutes Kündigungsverbot, wenn auch mit Erlaubnisvorbehalt. Danach darf einer Arbeitnehmerin während der Schwangerschaft und bis zum Ablauf von 4 Monaten nach der Entbindung nur gekündigt werden, wenn die für den Arbeitsschutz zuständige Landesbehörde vorher – ausnahmsweise – der Kündigung zugestimmt hat. Allerdings besteht dieses Kündigungsverbot nur, wenn der Arbeitgeber von der Schwangerschaft bzw. der Entbindung weiß oder wenn ihm diese Umstände innerhalb von 2 Wochen nach Zugang der Kündigung mitgeteilt werden. Auch für die Dauer der Elternzeit besteht ein entsprechendes Kündigungsverbot mit Erlaubnisvorbehalt (§ 18 BErzGG).

Dagegen kann die Arbeitnehmerin das Arbeitsverhältnis ohne Einhaltung einer Frist zum Ende der Schutzfrist (d.h. zum Ende des Beschäftigungsverbots) kündigen (§ 10 MuSchG). Das Gleiche gilt für die Dauer der Elternzeit. Es gibt also ein Kün-

digungsrecht der Arbeitnehmerin zum Ende der Elternzeit, allerdings unter Einhaltung einer Kündigungsfrist von 3 Monaten (§ 19 BErzGG).

9.4.11 Kündigungsrecht

Die Auflösung des Arbeitsverhältnisses geschieht entweder einseitig durch Kündigung oder einvernehmlich durch einen Aufhebungsvertrag. Es gibt die ordentliche (fristgemäße) oder die außerordentliche (fristlose) Kündigung.

Bei Arbeitgeberkündigungen kommt es darauf an, ob der gekündigte Arbeitnehmer Kündigungsschutz genießt. Gemäß § 1 KSchG steht dem Arbeitnehmer Kündigungsschutz zu, wenn folgende Voraussetzungen erfüllt sind:

- Das Arbeitsverhältnis besteht länger als 6 Monate.
- Im Betrieb werden mehr als 5 Arbeitnehmer (ohne Auszubildende) beschäftigt, wobei Teilzeitbeschäftigte bis zu 20 Wochenstunden mit 0,5 und bis zu 30 Wochenstunden mit 0,75 zu berücksichtigen sind.

Verfügt der Arbeitnehmer in diesem Sinn über Kündigungsschutz, so ist eine Kündigung – und Bedeutung gewinnt dies insbesondere im Fall einer arbeitsgerichtlichen Auseinandersetzung – nur rechtswirksam, wenn die Kündigung sozial gerechtfertigt ist. Das setzt wiederum voraus,

- dass ein ausreichender Kündigungsgrund vorliegt
- dass im Fall einer betriebsbedingten Kündigung die Gesichtspunkte der sozialen Auswahl gewahrt sind
- dass der Betriebsrat, sofern er existiert (siehe hierzu unter Kapitel 9.4.13), vor Ausspruch der Kündigung ordnungsgemäß gehört worden ist.

Es sind drei Kündigungsgründe zu unterscheiden:

- betriebsbedingter Kündigungsgrund, z.B. ersatzlose Einsparung des Arbeitsplatzes
- personenbedingter Kündigungsgrund, z.B. lang anhaltende, nicht absehbare Erkrankung, wobei die Rechtsprechung allerdings sehr schwere Anforderungen an die Wirksamkeit einer solchen Kündigung stellt
- verhaltensbedingter Kündigungsgrund, z.B. unentschuldigte Fehlzeiten, wobei die Arbeitsgerichte im Regelfall einen verhaltensbedingten Kündigungsgrund nur anerkennen, wenn der Arbeitgeber vorher die Vertragsverletzung abgemahnt und für den Fall der Wiederholung ausdrücklich die Kündigung angedroht hat.

Die fristlose Kündigung ist dadurch gekennzeichnet, dass an den Kündigungsgrund verschärfte Anforderungen gestellt werden. Es muss ein so genannter wichtiger Kündigungsgrund vorliegen. In Praxis kommt dies nur bei verhaltensbedingten Kündigungen vor. Nach der Rechtsprechung muss der Kündigungsgrund so schwerwiegend sein, dass es dem kündigenden Arbeitgeber – unter Abwägung der

beiderseitigen Interessen – nicht zumutbar ist, den Arbeitnehmer auch nur bis zum Ablauf der Kündigungsfrist weiterzubeschäftigen (§ 626 BGB).

Wie schon erwähnt, ist vor Ausspruch der Kündigung eine abschließende Stellungnahme des Betriebsrats, sofern vorhanden, einzuholen (§ 102 BetrVG). Dazu muss der Arbeitgeber dem Betriebsrat ausführlich den Kündigungsgrund benennen und im Fall einer betriebsbedingten Kündigung die soziale Auswahl zu Lasten des gekündigten Arbeitnehmers (sofern vergleichbare Arbeitnehmer weiterbeschäftigt werden) begründen. Wichtig ist bei alledem, dass der Betriebsrat gegenüber der Kündigung kein Vetorecht hat, er muss aber rechtzeitig (mindestens eine Woche vorher) eingeschaltet und angehört werden, bevor die Kündigung ausgesprochen wird.
Ist die Anhörung des Betriebsrats nicht ordnungsgemäß, dann ist die Kündigung schon aus diesem Grund rechtsunwirksam.

Die Kündigungsfrist für alle Arbeitnehmer (Arbeiter oder Angestellte) beträgt 4 Wochen zum 15. oder zum Ende eines Kalendermonats. Die Kündigungsfrist verlängert sich – allerdings nur für den Arbeitgeber – bei einer Betriebszugehörigkeit
- von 2 Jahren auf 1 Monat,
- von 5 Jahren auf 2 Monate,
- von 8 Jahren auf 3 Monate,
- von 10 Jahren auf 4 Monate,
- von 12 Jahren auf 5 Monate,
- von 15 Jahren auf 6 Monate,
- von 20 Jahren auf 7 Monate.

Wichtig ist, dass bei der Berechnung der genannten Fristen nur die Betriebszugehörigkeit ab dem vollenden 25. Lebensjahr zu berücksichtigen ist.

Für Kündigungen gegenüber werdenden Müttern, schwerbehinderten Arbeitnehmern, Auszubildenden oder Betriebsräten gelten – wie dargestellt – spezielle Schutzgesetze.

Erfahrungsgemäß kann die fehlerhafte Behandlung einer Kündigung kostspielig werden, da rechtsunwirksame Kündigungen je nach Dauer der Betriebszugehörigkeit zu hohen Abfindungszahlungen führen können, um im Fall einer Prozessniederlage die Wiedereinstellung eines gekündigten Arbeitnehmers zu vermeiden. Es empfiehlt sich daher, im Zweifelsfall Rat beim zuständigen Verband oder bei einem Fachanwalt für Arbeitsrecht einzuholen.

Die Gefahr einer (unter Umständen hohen) Abfindungszahlung besteht aber nur, wenn der Arbeitnehmer rechtzeitig Klage gegen den Arbeitgeber vor dem Arbeitsgericht erhebt. Rechtzeitig heißt: binnen 3 Wochen seit Zugang der Kündigung. Es handelt sich dabei um eine Ausschlussfrist, die der (klagende) Arbeitnehmer nur ausnahmsweise durchbrechen darf.

9.4.12 Verkauf oder Verpachtung eines Betriebes

Die entscheidende arbeitsrechtliche Gesetzesbestimmung ist § 613 a BGB. Wird ein Betrieb verkauft oder verpachtet, so treten der Käufer oder der Pächter in die bestehenden Arbeitsverhältnisse gemäß § 613 a BGB mit allen Pflichten und Rechten ein. Es bedarf hierzu weder der Zustimmung des bisherigen noch des neuen Arbeitgebers. Schutzzweck dieser Bestimmung ist die Sicherung der Arbeitsplätze im Fall eines Betriebsübergangs.

Dagegen hat der Arbeitnehmer ein Widerspruchsrecht hinsichtlich des Übergangs seines Arbeitsverhältnisses, mit der Folge, dass das Arbeitsverhältnis mit dem bisherigen Arbeitgeber bestehen bleibt. Der Arbeitnehmer riskiert aber mit diesem Verhalten, dass sein bisheriger Arbeitgeber das Beschäftigungsverhältnis aus betriebsbedingten Gründen aufkündigen kann.

Der Widerspruch muss bis zum Übergang erfolgen, es sei denn, der Betriebsübergang ist dem Arbeitnehmer nicht mitgeteilt worden. In diesem Fall kann er seinen Widerspruch binnen 3 Wochen nachholen.

Eine Kündigung des Arbeitsverhältnisses wegen des Betriebsübergangs ist gemäß § 613 a BGB rechtsunwirksam, sowohl seitens des bisherigen wie des neuen Arbeitgebers. Es handelt sich um ein eigenständiges Kündigungsverbot. Dieses Verbot gilt aber nur für den Fall, dass der Betriebsübergang der alleinige Beweggrund für die Kündigung ist. Es ist daher stets zu prüfen, ob es neben dem Betriebsübergang einen anderen Kündigungsgrund gibt, der aus sich heraus geeignet ist, die Kündigung zu rechtfertigen. Dieser andere Kündigungsgrund kann z.B. in einer Rationalisierungsmaßnahme des neuen Arbeitgebers oder in einer teilweisen Stilllegung des Betriebes bestehen.

9.4.13 Betriebsverfassungsrecht

Das Betriebsverfassungsrecht sichert die Mitwirkung der Arbeitnehmerschaft über den Betriebsrat am betrieblichen Entscheidungsprozess. Den Schwerpunkt bilden die Mitwirkungs- und Mitbestimmungsrechte in sozialen und personellen Angelegenheiten (§§ 87, 99 ff. BetrVG). Dagegen sind die wirtschaftlich-unternehmerischen Entscheidungen nur in einem sehr eingeschränkten Umfang der Mitwirkung durch den Betriebsrat zugänglich. Etwas Anderes wäre mit der unabdingbaren unternehmerischen Entscheidungsfreiheit auch nicht vereinbar.

Allerdings sind die Betriebe erst ab einer bestimmten Größe betriebsratsfähig. Voraussetzung ist nämlich, dass im Betrieb mindestens 5 wahlberechtigte Arbeitnehmer beschäftigt sind, von denen 3 wählbar sein müssen (§ 1 BetrVG). Wahlberechtigt ist nur, wer mindestens 18 Jahre alt ist (§ 7 BetrVG). Wählbar ist nur, wer mindestens 18 Jahre alt ist und dem Betrieb mindestens 6 Monate angehört (§ 8 BetrVG).

Soweit ein Betriebsrat besteht, können die Arbeitsbeziehungen durch Betriebsvereinbarungen geregelt werden. Bei Betriebsvereinbarungen geht es um einheitliche Regelungen auf der betrieblichen Ebene. Vertragspartner sind der Arbeitgeber und der jeweilige Betriebsrat des einzelnen Betriebes.

Wo es (trotz entsprechender Betriebsgröße) keinen Betriebsrat gibt, sind mangels Vertragspartner keine Betriebsvereinbarungen möglich.

9.4.14 Tarifvertragsrecht

Für die Mehrzahl der Arbeitnehmer (meist einer ganzen Branche) werden die Arbeitsbedingungen in Tarifverträgen festgelegt. Es gab eine heftige Diskussion darüber, ob solche so genannten Flächentarifverträge noch zeitgemäß sind. Kritisiert wurde insbesondere, dass ein derartiges Tarifsystem nach der „Rasenmähermethode" arbeite und der sehr unterschiedlichen Ertragskraft der vielen Unternehmen einer Branche – ohne Rücksicht auf deren Größenordnung – in keiner Weise gerecht werde. Gleichwohl hat sich dieses System trotz aller Fragwürdigkeit bis heute behauptet.

Vertragspartner von Tarifverträgen sind einerseits der branchenzuständige Arbeitgeberverband, andererseits die nach dem fachlichen Geltungsbereich zuständige Gewerkschaft. Die Tarifverträge regeln auf überbetrieblicher Ebene einheitlich die Arbeitsbedingungen. Es handelt sich dabei um Mindestbedingungen (§ 4 TVG), die vom Arbeitgeber nicht unterschritten werden dürfen, vorausgesetzt, der Tarifvertrag ist auf den entsprechenden Betrieb anzuwenden. Es muss eine so genannte Tarifbindung bestehen. Das ist nur der Fall, wenn Arbeitgeber und Arbeitnehmer in den genannten Vereinen organisiert sind oder wenn der Tarifvertrag – ausnahmsweise – für allgemeinverbindlich erklärt worden ist.

Für die Arbeitnehmer im Bereich des Reit- und Fahrsports gibt es im Regelfall keine Tarifbindung. Insoweit sind die Inhaber von Reitbetrieben in der Gestaltung von Arbeitsverträgen frei, abgesehen von gewissen Mindeststandards, die durch Arbeitnehmerschutzgesetze vorgegeben sind (z.B. hinsichtlich der Urlaubsdauer, Kapitel 9.4.7).

9.4.15 Unfallverhütung

Das aus dem Schutzgedanken erwachsene Arbeitsrecht hat auch die Aufgabe, den Arbeitnehmer vor Gefahren zu schützen, die sich aus der nicht immer gefahrlosen Beschäftigung ergeben. Der Gesetzgeber hat die Durchführung dieses Schutzes unter staatliche Aufsicht gestellt.

Die Unfallverhütungsvorschriften gelten für Arbeitgeber und Arbeitnehmer gleichermaßen (z.B. Tragen von splittersicheren Reitkappen beim Springen, Sicherung der Abwurfluken auf Heuböden u.a.). Die Arbeitnehmer sind gegen Betriebs-

unfälle durch die zuständige Berufsgenossenschaft versichert. Werden die Unfall-verhütungsvorschriften vom Betrieb nicht eingehalten, kann die Berufsgenossen-schaft den Betrieb auf Schadensersatz in Anspruch nehmen (vgl. hierzu Kapitel 10). Verstößt der Arbeitnehmer – jedenfalls grob fahrlässig – gegen die Unfallver-hütungsvorschriften, riskiert er seinen Anspruch auf Entgeltfortzahlung im Krank-heitsfall (Kapitel 9.4.8).

9.4.16 Arbeitsgerichte

Rechtsstreitigkeiten zwischen Arbeitgebern und Arbeitnehmern aus dem Arbeits-verhältnis werden vor den Arbeitsgerichten ausgetragen. Für das prozessuale Ver-fahren gilt in erster Linie das Arbeitsgerichtsgesetz, hilfsweise die Zivilprozessord-nung.
Besonders häufig sind Kündigungschutzklagen des Arbeitnehmers. Sie enden meist – zur Vermeidung einer langwierigen gerichtlichen Auseinandersetzung – mit der Auflösung des Arbeitsverhältnisses unter Zahlung einer Abfindung. Die Höhe der Abfindung richtet sich einerseits nach den Erfolgsaussichten des gekündigten (kla-genden) Arbeitnehmers, andererseits nach der Dauer der Betriebszugehörigkeit. Daher wird die Empfehlung wiederholt, im Vorfeld die Rechtswirksamkeit der Kün-digung ausreichend abzuklären. Auf die Ausführungen zu Kapitel 9.4.11 (am Ende) wird Bezug genommen.

Es gibt in der Arbeitsgerichtsbarkeit einen dreistufigen Instanzenzug
- Arbeitsgericht
- Berufung an das Landesarbeitsgericht
- Revision an das Bundesarbeitsgericht

Örtlich zuständig ist jeweils das Arbeitsgericht, in dessen Bezirk die beklagte Partei ihren Betrieb bzw. ihren Wohnsitz hat.

KAPITEL 10

Versicherungen

10.1 Gesetzliche Sozialversicherung

Aufgabe der Sozialversicherung ist es, ihre Mitglieder in Zeiten sozialer Not zu schützen. Das Gesetz legt diejenigen Personengruppen fest, die schon durch die Art ihres Arbeitsverhältnisses der Versicherung angehören, mit anderen Worten: versicherungspflichtig sind. Die Versicherungspflicht umfasst vor allem Arbeitnehmer, zu denen auch die Auszubildenden gehören. (*Anm.* Unterscheidung Arbeiter/Angestellte im Sozialrecht überholt!!)

Die gesetzliche Sozialversicherung unterteilen wir in vier Gruppen:
- Krankenversicherung,
- Rentenversicherung,
- Arbeitslosenversicherung,
- Pflegeversicherung.

Anmerkung:
Die gesetzliche Unfallversicherung (Berufsgenossenschaft) kann als gesetzliche Pflichtversicherung ebenfalls zur gesetzlichen Sozialversicherung gerechnet werden, ist hier jedoch im Unterabschnitt „Unfallversicherung" (siehe Kapitel 10.3) behandelt.

Die Versicherungsträger der Sozialversicherung sind öffentlich-rechtliche Körperschaften. Ihre Organe der Selbstverwaltung setzen sich aus ehrenamtlich tätigen Vertretern der Versicherten und der Arbeitgeber zusammen.

Versicherungspflichtig sind in der Regel alle Arbeitnehmer. In der Krankenversicherung gilt allerdings eine Versicherungspflichtgrenze, die jährlich erhöht wird (2002: 3.375,– EUR/Monat). Die Sozialversicherungsbeiträge für versicherungspflichtige Arbeitnehmer mit einem geringen Arbeitsentgelt hat der Arbeitgeber allein zu tragen (also Arbeitgeber- und Arbeitnehmeranteil). Diese Summe liegt bei 325,– EUR/Monat (2002). Beträgt die wöchentliche Arbeitszeit weniger als nur 15 Stunden, dann besteht Versicherungsfreiheit in der Kranken-, Pflege- und Rentenversicherung. Voraussetzung ist jedoch, dass das Monatsentgelt eine „Geringfügigkeitsgrenze" nicht übersteigt (für 2002: 325,– EUR/Monat). Die Beiträge für die Sozialversicherung werden prozentual vom Lohn bzw. Gehalt der Versicherten berechnet und an den Versicherungsträger abgeführt. Die Beiträge werden grundsätzlich je zur Hälfte vom Mitglied und vom Arbeitgeber gezahlt.

10.1.1 Krankenversicherung

Versicherungspflichtig sind
Arbeitnehmer, deren regelmäßiger Bruttojahresarbeitsverdienst 40.500,– EUR nicht übersteigt (das ist die Beitragsbemessungsgrenze per 01.01.2002, sie ändert sich jährlich).

Ein Arbeitnehmer ist oberhalb der Beitragsbemessungsgrenze nicht krankenversicherungspflichtig.

Versicherungsträger sind:
- die „Allgemeine Ortskrankenkasse" (AOK),
- „Betriebskrankenkassen",
- „Innungskrankenkassen",
- „Knappschaftliche Krankenkasse" für den Bergbau,
- „Ersatzkrankenkassen", die auf freiwilliger Mitgliedschaft beruhen.

Seit dem 01.01.1996 besteht eine Krankenkassenwahl für alle Arbeitnehmer. Das bestehende Versicherungsverhältnis zur derzeitigen Krankenkasse kann gekündigt werden und der Versicherte kann einer anderen Krankenkasse beitreten. Diese darf ihn nicht ablehnen.

Die Krankenkassen ziehen übrigens den *Gesamtversicherungsbeitrag* ein, also neben dem Krankenkassenbeitrag auch die Beiträge für die Renten-, die Arbeitslosen- und die Pflegeversicherung. Die Höhe der Beiträge wird von den Kassen errechnet und in Tabellen zusammengefasst. Anhand dieser Tabellen entrichtet in der Regel der Arbeitgeber die Zahlungen an die Kasse in der Form des Lohnabzugs.

Leistungen der Krankenkasse setzen sich zusammen aus *Regelleistungen* (z.B. Krankenhilfe, bestehend aus ärztlicher Behandlung, Heilmittel und Krankengeld) und *Mehrleistungen,* die durch die Satzung festgelegt sind.
Die Krankenversicherung dient neben der Gewährung einer Heilbehandlung auch der wirtschaftlichen Sicherheit im Krankheitsfall. Das Krankengeld soll den Verdienstausfall ersetzen. Zu den Aufgaben der Krankenkassen gehören schließlich auch die *Leistungen bei Schwangerschaft und Mutterschaft.*

10.1.2 Rentenversicherung

Die Aufgabe der Rentenversicherung ist es, die Versorgung im Alter sowie bei Erwerbsminderung zu gewährleisten und im Todesfall die Hinterbliebenen zu unterhalten. Um diese Aufgabe erfüllen zu können, muss sich die Höhe der Rente der Entwicklung der Löhne und Gehälter anpassen.

Anmerkung:
Die knappschaftliche Rentenversicherung ist für Pferdeberufe nicht relevant.

Rentenversicherung für Arbeitnehmer
Der Versicherungspflicht unterliegen in der Regel alle Arbeitnehmer.
Der Bundesarbeitsminister gibt alljährlich die Beitragsbemessungsgrenze bekannt, bis zu der Pflichtbeiträge erhoben werden (für 2002 liegt diese Grenze bei 54.000,– EUR in den alten und 45.000,– EUR in den neuen Bundesländern).
Versicherungsträger der Rentenversicherung sind die Landesversicherungsanstalten (LVA) und die Bundesversicherungsanstalt für Angestellte (BfA) als rechtsfähige Körperschaften des öffentlichen Rechts. Der Betrieb von Heilanstalten, Erholungs- und Genesungsheimen, die vorbeugende Gesundheitspflege und der vertrauensärztliche Dienst wird den Landesversicherungsanstalten als Gemeinschaftsaufgabe laut Gesetz übertragen.
Die finanziellen Mittel der Rentenversicherung werden durch die Arbeitnehmer, Arbeitgeber und Zuschüsse des Bundes aufgebracht. Der Beitrag zur Rentenversicherung richtet sich nach dem Bruttolohn des Versicherten und dem gesetzlich festgelegten Beitragssatz (2002: 19,1%). Der Beitrag wird je zur Hälfte vom Arbeitgeber und Arbeitnehmer aufgebracht.

Voraussetzung für eine Rentenzahlung ist stets der Eintritt des Versicherungsfalles sowie die Erfüllung der vorgeschriebenen Wartezeit.
Die Rentenversicherung zahlt Rente wegen Erwerbsminderung und die Regelaltersrente ab vollendetem 65. Lebensjahr. Daneben gibt es vorgezogene Altersrenten ab dem 60. bzw. 63. Lebensjahr. Die Erwerbsminderung wird in der Regel durch ein vertrauensärztliches Gutachten festgestellt. Die vorgeschriebene Wartezeit beträgt je nach Rentenart 5, 15 oder 35 Jahre.
Scheidet ein Pflichtversicherter aus der sozialen Rentenversicherung aus, so kann er sich freiwillig weiterversichern. Auch Selbstständige, die bisher nicht in der gesetzlichen Rentenversicherung versichert waren, können auf Antrag der Versicherung beitreten. Je nach Antragstellung sind sie versicherungspflichtig oder freiwillig versichert (Beitragssatz: 19,1% im Jahr 2002). Voraussetzung der Versicherungspflicht auf Antrag ist eine selbstständige Erwerbstätigkeit, die nicht nur vorübergehend ist und im Geltungsbereich des Gesetzes ausgeübt wird. Das Antragsrecht auf Eintritt in die gesetzliche Rentenversicherung besteht grundsätzlich nur in den ersten 5 Jahren nach Aufnahme der selbstständigen Tätigkeit.

Alle Versicherten, die eine Versicherungszeit von 35 anrechnungsfähigen Versicherungsjahren zurückgelegt haben, können vom vollendeten 63. Lebensjahr (Frauen bereits vom 60. Lebensjahr) an selbst bestimmen, wann sie in den Ruhestand treten wollen. Anerkannten Schwerbeschädigten wird nach 35 anrechnungsfähigen Versicherungsjahren die Möglichkeit eingeräumt, bereits vom 60. Lebensjahr an Altersrente zu beziehen.

Ab dem Jahre 2002 wird der Staat die private Altersvorsorge unter bestimmten Voraussetzungen mit Zulagen und steuerlichem Sonderausgabenabzug fördern („Riester-Rente"). Hintergrund: Langfristig wird das Rentenniveau abgesenkt. Die so genannte Standardrente wird bis zum Jahre 2030 von 70% auf 67% des letzten Nettoentgeltes abgesenkt. Der Rentenverlust soll durch eine private Altersvorsorge ausgeglichen werden. Sie ist zwar freiwillig, der Staat fördert sie aber mit Grund- und Kinderzulagen. Die privaten Verträge, die als spätere Leistung eine Rente vorsehen müssen, werden folglich mit den Eigenbeiträgen der Versicherten und den staatlichen Zulagen bedient. Zusätzlich können die in den privaten Vorsorgevertrag eingezahlten Beiträge steuerlich als Sonderausgaben geltend gemacht werden. Dies führt bei Versicherten mit hohem Steuersatz zu einer Erstattung.

Auskünfte über Rentenfragen erteilen die Versicherungsämter (bei Landkreisen und kreisfreien Städten), die Versicherungsabteilungen (bei kreisangehörigen Städten und Gemeinden) sowie die Rentenversicherungsträger.

10.1.3 Arbeitslosenversicherung

Träger der Arbeitslosenversicherung ist die Bundesanstalt für Arbeit mit dem Sitz in Nürnberg.

Versicherungspflichtig sind alle Arbeitnehmer ohne Rücksicht auf die Höhe ihres Verdienstes. Es gilt jedoch auch hier die gleiche Beitragsbemessungsgrenze wie bei der Rentenversicherung. Der Beitrag wird auch hier vom Arbeitgeber und Arbeitnehmer je zur Hälfte aufgebracht. Eine Ausnahme von der Versicherungspflicht gibt es lediglich bei Arbeitnehmern, deren Arbeitszeit weniger als 15 Stunden in der Woche beträgt und die nicht mehr als 325,– EUR im Monat verdienen (geringfügig Beschäftigte).

Es besteht keine Möglichkeit der freiwilligen Weiter- oder Höherversicherung. Das Versicherungsverhältnis beginnt oder endet jeweils mit dem Arbeitsverhältnis.

Bei den Leistungen unterscheiden wir das Arbeitslosengeld und die Arbeitslosenhilfe. Voraussetzung für das Arbeitslosengeld ist eine mindestens einjährige Beschäftigung während der letzten 3 Jahre. Hat der Arbeitnehmer ohne wichtigen Grund das Beschäftigungsverhältnis gelöst oder durch arbeitsvertragswidriges Verhalten die Lösung des Beschäftigungsverhältnisses veranlasst und dadurch vorsätzlich oder grob fahrlässig die Arbeitslosigkeit herbeigeführt, kann er Arbeitslosengeld erst nach einer Sperrfrist von 12 Wochen, in Fällen einer besonderen Härte nach 6 Wochen verlangen. Voraussetzung der Arbeitslosenhilfe ist eine mindestens 150-tägige Beschäftigung im letzten Jahr oder der vorherige Bezug von Arbeitslosengeld, zusätzlich jedoch eine persönliche Bedürftigkeit.

10.1.4 Pflegeversicherung

Träger der zum 01.01.1995 eingeführten Pflegeversicherung sind die Pflegekassen, die bei den gesetzlichen Krankenkassen eingerichtet sind.
Versicherungspflichtig in der Pflegeversicherung sind die versicherungspflichtigen und freiwilligen Mitglieder der gesetzlichen Krankenversicherung. Personen, die gegen das Risiko der Krankheit bei einem privaten Krankenversicherungsunternehmen versichert sind, müssen sich gegen das Risiko der Pflegebedürftigkeit privat versichern. Leistungen aus der Pflegeversicherung können bei einer ambulanten Pflege, die in der häuslichen Umgebung durchgeführt wird, und bei einer stationären Pflege in einem Pflegeheim beansprucht werden.

a) Häusliche Pflege
Bei der häuslichen Pflege unterscheiden wir drei Pflegestufen je nach dem Grad der Pflegebedürftigkeit, und zwar
erhebliche Pflegebedürftigkeit (1. Stufe),
Schwerpflegebedürftigkeit   (2. Stufe) und
Schwerstpflegebedürftigkeit   (3. Stufe).
Die Leistungen der Pflegekasse hängen dann von der Einordnung in eine dieser Stufen ab.

Der Pflegebedürftige hat Anspruch auf Pflegehilfe durch qualifizierte Pflegekräfte, die entweder unmittelbar von der Pflegekasse oder einem professionellen Pflegeunternehmen, mit dem die Pflegekasse einen entsprechenden Vertrag abgeschlossen hat, erbracht wird. Die dabei entstehenden Aufwendungen werden dem Pflegebedürftigen
- in der Pflegestufe 1 bis zu   384,– EUR monatlich,
- in der Pflegestufe 2 bis zu   921,– EUR monatlich,
- in der Pflegestufe 3 bis zu 1.432,– EUR monatlich
erstattet.

Statt der Pflegehilfe kann der Pflegebedürftige auch Pflegegeld beantragen, das je nach Pflegestufe 205,–, 410,– oder 665,– EUR beträgt. Die Pflegeperson, in der Regel ein naher Angehöriger, bekommt von der Pflegekasse ebenfalls Leistungen. Sie ist unfall- und rentenversichert. Die entsprechenden Beiträge werden von der Pflegekasse an den Rentenversicherungsträger abgeführt. Sie betragen je nach Pflegestufe und dem Zeitaufwand für die Pflege zwischen 120,– und 355,– EUR monatlich.

b) Stationäre Pflege
Seit dem 01.07.1996 hat ein Pflegebedürftiger, der in einer stationären Einrichtung leben muss, Anspruch auf Erstattung der pflegebedingten Kosten bis zu 1.433,– EUR (je nach Pflegestufe) pro Monat. In der Pflegestufe 3 wurden bei besonderen Härten bis zu 1.918,– EUR monatlich erstattet.

10.2 Haftpflichtrecht und Haftpflichtversicherung

Wer einem anderen einen Schaden zufügt, ist dem Geschädigten zum Ersatz verpflichtet, wenn er diesen Schaden schuldhaft, d.h. vorsätzlich oder fahrlässig verursacht hat, oder – ausnahmsweise – wenn er im Wege der Gefährdungshaftung auch ohne Verschulden haftet – nämlich als Halter eines „Luxustieres".
In die Situation, jemandem Schadensersatz leisten zu müssen, kann jeder kommen, man nennt das *Haftpflichtrisiko*.

10.2.1 Normale Verschuldenshaftung

Rechtsgrundlage jeder Haftung ist entweder ein so genanntes Delikt oder ein verletzter Vertrag.

Beispiele:

- Ich decke auf der Zufahrt zu meinem Reiterhof eine Jauchegrube nicht ab – der Pkw eines mir bis dahin noch nicht bekannten Besuchers kommt zu Schaden. Hier besteht kein Vertrag zwischen dem Schädiger und dem Geschädigten. Dennoch haftet der Schädiger aus Delikt = § 823 BGB:
  „Wer vorsätzlich oder fahrlässig das Leben, den Körper, die Gesundheit, die Freiheit, das Eigentum oder ein sonstiges Recht eines anderen widerrechtlich verletzt, ist dem anderen zum Ersatz des daraus entstandenen Schadens verpflichtet".

- Ich überfordere als Reitlehrer einen Anfänger. Er fällt vom Pferd und nimmt körperlichen Schaden. Hier liegt eine Verletzung des Unterrichtsvertrages vor. *(Achtung:* Verträge brauchen im Normalfall nicht schriftlich abgeschlossen zu sein; das Einigsein – in diesem Falle über Reitunterricht, Zeit und Entgelt – ist rechtlich ein Vertrag)

  Übrigens: Merken Sie etwas? Der Fall Reitunterricht fällt auch unter die Deliktshaftung (1. Beispiel). Das ist der Normalfall in unserem Recht; der Geschädigte hat im Falle der Vertragsverletzung also zwei Rechtsgrundlagen, um Schadensersatz zu verlangen; er kann aber natürlich seinen Schaden nur einmal liquidieren.

10.2.2 Tierhalterhaftung auch ohne Verschulden – „Gefährdungshaftung"

Unsere Rechtsordnung kennt neben der Verschuldenshaftung in bestimmten Fällen eine Verantwortung für die Gefährdung anderer auch ohne eigenes Verschulden. Dazu zählt auch das Halten von Tieren, wenn es sich um „Luxustiere" handelt. Verantwortlich und damit schadensersatzpflichtig ist grundsätzlich der Halter der Tiere, im Normalfall der Eigentümer.

§ 833 S. 1 BGB lautet:

„Wird durch ein Tier ein Mensch getötet oder der Körper oder die Gesundheit eines Menschen verletzt oder eine Sache beschädigt, so ist derjenige, welcher das Tier hält, verpflichtet, dem Verletzten den daraus entstehenden Schaden zu ersetzen".

Die Haftung setzt voraus, dass der Schaden durch ein „typisch tierisches Verhalten des Pferdes" verursacht worden ist.

Beispiel:
- Ein Reiter pariert sein Pferd vor der roten Ampel durch. Das (junge) Pferd scheut vor einem sich hinten anschließenden Pkw, stürmt in die Kreuzung und verursacht einen Schaden – hier „typisch tierisches Verhalten" (Scheuen, Panik, Steigen, Schlagen, Beißen usw.).
  Aber: Ein Reiter reitet bei Rot über die Kreuzung, weil er es eilig hat. Ein Pkw des Querverkehrs kommt durch Bremsmanöver zu Schaden. *Kein* „typisch tierisches Verhalten", denn das Pferd war williges Werkzeug in der Hand des (schuldhaft handelnden) Reiters.

Das Risiko des Luxus-Tierhalters ist sehr groß, weil er auch für Schäden haftet, die er kaum abwenden kann.

Beispiel:
- Ein Unbefugter bricht nachts in den ordnungsgemäß verschlossenen Stall ein, öffnet die Boxen. Die Pferde laufen auf die Straße. Es entsteht erheblicher Schaden im Bereich des Fahrverkehrs.

Als „Luxus-Tierhalter" gelten z.B.
- der Privatreiter bezüglich seines Sportpferdes,
- der gemeinnützige Reitverein bezüglich seiner eigenen Pferde.

10.2.3 Erwerbstierhalter

Besser abgesichert ist derjenige, der das Pferd zu seinem „Erwerb" hält. In diesem Falle gilt das Pferd nicht als „Luxustier", sondern als „Erwerbstier".
Als Erwerbstiere gelten z.B.
- das Zuchtmaterial des landwirtschaftlichen Zuchtbetriebes,
- die Miet- und Lehrpferde des gewerblichen Pferdebetriebes.

In diesem Falle haftet der Tierhalter nach § 833 S. 2 BGB nur dann, wenn er das Tier nicht ordnungsgemäß beaufsichtigt hat (in diesem Falle muss jedoch der Tierhalter seine Schuldlosigkeit beweisen).

10.2.4 Tierhüterhaftung

Während der Tierhalter nach § 833 BGB haftet, ist die Tierhüterhaftung in § 834 BGB geregelt. Als Tierhüter gilt derjenige, der für den Tierhalter die Führung der Aufsicht über das Pferd durch Vertrag übernimmt. Das ist im Normalfall z.B. der Pensionsstallinhaber bezüglich der eingestellten Pensionspferde, aber auch derjenige, der sich ein Pferd für einen Ausritt mietet. Der Tierhüter ist rechtlich besser abgesichert als der Tierhalter, denn seine Haftung tritt nicht ein, wenn er bei der Führung der Aufsicht „die im Verkehr erforderliche Sorgfalt" beachtet hatte, er haftet also wie der Erwerbstierhalter (siehe Kapitel 10.2.3). Hervorzuheben ist aber, dass der Tierhüter nur *Dritten* gegenüber aus § 834 BGB haftet, nicht jedoch dem Tierhalter, also z.B. dem Einsteller im Pensionsbetrieb.

10.2.5 Vereinshaftung

Ebenso wie eine natürliche Person kann auch eine juristische Person haften, mithin auch ein Verein. Die Vereinshaftung wird insbesondere akut
- bei Veranstaltungen, z.B. Vorstands-, Ausschuss-, Mitgliederversammlungen, Sportveranstaltungen, Schulungen, Lehrgänge, Festlichkeiten, Festzügen,
- als Eigentümer, Mieter, Pächter, Nutznießer von Grundstücken, Gebäuden, Räumlichkeiten und Einrichtungen, die den satzungsgemäßen Zwecken zu dienen bestimmt sind (Reitstall, Reithalle, Reitercasino in eigener Regie, Außenplatz, Wiesen und Weiden, Parkplatz und Zufahrten).

Typische Haftpflichtrisiken des Vereines sind
- Verstöße gegen die Verkehrssicherungspflicht (Nichtstreuen bei Glätte),
- Verstöße gegen die bauliche Instandhaltung, Beleuchtung, Reinigung,
- Organisationsverschulden (Verein lässt Reitunterricht durch einen völlig ungeeigneten Reitlehrer – z.B. Kind – erteilen, es kommt zu Schäden).

10.2.6 Haftung für fremdes Verschulden

Das Gesetz will dem Geschädigten auch dann zu seinem Recht verhelfen, wenn der Schaden durch eine Hilfsperson verursacht wird.
- Bei der Deliktshaftung ist das der so genannte „Verrichtungsgehilfe". In diesem Falle haftet man für den Verrichtungsgehilfen nur, wenn man nicht nachweisen kann, dass man hinsichtlich Auswahl und Überwachung dieses Verrichtungsgehilfen die erforderliche Sorgfalt angewendet hat.
- Bei der vertraglichen Haftung nennen wir die Hilfsperson „Erfüllungsgehilfen". Für ein Verschulden des Erfüllungsgehilfen haftet man grundsätzlich immer (d.h. auch dann, wenn man ihn sorgfältig ausgewählt hat und mit seinem Fehlverhalten nicht zu rechnen brauchte).

10.2.7 Die Versicherungen gegen das Haftpflichtrisiko

a) Privathaftpflichtversicherung
Jeder sollte eine Privathaftpflichtversicherung abgeschlossen haben, sie wird auch als „Familienhaftpflichtversicherung" bezeichnet. Diese Versicherung deckt alle „privaten" Haftpflichtansprüche ab, d.h. nicht den beruflichen Bereich und nicht die Haftpflichtansprüche aus Tierhaltung und Kfz-Haltung.

Beispiele für Privathaftpflicht:
- Sie werfen im Porzellangeschäft eine kostbare Vase um;
- Ihr Sohn wirft eine Fensterscheibe ein.

b) Tierhalterhaftpflichtversicherung
Da die Privathaftpflichtversicherung wie gesagt nicht das Tierhalterrisiko abdeckt, muss der Tierhalter insoweit eine eigene Versicherung abschließen. Da das Tierhalterrisiko sehr groß ist (siehe Kapitel 10.2.2), ist die Versicherung entsprechend teuer.
Achtung: Der diesbezügliche Markt ist sehr uneinheitlich, derzeit Jahresprämien pro Pferd zwischen ca. 75,– und 200,– EUR. Holen Sie Vergleichsangebote ein.

Schließen Sie nicht das so genannte „Weiderisiko" (Ihr Pferd bricht aus dem Paddock oder der Weide aus und verursacht einen Schaden) oder das „Fremdreiterrisiko" (Sie lassen Ihr Pferd von einem anderen reiten und diese andere Person erleidet einen Schaden) aus der Haftpflichtversicherung aus. Versicherungen schließen gerne diese Risiken aus und bieten eine scheinbar günstige Prämie an.
Der Reiter ohne eigenes Pferd kann ebenfalls schuldhaft mit dem Pferd einem Dritten Schaden zufügen. Dieses Risiko wird durch seine Privathaftpflichtversicherung abgedeckt, denn dieser Reiter ist weder Tierhalter (§ 833 BGB) noch normalerweise Tierhüter (§ 834 BGB).

c) Landessportbundversicherung
Die o.g. Risiken der Vereine (Kapitel 10.2.5) sind durch die Vereinshaftpflicht der Landessportbünde versichert. Dieser Haftpflichtversicherungsschutz besteht gegen die gesetzliche Haftpflicht des Vereins aus der satzungsgemäßen Tätigkeit unter Einschluss der den Mitgliedern des Vorstandes und den von ihnen beauftragten Vereinsmitgliedern in dieser Eigenschaft persönlich obliegenden gesetzlichen Haftpflicht. (Zu den weiteren durch die Versicherung abgedeckten Risiken siehe Kapitel 10.3.2)
Achtung: Bisher war in dieser Versicherung auch die Tierhalterhaftung der Vereine für ihre eigenen Vereinspferde eingeschlossen. Das ist bei den meisten Landessportbundversicherungen seit kurzem nicht mehr der Fall. Vereine sollten sich daher beim Landessportbund genau erkundigen und gegebenenfalls eine zusätzliche Tierhalterversicherung für die vereinseigenen Pferde abschließen.

d) Betriebshaftpflichtversicherung

Bei Reitställen, Schulen und Tattersallbetrieben tritt in der Regel nicht ein Verein auf, sondern Privatpersonen, die den Reitstall, die Schule oder den Tattersallbetrieb als Einzelunternehmung oder als Gesellschaft betreiben. Hier ist durch den Unternehmer eine entsprechende Betriebshaftpflichtversicherung abzuschließen. In diese Versicherung kann das Risiko für die betriebseigenen Pferde (Tierhalterhaftung) und die Pensionspferde (Tierhüterhaftung) mit einbezogen werden.

e) Reitlehrer-Haftpflichtversicherung

Jedem Reitlehrer können Fehler unterlaufen, für die er dann haften muss. Übrigens: fast jede Krankenversicherung prüft bei einem ihr gemeldeten Reitunfall, ob nicht ein Dritter (z.B. Reitlehrer, Pferdehalter, Betriebsinhaber) für den Schaden verantwortlich gemacht werden kann. In dem Falle wird die Krankenkasse vom Dritten die Beträge zurückverlangen, die sie ihrem Versicherten (dem verunfallten Reiter) als Heilkosten usw. zahlen muss, d.h. sie wird gegen den Dritten „Regress" nehmen.

Wie schützt sich der Reitlehrer gegen sein Haftungsrisiko? Hier müssen wir vier verschiedene Fälle unterscheiden:

- Der Reitlehrer ist Angestellter eines Vereins (oder mehrerer Vereine). In diesem Falle wird seine Haftung durch die Sportbundversicherung der Vereine (siehe Kapitel 10.3.2) mit abgedeckt, denn die darin enthaltene Haftpflichtversicherung umfasst auch die Haftung der „Funktionäre" des Vereins (und das ist der Reitlehrer in diesem Falle). Dasselbe gilt, wenn der Reitlehrer freiberuflich für einen oder mehrere Vereine Unterricht erteilt und er diesbezüglich von den jeweiligen Vereinsvorständen zur Durchführung des Unterrichts beauftragt worden ist.

- Der Reitlehrer ist Angestellter eines gewerblichen Betriebes. In diesem Falle sollte seine Haftung in die Betriebshaftpflichtversicherung (siehe unter d) mit einbezogen werden.

- Der Reitlehrer ist selber Betriebsinhaber. Hier wird seine Haftung automatisch von der von ihm abzuschließenden Betriebshaftpflichtversicherung (siehe unter d) mit abgedeckt.

- Der Reitlehrer ist Angestellter (im Verein oder gewerblichen Betrieb), nimmt jedoch nebenbei auf eigene Rechnung Nebentätigkeiten wahr (z.B. Pferdeausbildung oder Reitunterricht, die nicht vom Verein/Betrieb organisiert ist). Für diese Nebentätigkeit sollte ein Reitlehrer unbedingt eine eigene Haftpflichtversicherung abschließen, denn hier tritt weder die Versicherung des Vereines (Sportbundversicherung), noch die des Betriebes (Betriebshaftpflichtversicherung), noch schließlich eine eventuell bestehende Familienhaftpflichtversicherung (siehe unter a) des Reitlehrers ein.

10.3   Unfallversicherung

Unfälle im Zusammenhang mit Pferdehaltung und Pferdesport kommen leider häufig vor.

Ein Unfall liegt vor, wenn der Versicherte durch ein *plötzlich von außen auf seinen Körper wirkendes Ereignis unfreiwillig eine Gesundheitsschädigung* erleidet (sechs klare Begriffe, die immer gegeben sein müssen).

Wir beschäftigen uns nachstehend mit drei Arten der Unfallversicherung:
- ❶ die gesetzliche Unfallversicherung;
- ❷ die Versicherung über die Landessportbünde;
- ❸ die private Reiter-Unfallversicherung.

10.3.1   Die gesetzliche Unfallversicherung

Die gesetzliche Unfallversicherung ist eine Pflichtversicherung und insoweit vergleichbar mit der Kranken- und Rentenversicherung. Sie bietet Schutz im Falle eines Arbeitsunfalles und bei Berufskrankheiten.

Träger dieser Versicherung sind die *Berufsgenossenschaften.* Sie sind Körperschaften des öffentlichen Rechts.

Eingerichtet wurden die Berufsgenossenschaften jeweils für verschiedene Sparten. Im Bereich der Pferdehaltung und des Pferdesports sind drei Berufsgenossenschaften zuständig:
- ▪ die Verwaltungsberufsgenossenschaft
  (für die gemeinnützigen Reitervereine und für freiberufliche Reitlehrer ohne eigene Lehrpferde);
- ▪ die landwirtschaftlichen Berufsgenossenschaften
  (für alle landwirtschaftlichen Pferdehaltungen, z.B. Gestüte und kleinere, einem landwirtschaftlichen Betrieb angeschlossene Reitbetriebe);
- ▪ die Berufsgenossenschaft für Fahrzeughaltungen
  (für alle anderen Pferde haltenden Betriebe, z.B. die Privatpferdehaltungen mit Arbeitnehmern und die gewerblichen Betriebe).

Eine wichtige Aufgabe der Berufsgenossenschaften ist die Prävention, d.h. der Schutz vor Arbeitsunfällen und Berufskrankheiten. Dabei sorgt sie für die Durchführung von Unfallverhütungsvorschriften. Ist ein Versicherungsfall eingetreten, trägt sie die Heilbehandlungskosten und erbringt Leistungen zur medizinischen Rehabilitation, Leistungen zur Teilhabe am Arbeitsleben und während der Arbeitsunfähigkeit Verletztengeld. Ist durch den Arbeitsunfall oder die Berufskrankheit die Minderung der Erwerbsfähigkeit dauerhaft eingeschränkt, besteht Anspuch auf eine Unfallrente, soweit die Erwerbsfähigkeit um wenigstens 20% gemindert ist.

Endet ein Arbeitsunfall tödlich, haben die Hinterbliebenen gegenüber der Berufsgenossenschaft Anspruch auf eine Rente.

Beiträge zu den Berufsgenossenschaften sind in den letzten Jahren regelmäßig erhöht worden. Ursache waren die hohen Unfallquoten in den Pferde haltenden Betrieben. Deshalb liegt es im eigenen Interesse der Betriebe, die Unfallquote niedrig zu halten. Die Höhe der Beiträge orientiert sich – mit Ausnahme bei der landwirtschaftlichen Berufsgenossenschaft – auch an dem spezifischen Unfallrisiko des Betriebes. Die verschiedenen Tätigkeiten werden in unterschiedliche Gefahrenklassen eingestuft. So wird beispielsweise das Bereiten fremder Pferde einer höheren Gefahrenklasse zugeordnet als die reine Pensionspferdehaltung ohne Beritt. Büroarbeiten und Arbeiten im Haushalt haben eine niedrige Unfallquote. Deshalb sollte jeder Unternehmer darauf achten, dass seine Arbeitnehmer in der richtigen Gefahrenklasse eingestuft werden. Etwas anderes gilt aber für die landwirtschaftlichen Berufsgenossenschaften. Hier kennt man bei der Beitragsbemessung keine Gefahrenklassen.

Versichert sind vornehmlich die Beschäftigten im Betrieb, also die Arbeitnehmer und Auszubildenden. Versicherungsschutz genießen daneben alle sonstwie im Unternehmen Tätigen. Dies sind vornehmlich Aushilfskräfte, aber auch Nachbarn, die bei bestimmten betrieblichen Arbeiten helfen. Nicht pflichtversichert sind die Betriebsleiter (Unternehmer). Diese können sich allenfalls freiwillig bei der Berufsgenossenschaft versichern. Auch hier gilt eine Ausnahme bei der landwirtschaftlichen Berufsgenossenschaft, weil die Unternehmer dort kraft Gesetzes unfallversichert sind.

Die gesetzliche Unfallversicherung ist eine „Haftpflichtversicherung" der Unternehmer. Sie sind gegenüber den Versicherten, die für ihren Betrieb tätig sind, beim Arbeitsunfall nicht nach gesetzlichen Vorschriften zum Schadensersatz verpflichtet. Eine Ausnahme gilt nur dann, wenn der Versicherungsfall vorsätzlich herbeigeführt wurde. Diese Haftungsfreistellung hat aber ihren Preis. So zahlt im Gegensatz zu den anderen Sozialversicherungen allein der Unternehmer die Beiträge. Eine anteilige Tragung der Beiträge durch die Arbeitnehmer kennt die Unfallversicherung nicht.

10.3.2 Die Versicherung über die Landessportbünde

Die Landessportbünde sind auf Landesebene der Zusammenschluss aller im Lande tätigen Sportvereine (nicht nur der Reitervereine). Die Landessportbünde haben für alle ihre Vereine eine Versicherung abgeschlossen. Diese umfasst u.a. einen Unfallversicherungsschutz (zum Haftpflichtversicherungsschutz der Landessportbundverträge siehe Kapitel 10.2.7, c).
Die Versicherung umfasst die Unfallfolgen, die sich während des Sportbetriebes der

Vereine ereignen. Voraussetzung ist, dass der Unfallgeschädigte Mitglied oder Funktionär eines Vereines ist. Der Versicherungsschutz erstreckt sich jedoch auch auf Nichtmitglieder in der „Beschnupperungsphase", d.h. in der kurzen Zeitspanne, in der diese den Verein kennen lernen wollen, ohne bereits als Mitglied beizutreten.

Die Höhe der Leistungen aus der Sportunfallversicherung ist eine Prämienfrage und bei den einzelnen Landessportbünden verschieden geregelt. Die Leistungen sind nach Altersgruppen (Erwachsene, Jugendliche und Kinder) abgestuft. Im Allgemeinen sind die Leistungen jedoch nicht hoch. Wer sich also angesichts der besonderen Risiken des Pferdesportes effektiv gegen Unfälle versichern will und wem die Leistungen seiner Krankenversicherung in dieser Hinsicht nicht genügen, der sollte eine zusätzliche Privatversicherung abschließen (siehe Kapitel 10.3.3).

Der Versicherungsschutz erstreckt sich
❶ auf Unfälle bei allen Veranstaltungen der Vereine (z.B. Übungsritte, Turniere),
❷ ferner auf Unfälle, die Reitern bei der Veranstaltung eines anderen Vereins oder Fachverbandes oder einer anderen Sportorganisation zustoßen, sofern sie hierzu von ihrem Verein offiziell delegiert werden,
❸ auf Unfälle, die Funktionären bei der Ausführung der ehrenamtlichen Tätigkeit für den Verein, einen Fachverband oder den Landessportbund zustoßen,
❹ auf Unfälle, die aktiven Mitgliedern und Sportfunktionären auf den direkten Wegen zu und von den Vereinsveranstaltungen im In- und Ausland zustoßen,
❺ auf Unfälle, die den passiven Mitgliedern auf dem Wege zu und von den Veranstaltungen im In- und Ausland zustoßen, sofern ihr Verein zu dieser Veranstaltung eine Equipe oder Einzelreiter entsendet.

Für Einzelritte wird Versicherungsschutz nur gewährt, wenn der Ausritt auf Weisung des Vereinsvorstandes oder des von ihm beauftragten Reitlehrers unternommen worden ist. Privatritte fallen nicht in den Rahmen dieser Versicherung. Einige Landesreiterverbände haben jedoch eine Zusatzversicherung abgeschlossen, sodass auch alle Privatritte der Vereinsmitglieder Versicherungsschutz genießen.

10.3.3 Die private Reiter-Unfallversicherung

Die Unfallversicherungssummen der Sportversicherungs-Verträge sind abgestellt auf den durchschnittlichen Bedarf der Sporttreibenden aller Sportdisziplinen.
Es ist verständlich, dass es sich bei den durch die Sportversicherungs-Verträge gebotenen Leistungen für die Reiter nur um einen Grundversicherungsschutz handeln kann.
Jeder Reiter sollte daher prüfen, ob sein individuelles Risiko hinreichend abgesichert ist und gegebenenfalls eine Zusatzversicherung abschließen. Das gilt insbesondere für Personen, die den Reitsport beruflich betreiben.

10.4 Feuer-, Einbruchdiebstahl- (ED), Leitungswasser- (LW) und Sturm-Versicherung

Die Bedeutung dieser Versicherungen dürfte wohl im Allgemeinen bekannt sein. Fast für jede Familie besteht z.B. eine Hausrat-Versicherung, die zum Wiederbeschaffungswert das Familieneigentum gegen verschiedene Gefahren deckt, vor allem aber gegen Feuer-, Einbruchdiebstahl-, Beraubungs- und Leitungswasser- sowie Sturm- und Glasbruch-Schäden. Weiterhin wird der Eigentümer eines Gebäudes oder Gewerbebetriebes sein Haus bzw. seine technische und kaufmännische Betriebseinrichtung sowie seine Warenvorräte vor diesen Gefahren schützen.

Es empfiehlt sich, auch die Gebäude gegen Feuergefahren zu versichern. Ein Feuerschaden kann gerade in ländlicher Gegend leicht zum Totalschaden führen, weil in der Regel keine ausreichende Löschhilfe vorhanden ist. Die Stallungen, Futtervorräte, Lederzeug, ja selbst Pferde können von einem Feuerschaden betroffen werden.

An dieser Stelle darf aber erwähnt werden, dass auch der Abschluss einer Sturm-Versicherung sinnvoll ist.

Einzelne Versicherungsgesellschaften bieten mit ihren Gebäude- bzw. Betriebs-Vielschutz-Versicherungen jeweils in nur einem Antrag und einem Versicherungsschein einen umfassenden Versicherungsschutz gegen die genannten Gefahren einschließlich des Haus- bzw. Betriebs- oder Berufshaftpflicht-Risikos.

In jedem Falle muss darauf geachtet werden, dass umfassende Deckung besteht; es ist also eine regelmäßige Überprüfung der Versicherungssummen erforderlich. Die Versicherungsgesellschaften haben hier vorbeugende Möglichkeiten geschaffen, etwa durch Einführung von gleitenden Neuwertversicherungen bei Gebäuden.

Man sollte sich da – wie überhaupt in allen Versicherungsfragen – von einem Fachmann beraten lassen, dem man sein Vertrauen schenkt. Im Folgenden soll nun kurz auf die einzelnen Sparten eingegangen werden.

10.4.1 Feuer-Versicherung

Sie ersetzt Sachschäden, die durch Brand, Blitzschlag, Explosionen aller Art (außer Atomenergie) sowie durch herabstürzende Luftfahrzeuge und deren Teile entstanden sind. Der Versicherer muss – bei ausreichender Versicherungssumme – im Falle eines der genannten Schadenereignisse den durch die Zerstörung oder die Beschädigung der versicherten Sachen entstehenden Schaden ersetzen, soweit die Zerstörung oder die Beschädigung auf der Einwirkung des Feuers beruht und die unvermeidliche Folge des Brandereignisses ist. Es wird auch der Schaden ersetzt, der bei einem der genannten Schadenereignisse durch Löschen, Niederreißen oder Aufräumen verursacht wird. Kommen dabei versicherte Sachen abhanden, so fällt auch dieser Schaden unter die Ersatzpflicht des Feuerversicherers.

Ausgeschlossen sind Schäden, die durch Krieg, innere Unruhen, Erdbeben oder Kernenergie entstehen.

10.4.2 Einbruchdiebstahl-Versicherung (ED)

Sie gewährt Versicherungsschutz gegen Schäden durch Einbruchdiebstahl für Gegenstände, die aus einem Gebäude oder dem Raum eines Gebäudes abhanden kommen oder bei einem Einbruch beschädigt oder zerstört werden. Die ED-Versicherung erstreckt sich somit also nur auf Sachen, die sich in einem verschlossenen Gebäude oder dem Raum eines Gebäudes befinden. Der ED-Versicherer hat aber auch dann zu haften, wenn ein Täter in ein Gebäude oder den Raum eines Gebäudes *einsteigt* oder aus einem verschlossenen Raum Sachen entwendet, nachdem er sich in das Gebäude eingeschlichen hat oder sich dort verborgen hatte.

Weiterhin ist auch ein Diebstahl versichert, der durch Anwendung der richtigen Schlüssel verursacht wird, sofern der Täter diese durch Einbruchdiebstahl oder außerhalb des Versicherungsortes durch Raub an sich gebracht hat. Wichtig ist noch, dass für Bargeld, Wertpapiere usw. nur in verschlossenen Behältnissen, die eine erhöhte Sicherheit, und zwar auch gegen die Wegnahme der Behältnisse selbst, gewähren, Versicherungsschutz besteht.

10.4.3 Leitungswasser-Versicherung (LD)

Der Versicherer gewährt Versicherungsschutz gegen Schäden, die an den versicherten Sachen dadurch entstehen, dass Wasser aus Wasserleitungs-, Warmwasserversorgungs- und Zentralheizungsanlagen austritt. Bei der Versicherung von Gebäuden umfasst der Versicherungsschutz ferner

a) Bruch- und Frostschäden (einschließlich Nebenarbeiten und Aufbaukosten) an den innerhalb der Versicherungsgebäude befindlichen Rohren der Kalt- und Warmwasserversorgung und der Zentralheizung sowie an außerhalb der Versicherungsgebäude, aber innerhalb des Versicherungsgrundstückes befindlichen Wasserzuleitungsrohren;

b) Frostschäden (einschließlich Nebenarbeiten) an Badeeinrichtungen, Waschbecken usw. sowie an Heizkörpern, Boilern usw., Heizschlangen der Zentralheizung und Warmwasserversorgung;

c) Aufräumungskosten.

Schäden durch Plansch- und Reinigungswasser, Grund- und Hochwasser, Witterungsniederschläge oder dadurch verursachten Rückstau sind vom Versicherungsschutz ausgeschlossen. Weiterhin fallen nicht unter die Ersatzpflicht der Leitungswasserversicherung Schäden an den an der Leitung angeschlossenen Einrichtungen und Armaturen, z.B. Waschbecken, Wasserbehältern, Heizkörpern, Heizkessel und dergleichen mit Ausnahme von Frostschäden (siehe b).

10.4.4 Sturm-Versicherung

Der Versicherer gewährt Versicherungsschutz gegen Sturmschäden, die in der Zerstörung oder Beschädigung der versicherten Sachen bestehen, wenn sie
a) auf der unmittelbaren Einwirkung des Sturmes beruhen,
b) nachweisbar als unvermeidliche Folge eines Sturmschadens anzusehen sind (z.B. der Sturm reißt ein Dach auf, und dann wird durch Regen der Dachboden durchnässt),
c) an versicherten Sachen dadurch hervorgerufen werden, dass Gebäudeteile, auch Fabrikschornsteine, durch Sturm auf die versicherten Sachen geworfen werden.

Weiterhin ersetzt der Versicherer den Wert der versicherten Sachen, die durch eines der genannten Schadensereignisse abhanden gekommen sind. Auch Aufwendungen, die im Schadenfall gemacht worden sind, werden ersetzt.
Dagegen fallen z.B. Sturmflut, Brand- und Explosionsschäden, auch wenn sie die Folge eines Sturmschadens sind, nicht unter die Ersatzpflicht des Sturmversicherers.

10.5 Versicherung von Pferden

Pferde sind hoch spezialisierte Lauftiere. Sie leisten im Sport und der Arbeit oft Erstaunliches. Dabei werden Bänder, Sehnen, Muskeln und Gelenke, Kreislauf und Organe stark in Anspruch genommen. Dadurch kommt es relativ häufig vor, dass ein Pferd diesen Ansprüchen nicht mehr gewachsen ist und für den Sport und die Arbeit nicht mehr verwendet werden kann oder gar getötet werden muss.
Ein Pferdehalter sollte daher erwägen, ob er neben der Haftpflichtversicherug auch das Pferd selbst gegen Schäden und Verluste absichert. Es gibt folgende Möglichkeiten:

10.5.1 Langfristige Versicherungen

Im Rahmen eines auf ein oder mehrere Jahre abgeschlossenen Vertrages besteht Versicherungsschutz gegen

Tod oder Nottötung infolge Krankheit oder Unfalls, bei Stuten auch durch Trächtigkeit und Geburt sowie durch Brand, Blitzschlag und Explosion. Eingeschlossen sind weiterhin Entwendung und Abhandenkommen, Landtransporte sowie die Teilnahme an Turnieren, reitsportlichen Veranstaltungen und Ausstellungen.
Dieser Versicherungsschutz kann erweitert werden auf die *dauernde Unbrauchbarkeit* zum vereinbarten Verwendungszweck, also
■ zum Reiten und/oder Fahren,
■ zur Zucht oder
■ zur Arbeit.

Der Geltungsbereich ist die Bundesrepublik Deutschland. Transporte in westeuropäische Länder können eingeschlossen werden.

Bevor der Versicherungsschutz in Kraft treten kann, ist die Prämie zu bezahlen. Der Versicherungsschutz beginnt dann für Unfälle sofort und für Krankheiten eine Woche nach Zahlung der Prämie.

Bei einigen Krankheiten bestehen längere Karenzfristen, und zwar

3 Monate bei	Dummkoller, ansteckender Blutarmut, Hufkrebs, Dämpfigkeit, Kehlkopfpfeifen, periodische Augenentzündungen, Knochenweiche und Tuberkulose,
6 Monate bei	chronischer Huflahmheit, Hufrollenentzündung, Schale und Spat.

Bei Pferden bis zum vollendeten 8. Lebensjahr und bis zu bestimmten Versicherungssummen kann die Entschädigung bei Tod oder Nottötung ohne Selbstverschulden, also mit voller Entschädigung, oder mit einem Selbstbehalt von 20% (also mit einer Entschädigung von 80%), jeweils unter Anrechnung eines Erlöses gewählt werden.

Bei dauernder Unbrauchbarkeit können Entschädigungssätze von 80, 75, 70 oder 60% vereinbart werden.

Die am häufigsten gewünschte Form ist die Entschädigung von jeweils 80% für Tod oder Nottötung und dauernde Unbrauchbarkeit zum vereinbarten Verwendungszweck.

Bei höheren Versicherungssummen und älteren Pferden – das Höchstaufnahmealter liegt bei

11 Jahren für Reit- und Arbeitspferde,
12 Jahren für Zuchtpferde,
15 Jahren für Kleinpferde und Ponys –

können nur die niedrigeren Entschädigungssätze vereinbart werden.

Versicherungsfähig sind Fohlen ab der vollendeten 1. Lebenswoche.

Die zu zahlende Prämie hängt von der Höhe der Versicherungssumme, dem Alter des Pferdes, dem vereinbarten Haftungsumfang und den Entschädigungssätzen sowie dem Verwendungszweck ab.

Die Gesundheit des Pferdes ist durch eine tierärztliche Untersuchung und Attestierung nachzuweisen.

10.5.2 Kurzfristige Versicherungen

Kurzfristige Versicherungen können gegen *bestimmte Risiken* wie z.B. Operation oder Kastration, oder *für bestimmte Zeiträume* genommen werden, also z.B. während
- einer Schauvorführung oder einer Ausstellung,
- eines Transportes (Land-, Luft- oder Seetransport in alle Länder der Erde),
- einer Pferdeleistungsschau oder eines Umzuges,

- der Vorbereitungszeit für eine Auktion oder Körung,
- der Hengstleistungsprüfung,
- des Weideaufenthaltes u.a.

Für die Festlegung der Konditionen gilt sinngemäß das Gleiche, wie unter Kapitel 10.5.1 ausgeführt.
Alle Versicherungen werden unter Zugrundelegung der allgemeinen Bedingungen für die Versicherung von Pferden und anderen Einhufern (AVP 77) abgeschlossen.

10.5.3 Sonstige Versicherungsmöglichkeiten

Das in den langfristigen Tierversicherungen enthaltene Risiko wie der Weidegang, die Trächtigkeit oder die Kastration eines Pferdes kann auch kurzfristig versichert werden. Bei Bedarf empfiehlt es sich, bei einem Tierversicherer anzufragen, der dann entsprechende Aufklärung vornehmen wird.

Steuern

11.1. Steuern im gewerblichen Reitbetrieb

11.1.1 Übersicht über die wesentlichen Steuerarten

11.1.1.1 Allgemeines

Zur Erfüllung seiner Aufgaben braucht jedes öffentliche Gemeinwesen Geld. Bund, Länder und Gemeinden haben jedoch selbst nicht oder nur in geringem Umfang Einnahmen aus eigener unternehmerischer Tätigkeit. Vordringlicher Zweck der Steuern ist es deshalb, dem Staat Einnahmequellen zu erschließen. Steuern sind Geldleistungen, die nicht eine Gegenleistung für eine besondere Leistung darstellen und von einem öffentlich-rechtlichen Gemeinwesen zur Erzielung von Einnahmen allen auferlegt werden, bei denen der Tatbestand zutrifft, an den das Gesetz die Leistungspflicht knüpft.

Neben dem Fiskalischen gewinnt ein anderes Ziel immer mehr an Bedeutung. Der Gesetzgeber versucht, auf das wirtschaftliche und gesellschaftliche Geschehen über die Steuergesetzgebung Einfluss zu nehmen.

In der Praxis gibt es kaum eine Steuer, die ausschließlich finanzpolitischen oder ausschließlich ordnungspolitischen Zwecken dient.

Die Steuern können wie folgt eingeteilt werden:

a) Einteilung nach der Ertragshoheit
Das Grundgesetz bestimmt, wem das Steuereinkommen aus der jeweiligen Steuerart zusteht und wer die Gesetzgebungskompetenz ausüben kann. Es wird hier unterschieden zwischen
- Bundessteuern,
- Landessteuern,
- Gemeindesteuern,
- Kirchensteuern.

b) Einteilung nach dem Besteuerungsgegenstand
Hier wird unterschieden zwischen den
- Personensteuern oder Subjektsteuern und den
- Realsteuern oder Objektsteuern.

Die wichtigste Personensteuer ist die Einkommensteuer mit ihren besonderen Erhebungsformen der Lohnsteuer, der Körperschaftsteuer und der Kapitalertragsteuer.
Zur zweiten Gruppe, den Realsteuern, gehören nur die Gewerbesteuer und die Grundsteuer. Dieses sind Steuerarten, die auf einzelnen Gegenständen, z.B. dem

Gewerbebetrieb oder aber dem Grundbesitz, lasten. Steuerpflichtig ist jeweils die Person, der diese Gegenstände zuzurechnen sind. Diese Steuern stehen in der Regel mit der Erzielung von Einkünften in Zusammenhang und mindern deshalb die Höhe der Einkünfte und damit die Höhe der Einkommensteuer.

c) Einteilung nach den Auswirkungen beim Steuerschuldner

Hier wird zwischen direkten und indirekten Steuern unterschieden. Direkte Steuern werden unmittelbar bei demjenigen erhoben, der sie wirtschaftlich tragen soll. Steuerzahler und Steuerträger sind in diesen Fällen dieselbe Person. Dies trifft in besonderem Maße bei der Einkommen- und Lohnsteuer zu.

Bei den indirekten Steuern werden die Steuern von der einen Person erhoben, wirtschaftlich treffen sollen sie aber eine andere Person. Steuerzahler und Steuerträger sind in diesen Fällen nicht identisch. Es erfolgt eine Überwälzung der Steuern auf z.B. den Verbraucher bei der Umsatzsteuer.

Nachstehend folgt eine Übersicht über die Steuereinnahmen des Jahres 2000:

Übersicht 1: Die Steuerspirale 2001

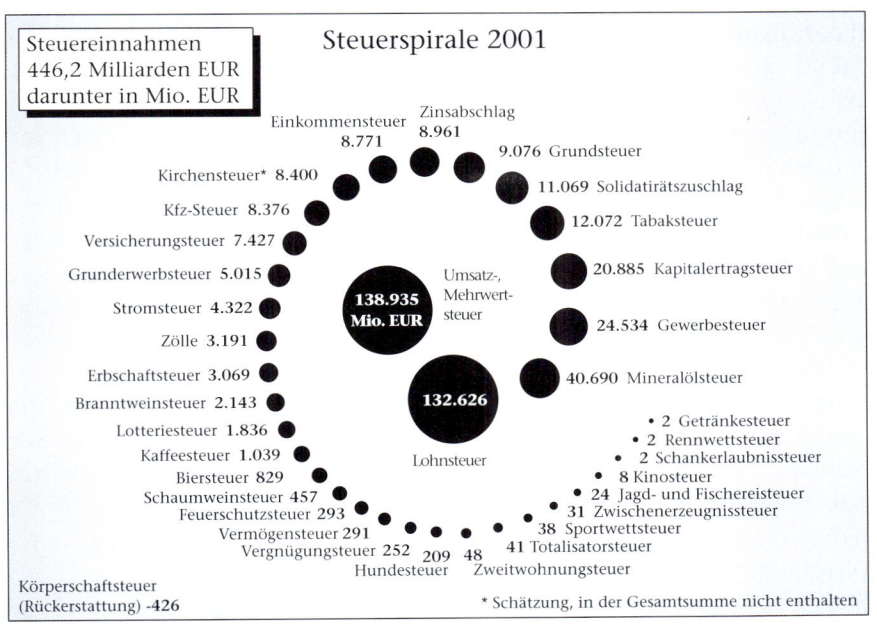

11.1.1.2 Einkommensteuer

Gegenstand der Einkommensteuer ist das Einkommen der natürlichen Personen. Von bestimmten Einkünften wird die Einkommensteuer grundsätzlich durch Steuerabzug (z.B. Lohnsteuer und Kapitalertragsteuer) erhoben.

Durch Berücksichtigung bestimmter sach- oder personenbezogener Verhältnisse des Steuerzahlers und seiner Familienangehörigen will die Einkommensteuer der finanziellen Leistungsfähigkeit Rechnung tragen. Die Einkommensteuer wird zunehmend zur Durchsetzung wirtschaftspolitischer, konjunkturpolitischer, sozialpolitischer u.ä. Ziele eingesetzt.

Der Einkommensteuer unterliegen die Einkünfte aus:
- Land- und Forstwirtschaft,
- Gewerbebetrieb,
- selbstständiger Arbeit,
- nichtselbstständiger Arbeit,
- Kapitalvermögen,
- Vermietung und Verpachtung,
- sonstigen in § 22 EStG genannten Einkünften.

Bei den Betrieben der Land- und Forstwirtschaft, Gewerbebetrieben und Betrieben der selbstständigen Arbeit bestehen die Einkünfte aus dem Gewinn. Der Gewinn ist entsprechend den gesetzlichen Vorschriften durch Betriebsvermögensvergleich (siehe auch Kapitel 14 – Buchführung und Bilanz) oder aber als Überschuss der Betriebseinnahmen über die Betriebsausgaben (siehe Kapitel 11.1.3.6) zu ermitteln. Eine Ausnahme besteht bei kleineren landwirtschaftlichen Betrieben, deren Gewinne nach bestimmten Durchschnittssätzen (§ 13 a EStG) ermittelt werden können. Als Betriebsausgaben sind nur die Aufwendungen abzugsfähig, die durch den Betrieb oder den selbstständig ausgeübten Beruf veranlasst sind. Bei den übrigen Einkunftsarten sind zur Ermittlung der Einkünfte von den Einnahmen aus der jeweiligen Einkunftsart die Aufwendungen abzuziehen, die zur Erwerbung, Sicherung und Erhaltung der Einnahmen bestimmt sind (Werbungskosten).

Aufwendungen für die persönliche Lebensführung des Steuerzahlers (z.B. die Aufwendungen für Ernährung, Kleidung und Wohnung) dürfen weder als Betriebsausgaben noch als Werbungskosten abgezogen werden. Dies gilt auch für die Aufwendungen, die die wirtschaftliche und gesellschaftliche Stellung des Steuerzahlers mit sich bringen. Hierbei ist es ohne Bedeutung, ob diese Aufwendungen den Beruf oder die Tätigkeit fördern.

Die Summe der Einkünfte ergibt sich aus der Verrechnung von positiven Ergebnissen und von Verlusten bei den einzelnen Einkunftsarten.

Ausnahme:
Verluste aus gewerblicher Tierzucht oder gewerblicher Tierhaltung dürfen weder mit Einkünften aus Gewerbebetrieb noch mit Einkünften aus anderen Einkunfts-

arten ausgeglichen werden. Die Einschränkung der Verlustberücksichtigung ist aus agrarpolitischen Gründen zum Schutz der Landwirtschaft 1971 in das Gesetz aufgenommen worden. Das so ermittelte zu versteuernde Einkommen bildet die Bemessungsgrundlage für die tarifliche Einkommensteuer.

Der Einkommensteuertarif, aus dem die Einkommensteuertabellen und – durch Einarbeitung der für die Arbeitnehmer geltenden Freibeträge und Pauschbeträge- auch die Lohnsteuertabellen abgeleitet werden, ist das Kernstück des Einkommensteuergesetzes. Nach ihm richten sich grundsätzlich die vom Steuerpflichtigen aus seinem Einkommen zu tragende Einkommensteuer (Lohnsteuer).

Der Aufbau des Einkommensteuertarifs wird wesentlich dadurch bestimmt, dass die Steuerbelastung sowohl dem Finanzbedarf des Staates als auch unter dem Gesichtspunkt der steuerlichen Gerechtigkeit und aus sozialen Gründen der Leistungsfähigkeit des Steuerpflichtigen angepasst sein muss.

Im Rahmen der Steuerreformen ist der Steuertarif verschiedentlich angepasst worden.

Tarifaufbau (Veranlagungszeitraum 2002):	
Grundfreibetrag Grundtabelle	7.235,– EUR
Grundfreibetrag Splittingtabelle	14.471,– EUR
Eingangssteuersatz	19,9 %
Progressionszone mit Grenzsteuersätzen von	19,9 bis 48,5 %
Obere Proportionalstufe mit einem Steuersatz von	48,5 %
Oberhalb zu versteuernder Einkommen von	
Grundtabelle	55.008,– EUR
Splittingtabelle	110.016,– EUR

Bei gewerblichen Einkünften findet anstelle der bis 2000 gültigen Begrenzung des Steuersatzes eine Steuerermäßigung durch „Anrechnung der Gewerbesteuer" statt. Zeitlich findet die Neuregelung für Wirtschaftsjahre, die nach dem 31.12.2000 beginnen, Anwendung.

Steuerfestsetzung und -erhebung
Die Einkommensteuer wird grundsätzlich nach Ablauf des jeweiligen Kalenderjahres nach dem Einkommen veranlagt, das der Steuerpflichtige in diesem Jahr bezogen hat. Das Veranlagungsverfahren wird regelmäßig durch eine Erklärung des Steuerpflichtigen über die von ihm in dem betreffenden Jahr bezogenen Einkünfte (Einkommensteuererklärung) in Gang gebracht. Die Steuer wird durch Bescheid festgesetzt.

Bei Arbeitnehmern mit Lohnsteuerabzug wird eine Veranlagung zur Einkommensteuer nur unter bestimmten Voraussetzungen durchgeführt.

Auf die festgesetzte Einkommensteuer werden angerechnet:

- Die für das Kalenderjahr geleisteten Einkommensteuer-Vorauszahlungen. Diese beruhen auf einem besonderen Vorauszahlungsbescheid des Finanzamtes, der sich nach der voraussichtlichen Jahressteuer richtet und zur vierteljährlichen Vorauszahlung auf die Einkommensteuer (jeweils zum 10. März, 10. Juni, 10. September und 10. Dezember) auffordert.
- Die durch Steuerabzug erhobene Einkommensteuer (Lohnsteuer und Kapitalertragsteuer), die anrechenbare Körperschaftsteuer.

Ergibt sich bei der Abrechnung ein Überschuss zugunsten des Steuerpflichtigen, so wird ihm dieser Betrag erstattet. Ergibt sich aus der Abrechnung eine Nachforderung des Finanzamtes, so ist diese Abschlusszahlung einen Monat nach Bekanntgabe des Einkommensteuerbescheides fällig. Unter bestimmten Voraussetzungen erfolgt eine Verzinsung dieser Abschlusszahlung.

Bei außerordentlichen Einkünften können zur Vermeidung von Härten, die sich in Folge der Tarifprogression ergeben können, in bestimmten Fällen, die im Gesetz genau geregelt sind, Tarifvergünstigungen (Anwendung des halben durchschnittlichen Steuersatzes) in Anspruch genommen werden. Hierfür kommen insbesondere Einkünfte in Betracht, die einmalig zufließen (z.B. betriebliche Veräußerungsgewinne).
Ab dem 01.01.1995 wird als Ergänzungsabgabe zur Einkommen- und Körperschaftsteuer von Einkommen- und Körperschaftsteuerpflichtigen ein Solidaritätszuschlag von 5,5% (ab 01.01.1998) erhoben von

- der festgesetzten veranlagten Einkommensteuer,
- der festgesetzten veranlagten positiven Körperschaftsteuer,
- der Jahreslohnsteuer nach dem Lohnsteuerjahresausgleich,
- der Vorauszahlungen zur Einkommen- und Körperschaftsteuer,
- der Lohnsteuer,
- der Kapitalertrag- oder Zinsabschlagsteuer,
- des Steuerabzuges nach § 50a EStG.

11.1.1.3 Körperschaftsteuer

Die Körperschaftsteuer ist die Einkommensteuer der nicht natürlichen Personen. Sie ist somit eine besondere Art der Einkommensteuer für juristische Personen, z.B. Kapitalgesellschaften wie die GmbH, andere Personenvereinigungen und Vermögensmassen (zu den Rechtsformen siehe Kapitel 4.3).
Wie die Einkommensteuer gehört die Körperschaftsteuer zu den direkten Steuern und ist eine Personensteuer, die nicht vom Einkommen abgezogen werden kann. Körperschaftsteuer und Einkommensteuer bestehen nebeneinander. Im Körperschaftsteuerrecht gelten weitgehend die Grundsätze und Vorschriften des Einkommensteuergesetzes, so insbesondere für die Gewinnermittlung, für die Veranlagung und für die Steuerentrichtung. In diesem Rahmen sei in erster Linie auf

die grundsätzliche Körperschaftsteuerpflicht der rechtsfähigen und nicht rechts-
fähigen Vereine hingewiesen, wenn sich ihr Sitz oder ihre Geschäftsleitung im
Inland befindet (siehe Kapitel 11.2).

Die Körperschaftsteuer beträgt für einbehaltene Gewinne grundsätzlich einheitlich
25% des zu versteuernden Einkommens.
Bei gemeinnützigen Vereinen gilt ein Freibetrag von 3.835,– EUR, höchstens
jedoch in Höhe des Einkommens.

Bei der praktischen Anwendung des Körperschaftsteuerrechtes hatte das Anrechnungsverfahren erhebliche Bedeutung.
Das Anrechnungsverfahren sollte vermeiden, dass ausgeschüttete Gewinne einerseits mit Körperschaftsteuer bei der ausschüttenden Körperschaft und zum anderen
mit der Einkommen- bzw. Körperschaftsteuer des Anteilseigners doppelt belastet
werden. Für das Anrechnungsverfahren war die Kombination zweier Entlastungs-
methoden kennzeichnend, die auf verschiedenen Ebenen wirkten:
a) Auf der Ebene der Körperschaft wurde der auszuschüttende Gewinn mit einer Körperschaftsteuer von 30% belastet und von der Körperschaft an das Finanzamt abgeführt. Hierüber erhielt der Anteilseigner eine entsprechende Steuerbescheinigung.
b) Auf der Ebene des Anteilseigners wurde die bei der ausschüttenden Körperschaft
   verbleibende und an das Finanzamt abgeführte Körperschaftsteuer nach den
   Grundsätzen des Einkommensteuergesetzes auf die persönliche Steuerschuld angerechnet. Im Ergebnis führte dieses Anrechnungsverfahren dazu, dass die ausgeschütteten Gewinne nur in Höhe des maßgebenden Steuersatzes beim Anteilseigner
   versteuert wurden.

Hatte der Anteilseigner keine Einkommensteuer zu zahlen, wurde ihm die gesamte
Körperschaftsteuer vergütet.

Neuregelung der Körperschaftsteuer/Halbeinkünfteverfahren
Die Körperschaftsteuer und die Besteuerung der Anteilseigner wurde ab dem Veranlagungszeitraum 2001 grundsätzlich neu geregelt. Anstelle des Anrechnungsver-
fahrens wurde das klassische Verfahren eingeführt. Die damit verbundene Doppel-
belastung wird durch zwei Vorschriften abgemildert: Der Körperschaftsteuersatz
sinkt von 40%/30% auf 25% (§ 23 Abs. 1 KStG). Die ausgeschütteten Gewinne werden bei einem Anteilseigner, der eine natürliche Person ist, nur mit der Hälfte im
Rahmen der Einkommensteuer bei den Einkünften aus Kapitalvermögen erfasst
(Halbeinkünfteverfahren) und zwar durch die Freistellung der Hälfte der Ausschüt-
tung (§ 3 Nr. 40 d EStG). Ist der Anteilseigner eine Kapitalgesellschaft, ist die Dividende in voller Höhe steuerfrei. Analog zum Halbeinkünfteverfahren steht der
Werbungskostenabzug ebenfalls nur zur Hälfte zu (§ 3 c Abs. 2 EStG), unabhängig
davon, ob im Veranlagungszeitraum Einnahmen zufließen oder nicht. Auf den
ursprünglich vorgesehenen Progressionsvorbehalt wird verzichtet. Das Halbeinkünfteverfahren gilt nicht nur für inländische, sondern auch für ausländische Divi-

denden. Es ist erstmals auf Gewinnausschüttungen anzuwenden, die dem Gesellschafter nach dem Veranlagungszeitraum 2001 zufließen; das sind in der Regel Ausschüttungen für Wirtschaftsjahre ab 2001.

11.1.1.4 Gewerbesteuer

Die Gewerbesteuer ist eine Gemeindesteuer und die wichtigste Einkommensquelle der Kommunen zur Bestreitung ihrer öffentlichen Ausgaben. Im Gegensatz zu den Personensteuern (z.B. Einkommensteuer und Körperschaftsteuer) berücksichtigt die Gewerbesteuer nicht die persönliche Leistungsfähigkeit des Betriebsinhabers, sondern besteuert lediglich den Gewerbebetrieb. Steuergegenstand bei der Gewerbesteuer ist die objektive Ertragskraft des Gewerbebetriebes und das im Betrieb arbeitende Kapital. Bei der Gewerbesteuer ist es deshalb ohne Bedeutung, wem der Betrieb gehört, wer Nutznießer der Erträge des Betriebes ist und wie die persönlichen Verhältnisse des Betriebsinhabers gelagert sind.

Die Gewerbesteuer mindert als Betriebsausgabe den steuerlichen Gewinn und führt damit zu einer Kürzung der Einkommen- bzw. Körperschaftsteuer.

Der Gewerbesteuer unterliegt eine selbstständige, nachhaltige Betätigung, die mit der Absicht, Gewinne zu erzielen, unternommen wird und sich als Beteiligung am allgemeinen wirtschaftlichen Verkehr darstellt. Der Gewerbesteuerpflicht unterliegen nicht die Ausübung der Land- und Forstwirtschaft oder eines freien Berufes (z.B. die Tätigkeit als selbstständiger Reitlehrer).

Besteuerungsgrundlagen der Gewerbesteuer ist der Gewerbeertrag.

Als *Gewerbeertrag* ist der nach den Vorschriften des Einkommen- bzw. Körperschaftsteuergesetzes zu ermittelnde Gewinn aus dem Gewerbebetrieb anzusehen. Dieser Gewinn wird um bestimmte Beträge vermehrt oder vermindert.

Bei der Berechnung der Gewerbesteuer beträgt der Steuermessbetrag nach dem Gewerbeertrag bei Gewerbebetrieben, die von natürlichen Personen oder von Personengesellschaften betrieben werden,

für die ersten	12.000,– EUR	1 v.H.,
für die weiteren	12.000,– EUR	2 v.H.,
für die weiteren	12.000,– EUR	3 v.H.,
für die weiteren	12.000,– EUR	4 v.H.,
für alle weiteren Beträge		5 v.H.,

des auf 100,– EUR abgerundeten und um einen Freibetrag für natürliche Personen und Personengesellschaften von 24.500,– EUR verminderten Gewerbeertrages.

Die Steuermessbeträge nach dem Gewerbeertrag werden zu einem einheitlichen Steuermessbetrag zusammengerechnet. Die Gewerbesteuererklärung ist bei dem zuständigen Finanzamt des Betriebes im Rahmen der vorgegebenen Abgabefristen einzureichen.

Für die Feststellung der Besteuerungsgrundlagen zur Gewerbesteuer und für die Festsetzung des einheitlichen Steuermessbetrages sind die Finanzämter zuständig. Die Gewerbesteuer wird von der jeweiligen Gemeinde aufgrund des einheitlichen Steuermessbetrages mit einem Hundertsatz (Hebesatz) festgesetzt und erhoben. Den Hebesatz legt die Gemeinde in eigener Zuständigkeit fest.

Auf die voraussichtliche Gewerbesteuer sind bei der Gemeinde Vorauszahlungen zum 15. Februar, 15. Mai, 15. August und 15. November eines jeden Jahres zu entrichten.

Eine eventuelle Abschlusszahlung ist einen Monat nach Bekanntgabe des Gewerbesteuerbescheides fällig.

Beispiel für die Berechnung der Gewerbesteuer – vereinfacht

Gewinn aus Gewerbebetrieb	55.000,– EUR
+ Dauerschuldzinsen 2.500,– EUR, davon 50%	1.250,– EUR
= Gewerbeertrag – abgerundet auf volle 50,– EUR	56.250,– EUR
./. Freibetrag nach dem Gewerbeertrag	24.500,– EUR
= gekürzter vorläufiger Gewerbeertrag	**31.750,– EUR**
Steuermesszahlen für	
12.000,– EUR x 1% =	120,– EUR
12.000,– EUR x 2% =	240,– EUR
7.750,– EUR x 3% =	232,– EUR
Steuermessbetrag nach dem Gewerbeertrag	592,– EUR
x Hebesatz der Gemeinde: 400%	
= Gewerbesteuer	**2.368,– EUR**

Diese Gewerbesteuerzahlung ist als Betriebsausgabe abzugsfähig.

Neuregelung ab 2001:
Anrechnung der Gewerbesteuer auf die Einkommensteuer. Die tarifliche Einkommensteuer verringert sich bei gewerblichen Unternehmen oder Mitunternehmern um das 1,8fache des Gewerbesteuermessbetrages.

11.1.1.5 Umsatzsteuer einschließlich der Besonderheiten in Reitbetrieben

Allgemeines
Die Umsatzsteuer ist in ihrer wirtschaftlichen Wirkung eine allgemeine Ver- brauchsteuer, mit der grundsätzlich der gesamte private und öffentliche Verbrauch belastet wird. Hierdurch unterscheidet sie sich von der Einkommensteuer, die auf die individuelle Leistungsfähigkeit des einzelnen Steuerpflichtigen Rücksicht nimmt.

Auch die Liebhabereibetriebe sind bei Vorliegen der entsprechenden steuerlichen Voraussetzungen umsatzsteuerpflichtig (siehe Kapitel 11.1.2.2).

Als Verbraucherabgabe ist die Umsatzsteuer darauf abgestellt, dass sie wirtschaftlich vom Konsumenten getragen wird, der als Letztverbraucher erworbene Güter und Dienstleistungen in Anspruch genommen hat. Technisch wäre es jedoch nicht möglich, die Umsatzsteuer beim jeweiligen Verbraucher zu erheben.

Schuldner der Umsatzsteuer ist deshalb der Unternehmer, der die Umsätze ausführt. Ihm obliegt es, die Umsatzsteuer auf die Empfänger seiner Leistungen als Bestandteil der Preise abzuwälzen. In der Regel machen die Unternehmer dies offenkundig dadurch, dass sie in den Rechnungen die Umsatzsteuer bei steuerpflichtigen Umsätzen gesondert ausweisen. In Rechnungen an andere Unternehmer sind sie auf Verlangen sogar zum gesonderten Ausweis der Steuer verpflichtet. Die Umsatzsteuer in ihrer jetzigen Form ist so gestaltet, dass bei jeweilig gleichem Steuersatz alle Waren und Dienstleistungen beim Endverbraucher in gleicher Höhe belastet sind. Die Höhe der Steuer entspricht dem für die Ware oder Dienstleistung geltenden Steuersatz. Hierbei spielt es keine Rolle, wie viele Zwischenstufen eine Ware oder Dienstleistung auf ihrem Weg zum Verbraucher durchlaufen hat.

Im Gegensatz zum alten Umsatzsteuerrecht (vor dem 01.01.1968) ist eine Steuerkumulierung, d.h. die Erhebung der Steuer von der Steuer, grundsätzlich ausgeschlossen. Die Vermeidung einer Steuerkumulierung wird durch den Vorsteuerabzug erreicht. Dieser Vorsteuerabzug berechtigt den Unternehmer, von der Steuer, die er für seine Umsätze schuldet, die Umsatzsteuerbeträge (Vorsteuern) abzuziehen, die ihm andere Unternehmer für die an ihn ausgeführten steuerpflichtigen Umsätze offen in Rechnung gestellt haben. Zur Vorsteuer gehört auch die Einfuhrumsatzsteuer.

Das Umsatzsteuergesetz kennt im Rahmen der Regelbesteuerung zwei Steuersätze:
- allgemeiner Steuersatz   16%,
- ermäßigter Steuersatz   7%.

Die Umsatzsteuersätze haben sich seit Einführung der Mehrwertsteuer ab dem 01.01.1968 wie folgt entwickelt:

Steuersätze	Allgemeiner Steuersatz	Ermäßigter Steuersatz
01.01.1968 – 30.06.1968	10 v.H.	5,0 v.H.
01.07.1968 – 31.12.1977	11 v.H.	5,5 v.H.
01.01.1978 – 30.06.1979	12 v.H.	6,0 v.H.
01.07.1979 – 30.06.1983	13 v.H.	6,5 v.H.
01.07.1983 – 31.12.1992	14 v.H.	7,0 v.H.
01.01.1993 – 31.03.1998	15 v.H.	7,0 v.H.
ab 01.04.1998	16 v.H.	7,0 v.H.

Das Umsatzsteuergesetz enthält daneben einen umfangreichen Katalog von Leistungen, die von der Umsatzsteuer befreit sind (§ 4 UStG). Die eine Gruppe umfasst

Umsätze, bei denen der Vorsteuerabzug erhalten bleibt. Zu ihnen gehören insbesondere Ausfuhrlieferungen (Exporte). Für die andere Gruppe der Befreiungen ist der Vorsteuerabzug ausgeschlossen. Dazu zählen insbesondere die Umsätze aus der Kreditgewährung, der Vermietung von Grundstücken, die Leistungen der Ärzte und anderer Heilberufe, die Leistungen der gesetzlichen Sozialversicherungen, die Leistungen der meisten Krankenhäuser und Altenheime, die Umsätze blinder Unternehmer usw.

Auf bestimmte Steuerbefreiungen kann verzichtet werden, wenn Umsätze an einen anderen Unternehmer für dessen Unternehmen geleistet werden. Dadurch wird der Vorsteuerabzug erreicht (z.B. bei der Vermietung unternehmerisch genutzter Räume an einen anderen Unternehmer).

Unternehmer, die sowohl Umsätze mit Vorsteuerabzugsberechtigung als auch solche, die den Vorsteuerabzug ausschließen, ausführen, müssen die mit den jeweiligen Umsätzen zusammenhängenden Vorsteuern in abziehbare und nicht abziehbare Beträge aufteilen.

Für *Kleinunternehmer* bestehen umsatzsteuerliche Erleichterungen (§ 19 UStG):

❶ Unternehmer, deren Umsatz im vorangegangenen Kalenderjahr 16.620,– EUR nicht überstiegen hat und im laufenden Kalenderjahr voraussichtlich 50.000,– EUR nicht übersteigen wird, brauchen keine Umsatzsteuer zu zahlen. In diesen Fällen ist aber ein Abzug der Vorsteuern nicht möglich. Ebenso dürfen diese Unternehmer keine Rechnungen mit offenem Umsatzsteuerausweis erteilen.

❷ Sie können durch eine Erklärung gegenüber Ihrem Finanzamt auf die Anwendung der Nr. 1 verzichten (Option). Dies ist dann vorteilhaft, wenn die Vorsteuern die Steuerschuld übersteigen, was gerade bei Geschäftsneugründungen häufig ist, oder Ihre Kunden auch Unternehmer sind und Rechnungen mit gesondertem Steuerausweis wünschen. Die Erklärung bindet Sie 5 Jahre.

Für die *Landwirtschaft* enthält das Umsatzsteuergesetz eine steuertechnische Vereinfachung in Form einer Vorsteuerpauschalierung.

Anlass zu dieser Regelung war die Überlegung, dass die überwiegende Zahl der land- und forstwirtschaftlichen Betriebe mit den für die Besteuerung normalerweise erforderlichen Aufzeichnungen überfordert wäre. Die Vereinfachung sieht vor, dass die für land- und forstwirtschaftliche Betriebe geltenden Steuersätze so hoch festgesetzt werden, wie diese Betriebe durchschnittlich mit Vorsteuern belastet sind. Die Steuer für die Umsätze und für die Vorsteuerbeträge gleicht sich bei land- und forstwirtschaftlichen Betrieben somit kraft Gesetzes aus. Daher braucht von ihnen eine Steuer an das Finanzamt grundsätzlich nicht gezahlt zu werden. Diese Unternehmer haben allerdings die Möglichkeit, ihre Umsätze nach den allgemeinen Vorschriften des Gesetzes zu versteuern, sind dann jedoch nach einem entsprechenden Antrag beim Finanzamt für mindestens 5 Jahre an die Regelbesteuerung gebunden.

Umsatzsteuerkalkulation an einem Beispielsbetrieb

Der Landwirt A. betreibt auf seinem landwirtschaftlichen Betrieb neben dem Getreidebau eine umfangreiche Pensionspferdehaltung. Das für die Pensionspferde erforderliche Futter einschließlich Heu und Einstreu wird überwiegend im eigenen Betrieb gewonnen.

Für diesen Betrieb wird z.Zt. noch die Durchschnittbesteuerung (Pauschalierung) angewandt.

Der Landwirt hat im Sommer 2002 mit der Errichtung einer neuen Reithalle und weiteren 30 Boxen begonnen, die Baukosten werden voraussichtlich ca. brutto 300.000,– EUR betragen. Die Fertigstellung erfolgt voraussichtlich im November/Dezember 2002.

Hier müsste nunmehr spätestens bis zum 10.01.2003 überlegt werden, ob für diesen Betrieb rückwirkend ab dem 01.01.2002 die allgemeinen Grundsätze des Umsatzsteuerrechtes – Regelbesteuerung – angewandt werden. Dieses hätte den Vorteil, dass der Landwirt beim Finanzamt die Erstattung der in den Baukosten enthaltenden Vorsteuer von ca. 41.000,– EUR erreichen könnte.

Der Wechsel von der Pauschalierung zur Regelbesteuerung würde für den Betrieb eine jährliche Zahllast von ca. 900,– EUR auslösen, dieser Betrag muss deshalb mit den zu erwartenden Baukosten von ca. 41.000,– EUR saldiert und in die Umsatzsteuerkalkulation einbezogen werden.

Neben der nicht unerheblichen Steuererstattung würde sich auch hieraus eine Erleichterung bei der Finanzierung der Baumaßnahme ergeben, da die zu erwartende Erstattung von ca. 40.000,– EUR durch das Finanzamt nicht zusätzlich finanziert werden muss. Geht man davon aus, dass sich in den folgenden Jahren auch Umsatzsteuerzahlungen bei Aufnahme des vollen Betriebes ergeben, so werden diese doch auf der anderen Seite durch die Ersparnis an Zinsen häufig weitestgehend ausgeglichen.

In diesem Zusammenhang noch ein guter Rat:
Bedenken Sie bitte, dass bei einer Option zur Regelbesteuerung und größeren Umsatzsteuer-Guthaben das Finanzamt im Regelfall zu einer Umsatzsteuer-Sonderprüfung erscheint. Deshalb sollte von vornherein auf die Erfüllung von formellen Voraussetzungen, insbesondere bei der Belegerteilung, geachtet werden.

Die nachfolgenden Erläuterungen gelten für Betriebe mit Regelbesteuerung.

Umsatzsteuer-Voranmeldung
Die Verrechnung der Vorsteuern mit der eingenommenen Umsatzsteuer wird im Rahmen der monatlich bzw. vierteljährlich von den Unternehmern abzugebenden Voranmeldungen vorgenommen:

❶ Umsatzsteuer-Zahllast (geschuldete Umsatzsteuer abzüglich Vorsteuern) beträgt mehr als 6.136,– EUR jährlich, Voranmeldungen sind monatlich bis zum 10. Tag des Folgemonats abzugeben.

❷ Umsatzsteuer-Zahllast des Vorjahres beträgt nicht mehr als 6.136,– EUR, Voranmeldungen sind vierteljährlich zum 10. Januar, 10. April, 10. Juli und 10. Oktober abzugeben.

❸ Umsatzsteuer-Zahllast des Vorjahres beträgt nicht mehr als 512,– EUR, es sind keine Voranmeldungen vorgesehen. Jedoch kann auf Antrag eine Vorsteuererstattung erfolgen.

Bei Neugründungen von Betrieben sind zunächst monatliche Voranmeldungen abzugeben.

Die Vorauszahlung (vorangemeldeter Betrag) ist am 10. Tag nach Ablauf eines jeden Monats bzw. Vierteljahres, also mit Ablauf der Voranmeldungsfrist, fällig. Auf Antrag verlängert das Finanzamt bei Monats- und Vierteljahreszahlern die Abgabe- und Zahlungsfrist um einen Monat.

Bei Monatszahlern wird die Fristverlängerung allerdings nur unter der Auflage gewährt, dass eine Sondervorauszahlung in Höhe von 1/11 der Summe der Vorauszahlungen des vorangegangenen Jahres geleistet wird. Diese Sondervorauszahlung wird im letzten Voranmeldungszeitraum des laufenden Jahres angerechnet.

Jahressteuererklärungen

Neben den Voranmeldungen müssen alle Unternehmer eine Jahressteuererklärung abgeben. Diese Verpflichtung besteht unabhängig von der Höhe des Umsatzes. Die Umsatzsteuererklärung ist eine Steueranmeldung. Die darin errechnete Abschlusszahlung ist deshalb einen Monat nach Eingang der Umsatzsteuererklärung beim Finanzamt fällig.

Aufzeichnungspflicht

Nach den umsatzsteuerlichen Vorschriften ist es erforderlich, bestimmte Aufzeichnungen zu fertigen.

Im Ausgangsbereich (getätigte Umsätze) und im Eingangsbereich (erhaltene Leistungsbezüge) müssen das Entgelt für den Umsatz sowie der auf das Entgelt entfallende Steuerbetrag aus den Aufzeichnungen zu ersehen sein. Die Aufzeichnungen können in der Weise geführt werden, dass Entgelt und Steuerbetrag getrennt nach Steuersätzen jeweils in einer Summe erfasst werden. Am Ende eines jeden Voranmeldungszeitraumes müssen die Summe der Entgelte und die Summe der Steuer- und Vorsteuerbeträge errechnet und getrennt aufgezeichnet werden. Weiterhin besteht die Verpflichtung, Aufzeichnungen und Belege geordnet aufzubewahren. Rechnungen müssen folgende Angaben enthalten:

❶ Name und Anschrift des leistenden Unternehmers;

❷ Name und Anschrift des Leistungsempfängers (Kunde);

❸ genaue Bezeichnung der ausgeführten Leistung;

❹ Zeitpunkt der Lieferung bzw. der Leistungsvollendung;

➎ Entgelt;

➏ die darauf entfallende Steuer.

➐ Ab 01.07.2002 auch die Steuernummer des liefernden oder leistenden Unternehmers.

Für Rechnungen über Kleinbeträge (bis zu 100,– EUR) und Fahrausweise gibt es Vereinfachungsregelungen.

Besonderheiten bei der Umsatzsteuer

Die in einem Reitbetrieb hauptsächlich vorkommenden Umsätze sind unter Beachtung der entsprechenden umsatzsteuerlichen Vorschriften wie folgt zu beurteilen:

a) Haltung und Pflege von fremden Pferden (Pensionspferdehaltung)

Die Vermietung von Stallplätzen unter gleichzeitiger Übernahme der Fütterung und Pflege unterliegt als „Halten von Vieh" gem. § 12 II Nr. 3 UStG dem ermäßigten Steuersatz von z.Zt. 7%. Dies gilt dann, wenn eine einheitliche Leistung vorliegt, die die wesentlichen Merkmale der vorgenannten Leistungen, zumindest die Einstellung und Fütterung der Pferde, enthält.

Nach Auffassung des Autors ist der ermäßigte Steuersatz für das Halten von Vieh dann anwendbar, wenn der Betriebsinhaber für eine artgerechte Haltung der bei ihm untergestellten Pensionspferde sorgt. Das Putzen der Pferde dürfte hierfür nicht entscheidend sein, sondern stellt nur einen geringen Anteil der artgerechten Versorgung der Pferde dar. So entfällt z.B. bei der Robustpferdehaltung generell das tägliche Putzen der Pferde.

Die Finanzverwaltung hat in umfangreichen Verwaltungsanweisungen die Voraussetzungen für die Anwendung des ermäßigten Steuersatzes bei der Pensionspferdehaltung dargelegt (z.B. Oberfinanzdirektion Münster, Verfügung vom 12.05.2000, vgl. auch Umsatzsteuerkartei S 7233 Karte 1, im Anhang zu Kapitel 18.3.1 abgedruckt). Wenn das zuständige Finanzamt diese jetzt gültige Regelung nicht anerkennt, sollte in jedem Fall ein sachkundiger Steuerberater herangezogen werden. Auch die Deutsche Reiterliche Vereinigung e.V. (FN), Warendorf steht beratend zur Verfügung.

b) Ausbildung von Pferden

Die Ausbildung von Pferden durch Longieren, An- und Bereiten, Freispringen usw. ist grundsätzlich eine selbstständige Leistung, die nicht unter den Begriff „Aufzucht und Halten von Vieh" fällt. Auf diese Umsätze ist daher der allgemeine Steuersatz von z.Zt. 16% anzuwenden (ab dem 01.04.1998). Vielfach wird jedoch ein einheitliches Entgelt für die Pferdepension und die Ausbildung vereinbart.

Entsprechend einer Regelung im Galopp- und Trabrennsport wurde aus Vereinfachungsgründen von der Finanzverwaltung früher keine Aufteilung in ein Entgelt für die Pension und ein Entgelt für die Ausbildung vorgenommen, wenn das Gesamtentgelt täglich 40,– DM nicht überstieg. Auf das gesamte Entgelt wurde dann der ermäßigte Steuersatz von 7% angewandt.

Dieselben Grundsätze sollen auch für das Trainieren von Pferden für andere Sportarten, in denen auf Turnieren Preise erzielt werden können (Dressur, Springreiten etc.), gelten, wenn bestimmte Voraussetzungen erfüllt werden (Hinweis auf Verfügung der Oberfinanzdirektion Münster vom 12.05.2000). Bis zu welchem Betrag in diesen Fällen eine ausschließliche Zuordnung des Entgelts zur Pensionspferdehaltung und damit zum ermäßigten Steuersatz angenommen werden kann, ist im Einzelfall zu ermitteln.

c) Erteilung von Reitunterricht
Die Erteilung von Reitunterricht unterliegt dem Regelsteuersatz von 16%.

d) Vermietung von Reitpferden
Das Vermieten von Reitpferden in Verbindung mit der Teilnahme am Reitunterricht ist eine unselbstständige Nebenleistung des Reitunterrichts. In diesen Fällen gilt der Regelsteuersatz von 16%.
Werden jedoch Reitpferde ohne gleichzeitige Erteilung von Reitunterricht vermietet, z.B. zur Teilnahme an Ausritten, Jagden oder zum Selbstunterricht, so ist der ermäßigte Steuersatz von 7% maßgebend.

e) Vermietung von Stallboxen ohne gleichzeitige Übernahme weiterer Leistungen
Die Vermietung von Stallplätzen zur Unterbringung von Pferden ohne gleichzeitige Übernahme der Fütterung und Pflege ist als Vermietung von Grundstücksteilen grundsätzlich steuerfrei, wenn dem Halter des Pferdes ein bestimmter Platz im Stall angewiesen wird. Diese Voraussetzung ist in der Praxis regelmäßig erfüllt, sodass meines Erachtens Umsatzsteuerfreiheit in Anspruch genommen werden kann.
Erfolgt die Vermietung von Stallboxen an einen anderen Unternehmer für dessen Unternehmen, so kann auf die Umsatzsteuerbefreiung verzichtet werden, um einen eventuellen Vorsteuerüberhang zu erhalten.
Ob ein Verzicht ratsam ist, kann nur im Einzelfall unter Berücksichtigung aller Umstände entschieden werden, wobei der Rat eines Steuerfachmannes eingeholt werden sollte.

f) Pferdeverkäufe
Auf Pferdeverkäufe ist der ermäßigte Steuersatz von 7% anwendbar.

g) Teilnahme an Leistungsprüfungen
Für die erzielten Einnahmen (Turniergewinne) gilt der ermäßigte Steuersatz von 7%.

h) Durchführung von Reitkursen durch „Reiterhöfe"
Nimmt ein Reiterhof überwiegend Jugendliche für Ausbildungs- und Fortbildungszwecke bei sich auf, so sind die betreffenden Umsätze von der Umsatzsteuer befreit. Ein Reitunterricht (theoretisch und praktisch) von z.B. 4 Stunden täglich kann

nach Ansicht des Finanzministeriums NRW als Lehrgang (Sportunterricht), mit dem ein Ausbildungszweck verfolgt wird, angesehen werden.

In diesem Fall darf der Reiterhof das Pensionsentgelt umsatzsteuerfrei vereinnahmen (auch den Anteil, der auf die Reitstunden entfällt).

Die Umsatzsteuerbefreiung gilt nur für Jugendliche, die Altersgrenze liegt in diesem Zusammenhang bei der Vollendung des 27. Lebensjahres.

Allerdings kann aus diesem Bereich auch keine Vorsteuer aus an den Reiterhof erbrachten Leistungen geltend gemacht werden.

Wenn der Betrieb daneben z.B. Reitpferde oder Stallboxen an andere Personen vermietet, so müssen diese Umsätze nach den allgemeinen Vorschriften des Umsatzsteuergesetzes versteuert werden.

Zur Klarstellung:

Diese obigen Steuersätze gelten nicht für pauschalierende Land- und Forstwirte, hier findet der Durchschnittsatz von z.Zt. 9% Anwendung (Regelung ab 01.04.1999).

Umsatzsteuer bei Nichterwerbsbetrieben/Liebhaberei

Die ertragsteuerlich für die Annahme eines Betriebes erforderliche Gewinnerzielungsabsicht spielt im Umsatzsteuerrecht grundsätzlich keine Rolle.

Hier ist die Annahme eines Unternehmens ausreichend. Es ist jedoch erforderlich, dass regelmäßig Leistungen erbracht werden, um Entgelte zu erhalten. Somit fallen auch landwirtschaftliche Betriebe, die dauernd Verluste machen, unter die Durchschnittsbesteuerung des § 24 UStG.

Hier sollte jedoch im Einzelfall geprüft werden, ob nicht aufgrund der Vorsteuerbelastung eine Option zur Regelbesteuerung von Vorteil ist.

Der Umfang des möglichen Vorsteuerabzuges ist jedoch vorab unter Beachtung der Verwaltungsanweisungen zu prüfen (BMF-Schreiben vom 14.07.2000 sowie Verfügungen der Oberfinanzdirektionen z.B. OFD Münster vom 25.09.2000).

11.1.1.6 Lohnsteuer

Bei Arbeitnehmern (hierzu gehören auch Ehegatten bzw. andere Familienangehörige, mit denen ein steuerlich anerkanntes Arbeitsverhältnis abgeschlossen wurde) wird die vom Arbeitslohn zu zahlende Einkommensteuer im Wege des Abzugs vom Arbeitslohn erhoben (Lohnsteuer). Die Lohnsteuer ist somit lediglich eine besondere Erhebungsform der Einkommensteuer, keine Steuer eigener Art. Arbeitslohn sind alle Einnahmen, die dem Arbeitnehmer aus seinem Beschäftigungsverhältnis zufließen. Hierzu gehören:

- Gehälter,
- Löhne,
- Provisionen,
- Gratifikationen,

- bestimmte Leistungen, die für die Zukunftsicherung des Arbeitnehmers erbracht werden,
- Entlohnungen für Überstunden und Sonntagsarbeit und auch
- Sachbezüge (z.B. Gewährung freier Kost und Wohnung, Freiboxen für die Pferde des Arbeitnehmers).

Jeder Betriebsinhaber, der Arbeitnehmer beschäftigt, muss vom gezahlten Arbeitslohn Lohnsteuer und bei Kirchensteuerpflicht des Arbeitnehmers auch Kirchensteuer einbehalten und an das Finanzamt abführen.

Grundlage für die Berechnung der einzubehaltenden Lohnsteuer ist die vom Arbeitnehmer vorzulegende Lohnsteuerkarte, die von der jeweiligen Gemeinde des Arbeitnehmers anhand der Unterlagen vor Beginn eines jeden Kalenderjahres ausgestellt wird. Die Gemeinde bescheinigt auf der Lohnsteuerkarte insbesondere die Steuerklasse, den Familienstand, die Zahl der Kinderfreibeträge, die Religionszugehörigkeit des Arbeitnehmers und eventuelle Pauschbeträge für Körperbehinderte, soweit diese Freibeträge bei der Besteuerung des Arbeitnehmers zu berücksichtigen sind.

Die Höhe der Lohnsteuer ist aus den amtlichen Lohnsteuertabellen zu entnehmen, die aus den Einkommensteuertabellen abgeleitet sind. Die Steuersätze entsprechen dem Einkommensteuertarif.

Im Rahmen des Lohnsteuerabzugsverfahrens treffen den Betriebsinhaber (Arbeitgeber) eine Reihe von steuerlichen Pflichten.

Zu nennen sind zunächst die Aufzeichnungspflichten. Dabei hat der Arbeitgeber – von Ausnahmen abgesehen – für jeden Arbeitnehmer ein Lohnkonto einzurichten. Aus dem Lohnkonto müssen insbesondere folgende Angaben ersichtlich sein:

- Persönliche Daten des Arbeitnehmers wie Name, Geburtstag, Anschrift, Steuerklasse, Zahl der Kinderfreibeträge, Zahl der Kinder laut Lohnsteuerkarte, Religionsbekenntnis;
- Gemeinde/Stadt, die die Lohnsteuerkarte ausgestellt hat und das Finanzamt, in dessen Bezirk die Karte ausgestellt worden ist;
- Dauer der Beschäftigung;
- Tag der Zahlung;
- Höhe des Arbeitslohnes.

Für die Führung des Lohnkontos sollten entsprechende im Fachhandel zu beziehende Vordrucke verwandt werden.

Aufzeichnungserleichterungen bestehen bei Arbeitslöhnen, die an Teilzeit- und Aushilfskräfte gezahlt werden, wenn die darauf entfallende Lohnsteuer pauschal erhoben wird. In diesen Fällen genügt es, wenn der Arbeitgeber Aufzeichnungen führt, aus denen sich für den einzelnen Arbeitnehmer Name und Anschrift, Dauer der Beschäftigung, Tag der Zahlung und Höhe des Arbeitslohnes ergeben.

Eine weitere wesentliche Pflicht des Arbeitgebers ist die bei jeder Lohnzahlung vorzunehmende Berechnung der Lohnsteuer und Kürzung vom auszuzahlenden

Arbeitslohn. Die einbehaltene Lohnsteuer und gegebenenfalls Kirchensteuer hat der Arbeitgeber beim Finanzamt anzumelden und dorthin abzuführen. Hier gelten bestimmte Erklärungs- und Zahlungsfristen, die sich nach der Höhe der Vorjahressteuer richten. Beträgt die Vorjahressteuer mehr als 3.000,– EUR, sind die Anmeldungen monatlich bis zum 10. Tag des Folgemonats abzugeben, beträgt die Vorjahressteuer nicht mehr als 3.000,– EUR, sind die Anmeldungen vierteljährlich zum 10. Januar, 10. April, 10. Juli und 10. Oktober abzugeben. Bei einer Vorjahressteuer von nicht mehr als 800,– EUR genügt eine jährliche Anmeldung zum 10. Januar des folgenden Jahres. Bei Neugründungen im Laufe des Jahres sind die voraussicht-lichen Jahressteuerbeträge maßgebend. Mit Ablauf der Anmeldefrist ist die abzuführende Lohnsteuer fällig.

Der Arbeitgeber haftet für die richtige Einbehaltung und Abführung der Lohnsteuer. Die Finanzverwaltung überprüft dies durch besondere Lohnsteuer-Außenprüfungen.

Jeweils am Jahresende oder beim Ausscheiden des Arbeitnehmers hat der Arbeitgeber die zu führenden Lohnkonten abzuschließen und für den Arbeitnehmer eine entsprechende Lohnsteuerbescheinigung auf der Lohnsteuerkarte oder aber in einer besonderen Lohnsteuerbescheinigung auszustellen.

11.1.2   Steuerliche Abgrenzung des Betriebes

11.1.2.1 Abgrenzungsmerkmale

Steuerlich können die Betriebe mit Pferdezucht und Pferdehaltung nach folgenden Gesichtspunkten unterteilt werden:

- Handelt es sich überhaupt insgesamt um einen „Erwerbsbetrieb" oder ist der Betrieb der „Liebhaberei" zuzuordnen?
- Unter welchen Voraussetzungen ist noch ein landwirtschaftlicher Betrieb gegeben?
- Handelt es sich um einen Gewerbebetrieb?
- Können die Einkünfte zum Teil oder ganz den Einkünften aus freiberuflicher Tätigkeit zugeordnet werden?

Landwirtschaft im steuerlichen Sinne ist die planmäßige Nutzung der natürlichen Kräfte des Bodens und der Verwertung der dadurch gewonnenen Erzeugnisse. Nach den einschlägigen Vorschriften des Einkommensteuergesetzes gehört die Tierzucht und Tierhaltung ebenfalls zur Landwirtschaft, wenn bestimmte flächenmäßige Voraussetzungen erfüllt sind.

Pferdehaltung im Rahmen der Landwirtschaft hat eine Reihe von steuerlichen Vorteilen, z.B.

- keine Gewerbesteuer,
- Durchschnittsbesteuerung des § 24 UStG bei der Umsatzsteuer,

■ Steuervergünstigungen bei der Einkommensteuer verschiedenster Art,
■ Einheitsbewertung als Betrieb der Land- und Forstwirtschaft mit Grundsteuer A,
■ Gasölverbilligung, Kraftfahrzeugsteuerbefreiung für Schlepper,
■ pauschale Lohnsteuer für Aushilfskräfte unter bestimmten Voraussetzungen mit 5 v.H. möglich.

Für die Abgrenzung der gewerblichen von der landwirtschaftlichen Pferdehaltung sind die Größe der vom Betriebsinhaber regelmäßig landwirtschaftlich genutzten Fläche sowie die Pferdebestände auf diesen Flächen, umgerechnet in Vieheinheiten, von Bedeutung.

Nach den steuerrechtlichen Vorschriften können
■ für die ersten 20 ha   nicht mehr als   10 Vieheinheiten,
■ für die nächsten 10 ha   nicht mehr als   7 Vieheinheiten,
■ für die nächsten 20 ha   nicht mehr als   6 Vieheinheiten,
■ für die nächsten 50 ha   nicht mehr als   3 Vieheinheiten und
■ für die weitere Fläche   nicht mehr als 1,5 Vieheinheiten
je ha gehalten werden. In die Berechnung sind die zugepachteten Flächen einzubeziehen, während die verpachteten Flächen auszuschließen sind.

Die Umrechnung der Viehbestände in Vieheinheiten wird wie folgt vorgenommen:
■ Pferde über 3 Jahre   1,10 Vieheinheiten je Stück,
■ Pferde unter 3 Jahren   0,70 Vieheinheiten je Stück.

Bei reinen Pferdezuchtbetrieben wird die Grenze zur Gewerblichkeit bezüglich der Berechnung der Vieheinheiten im Verhältnis zur bewirtschafteten Fläche in der Regel nicht überschritten, da für die gesunde Aufzucht und Haltung der Pferde entsprechende Flächen erforderlich sind.
Kritisch ist die Abgrenzungsfrage bei weiterer Ausbildung über eine Grundausbildung hinaus. Die Finanzverwaltung versucht in vereinzelten Fällen, einen Gewerbebetrieb anzunehmen, wenn neben den selbstgezogenen Pferden fremde, zugekaufte Pferde ausgebildet und als Turnierpferde veräußert werden. Entscheidend ist für diese Frage die Gewichtigkeit dieses Ausbildungsbereiches im Verhältnis zum Gesamtbetrieb. Bei der ausschließlichen Ausbildung von selbstgezogenen Pferden unter Ausnutzung der vollen natürlichen Veranlagung der Pferde sind meines Erachtens die Voraussetzungen für die Annahme eines Gewerbebetriebes nicht gegeben.

Die Einkünfte aus der Vermietung von Ferienwohnungen und Ferienzimmern sind dann in den Gewinn des landwirtschaftlichen Betriebes einzubeziehen, wenn die vermieteten Räume zu dem Betriebsvermögen des Betriebes gehören und die damit zusammenhängenden Gesamtleistungen des Landwirts keinen gewerblichen Charakter haben.
Die mit den Ferienwohnungen und Fremdenzimmern zusammenhängenden Leis-

tungen sind unter den selben Voraussetzungen gewerblich, nach denen auch bei einem Nichtlandwirt eine gewerbliche Fremdenpension anzunehmen wäre. Dies ist der Fall, wenn der Steuerbürger über die reine Vermietungsleistung hinaus Dienstleistungen erbringt, die nach außen hin eine einheitliche gewerbliche Leistung erkennen lassen.

Die Unterbringung von Feriengästen mit Vollpension, Erteilung von Reitunterricht, Organisation und Durchführung von Ausflügen usw. überschreitet jedoch eindeutig den Rahmen einer landwirtschaftlichen Tätigkeit. Hier sollte von Fall zu Fall im Rahmen einer umfassenden Beratung eine steuerlich optimale Lösung gesucht werden, bevor die Tätigkeit entsprechend aufgenommen oder erweitert wird.

Nimmt ein Landwirt fremde Pferde in Pension und Pflege, ohne dass er weitere für eine Reitschule typische Leistungen erbringt, liegt noch eine landwirtschaftliche Betätigung vor, wenn sich die gesamte Tierhaltung des Betriebes (eigene Tiere zzgl. Pensionstiere) noch in den Grenzen der landwirtschaftlichen Tierhaltung bewegt. Für die Beurteilung dieser Frage ist es unschädlich, dass die Eigentümer der Pferde nicht Landwirte, sondern Privatpersonen sind. Auch das Zurverfügungstellen einer Reithalle bzw. eines Außenplatzes erfüllt für sich allein nicht die Voraussetzung für die Annahme eines Gewerbebetriebes, wenn keine weiteren schädlichen Leistungen erbracht werden.

Die Vermietung eigener Pferde zu Reitzwecken stellt nach neuerer Rechtsprechung des Bundesfinanzhofs ebenfalls eine landwirtschaftliche Tätigkeit dar. Entscheidend ist auch hier, dass die Flächendeckung gewahrt ist und keine weiteren ins Gewicht fallenden Leistungen erbracht werden, die nicht der Landwirtschaft zuzurechnen sind (z.B. Kutschfahrten, organisierte Reitausflüge usw.).

Die Erteilung von Reitunterricht durch den Betriebsinhaber oder unter Leitung des Betriebsinhabers mit Hilfe von vorgebildeten, im Betrieb angestellten Fachkräften, ist eine freiberufliche Tätigkeit.

Bei der Frage, ob die Pferdehaltung mit den verbundenen Tätigkeiten noch als landwirtschaftlich oder schon als gewerblich anzusehen ist, kommt es immer auf die konkreten Umstände des Einzelfalles an.

In jedem Fall sollten die einzelnen Tätigkeitsbereiche des Betriebes zunächst getrennt beurteilt werden, um festzustellen, ob eine landwirtschaftliche, gewerbliche oder freiberufliche Tätigkeit gegeben ist.

Bestehen zwischen den einzelnen Bereichen enge wirtschaftliche Verbindungen, die bei einer Trennung zu erheblichen Nachteilen für den Gesamtbetrieb führen, so ist der Betrieb einheitlich entweder als Landwirtschaft oder als Gewerbebetrieb zu behandeln.

Wird z.B. in Zusammenhang mit der Pensionspferdehaltung eine zusätzliche gewerbliche Leistung erbracht (z.B. Reitunterricht, Kutschfahrten, Ausgabe von Speisen und Getränken u.Ä.), liegt insgesamt eine gewerbliche Tätigkeit vor.

Hierbei wird davon ausgegangen, dass sich diese verschiedenen Tätigkeiten gegenseitig voraussetzen und so miteinander verflochten sind, dass eine Trennung der verschiedenen Tätigkeiten kaum möglich erscheint.

In den Fällen, in denen die gewerbliche Tätigkeit noch von untergeordneter Bedeutung ist, sollte im Einzelfall überlegt werden, ob durch Gestaltungen erreicht werden kann, dass die Pensionspferdehaltung und die eigene Pferdezucht den landwirtschaftlichen Charakter behält und daneben, z.B. durch Einschaltung einer anderen Person, ein Gewerbebetrieb eingerichtet wird, der die schädlichen Tätigkeiten übernimmt.
Hierbei ist jedoch darauf zu achten, dass eine klare Abgrenzung wie unter fremden Dritten eingehalten wird. Hier sollte auf fachkundigen Rat nicht verzichtet werden.

Die reine Vermietung von Boxen im Rahmen eines landwirtschaftlichen Betriebes ohne Nebenleistungen, z.B. an einen gewerblichen Reitbetrieb oder an einen Reiterverein, überschreitet noch nicht die Grenze zum Gewerbebetrieb.

Eine Deckhengsthaltung gehört zur Landwirtschaft, wenn die entsprechenden Flächenvoraussetzungen gegeben sind, d.h. die Deckhengste sind in die Berechnung der Vieheinheiten einzubeziehen.
Häufig werden die Deckhengste nach entsprechender Ausbildung und Ablegung der Hengstleistungsprüfung im Sport teilweise sogar im Spitzensport eingesetzt. Hier könnte sich die Frage stellen, ob auch dieser Einsatz noch der landwirtschaftlichen Pferdehaltung zugeordnet werden kann.
Meines Erachtens sind die Hengsthalter aufgrund der starken Konkurrenzsituation heute gezwungen, für die Hengste neben der Hengstleistungsprüfung einen sportlichen Nachweis zu erbringen. Deshalb sollte dieser sportliche Einsatz dann auch der Landwirtschaft zugeordnet werden, wenn damit eine direkte „Werbung" des Deckgeschäftes verbunden ist und im Übrigen die Voraussetzungen einer landwirtschaftlichen Pferdehaltung gegeben sind.
Etwas anderes könnte dann gelten, wenn es sich um einen typischen reinen Turnierstall handelt und die Deckgeldeinnahmen von untergeordneter Bedeutung sind.

Die Zuordnung der Turniergewinne und Züchterprämien richtet sich danach, zu welchem Betrieb die gehaltenen Pferde gehören bzw. die selbstgezogenen und verkauften Pferde gehört haben. Bei Annahme eines steuerlich relevanten Betriebes sind die Turniergewinne und Züchterprämien grundsätzlich steuerlich zu erfassen.

Im BMF-Schreiben vom 31.10.1995 (BStBl I. Seite 703) hat die Finanzverwaltung umfassend zum Problembereich der Abgrenzung zwischen den Einkünften aus Land- und Forstwirtschaft sowie Gewerbebetrieb Stellung genommen.
Die Abgrenzung der Pferdehaltung zwischen Landwirtschaft, Gewerbebetrieb und freiberuflicher Tätigkeit ist in der Praxis häufig schwierig, da verschiedene Tätigkeiten nicht klar voneinander zu trennen sind.

In Zweifelsfällen sollte meines Erachtens überlegt werden, ob nicht bei Gestaltungsüberlegungen von der Möglichkeit einer verbindlichen Auskunft durch die Finanzverwaltung Gebrauch gemacht wird.

Das Schreiben des Bundesministers der Finanzen vom 24.06.1987 zur Auskunft mit Bindungswirkung nach Treu und Glauben (verbindliche Auskunft) regelt hierzu Einzelheiten.
Durch diese Möglichkeit soll erreicht werden, dass dem Steuerbürger in Zweifelsfällen eine gewisse Rechtssicherheit vor Verwirklichung eingeräumt wird.

11.1.2.2 Liebhaberei

Der Einkommensteuer unterliegen nach dem Sinn und Zweck des Einkommensteuergesetzes nur Einkünfte aus solchen Tätigkeiten, die als Einkommensquelle dienen. Eine Einkommensquelle ist eine Tätigkeit nur dann, wenn sie auf Dauer gesehen darauf gerichtet ist, Gewinne zu erzielen. Fehlt diese Absicht trotz wirtschaftlicher Betätigung, so wird allgemein von der steuerlich unbeachtlichen „Liebhaberei" gesprochen.

Die Steuergerichte, insbesondere auch das höchste deutsche Steuergericht, der Bundesfinanzhof, haben sich in den letzten Jahren bzw. Jahrzehnten intensiv mit der Rechtsprechung zur „Liebhaberei" in Verbindung mit landwirtschaftlichen Betrieben, Gestüten und ähnlichen Betrieben auseinandergesetzt. Die Weiterführung dieser Betriebe trotz ständig hoher Verluste hat die Rechtsprechung als eine vom wirtschaftlichen Erfolg unabhängige persönliche Passion einer gehobenen Lebenshaltung angesehen.
Dabei geht der Bundesfinanzhof davon aus, dass auf die fehlende Gewinnerzielungsabsicht als Voraussetzung für die Annahme der „Liebhaberei" nur aus den objektiven Umständen und Verhältnissen geschlossen werden kann. Dabei ist das Ergebnis der gesamten Betriebsvermögensvermehrung in Gestalt eines totalen Gewinns, d.h. eines positiven Gesamtergebnisses des Betriebes von der Gründung bis zur Veräußerung, Aufgabe und Liquidierung maßgebend.

Beweiszeichen für eine Gewinnerzielungsabsicht kann nach der Rechtsprechung eine Betriebsführung sein, bei der der Betrieb nach seiner Wesensart und der Art der Bewirtschaftung auf Dauer gesehen dazu geeignet und bestimmt ist, mit Gewinn zu arbeiten. Deshalb wird eine in die Zukunft gerichtete und langfristige Beurteilung erforderlich sein.

Die Fortführung eines Betriebes trotz andauernder Verluste über die betriebsspezifische Anlaufzeit hinaus ist in der Regel als ein Beweiszeichen für das Vorliegen einer „Liebhaberei" anzusehen. Eine mit andauernden Verlusten arbeitende Reitschule mit Pferdevermietung und Pensions-Pferdehaltung stellt jedoch nach Auf-

fassung des Bundesfinanzhofes dann keine „Liebhaberei" im steuerlichen Sinne dar, wenn der Betriebsinhaber aus der Erkenntnis, dass mit dem Betrieb keine Gewinne zu erzielen sind, die Konsequenzen zieht, indem er die Eigenbewirtschaftung nach Anlaufjahren einstellt und nur aufgrund fehlender sofortiger Verkaufsmöglichkeit den Betrieb als verpachteten Betrieb fortführt.

Wird z.B. die Pferdezucht oder ein Turnierstall von einem gewerblichen Unternehmer nicht mit Gewinnstreben und der Möglichkeit der Gewinnerzielung, sondern nur aus persönlichen hobbyartigen Gründen betrieben, dürfen die auf Dauer erzielten Verluste nicht mit anderen positiven Einkünften ausgeglichen werden. Das Vermögen des „Liebhaberei-Betriebes" ist dann Privatvermögen. Ob „Liebhaberei" angenommen werden kann, ist jeweils nur nach Kenntnis der auf den jeweiligen Einzelfall bezogenen Umstände zu beurteilen.

Im Rahmen der „Betriebswirtschaftslehre" soll dieser allgemeine Hinweis genügen, da die Betriebswirtschaftslehre zum Ziel haben muss, Reitbetriebe rentabel zu führen.

11.1.3 Übersicht über die wesentlichen Rechte und Pflichten im Besteuerungsverfahren

11.1.3.1 Anzeigepflichten

Innerhalb eines Monats nach der Eröffnung, Aufnahme, Verlegung oder Aufgabe eines gewerblichen oder land- und forstwirtschaftlichen Betriebes oder einer freiberuflichen Tätigkeit ist dieses dem zuständigen Finanzamt und der zuständigen Gemeinde mitzuteilen. Bei einer freiberuflichen Tätigkeit genügt die Mitteilung an das Finanzamt. Das Finanzamt erwartet die Abgabe eines Fragebogens zur Betriebseröffnung (siehe Anhang 18.3.3).

11.1.3.2 Steuerliche Buchführungspflichten

Sofern nicht bereits nach handelsrechtlichen Bestimmungen eine steuerliche Buchführungspflicht gegeben ist, tritt Buchführungspflicht bei Überschreiten folgender Grenzen (bezogen auf den jeweiligen einzelnen Betrieb) ein:
- Umsatz von mehr als 260.000,– EUR;
- Gewinn aus Gewerbebetrieb bzw. aus Land- und Forstwirtschaft von mehr als 25.000,– EUR;
- Wirtschaftswert der selbstbewirtschafteten land- und forstwirtschaftlichen Flächen von mehr als 20.500,– EUR.

Voraussetzung für den Beginn einer Buchführungspflicht ist ein Hinweis des Finanzamtes.

Angehörige freier Berufe unterliegen nicht der Buchführungs-, sondern nur der Aufzeichnungspflicht.

11.1.3.3 Mitwirkungspflichten

Jeder Steuerzahler hat im Rahmen des Besteuerungsverfahrens bestimmte Mitwirkungspflichten zu erfüllen, insbesondere die Pflicht zur Mitwirkung bei der Sachverhaltsermittlung, die Darlegungspflicht, die Verpflichtung zur Angabe der bekannten Beweismittel. Bei Auslandsbeziehungen besteht eine erhöhte Mitwirkungspflicht.

Grundsätzlich kann die Finanzverwaltung die Benennung von Gläubigern und Zahlungsempfängern verlangen. Regelmäßig ist dies Voraussetzung dafür, dass die steuerliche Berücksichtigung von Schulden, Betriebsausgaben, Werbungskosten und anderen Ausgaben erfolgen kann.

11.1.3.4 Steuererklärungspflichten

Grundsätzlich besteht für einen Steuerbürger die Verpflichtung im Rahmen gesetzlicher Vorschriften der jeweiligen Einzelsteuergesetze, entsprechende Steuererklärungen abzugeben.

Neben der Abgabe der jährlichen Steuererklärungen der jeweiligen einzelnen Steuerarten besteht die Verpflichtung, Voranmeldungen für die Umsatzsteuer und die Lohnsteuer abzugeben. Auf die in Anhang 18.3.4 und 18.3.5 beigefügten Vordrucke wird verwiesen. Auf die unterschiedlichen Abgabetermine wurde bei der Darstellung der Steuerarten Umsatzsteuer und Lohnsteuer eingegangen.

11.1.3.5 Aufbewahrungsfristen

Die Aufbewahrungspflichten sind Bestandteil der allgemeinen Buchführungs- bzw. Aufzeichnungspflichten (siehe Kapitel 14).

11.1.3.6 Gewinnermittlung durch Einnahme-Überschussrechnung

Der Gewinn eines Betriebes kann nur dann durch eine Einnahme-Überschussrechnung ermittelt werden, wenn keine Buchführungspflicht besteht. Außerdem ist diese Gewinnermittlung bei einer freiberuflichen Tätigkeit ohne Beachtung bestimmter Buchführungspflichtgrenzen zulässig.
Bei der Einnahme-Überschussrechnung erfolgt eine Gewinnermittlung durch

Errechnung des Überschusses der Betriebseinnahmen über die Betriebsausgaben. Diese Art der Gewinnermittlung ist wesentlich einfacher als die Gewinnermittlung durch Bestandsvergleich. Bei der Einnahme-Überschussrechnung wird auf eine periodengerechte Zuordnung der Einnahmen und Ausgaben verzichtet. Grundsätzlich wird auf den Zufluss bzw. den Abfluss abgestellt. Betriebseinnahmen und Betriebsausgaben werden somit unabhängig davon, welchem Wirtschaftsjahr sie wirtschaftlich zuzuordnen sind, zum Zeitpunkt der Vereinnahmung oder Verausgabung erfasst. Bestandsveränderungen des Betriebsvermögens werden bei dieser Form der Gewinnermittlung grundsätzlich nicht besonders berücksichtigt.

Ein Vorzug der Überschussrechnung besteht somit darin, dass die Bestände des Betriebsvermögens nicht berücksichtigt werden und deshalb auf eine Bestandsaufnahme zum Schluss eines jeden Wirtschaftsjahres verzichtet werden kann. Diese Form der Gewinnermittlung ist allerdings nur für kleinere Betriebe ratsam, in denen das Betriebsvermögen nicht so umfangreich ist, sodass auf eine genaue Ermittlung der Bestände aus Vereinfachungsgründen verzichtet werden kann. Außerdem ist diese Form der Gewinnermittlung denkbar bei Betrieben, in denen das Betriebsvermögen bzw. die Veränderung des Betriebsvermögens nur eine untergeordnete Rolle spielt.
Im Rahmen dieser Gewinnermittlung ist es notwendig, dass jede Betriebseinnahme und -ausgabe zum Zeitpunkt des Zu- oder Abflusses geordnet und nach sachlichen Gesichtspunkten aufgezeichnet wird.

Durch einige konkrete Ausnahmen, z.B. Abgänge und Abschreibungen des Anlagevermögens, wird das reine Einnahme-Ausgabe-Prinzip durchbrochen. Betriebseinnahmen sind alle Einnahmen, die durch den Betrieb veranlasst sind. Keine Betriebseinnahmen sind Erlöse, die mit Vorgängen der außerbetrieblichen Sphäre des Betriebsinhabers in Zusammenhang stehen. Auch die Auszahlung von Darlehen führt nicht zu Betriebseinnahmen. Als fiktive Betriebseinnahmen sind der Wert der privaten Nutzung betrieblicher Gegenstände (z.B. Kraftfahrzeug, Telefon) sowie die Entnahmen selbsterzeugter Produkte (Naturalentnahmen) anzusetzen. Betriebsausgaben sind alle Aufwendungen, die durch den Betrieb oder die zum Betriebsvermögen zählenden Gegenstände veranlasst sind. Keine Betriebsausgaben sind Aufwendungen zur Darlehenstilgung.
In einem Reitbetrieb gehören die eingesetzten Pferde, z.B. Schulpferde, zum abnutzbaren Anlagevermögen und können deshalb nur über die Abschreibung gewinnmindernd berücksichtigt werden. Entsprechend werden die übrigen Anlageninvestitionen abgeschrieben.

Ein Beispiel der Einnahme-Überschussrechnung wird nachfolgend dargestellt:

1. Betriebseinnahmen		MwSt.		netto	
Erlöse Pensionspferdehaltung	7%	3.500,–	EUR	50.000,–	EUR
Erlöse Ausbildung Pferde	16%	1.440,–	EUR	9.000,–	EUR
Erlöse Vereinsstunden	16%	1.200,–	EUR	7.500,–	EUR
Erlöse Privatunterricht	16%	640,–	EUR	4.000,–	EUR
Erlöse Reiterverein	16%	240,–	EUR	1.500,–	EUR
Erlöse Vermittlung Pferde	16%	200,–	EUR	1.250,–	EUR
sonstige Erlöse	16%	32,–	EUR	200,–	EUR
Dividende Bank	–			15,–	EUR
Verkauf Pkw	16%	192,–	EUR	1.200,–	EUR
Ertrag Anlagenverkauf (Entschädigung Versicherung)	–			800,–	EUR
Privatanteil Telefon	16%	38,40	EUR	240,–	EUR
Privatanteil Pkw	16%	192,–	EUR	1.200,–	EUR
		7.674,40	EUR	76.905,–	EUR
				7.674,40	EUR
				84.579,40	EUR

2. Betriebsausgaben		
Zinsen kurzfristige Verbindlichkeiten	1.000,–	EUR
Futtermittel	15.000,–	EUR
Reitsportartikel	1.250,–	EUR
Bezugs- und Nebenkosten	75,–	EUR
Lohnaufwendungen	12.500,–	EUR
Einstreu	2.000,–	EUR
Pacht Reitanlage	9.000,–	EUR
Instandhaltung betriebliche Räume	750,–	EUR
Versicherungen	1.250,–	EUR
betriebliche Beträge	250,–	EUR
Kfz-Kosten	2.500,–	EUR
Bewirtungskosten	750,–	EUR
Werkzeuge, Kleingeräte	300,–	EUR
geringwertige Wirtschaftsgüter	400,–	EUR
Telefon	750,–	EUR
Bürobedarf	50,–	EUR
Rechts- und Beratungskosten	900,–	EUR
Nebenkosten des Geldverkehrs	75,–	EUR
sonstiger Betriebsbedarf	150,–	EUR
sonstige Kosten	750,–	EUR
AfA (siehe AfA-Tabelle)	2.765,–	EUR
Vorsteuer	2.453,60	EUR
Umsatzsteuerzahllast	4.800,–	EUR
	59.718,60	EUR

3. Überschuss

Betriebseinnahmen	84.579,40 EUR
./. Betriebsausgaben	59.718,60 EUR
	24.860,80 EUR

4. AfA-Tabelle

	Wert 01.01.01	Zugang	AfA 01	Wert 31.12.01
Pkw	7.400,– EUR	–	1.850,– EUR	5.550,– EUR
Anhänger	1.400,– EUR	–	200,– EUR	1.200,– EUR
Transporter	1.875,– EUR	–	625,– EUR	1.250,– EUR
Reitsattel	0,– EUR	450,– EUR	90,– EUR	360,– EUR
	10.675,– EUR	450,– EUR	2.765,– EUR	8.360,– EUR

11.2 Steuern im Reit- und Fahrverein

11.2.1 Allgemeines

Auch Reit- und Fahrvereine unterliegen als juristische Personen des privaten Rechts grundsätzlich der Steuerpflicht. Unter bestimmten Voraussetzungen kann jedoch eine Steuerbefreiung oder aber Steuerbegünstigung erfolgen. Dieses ist dann der Fall, wenn der Verein ausschließlich und unmittelbar gemeinnützige Zwecke verfolgt. Diese Voraussetzungen sind in dem § 51 ff. der Abgabenordnung (AO) festgelegt.

Im Nachfolgenden wird ein allgemeiner Überblick über die wesentlichen steuerlichen Besonderheiten im Reit- und Fahrverein gegeben.

11.2.2 Aufteilung von Vereinsaktivitäten nach steuerlichen Gesichtspunkten

Typische Vereinsaktivitäten unserer Reit- und Fahrvereine gliedern sich nach steuerlichen Gesichtspunkten in drei Bereiche:

ideeller Bereich/ Vermögensverwaltung	Zweckbetrieb	wirtschaftlicher Geschäftsbetrieb
ideeller Bereich	– Turnier	– Pensionspferdehaltung
– Mitgliederverwaltung	– Reitunterricht an Mitglieder und Nichtmitglieder	– Reiterstübchen in Eigenregie
– Jugendarbeit	– Pferdeverleih an Mitglieder	– Bewirtung in Eigenregie bei Turnierveranstaltungen
– Spenden	– kurzfristige Anlagenvermietung an Mitglieder	– gesellige Veranstaltungen
Vermögensverwaltung		
– Kapitalanlagen (z.B. Zinsen)	– Ausbildung von Pferden	– direkter Verkauf von Werberechten an diverse Wirtschafts- unternehmen
– langfristige Vermietung von Grundstücken, Grundstücksteilen		– Pferdeverleih an Nichtmitglieder
– Verpachtung von Werberechten, Ausschankrechten u.Ä.		– kurzfristige Anlagenvermietung an Nichtmitglieder

Diese Dreiteilung sollte bereits im Rahmen der Buchführung Berücksichtigung finden. Dies bedeutet, dass Einnahmen sowie Kosten/Ausgaben den jeweiligen Bereichen zugeordnet werden sollten.

Ideeller Bereich/Vermögensverwaltung
In diesem Bereich können Überschüsse in beliebiger Höhe erzielt werden; sie unterliegen keinerlei Ertragbesteuerung.

Zweckbetrieb

Die unter dem Zweckbetrieb aufgeführten Vereinsaktivitäten gelten steuerrechtlich als „Sportliche Veranstaltungen". Die Qualifizierung als Zweckbetrieb bedeutet, dass für Ein- und Ausgaben in diesem Bereich keine körperschaftsteuerlichen Konsequenzen gezogen werden. Es gilt jedoch hier eine so genannte Zweckbetriebsgrenze, die besagt, dass, falls Einnahmen einschließlich Umsatzsteuer insgesamt 30.678,– EUR im Jahr übersteigen, die sportlichen Veranstaltungen ihre Zweckbetriebseigenschaft verlieren und zum wirtschaftlichen Geschäftsbetrieb werden. Dieses hätte z.B. zur Folge, dass keinerlei Spenden zum Ausgleich von Verlusten aus dem wirtschaftlichen Geschäftsbetrieb „Turnier" verwendet werden dürften. Um nun Vereine, die mit ihren Einnahmen über die Zweckbetriebsgrenze kommen, nicht zu benachteiligen, hat der Gesetzgeber eine Alternativregelung geschaffen (§ 67 a AO). Danach kann die Zweckbetriebsgrenze von 30.678,– EUR unberücksichtigt bleiben, und die sportlichen Veranstaltungen behalten dennoch ihre Zweckbetriebseigenschaft, wenn kein „bezahlter" Sportler an den Veranstaltungen des Vereins teilnimmt. Hierbei sind zwei Fälle von „bezahlten" Sportlern zu unterscheiden:

a) Die sportliche Veranstaltung, z.B. das Turnier, verliert seine Zweckbetriebseigenschaft, wenn ein Reiter an dem Turnier seines Heimatvereins teilnimmt und dieser Reiter „für seine sportliche Betätigung oder für die Benutzung seiner Person, seines Namens, seines Bildes oder seiner sportlichen Betätigung zu Werbezwecken von dem Verein oder einem Dritten über eine Aufwandsentschädigung hinaus Vergütungen oder andere Vorteile erhält". Das heißt konkret, dass, falls ein Reiter seinen Namen für Werbezwecke verwendet, er grundsätzlich durch seine Teilnahme an dem Hausturnier dessen Zweckbetriebseigenschaft gefährdet. Eine mögliche Lösung dieses Problems wäre die Aufkündigung seiner Stamm-Mitgliedschaft und der Erwerb einer neuen Mitgliedschaft z.B. in einem kleineren Nachbarverein.

b) Die sportliche Veranstaltung verliert ebenfalls ihre Zweckbetriebseigenschaft, wenn vereinsfremde Reiter teilnehmen und für ihre Teilnahme „von dem Verein oder einem Dritten in Zusammenwirken mit dem Verein über eine Aufwandsentschädigung hinaus Vergütungen oder andere Vorteile" erhalten.

Da auf unseren bundesdeutschen Turnieren grundsätzlich keine Zahlungen an Teilnehmer erfolgen (die ausgezahlten Geldpreise fließen gem. LPO an die Pferdebesitzer), dürften somit die sportlichen Veranstaltungen immer als Zweckbetrieb einzustufen sein. Der Verein muss lediglich darauf achten, dass er dem Finanzamt gegenüber die Nichtanwendung der Zweckbetriebsgrenze erklärt. An diese Erklärung ist der Verein dann mindestens für 5 Jahre gebunden.

Wirtschaftlicher Geschäftsbetrieb

Für die Einnahmen und Ausgaben in diesem Bereich gilt eine so genannte Gewichtigkeitsgrenze von 30.678,– EUR. Das heißt, ein etwaiger Überschuss unterliegt keiner Körperschafts- sowie Gewerbesteuer, sofern die Einnahmen dieses Bereiches

einschließlich der Umsatzsteuer unterhalb dieser Gewichtigkeitsgrenze liegen. Dabei ist zu berücksichtigen, dass sämtliche Einnahmen und Ausgaben der verschiedenen wirtschaftlichen Geschäftsbetriebe gegeneinander aufrechenbar sind. Erzielt der Verein höhere Einnahmen, so unterliegt der Überschuss nach Abzug eines Freibetrages von 3.835,– EUR in vollem Umfang der Körperschafts- und Gewerbesteuer. Der Körperschaftsteuersatz beträgt 25% und der Gewerbesteuersatz je nach Hebesatz der Gemeinden ca. 15% des verbleibenden Überschusses. Sind die Ergebnisse der wirtschaftlichen Geschäftsbetriebe in der Summe nicht positiv, sondern negativ, ist darauf zu achten, dass dies nicht dauerhaft geschieht, denn nachhaltige Verluste in den wirtschaftlichen Geschäftsbetrieben stehen der Gemeinnützigkeit des Vereins entgegen.

11.2.3 Zuordnung der wesentlichen Steuerarten im Verein

	ideeller Bereich/ Vermögens- verwaltung	Zweck- betrieb	wirtschaftlicher Geschäftsbetrieb
Körperschaftsteuer			x Freibetrag 3.835,– EUR
Gewerbesteuer			x
Grundsteuer			x
Umsatzsteuer	x	x	x
Lohnsteuer	x	x	x

x = möglicher Anfall der entsprechenden Steuer

Die Übersicht zeigt den Anfall der wesentlichen Steuerarten in einem Reit- und Fahrverein. Körperschafts- und Gewerbesteuer als so genannte Ertragsteuern besteuern den Überschuss der Einnahmen über die Ausgaben im Rahmen des wirtschaftlichen Geschäftsbetriebes, wobei ein Freibetrag von 3.835,– EUR zu berücksichtigen ist. Grundsteuer wird ausschließlich auf im Rahmen des wirtschaftlichen Geschäftsbetriebes genutzte Vermögen erhoben. Umsatzsteuer kann in allen drei Bereichen des Vereins anfallen. Voraussetzung ist, dass der Verein als Unternehmer auftritt und einzelne Leistungen gegen Entgelt anbietet. Hierzu zählen nicht die im Rahmen des ideellen Bereiches den Mitgliedern allgemein angebotenen Vereinsleistungen (auf die umsatzsteuerlichen Besonderheiten wird in Kapitel 11.2.5 näher eingegangen). Lohnsteuer fällt immer dann an, wenn Arbeitnehmer für den Verein tätig werden. Je nach Zuordnung des Arbeitnehmereinsatzes kann sie somit in allen drei Bereichen des Vereins anfallen.

11.2.4 Ertragsteuerliche Gestaltungsmöglichkeiten im Reit- und Fahrverein

Die vorangestellte Übersicht zeigt, dass die wesentlichen steuerlichen Belastungen eines Reit- und Fahrvereins im Rahmen seines wirtschaftlichen Geschäftsbetriebes anfallen. Insbesondere die Besteuerung des Überschusses mit Körperschafts- und Gewerbesteuer benachteiligt die für unseren Sport so wichtige ehrenamtliche Tätigkeit. Zwar hat der Gesetzgeber mit der Einführung einer Gewichtigkeitsgrenze für viele kleine Vereine eine Vereinfachung geschaffen, jedoch insbesondere im Reit- und Fahrsport mit der üblichen Pensionspferdehaltung wird diese Grenze sehr schnell erreicht, und die Überschüsse, z.B. aus der Bewirtung bei Turnierveranstaltungen oder dem direkten Verkauf von Werberechten, unterliegen nach wie vor der Ertragsbesteuerung.

Welche Möglichkeiten bieten sich nun dem Reit- und Fahrverein, Steuern zu sparen?

❶ Der Verein sollte zunächst überlegen, ob er den Bereich der Pensionspferdehaltung neu gestalten kann. Dieses wäre in der Form denkbar, dass der Verein lediglich die Boxen an die Privatpferdebesitzer verpachtet. Futter- und Einstreueinkauf wird von den Privatbesitzern selbst geregelt. Das heißt, dass eine Person Futter und Einstreu insgesamt beschafft und die Rechnung anteilmäßig auf die jeweiligen Privatpferdebesitzer umlegt. Einkommensteuerliche Probleme für die Gemeinschaft der Privatpferdebesitzer (Gesellschaft bürgerlichen Rechts) ergeben sich nicht, da die Einkaufskosten direkt umgelegt werden, insofern keine Überschüsse erzielt werden. Umsatzsteuer wird erst dann fällig, wenn das Gesamtvolumen 16.620,– EUR pro Jahr übersteigt. Auch im Falle der Umsatzsteuerpflicht ergeben sich in der Regel keine negativen finanziellen Auswirkungen.

Diese Gestaltungsmöglichkeit hat den Vorteil, dass die Einnahmen aus der Verpachtung von Boxen (Gebäudebestandteile) im Rahmen der Vermögensverwaltung des Vereines anfallen und diese Einnahmen somit aus dem Bereich des wirtschaftlichen Geschäftsbetriebes insgesamt ausgegliedert werden. Somit kämen viele Vereine unter die Gewichtigkeitsgrenze von 30.678,– EUR und würden mit den möglichen Überschüssen aus anderen wirtschaftlichen Geschäftsbetrieben keiner Ertragbesteuerung unterliegen.

❷ Sollte eine Neugestaltung der Pensionspferdehaltung nicht möglich sein oder trotzdem die Gewichtigkeitsgrenze überschritten werden, muss der Verein überlegen, ob er bestimmte wirtschaftliche Geschäftsbetriebe, die er in Eigenregie ausführt, an Dritte verpachtet. Dieses hat den Vorteil, dass die Einnahmen dann im Rahmen der Vermögensverwaltung und somit im steuerfreien Bereich des Vereins anfallen.

Es wäre z.B. denkbar, die Bewirtung anlässlich von Turnierveranstaltungen oder im Reiterstübchen langfristig an einen Gastwirt abzugeben. Darüber hinaus besteht die Möglichkeit, den direkten Verkauf von Werberechten eines Turniers an eine Werbeagentur zu verpachten.

Wie kann dies nun insbesondere beim letztgenannten in die Praxis umgesetzt werden? Zu den Werberechten, die ein Reit- und Fahrverein vergeben kann, zählen u.a. die diversen Prüfungen, die an Unternehmer „verkauft" werden. Für diese Gelder dürfen keine Spendenbescheinigungen erteilt werden, da der Verein dem Unternehmer eine Werbegegenleistung erbringt (Hinweis im Programmheft). Anders verhält sich der Sachverhalt, wenn Prüfungen durch Privatpersonen finanziell unterstützt werden, da diese die Finanzierung nicht aus Betriebsvermögen leisten. Weitere Werbegegenleistungen sind die Anzeigen im Turnierprogramm, die Bandenwerbung auf dem Turnierplatz, Lautsprecherdurchsagen, gegebenenfalls Fahrzeugpräsentationen usw. Die Mitglieder des Vorstandes sollten nunmehr diese diversen Werbemöglichkeiten zu einem Paket bündeln und gegen Leistung einer Pauschalsumme an eine Werbeagentur verpachten. Alternativ kann mit der Werbeagentur auch vereinbart werden, dass beispielsweise 85% der erzielten Werbeeinnahmen dem Verein zufließen. Die Finanzverwaltung schreibt vor, dass wenigstens 10% der Werbeeinnahmen der Werbeagentur als Gewinn verbleiben sollten. Handelt es sich bei den Agenturen um rechtlich selbstständige Unternehmen, die keinen direkten Bezug zum Reit- und Fahrverein unterhalten, z.B. in Form von Personalunionen im Vorstand des Vereins und Geschäftsführung der Agentur, so muss meines Erachtens das Finanzamt auch einen geringeren Gewinn bei der Agentur akzeptieren, da diese ja nach rein kaufmännischen Gesichtspunkten handeln wird. Die Mitglieder des Vorstandes sollten dann, wie bisher auch, Unternehmer des Einzugsbereiches ansprechen und auf die aus steuerlichen Gesichtspunkten heraus notwendige Einschaltung einer Agentur hinweisen. Als Argumentationshilfe sei nur angemerkt, dass die Unternehmen voll abzugsfähige Werberechnungen erhalten und somit auch bei der Gewerbesteuer Einsparungen erzielen, da Spenden bei der Körperschaftsteuer nur begrenzt und bei der Gewerbesteuer überhaupt nicht abzugsfähig sind. Agentur kann auch eine Privatperson sein (z.B. ein Vereinsmitglied mit einem Unternehmen, über das die gesamte Abwicklung der Werbung erfolgt). Hierbei muss dann jedoch berücksichtigt werden, dass dieser Privatperson ein angemessener Gewinn verbleibt.

Durch diese Gestaltungsmöglichkeit fließen in der Regel 85% bis 90% der Werbeeinnahmen in den steuerfreien Bereich der Vermögensverwaltung des Reit- und Fahrvereins und mindern darüber hinaus die Einnahmen im Rahmen des wirtschaftlichen Geschäftsbetriebes. Wird vom Verein **keine** Werbeagentur eingeschaltet, ist ein BMF- Schreiben vom 18.02.1998 (Sponsoring-Erlass) zu beachten.

Danach liegt **kein** wirtschaftlicher Geschäftsbetrieb vor, wenn die steuerbegünstigte Körperschaft dem Sponsor nur die Nutzung ihres Namens zu Werbe-

zwecken in der Weise gestattet, dass der Sponsor selbst zu Werbezwecken oder zur Imagepflege auf seine Leistungen an die Körperschaft hinweist. Ein wirtschaftlicher Geschäftsbetrieb liegt auch dann nicht vor, wenn der Empfänger der Leistungen z.B. auf Plakaten, Veranstaltungshinweisen, in Ausstellungskatalogen oder in ähnlicher Weise auf die Unterstützung durch einen Sponsor lediglich hinweist. Dieser Hinweis kann unter Verwendung des Namens, Emblems oder Logos des Sponsors, jedoch ohne besondere Hervorhebung erfolgen. So ist die bloße Prüfungsübernahme beim Turnier ohne weitere Wertgegenleistung kein wirtschaftlicher Geschäftsbetrieb und kann auch als Spende abgewickelt werden. Ein wirtschaftlicher Geschäftsbetrieb liegt dagegen vor, wenn die Körperschaft an den Werbemaßnahmen mitwirkt.

Wenn das Logo des Sponsors auf der Internetseite eines gemeinnützigen Vereins erscheint, stellt sich der Sachverhalt wie folgt dar: Kann durch einen Link auf das Logo des Sponsors zu den Werbeseiten der sponsornden Firma umgeschaltet werden, liegt eine Werbeleistung des Vereins vor, die zur Annahme eines steuerpflichtigen wirtschaftlichen Geschäftsbetriebes führt. Dagegen sind die Einnahmen des Vereins nicht steuerpflichtig, wenn die Internetseite zwar das Logo des Sponsors enthält, eine Umschaltung zu dessen Werbeseiten aber nicht möglich ist. Die Entscheidungen folgen den Grundsätzen, nach denen die vergleichbaren Sachverhalte in Vereinszeitschriften beurteilt werden. (Werbeseiten oder Werbebeilage des Sponsors: steuerpflichtiger wirtschaftlicher Geschäftsbetrieb, nur Logo: nach dem Sponsoring-Erlass unschädlich)

Aber selbst diese Einnahmen sind steuerfrei, wenn die Gesamteinnahmen der Körperschaft aus wirtschaftlichen Geschäftsbetrieben im Kalenderjahr die Freigrenze von 30.678,– EUR nicht überschreiten.

Ab dem Veranlagungszeitraum 2001 kann der Gewinn aus Werbetätigkeiten im wirtschaftlichen Geschäftsbetrieb pauschal mit 15% der Einnahmen angesetzt werden. Vorher gab es nur eine Ausgabenpauschale von 25% der Einnahmen, was in der Regel zu einem steuerpflichtigen Gewinn von 75% führte. Der Verein hat hier ein Wahlrecht.

❸ Eine dritte Möglichkeit, die Ertragsbesteuerung zu reduzieren bzw. zu vermeiden, ist die Ausschöpfung sämtlicher Ausgabe- bzw. Kostenmöglichkeiten im Rahmen der wirtschaftlichen Geschäftsbetriebe:
   – Der Reitlehrer des Vereins bekommt vertraglich die Pflicht auferlegt, im Rahmen seiner Tätigkeit für den Verein auch eine Aufsicht im Pensionspferdebereich wahrzunehmen. Somit lassen sich ohne weiteres 25 bis 30% seiner Personalkosten dem Bereich Pensionspferdehaltung zuordnen.
   – Das ehrenamtliche, unentgeltliche Engagement in unseren Vereinen ist sicherlich unverzichtbar und bildet die Basis unseres Sports. Es bieten sich aber auch hier Möglichkeiten, dem Verein Steuern sparen zu helfen. Denkbar

ist z.B., dass für die Bewirtung im Reiterstübchen der bisher ehrenamtlich Tätige als Teilzeitkraft eingestellt wird. Im Rahmen der Sozialversicherungspflichtgrenze (2002: 325,– EUR monatlich) kann diese Person beschäftigt werden. (vgl. Kapitel 11.2.6.1 geringfügige und kurzfristige Beschäftigungen) Es sollte nicht außer Acht gelassen werden, dass die ehrenamtlichen Arbeitnehmer den ausgezahlten Lohn dem Verein in Form einer Geldspende immer noch wieder zur Verfügung stellen können. Dieses Verfahren hat auf der einen Seite den Vorteil, dass der Arbeitnehmer eine steuerabzugsfähige Spendenbescheinigung erhält, der Verein auf der anderen Seite im Idealfall lediglich die pauschalierten Abgaben zu tragen hat. Hier können sich Vorteile ergeben, da diese Handhabung weniger Kosten verursachen kann, als die Körperschaft- und Gewerbesteuer, die ansonsten den Überschuss belasten würden.

Die zuvor dargestellten Möglichkeiten zeigen, dass es durchaus Gestaltungsvarianten gibt, um eine Ertragbesteuerung des Überschusses im wirtschaftlichen Geschäftsbetrieb zu vermeiden.

Nachfolgend soll anhand vereinfachter Beispielrechnungen der zuvor dargestellte Gestaltungsbereich veranschaulicht werden. Es wird dabei von den drei steuerlichen Bereichen im Verein ausgegangen. Im wirtschaftlichen Geschäftsbetrieb I wird von der Annahme ausgegangen, dass keine Pensionspferdehaltung betrieben wird. Weiter wird angenommen, dass die Werbung direkt verkauft wird und dass der ehrenamtliche Einsatz im Rahmen der Bewirtung unentgeltlich erfolgt. Beim wirtschaftlichen Geschäftsbetrieb II wird von der Annahme ausgegangen, dass zusätzlich ein Pensionsstall unterhalten wird. Im wirtschaftlichen Geschäftsbetrieb III werden dann die Gestaltungsmöglichkeiten, wie oben ausgeführt, aufgezeigt. Diese haben entsprechende Veränderungen im ideellen Bereich und der Vermögensverwaltung zur Folge. Umsatzsteuer und Solidaritätszuschlag werden aus Vereinfachungsgründen nicht berücksichtigt.

Vereinfachte Darstellung einer Gewinnermittlung durch Einnahme-/Überschussrechnung eines gemeinnützigen Reit- und Fahrvereins

A Ideeller Bereich und Vermögensverwaltung

A 1 Ideeller Bereich

	EUR	EUR
– Einnahmen		
Mitgliedsbeiträge	15.000,–	
Spenden	10.000,–	
Zuschüsse	2.000,–	27.000,–
– Ausgaben		
Anteil Personalkosten	1.000,–	
Sachkosten Mitgliederverwaltung	1.000,–	
Verbandsabgaben, Beiträge	2.000,–	
Mitgliederpflege, Öffentlichkeitsarbeit	2.000,–	
Jugendarbeit	1.000,–	– 7.000,–
Überschuss ideeller Bereich		20.000,–

A 2 Vermögensverwaltung

	EUR	EUR
– Einnahmen		
Zinserträge	3.000,–	
Mieteinnahmen Reitlehrerwohnung	3.000,–	6.000,–
– Ausgaben		
Bankgebühren	200,–	
Instandhaltungskosten	1.800,–	– 2.000,–
Überschuss Vermögensverwaltung		4.000,–
Steuerfreier Überschuss		24.000,–

B Zweckbetrieb „Sportliche Veranstaltungen" EUR   EUR

	EUR	EUR
– Einnahmen Turnier		
Nenn- und Startgelder	10.000,–	
Programme und Kopfnummern	2.000,–	
Sonstige Einnahmen	1.000,–	13.000,–
– Einnahmen Reitbetrieb		
Reitunterricht	15.000,–	
Pferdevermietung Mitglieder	4.000,–	19.000,–
Gesamteinnahmen Zweckbetrieb		**32.000,–**
– Ausgaben Turnier		
Geldpreise, Züchterprämien	10.000,–	
Ehrenpreise	1.000,–	
Aufwandsentschädigungen Richter, Parcoursbauer	3.000,–	
Ausgaben LK, Landwirte	4.000,–	
Sonstige Ausgaben	2.000,–	20.000,–
– Ausgaben/Kosten Reitbetrieb		
Personalkosten	15.000,–	
Futter, Einstreu	6.000,–	
Tierarzt, Hufschmied	1.000,–	
Kosten Reithalle (anteilige Abschreibungen, Zinsen, Instandhaltungen)	11.000,–	
Sonstige Kosten (Abschreibung Pferde, Reparatur, Ausrüstung, Versicherungen usw.)	4.000,–	37.000,–
Gesamtausgaben Zweckbetrieb		**57.000,–**
Fehlbetrag Zweckbetrieb sportliche Veranstaltungen		**– 25.000,–**

C Wirtschaftliche Geschäftsbetriebe I EUR   EUR

	EUR	EUR
– Einnahmen Bewirtung Turnier		10.000,–
– Einnahmen Casinobetrieb/ gesellige Veranstaltungen		12.000,–
– Einnahmen Werbung		
Prüfungen Turnier	5.000,–	
Banden	1.000,–	
Anzeigen	1.000,–	7.000,–
Gesamteinnahmen wirtschaftlicher Geschäftsbetrieb		**29.000,–**
– Ausgaben Bewirtung Turnier		
Wareneinkauf	3.000,–	
Sonstige Kosten	1.000,–	4.000,–

– Ausgaben Casinobetrieb/
gesellige Veranstaltungen

Wareneinkauf	5.000,–	
Anteilige Raumkosten	2.000,–	
Sonstige Kosten	1.000,–	8.000,–

Gesamtausgaben wirtschaftlicher Geschäftsbetrieb   – 12.000,–

Überschuss wirtschaftlicher Geschäftsbetrieb*)   17.000,–

*) steuerfrei, da Gesamteinnahmen aus wirtschaftlichen Geschäftsbetrieben weniger als 30.678,– EUR.

C Wirtschaftlicher Geschäftsbetrieb II

– Einnahmen Pensionsstall	40.000,–
– Einnahmen Bewirtung Turnier	10.000,–
– Einnahmen Casinobetrieb/ gesellige Veranstaltungen	12.000,–
– Einnahmen Werbung	7.000,–

Gesamteinnahmen wirtschaftlicher Geschäftsbetrieb   69.000,–

– Ausgaben/Kosten Pensionsstall

Futter, Einstreu	28.000,–	
Personalkosten, anteilig	7.000,–	
Anteil Zinsen	1.000,–	
Anteil Abschreibung	4.000,–	40.000,–

– Ausgaben Bewirtung Turnier

Wareneinkauf	2.000,–	
Sonstige Kosten	1.000,–	3.000,–

– Ausgaben Casinobetrieb/
gesellige Veranstaltungen

Wareneinkauf	2.000,–	
Anteilige Raumkosten	2.000,–	
– Sonstige Kosten	1.000,–	5.000,–

Gesamtausgaben wirtschaftlicher Geschäftsbetrieb   – 48.000,–

Überschuss wirtschaftlicher Geschäftsbetrieb	21.000,–
abzüglich Ertragsteuern*)	– 4.486,–
Überschuss nach Steuern	16.514,–

*) Überschuss	21.000,– EUR	
– Pauschalkosten Werbung (25% der Werbeeinnahmen)	– 1.750,– EUR	
– Freibetrag	– 3.835,– EUR	
ca. 40% von	15.415,– EUR	
= Steuerbelastung	6.166,– EUR	

oder alternativ:

*) Überschuss	21.000,– EUR
Werbeeinnahmen	– 7.000,– EUR
	14.000,– EUR
+ 15% der Werbeeinnahmen	+ 1.050,– EUR
von 7.000,– EUR	15.050,– EUR
Freibetrag	– 3.835,– EUR
ca. 40% von	11.215,– EUR
= Steuerbelastung	4.486,– EUR

C Wirtschaftlicher Geschäftsbetrieb III

	EUR	EUR
– Einnahmen Pensionsstall		40.000,–
– Einnahmen Bewirtung Turnier		10.000,–
– Einnahmen Casinobetrieb/ gesellige Veranstaltungen		12.000,–
Gesamteinnahmen wirtschaftlicher Geschäftsbetrieb		**62.000,–**
– Ausgaben/Kosten Pensionsstall		
Futter, Einstreu	28.000,–	
Personalkosten, anteilig	7.000,–	
Anteil Zinsen	1.000,–	
Anteil Abschreibung	4.000,–	40.000,–
– Ausgaben Bewirtung Turnier		
Wareneinkauf	3.000,–	
Personalkosten	2.000,–	
Sonstige Kosten	1.000,–	6.000,–
– Ausgaben Casinobetrieb/ gesellschaftliche Veranstaltungen		
Wareneinkauf	5.000,–	
Personalkosten	4.000,–	
Anteilige Raumkosten	2.000,–	
Sonstige Kosten	1.000,–	12.000,–
Gesamtausgaben wirtschaftlicher Geschäftsbetrieb		**– 58.000,–**
Überschuss wirtschaftlicher Geschäftsbetrieb		**4.000,–**

Überschuss wirtschaftlicher Geschäftsbetrieb   4.000,–
abzüglich Ertragsteuern (40% von 4.000,– EUR
./. 3.835,– EUR Freibetrag)   – 66,–

Überschuss nach Steuern   3.934,–

A Ideeller Bereich und Vermögensverwaltung II

A 1 Ideeller Bereich II

	EUR	EUR
– Einnahmen		
Mitgliedsbeiträge	15.000,–	
Spenden	18.580,–	
Zuschüsse	2.000,–	35.580,–
– Ausgaben		– 7.000,–
Überschuss ideeller Bereich II		28.580,–

A 2 Vermögensverwaltung II

	EUR	EUR
– Einnahmen		
Zinserträge	3.000,–	
Mieteinnahmen Reitlehrerwohnung	3.000,–	
Verpachtung Werberechte	7.000,–	13.000,–
– Ausgaben		
Bankgebühren	200,–	
Instandhaltungskosten	1.800,–	– 2.000,–
Überschuss Vermögensverwaltung II		11.000,–
Steuerfreier Überschuss		39.580,–

D Zusammenfassung I

	EUR
Überschuss ideeller Bereich	+ 20.000,–
Überschuss Vermögensverwaltung	+ 4.000,–
Fehlbetrag Zweckbetrieb	– 25.000,–
Überschuss wirtschaftlicher Geschäftsbetrieb	+ 17.000,–
Überschuss insgesamt	+ 16.000,–

D Zusammenfassung II

	EUR
Überschuss ideeller Bereich	+ 20.000,–
Überschuss Vermögensverwaltung	+ 4.000,–
Fehlbetrag Zweckbetrieb	– 25.000,–
Überschuss wirtschaftlicher Geschäftsbetrieb	+ 16.514,–
Überschuss insgesamt	+ 15.514,–

D Zusammenfassung III

	EUR
Überschuss ideeller Bereich	+ 28.580,–
Überschuss Vermögensverwaltung	+ 11.000,–
Fehlbetrag Zweckbetrieb	– 25.000,–
Überschuss wirtschaftlicher Geschäftsbetrieb	+ 3.934,–
Überschuss insgesamt	+ 18.514,–

Einsparung III zu II

	EUR
Steuerersparnis (4.486,– EUR ./. 66,– EUR)	+ 4.420,–
Pauschalierte Abgaben	– 800,–
Agenturprovision	– 620,–
	+ 3.000,–

Die Zusammenfassungen zeigen Folgendes:

Der wirtschaftliche Geschäftsbetrieb I hat Gesamteinnahmen in Höhe von 29.000,– EUR und liegt somit unterhalb der Gewichtigkeitsgrenze von 30.678,– EUR. Dieses hat zur Folge, dass der Überschuss in Höhe von 17.000,– EUR dem Verein steuerfrei verbleibt.

Im wirtschaftlichen Geschäftsbetrieb II kommen die Einnahmen und Ausgaben aus dem Pensionsstall hinzu, wobei der Einfachheit halber von kostendeckenden Einnahmen ausgegangen wird. Da nunmehr die Gewichtigkeitsgrenze überschritten ist, unterliegt der Überschuss aus wirtschaftlichem Geschäftsbetrieb in vollem Umfang der Ertragbesteuerung. Es fließen somit 4.486,– EUR an das Finanzamt ab.

Im wirtschaftlichen Geschäftsbetrieb III sind keine Werbeeinnahmen mehr aufgeführt, da die Werberechte an eine Agentur verpachtet wurden und diese Einnahmen abzüglich einer Agenturprovision nunmehr im Bereich der Vermögensverwaltung erscheinen (siehe Ideeller Bereich und Vermögensverwaltung II). Ferner erscheinen nunmehr Personalkosten im Bereich der Bewirtung Turnier- sowie des Casinobetriebes/der geselligen Veranstaltungen. Da die ehrenamtlich Beschäftigten ihren Lohn dem Verein wieder als Geldspende zu Verfügung stellen, finden sich diese Zahlungen im ideellen Bereich unter der Rubrik 'Spenden' wieder.

Die zuvor dargestellten Gestaltungen bringen für den Verein eine Steuerersparnis auf der einen Seite von 4.420,– EUR. Dem stehen auf der anderen Seite die abzuführende pauschalierte Abgaben in Höhe von 800,– EUR und die Agenturprovision von ebenfalls 620,– EUR gegenüber, sodass mit Hilfe von relativ einfachen Gestaltungen 3.000,– EUR einzusparen wären.

11.2.5   Umsatzsteuerliche Besonderheiten im Reit- und Fahrverein

11.2.5.1 Allgemeines

Die Einnahmen eines Reit- und Fahrvereins sind aus umsatzsteuerlicher Sicht in einen nichtunternehmerischen und in einen unternehmerischen Bereich aufzuteilen. Zum nichtunternehmerischen Bereich zählen die Einnahmen im ideellen Bereich wie z.B. Mitgliedsbeiträge, Spenden und Zuschüsse. Der unternehmerische Bereich beinhaltet die Vermögensverwaltung, den Zweckbetrieb und den wirtschaftlichen Geschäftsbetrieb. Für den unternehmerischen Bereich gelten die allgemeinen Bestimmungen des Umsatzsteuergesetzes. Danach hat der Verein als Unternehmer seine Leistungen zzgl. Umsatzsteuer dem Empfänger in Rechnung zu stellen.

Vereinfachungen sieht der Gesetzgeber für so genannte „Kleinunternehmer" vor. Danach unterliegt der Verein nicht der Umsatzsteuerpflicht, wenn die steuerpflichtigen Einnahmen aus dem unternehmerischen Bereich zzgl. Umsatzsteuer

unterhalb von 16.620,– EUR pro Jahr liegen. Auch im Zusammenhang mit dem Vorsteuerabzug, der ja nur dann möglich ist, wenn den Ausgaben auch steuerpflichtige Einnahmen zuzuordnen sind, hat der Gesetzgeber eine Vereinfachung für Vereine geschaffen. Danach ist eine eventuell notwendige Aufteilung des Vorsteuerabzuges im Verhältnis des unternehmerischen zum nichtunternehmerischen Bereich nicht mehr erforderlich, wenn der Verein im vorangegangenen Kalenderjahr nicht mehr als 30.678,– EUR steuerpflichtige Einnahmen hatte. Zur Berechnung der abziehbaren Vorsteuerbeträge gilt dann eine Pauschale von 7% der steuerpflichtigen Gesamteinnahmen. Auf diese Pauschalrechnung kann selbstverständlich auch verzichtet werden (siehe auch § 23 a UStG).

11.2.5.2 Ideeller Bereich und Vermögensverwaltung

Einnahmen im ideellen Bereich sind nicht steuerbar, d.h. sie brauchen nicht mit Umsatzsteuer versteuert zu werden, da diesen Einnahmen keine unmittelbaren Gegenleistungen durch den Verein zugrunde liegen. Erhebt z.B. ein Reit- und Fahrverein von einigen Mitgliedern (Privatpferdebesitzer) höhere Mitgliedsbeiträge für die Pferdeeinstellung, so sind diese höheren Beiträge nicht dem ideellen und damit nichtunternehmerischen Bereich zuzuordnen, sondern dem unternehmerischen Bereich des wirtschaftlichen Geschäftsbetriebes „Pensionspferdehaltung" und unterliegen der Umsatzsteuer. Unschädlich dagegen ist, wenn unterschiedliche Mitgliedsbeiträge erhoben werden z.B. für Jugendliche und Erwachsene, für aktive und passive Mitglieder, weil der Verein damit dem einzelnen Mitglied keine besondere Gegenleistung erbringt.

Die Vermögensverwaltung ist umsatzsteuerlich dem unternehmerischen Bereich zuzuordnen. Entgelte, die hier erhoben werden, sind grundsätzlich mit dem ermäßigten Steuersatz gem. § 12 Abs. 2 Nr. 8 UStG (z.Zt. 7%) in Rechnung zu stellen. Unter diese Regelung fallen z.B. die Einnahmen aus der Verpachtung von Rechten, wie z.B. Werberechte, Ausschankrechte u.Ä. Die Entgelte für die Reithallennutzung durch Mitglieder, ohne dass sonstige Leistungen wie z.B. Reitunterricht erbracht werden, sind mit dem ermäßigten Steuersatz in Rechnung zu stellen. Darüber hinaus gibt es Einnahmen im Rahmen der Vermögensverwaltung, die von der Umsatzsteuer befreit sind, wie z.B. Kapitaleinkünfte (Zinsen, Dividenden u.a.) sowie Einkünfte aus einer langfristigen Vermietung und Verpachtung von Grundstücken und Grundstücksteilen. Bei dem letzteren besteht jedoch auch die Möglichkeit, auf eine Befreiung von der Umsatzsteuer zu verzichten (§ 9 UStG). Ein Verzicht auf die Umsatzsteuerbefreiung kann dann von Vorteil sein, wenn größere Investitionen anfallen und der Verein aus den in Rechnung gestellten Leistungen nunmehr einen Vorsteuerabzug geltend machen möchte. Voraussetzung für den Verzicht ist jedoch, dass die Verpachtung an einen anderen Unternehmer, z.B. freiberuflichen Reitlehrer, erfolgt. Darüber hinaus ist der Verein 10 Jahre an diese Regelung gebunden. Das nachfolgende Beispiel soll die Vorteile eines Verzichts auf Umsatzsteuerbefreiung verdeutlichen:

Ein Reit- und Fahrverein erstellt Stallungen für Pensionspferde zu Gestehungs-kosten von 100.000,– EUR. Nach Fertigstellung verpachtet der Verein diese Stallun-gen an einen freiberuflichen Reitlehrer zu einem Pachtpreis von 12.000,– EUR pro Jahr. Mit der Pacht sind im Wesentlichen die Abschreibungen sowie die Zinsauf-wendungen verdient. Der Verein optiert nun gem. § 9 UStG, d.h. er verzichtet auf die Umsatzsteuerbefreiung dieser Pachteinnahmen. Der Verein berechnet dem Reitlehrer nunmehr die Pacht zzgl. 7% Umsatzsteuer. Die Umsatzsteuer kann sich der Reitlehrer wiederum als Vorsteuer vom Finanzamt erstatten lassen, sodass ihm dadurch kein finanzieller Nachteil entsteht. Der Verein hat diese in Rechnung gestellte Umsatzsteuer an das Finanzamt abzuführen. Auf der anderen Seite hat der Verein nun das Recht, sich die ihm von allen Handwerkern in Rechnung gestellte Umsatzsteuer (so genannte Vorsteuer), die in der Regel 16% beträgt, vom Finanzamt erstatten zu lassen. Bei den zuvor genannten Herstellungskosten von 100.000,– EUR ergeben sich somit abzugsfähige bzw. erstattungsfähige Vorsteuern in Höhe von 16.000,– EUR, die dem Verein als zusätzliche Finanzierungshilfe die-nen können. Dazu kommen die jährlich anfallenden Reparatur- und Instand-haltungskosten, die ebenfalls mit 16% Umsatzsteuer belastet sind und die wieder-um erstattungsfähig sind.

Auch im Rahmen der oben angesprochenen Möglichkeiten, auf die Umsatzsteuer-pflicht zu verzichten, sollten die finanziellen Vorteile der Option berücksichtigt werden. In jedem Falle ist bei größeren Bauprojekten der sachkundige Rat eines Steuerberaters einzuholen.

11.2.5.3 Zweckbetrieb

Die Entgelte aus den verschiedenen Zweckbetrieben eines Reit- und Fahrvereins sind grundsätzlich mit dem ermäßigten Steuersatz von derzeit 7% in Rechnung zu stellen (z.B. Zuschauereinnahmen anlässlich von Turnierveranstaltungen, Ein-nahmen aus Anlagennutzung). Hierzu zählen ferner Geldpreise, die von vereins-eigenen Pferden anlässlich von Turnierteilnahmen gewonnen werden. Auch der Verkauf dieser Pferde ist mit dem ermäßigten Steuersatz zu belasten, da diese Pfer-de umsatzsteuerpflichtige Einnahmen im Rahmen des unternehmerischen Berei-ches erzielt haben. Die Einordnung in den unternehmerischen Bereich hat jedoch auch den Vorteil des bereits oben angesprochenen Vorsteuerabzugs aus den jewei-ligen Kostenrechnungen (z.B. Tierarzt, Futtermittel, Schmied).
Speziell für gemeinnützige Vereine sieht das Umsatzsteuergesetz Befreiungen von der Umsatzsteuer vor. Im Wesentlichen sind dies Entgelte, die im Rahmen des Reit-unterrichtes erhoben werden, wobei es keine Rolle spielt, ob dieser an Mitglieder oder auch an Nichtmitglieder erfolgt. Auch sämtliche Teilnehmergebühren, wie z.B. Nenn- und Startgelder, sind von der Umsatzsteuer befreit.

Es muss jedoch beachtet werden, dass keine Vorsteuern aus Rechnungen in Abzug gebracht werden dürfen, die im Zusammenhang mit umsatzsteuerbefreiten Einnahmen stehen. Ist eine konkrete Zuordnung von Kosten nicht möglich, so ist eine Vorsteueraufteilung im Verhältnis von steuerpflichtigen zu steuerfreien Einnahmen vorzunehmen (siehe aber auch die bereits angesprochene Vereinfachung im Rahmen der Vorsteueraufteilung). Das Vorgehen sollte auf jeden Fall im Voraus mit dem zuständigen Finanzamt abgestimmt werden.

11.2.5.4 Wirtschaftlicher Geschäftsbetrieb

Die einzelnen wirtschaftlichen Geschäftsbetriebe eines Reit- und Fahrvereins werden umsatzsteuerlich als einheitlicher Geschäftsbetrieb genauso behandelt wie jedes andere gewerbliche Unternehmen auch.

Danach sind grundsätzlich alle im Rahmen der wirtschaftlichen Geschäftsbetriebe erbrachten Lieferungen und Leistungen mit dem vollen Umsatzsteuersatz in Rechnung zu stellen. Ausnahmen hierbei sind Steuervergünstigungen, die das Umsatzsteuergesetz für die Pferdehaltung vorsieht. Danach unterliegen z.B. Einnahmen aus der Pensionspferdehaltung dem ermäßigten Steuersatz gem. § 12 Abs. 2 Nr. 3 UStG. Voraussetzung ist allerdings, dass hier eine einheitliche Leistung erbracht wird (Zurverfügungstellung der Box und Fütterung sowie Pflege der Pferde) (vgl. auch Kapitel 11.1.1.5 – Haltung und Pflege von fremden Pferden). Sind die Ergebnisse der wirtschaftlichen Geschäftsbetriebe in der Summe nicht positiv sondern negativ, ist darauf zu achten, dass dies nicht dauerhaft geschieht, denn nachhaltige Verluste in den wirtschaftlichen Geschäftsbetrieben stehen der Gemeinnützigkeit des Vereins entgegen. Wird lediglich die Box vermietet, bezieht der Verein Einnahmen im Rahmen der Vermögensverwaltung (Verpachtung von Grundstücken bzw. Grundstücksteilen).

Die Übersicht auf der nächsten Seite zeigt noch einmal die wesentlichen Vereinseinnahmen und deren umsatzsteuerliche Behandlung.

Wesentliche Vereinseinnahmen und ihre umsatzsteuerliche Behandlung

	nicht steuerbar	steuerbefreit Steuersatz	steuerpflichtig ermäßigter Steuersatz	voller
1. Ideeller Bereich/Vermögensverwaltung				
– Mitgliederbeiträge, Spenden, Zuschüsse	x			
– Kapitalerträge		(4 Nr. 8)		
– langfristige Vermietung von Grundstücken, Grundstücksteilen		(4 Nr. 12a)[1]		
– Verpachtung von Rechten (z.B. Werberechte)			(12,2 Nr. 8)	
2. Zweckbetrieb				
– Turniere – Zuschauereinnahmen – Nenn-, Startgelder		(4 Nr. 22b)	(12,2 Nr. 8)	
– Reitunterricht		(4 Nr. 22a)		
– Pferdevermietung an Mitglieder – im Reitunterricht – ohne sonstige Leistungen		(4 Nr. 22a)	(12,2 Nr. 2)	
– Erträge aus Anlagennutzung durch Mitglieder ohne sonstige Leistungen wie z.B. Reitunterricht			(12,2 Nr. 8)	
– Ausbildung von Pferden der Mitglieder – für Turniereinsatz – für sonstigen Einsatz		(4 Nr. 22b)	(12,2 Nr. 8)	
3. Wirtschaftlicher Geschäftsbetrieb				
– Pensionspferdehaltung – einheitliche Leistung – nur Box (langfristig) – übrige Leistungen		(4 Nr. 12a)	(12,2 Nr. 3)	(12,1)
– Reiterstübchen in Eigenregie				(12,1)
– Bewirtung in Eigenregie bei Turnierveranstaltungen				(12,1)
– gesellige Veranstaltungen				(12,1)
– Werbeeinnahmen (z.B. Bandenwerbung, Anzeigen) aus direktem Verkauf von Werberechten				(12,1)
– Pferdevermietung an Nichtmitglieder			(12,2 Nr. 2)	
– kurzfristige Reitanlagenvermietung an Nichtmitglieder ohne sonstige Leistungen				(12,1)

Der Klammerausdruck weist auf den entsprechenden Umsatzsteuergesetzestext hin
[1] Verzicht auf Steuerbefreiung möglich (§ 9 UStG)

11.2.6   Lohnsteuerliche und sozialversicherungsrechtliche Besonderheiten

11.2.6.1 Geringfügige und kurzfristige Beschäftigungen

Beschäftigt ein Reit- und Fahrverein Arbeitnehmer, so ist er als Arbeitgeber verpflichtet, die lohnsteuerlichen und sozialversicherungsrechtlichen Belange, die der Gesetzgeber vorschreibt, zu beachten. Vereinfachungen bestehen insbesondere im Rahmen der Beschäftigung von Aushilfskräften sowie Teilzeitbeschäftigten, z.B. für die Bewirtung anlässlich des Turniers oder im Rahmen eines Reiterstübchens. Der Gesetzgeber hat jedoch mit Wirkung ab 01.04.1999 die Sozialversicherungspflicht und in bestimmten Fällen die Besteuerung der geringfügig Beschäftigten verändert.

Demnach unterscheidet das Recht der Sozialversicherung zwischen drei Kategorien von geringfügigen Beschäftigungen. Dies sind:

❶ geringfügige, auf Dauer angelegte Alleinbeschäftigung als Arbeitnehmer mit einem Monatsentgelt von insgesamt regelmäßig nicht mehr als 325,– EUR.

❷ geringfügige Nebenbeschäftigung mit einem Entgelt bis zu 325,– EUR im Monat neben einem sozialversicherungspflichtigen Haupterwerb oder mehrere geringfügige Beschäftigungen

❸ kurzfristige Beschäftigung

Die Geringfügigkeitsgrenze von 325,– EUR gilt in Ost- und Westdeutschland einheitlich.

a) Sozialversicherung
Zu ❶
Eine geringfügig entlohnte Beschäftigung liegt dann vor, wenn die Beschäftigung regelmäßig an weniger als 15 Stunden wöchentlich ausgeübt wird und das Arbeitsentgelt regelmäßig im Monat 325,– EUR nicht überschreitet. Versicherungsfreiheit kann also grundsätzlich nur dann bestehen, wenn beide der genannten Voraussetzungen erfüllt werden. Wenn der Arbeitnehmer versicherungsfrei oder nicht versicherungspflichtig beschäftigt ist, muss der Arbeitgeber nach der neuen Gesetzeslage pauschale Versicherungsbeiträge abführen, und zwar **12%** vom Arbeitsentgelt an die **gesetzliche Rentenversicherung** und **10%** an die **gesetzliche Krankenversicherung**. Eine Ausnahme gilt bei der Krankenversicherung für geringfügig Beschäftigte, die nicht Mitglied einer gesetzlichen Krankenversicherung sind und auch nicht als Familienmitglied in einer Krankenkasse mitversichert sind. Für diese Personen muss der Arbeitgeber den pauschalen Rentenversicherungsbeitrag von 12% bezahlen, aber keine Krankenversicherungsbeiträge.
Arbeitnehmer in einer versicherungsfreien geringfügig entlohnten Beschäftigung können, allerdings nur hinsichtlich der Rentenversicherung, auf diese Versicherungsfreiheit verzichten. Der Verzicht muss schriftlich gegenüber dem Arbeitgeber erklärt werden. Er gilt für die gesamte Dauer der jeweils geringfügig entlohnten Beschäftigung, für die er erklärt wird, und kann nicht widerrufen werden. In diesen

Fällen ist der volle Beitrag zur Rentenversicherung zu zahlen. Der Arbeitgeber hat hier den Arbeitgeberanteil von 12% zu tragen, der Arbeitnehmer stockt den Restbetrag auf.

Zu ❷

Wenn der Arbeitnehmer im Hauptberuf sozialversicherungspflichtig ist, wird auch das Arbeitsentgelt aus einer geringfügigen Nebenbeschäftigung voll in die Beitragspflicht der Kranken,- Pflege,- und Rentenversicherung einbezogen. Arbeitgeber und Arbeitnehmer müssen dann für jede geringfügige Beschäftigung die Beiträge jeweils zur Hälfte tragen. Ein Arbeitnehmer, der mehrere geringfügige Beschäftigungen ausübt, dabei die 325,– EUR Grenze überschreitet oder die Beschäftigungen an mehr als 15 Stunden wöchentlich ausübt, unterliegt mit dem gesamten Arbeitsentgelt aus diesen Beschäftigungen der normalen Beitragspflicht. In der Arbeitslosenversicherung werden wie bisher nur mehrere geringfügig entlohnte Beschäftigungen zusammengerechnet nicht jedoch Entgelte aus Hauptbeschäftigungen und geringfügigen Beschäftigungen. Im Haupterwerb nicht sozialversicherungspflichtige Beamte und Selbstständige oder Pensionäre und Rentner werden wie die in Punkt 1 aufgeführten Arbeitnehmer behandelt, wenn diese monatlich insgesamt nicht mehr als 325,– EUR verdienen.

Zu ❸

Für kurzfristige Beschäftigungen (oder Saisonbeschäftigungen) bleibt es bei dem bisherigen Recht. Für Arbeitnehmer brauchen unabhängig vom Entgelt keine Sozialversicherungsbeiträge abgeführt zu werden, wenn das Beschäftigungsverhältnis auf längstens zwei Monate oder 50 Arbeitstage im Jahr begrenzt ist. Dabei muss die Beschäftigung aber entweder vertraglich oder nach Art des Beschäftigungsverhältnisses begrenzt angelegt sein und darf nicht berufsmäßig ausgeübt werden.

b) Besteuerung

Bei der Besteuerung von geringfügig Beschäftigten ist zwischen drei Alternativen zu unterscheiden:

Alternative 1:
*Steuerfreiheit im Steuerabzugsverfahren (**Freistellungsbescheinigung***)

Der Arbeitgeber darf das Arbeitsentgelt aus geringfügiger Beschäftigung nur dann steuerfrei ausbezahlen, wenn ihm eine Freistellungsbescheinigung des Finanzamtes vorliegt. Diese beantragt der geringfügig Beschäftigte bei dem für ihn zuständigen Wohnsitzfinanzamt. Er muss dabei erklären, dass er neben dem Arbeitsentgelt aus geringfügiger Beschäftigung keine weiteren in der Summe positiven Einkünfte bezieht. Der Arbeitslohn des Arbeitnehmers für ein geringfügiges Arbeitsverhältnis wird nur unter der Voraussetzung steuerfrei gestellt, dass für den jeweiligen Lohnzahlungszeitraum ein pauschaler Arbeitgeberbeitrag zur Rentenversicherung in Höhe von 12% des Arbeitslohns zu entrichten ist.

Alternative 2:
Besteuerung nach der Lohnsteuerkarte
Das Arbeitsentgelt kann auch – wie bisher – nach Maßgabe einer vorgelegten Lohn-steuerkarte versteuert werden. Die Höhe des Steuerabzuges ist dann entscheidend von der Lohnsteuerklasse abhängig. Ob Lohnsteuer zu zahlen ist, richtet sich nach der Höhe des zu versteuernden Einkommens. Erst wenn die Grundfreibeträge über-schritten werden, fallen Steuern an.

Alternative 3:
Pauschalbesteuerung
Geringfügige Beschäftigung:
Die Möglichkeit der Pauschalierung der Lohnsteuer für Teilzeitbeschäftigte durch den Arbeitgeber besteht weiterhin. Dies ist insbesondere von Bedeutung, wenn eine Steuerfreiheit nicht in Betracht kommt. Die Pauschalierung bei geringfügigen Beschäftigungen ist nur dann zulässig, wenn der Arbeitslohn bei monatlicher Zah-lung 325,– EUR nicht übersteigt. Mehrere Beschäftigungen werden dabei zusam-mengerechnet. Nicht zulässig ist die Pauschalierung bei Arbeitnehmern, deren Lohn durchschnittlich 12,– EUR je Arbeitsstunde übersteigt. Der pauschale Steuer-satz beträgt bei geringfügig Beschäftigten 20% der aus dem Beschäftigungsverhält-nis erhaltenen Einkünfte. Hinzu kommen Solidaritätszuschlag (z.Zt. 5,5% der pau-schalierten Lohnsteuer) sowie gegebenenfalls pauschalierte Kirchensteuer.

Kurzfristige Beschäftigung:
Der Arbeitgeber kann bei kurzfristig beschäftigten Arbeitnehmern die Lohnsteuer ohne Vorlage der Lohnsteuerkarte mit einem Pauschalsteuersatz von 25% erheben, wenn: – der Arbeitslohn täglich 62,– EUR nicht übersteigt,
     – die Beschäftigung über 18 zusammenhängende Arbeitstage nicht
       hinausgeht und
     – der Stundenlohn höchstens 12,– EUR beträgt.

Hinzu kommen wie bei den geringfügig Beschäftigten der Solidaritätszuschlag (z.Zt. 5,5% der pauschalierten Lohnsteuer) sowie gegebenenfalls pauschalierte Kirchen-steuer. Für die Prüfung der Versicherungspflicht sind die kurzfristigen Beschäftigun-gen innerhalb eines Jahres (nicht Kalenderjahres) zusammenzurechnen.

11.2.6.2 Scheinselbstständigkeit

Am 01.01.1999 ist das „Gesetz zu Korrekturen in der Sozialversicherung und zur Sicherung der Arbeitnehmerrechte" in Kraft getreten. Dieses Gesetz, das das Thema der Scheinselbstständigkeit behandelt, kann auch in Reitvereinen zu erheblichen Auswirkungen führen. Die Vereine sind nun verpflichtet, sämtliche Verträge auf mögliche Arbeitsverhältnisse zu überprüfen.

Scheinselbstständigkeit eines Arbeitnehmers kann vorliegen wenn:

▨ regelmäßig keine versicherungspflichtigen Arbeitnehmer beschäftigt werden, deren Arbeitsentgelt aus dieser Beschäftigung 325,– EUR im Monat übersteigt,

▨ auf Dauer und im Wesentlichen nur für einen Auftraggeber gearbeitet wird,

▨ der Auftraggeber oder ein vergleichbarer Auftraggeber entsprechende Tätigkeiten regelmäßig durch von ihm Beschäftigte Arbeitnehmer erbringen lässt,

▨ die Tätigkeit der Person Merkmale unternehmerischen Handels nicht erkennen lässt,

▨ die Tätigkeit dem äußeren Erscheinungsbild nach der Tätigkeit entspricht, die sie zuvor aufgrund eines Beschäftigungsverhältnisses erbracht hat.

Sind mindestens drei dieser fünf Kriterien erfüllt, wird vermutet, dass sozialversicherungsrechtlich (nicht unbedingt lohnsteuerrechtlich) eine Arbeitnehmerschaft vorliegt, mit der Konsequenz, dass Sozialabgaben abzuführen sind. Die sozialversicherungsrechtliche Behandlung ist für das Einkommensteuerrecht bzw. Lohnsteuerrecht nicht zwingend bindend, jedoch ein Hinweis.

Wenn selbstständig tätige Personen im Zusammenhang mit ihrer selbstständigen Tätigkeit regelmäßig keinen versicherungspflichtigen Arbeitnehmer beschäftigen, dessen Arbeitsentgelt aus diesem Beschäftigungsverhältnis regelmäßig 325,– EUR monatlich übersteigt und auf Dauer und im Wesentlichen nur für einen Auftraggeber tätig sind, handelt es sich um einen so genannten arbeitnehmerähnlichen Selbstständigen. Für arbeitnehmerähnliche Selbstständige braucht der Auftraggeber keine Sozialabgaben zu bezahlen. Arbeitnehmerähnliche Selbstständige sind aber in der gesetzlichen Rentenversicherung versicherungspflichtig, wenn keine Befreiungsvorschrift greift. Zum besseren Verständnis: Eine Rentenversicherungspflicht als arbeitnehmerähnlicher Selbstständiger kommt nur in Betracht, wenn kein versicherungspflichtiges Beschäftigungsverhältnis besteht.

Existenzgründer, die als arbeitnehmerähnliche Selbsststständige eingestuft werden, sind für einen Zeitraum von 3 Jahren nach der erstmaligen Aufnahme einer selbstständigen Tätigkeit von der Rentenversicherungspflicht befreit. Eine Befreiungsvorschrift gibt es auch für arbeitnehmerähnliche Selbstständige, die das 58. Lebensjahr bereits vollendet haben. Für arbeitnehmerähnliche Selbstständige, die aufgrund der Regelungen versicherungspflichtig werden, waren weitere Befreiungsmöglichkeiten bis zum 30.06.2000 vorgesehen. Beispielhaft sei genannt, dass sich diejenigen von der Rentenversicherungspflicht befreien lassen konnten, die bereits mit einem öffentlichen oder privaten Versicherungsunternehmen einen Lebens- oder Rentenversicherungsvertrag abgeschlossen hatten, der so ausgestattet war, dass

▨ Leistungen für den Fall der Invalidität und des Erlebens des 60. oder eines höheren Lebensjahres sowie im Todesfall an Hinterbliebene erbracht werden und

▨ für die Versicherung mindestens so viel Beiträge aufzuwenden waren, wie Beiträge zur Rentenversicherung zu zahlen wären.

11.2.6.3 Übungsleiter

Die Beurteilung, ob ein Übungsleiter seine Tätigkeit als Selbstständiger oder in einem Beschäftigungsverhältnis ausübt, richtet sich nach den Umständes des Einzelfalls. Kriterien für eine selbstständige Tätigkeit sind:

▪ Durchführung des Trainings in eigener Verantwortung, d.h. der Übungsleiter legt Dauer, Länge und Inhalte des Trainings selbst fest und stimmt sich wegen der Nutzung der Sportanlagen selbst mit anderen Beauftragen des Vereins ab.

▪ Je geringer der zeitliche Aufwand des Übungsleiters und je geringer seine Vergütung ist, desto mehr spricht für seine Selbstständigkeit.

Je größer dagegen der zeitliche Aufwand und je höher die Vergütung des Übungsleiters ist, desto mehr spricht für eine Eingliederung in den Verein und damit für eine abhängige Beschäftigung. Anhaltspunkte für die Annahme eines Beschäftigungsverhältnisses sind auch vertragliche, mit dem Verein vereinbarte Ansprüche auf durchgehende Bezahlung bei Urlaub oder Krankheit sowie Ansprüche auf Weihnachtsgeld oder vergleichbare Leistungen. Entscheidend für die versicherungsrechtliche Beurteilung ist in jedem Falle eine Gesamtwürdigung aller im konkreten Einzelfall vorliegenden Umstände.

Sind die Voraussetzungen für die Selbstständigkeit des Übungsleiters erfüllt, besteht bei einer Tätigkeit von weniger als 15 Stunden pro Woche und einem Verdienst bis 479,– EUR monatlich keine Beitrags- und Meldepflicht in der Sozialversicherung mehr. Der Betrag von 479,– EUR ergibt sich aus der Zusammenrechnung des auf Monate umgerechneten Übungsleiterfreibetrages von 154,– EUR nach § 3 Nr. 26 EstG (insgesamt 1.848,– EUR jährlich) und der Grenze für geringfügige Beschäftigungen von monatlich 325,– EUR.

Steuerlich wird diese Regelung jedoch nicht vollständig übernommen. Es bleibt hier dabei, dass Übungsleiter nur dann als Selbstständig anzusehen sind, wenn sie in der Woche nicht mehr als 6 Stunden tätig werden. Folgende Übersicht zeigt die lohnsteuerliche Behandlung, wenn der Übungsleiter die 6-Stunden-Grenze überschreitet.

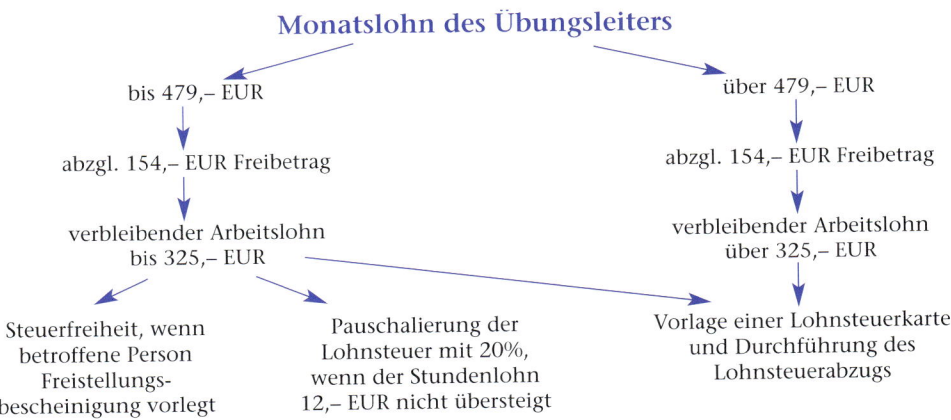

Beispiel 1:

Ein Übungsleiter ist in einem gemeinnützigen Sportverband wöchentlich 5 Stunden nebenberuflich tätig. Er erhält eine monatliche Vergütung von 479,– EUR.

Der Übungsleiter ist sozialversicherungsrechtlich selbstständig tätig, da er wöchentlich weniger als 15 Stunden arbeitet und nach Abzug der steuerfreien Einnahme von 154,– EUR nicht über 325,– EUR an monatlicher Vergütung erhält. Auch lohnsteuerlich ist der Übungsleiter selbstständig tätig, da er weniger als 6 Stunden arbeitet. Es besteht für den Verein keine Anmelde- und Abgabepflicht. Für den Übungsleiter ist auch kein Lohnkonto zu führen. Das Ergebnis ist aber nur dann zutreffend, wenn davon ausgegangen werden kann, dass eine Gesamtwürdigung aller im konkreten Fall vorliegenden Umstände zu keiner anderen Beurteilung führen.

Der Übungsleiter muss seine Einnahmen in seiner Einkommensteuererklärung angeben, wenn die gesamten Einnahmen aus seinen Übungsleitertätigkeiten die Freibetragsregelung des § 3 Nr. 26 EstG (1.848,– EUR) übersteigen.

Beispiel 2:

Ein Übungsleiter ist in einem gemeinnützigen Verein wöchentlich 8 Stunden nebenberuflich tätig. Er erhält eine monatliche Vergütung von 479,– EUR.

Der Übungsleiter ist sozialversicherungsrechtlich selbstständig, da er wöchentlich weniger als 15 Stunden tätig ist und nach Abzug der steuerfreien Einnahme von 154,– EUR nicht über 325,– EUR an monatlicher Vergütung erhält. Steuerlich ist der Übungsleiter nicht selbstständig tätig, da er wöchentlich mehr als 6 Stunden tätig ist. Der Verein muss keine Sozialabgaben abführen, wohl aber pauschale Lohnsteuer, Solidaritätszuschlag und Kirchensteuer, wenn der Übungsleiter keine Freistellungsbescheinigung vorlegt. Der Verein muss für den Übungsleiter ein Lohnkonto führen.

Selbstständig Tätige unterliegen der Rentenversicherungspflicht, sofern sie im Zusammenhang mit ihrer selbstständigen Tätigkeit keinen versicherungspflichtigen Arbeitnehmer beschäftigen. Auch hier ist bei der Ermittlung des Arbeitseinkommens § 3 Nr. 26 EstG zu berücksichtigen.

11.2.7 Neuordnung des Spendenrechts

Zum 01.01.2000 ist ein in einigen wichtigen Punkten geändertes Spendenrecht in Kraft getreten. Dadurch haben jetzt alle gemeinnützigen Vereine die Möglichkeit, selbst Spendenquittungen (Bezeichnung nach neuem Recht Zuwendungsbestätigungen) auszustellen.

Mit der Neuordnung des Spendenrechts werden die Bedenken gegen die Verfassungsmäßigkeit des bisherigen Spendenrechts ausgeräumt. Außerdem war das bisherige Durchlaufspendenverfahren sehr verwaltungsaufwendig und belastete die Städte und Gemeinden durch die Abwicklung der Spendenzahlungen erheblich.

Das Durchlaufspenden-Verfahren kann jedoch auch weiterhin auf freiwilliger Basis angewandt werden.

a) Durchlaufspenden
Ab dem Veranlagungszeitraum 2000 ist das Durchlaufspendenverfahren nicht mehr anzuwenden.

Die Abschaffung des Durchlaufspendenverfahrens bedeutet, dass ab 01.01.2000 alle Vereine, die steuerbegünstigte Zwecke im Sinne des § 10 b Abs. 1 EStG fördern, zum unmittelbaren Empfang steuerlich abziehbarer Spenden und somit zum Ausstellen von förmlichen Spendenbestätigungen berechtigt sind. Im bisherigen Spendenrecht durften nicht alle gemeinnützigen Einrichtungen mit als förderungswürdig anerkannten Zweckbestimmungen auch selbst Spenden vereinnahmen und Bescheinigungen ausstellen. Dies galt insbesondere für Sportvereine, somit auch für die Reitervereine. Spenden an solche Vereine mussten im so genannten Durchlaufverfahren an eine Körperschaft des öffentlichen Rechts – in der Regel die Stadt oder Gemeinde – oder an eine öffentliche Dienststelle geleistet werden. Von dort wurden die Spenden an die begünstigten Vereine weitergeleitet und auch die Spendenbescheinigungen ausgestellt. Besondere Schwierigkeiten konnten sich aus diesem Verfahren bei den Sachspenden ergeben, weil grundsätzlich auch die Sachspenden als körperliche Gegenstände den Weg über das „Rathaus" nehmen mussten.

b) Neue Zwecke
Neben der Abschaffung des Durchlaufspendenverfahrens sind auch noch neue, als besonders förderungswürdige Zwecke aufgenommen oder bestehende Zwecke ergänzt worden.
Als neue spendenbegünstigte Zwecke sind u.a.
■ die Förderung des Schutzes von **Ehe und Familie** und
■ Förderung der **Kriminalprävention** hinzugekommen.

Dieser Beitrag soll sich jedoch auf die steuerlichen Verhältnisse in den Reitervereinen beschränken, deshalb kann sicherlich dieser kurze Hinweis hierzu genügen.

c) Mitgliedsbeiträge
Mitgliedsbeiträge sind nur bei Vereinen abziehbar, die bestimmte Zwecke fördern. Nach der Neuregelung werden die Mitgliedsbeiträge vom Abzug ausgeschlossen, aus denen überwiegend Leistungen gegenüber Mitgliedern erbracht werden oder in erster Linie im Hinblick auf eigene Freizeitgestaltung geleistet werden. Dazu zählen speziell Sport-, Heimat-, Karnevals- und Schützenvereine.
Umlagen und Aufnahmegebühren werden weiterhin wie Mitgliedsbeiträge behandelt. Reitervereine sind Sportvereine. Dies bedeutet, dass Mitgliedsbeiträge, Umlagen und ähnliche auf einer besonderen Vereinbarung beruhende Zahlungen an den Verein (z.B. Anlagennutzungsgebühren) nicht als Spende abziehbar sind.

d) Besondere Aufzeichnungspflichten

Der Gesetzgeber hat sich durch die erweiterte Spendenempfangs- und -bescheinigungskompetenz veranlasst gesehen, den gemeinnützigen Körperschaften ausdrücklich den erforderlichen Umfang des buchmäßigen Nachweises der Spenden vorzuschreiben. Die Aufzeichnungspflichten erstrecken sich auf die Vereinnahmung der Zuwendungen, ihre zweckentsprechende Verwendung und die Aufbewahrung des Doppels der Zuwendungsbestätigung. Bei den Sachzuwendungen und bei den Aufwandsspenden müssen sich aus den Aufzeichnungen auch die Grundlagen für den vom Empfänger/Verein bestätigten Wert der Zuwendung ergeben.

Die Aufzeichnungen der Körperschaften müssen deshalb Folgendes enthalten:
- Zeitpunkt der **Vereinnahmung** der Zuwendung
- Nachweis über die zweckentsprechende **Verwendung**
- Doppel der **Spendenbestätigung/Zuwendungsbestätigung**
- **Wertangaben** zu den Sach- und Aufwandsspenden

Der Gesetzgeber macht mit diesen zusätzlichen Verpflichtungen deutlich, dass die gemeinnützigen Einrichtungen ihre Aufwertung zum unmittelbaren Spendenempfänger nicht zum „Nulltarif" erhalten haben. Verstöße gegen die Aufzeichnungspflichten können den Verlust der Gemeinnützigkeit und eine Haftung des Vereins bzw. der für den Verein handelnden Personen zur Folge haben.

Was sind Spenden?
Zuwendungen (Geld oder Sachleistungen), die
- freiwillig und
- unentgeltlich geleistet werden,
- um mildtätigen, kirchlichen und gemeinnützigen Zwecken zu dienen.

Eine Wertabgabe aus dem geldwerten Vermögen des Spenders ist erforderlich, daher sind Nutzungsüberlassungen und Dienstleistungen keine Spenden.

Keine Spenden sind somit z.B.
- zinslose Gewährung eines Darlehens an den Verein,
- unentgeltliche Überlassung eines Grundstücks an den Verein zur Durchführung des Turniers,
- unentgeltliche Arbeitsleistungen für den Verein.

Die einem gemeinnützigen Verein zufließenden Spenden unterliegen bei ihm grundsätzlich nicht der Besteuerung, weil sie dem ideellen Tätigkeitsbereich zuzuordnen sind. Dabei ist es ohne Bedeutung, ob die Spender die Spenden steuerlich verwerten können oder nicht.
Trotzdem liegt die steuerliche Abzugsfähigkeit der Spenden auch im Interesse des Vereins, weil sie ihm in der Regel die Vereinnahmung von Spenden erleichtern.
Spenden sind nach § 10 b EStG Ausgaben bzw. Aufwendungen, die freiwillig und

unentgeltlich geleistet werden, somit muss der Spende eine Leistung des Spenden-gebers zugrunde liegen. Diese Ausgabe bzw. der Aufwand des Spendengebers darf aber beim Spender weder als Betriebsausgabe noch als Werbungskosten abzugs-fähig sein und muss darüber hinaus für einen im § 10 b EStG genannten Zweck, also z.B. für sportliche Zwecke, geleistet worden sein.

Spenden sind somit Ausgaben, die in Geld oder Geldeswert bestehen und beim Spendengeber abfließen. Beim Vermögen des Spenders muss eine objektiv mess-bare Vermögensminderung und beim Spendenempfänger eine objektiv messbare Vermögensmehrung eingetreten sein.

Es kann sich bei der Spende sowohl um eine Geld- als auch um eine Sachzuwen-dung handeln.

Sachspenden sind in einen Geldwert umzurechnen.

Eine Leistung ist immer dann unentgeltlich, wenn ihr keine Gegenleistung gegen-über steht bzw. zwischen Leistung und Gegenleistung kein unmittelbarer wirt-schaftlicher Zusammenhang gegeben ist. Damit ist als Spende z.B. nicht abzugs-fähig eine Geldleistung an eine gemeinnützige Organisation, wenn sie im Rahmen eines Strafverfahrens von einem Gericht auferlegt wurde. In diesen Fällen hat die Geldleistung den Charakter einer Geldbuße und ist deshalb keine Spende.

Die Spende muss freiwillig geleistet werden. Eine freiwillige Leistung liegt dann vor, wenn sie ohne rechtliche Verpflichtung erbracht wird.

Aus der Sicht des Vereines ist wichtig, dass die Verwendung der Spenden unmittel-bar für die begünstigten Zwecke erfolgt. Die Absicht, die im § 10 b EStG genannten Zwecke zu fördern, reicht nicht aus, es muss vielmehr tatsächlich eine unmittelbare Förderung der dort genannten Zwecke gegeben sein. Eine sofortige Verwendung der Spende für die begünstigten Zwecke wird aber vom Gesetzgeber nicht gefordert. Es ist zulässig, zunächst bestimmte Beträge anzusammeln und diese angesammel-ten Beträge für den begünstigten Zweck zu verwenden.

Die unmittelbare Verwendung der Spenden für die begünstigten Zwecke des Ver-eins liegt jedoch nicht vor, wenn die Spenden dem wirtschaftlichen Geschäftsbe-trieb zufließen.

Beispiel:
Der von einem Reiterverein selbst betriebene Pensionsstall erwirtschaftet Verluste. Zur Abdeckung dieser Verluste werden Spenden eingesetzt. Hierbei handelt es sich um eine schädliche Verwendung von Spenden.

Sachspenden

Auch nach dem neuen Spendenrecht sind Sachspenden zulässig. Als Sachspenden können alle Wirtschaftsgüter in Betracht kommen. Werden Sachspenden gewährt, muss der Spender dem Verein das Eigentum an der Sache verschaffen, hier gelten die zivilrechtlichen Grundsätze.

Wie bei der Geldspende muss die Sachspende unmittelbar zur Förderung der ge-meinnützigen Satzungszwecke des Vereins verwandt werden. Auch hier scheidet die Verwendung der Sachspende im steuerpflichtigen wirtschaftlichen Geschäfts-

betrieb aus, z.B. in der selbst durch den Verein betriebenen Gaststätte oder im Pferdepensionsstall.

Die Bewertung der Sachspende erfolgt grundsätzlich mit dem gemeinen Wert, dies ist in der Regel der im gewöhnlichen Geschäftsverkehr erzielbare Veräußerungspreis (Marktpreis), d.h. der Bruttopreis einschließlich Umsatzsteuer. Bei neu erworbenen Wirtschaftsgütern durch den Spender kann sicherlich als Spendenwert auch der durch eine Einkaufsrechnung nachgewiesene Einkaufspreis zugrunde gelegt werden. Für gebrauchte Wirtschaftsgüter bietet sich die Wertermittlung nach den ursprünglichen Anschaffungskosten unter Berücksichtigung des Alters, der noch vorhandenen Qualität sowie des allgemeinen Zustandes im Zeitpunkt der Spende an, dieser Wert kann letztendlich nur im Schätzungswege bzw. durch ein Gutachten ermittelt werden. Bei Zweifeln über die Höhe der Sachspende wäre beim Verein zu überlegen, ob der Zusatz „nach Angaben des Spenders" aufgenommen wird. Aus der Zuwendungsbestätigung muss sich neben der **genauen Bezeichnung** der Sachspende auch deren **Wert** ergeben.

Wird eine Sachspende aus einem Betriebsvermögen des Spenders entnommen, darf der ermittelte Wert für diese Spende den Teilwert bzw. den Buchwert zzgl. Umsatzsteuer im Zeitpunkt der Spende nicht überschreiten. Dies bedeutet, dass der Verein und der Spender ein gewisses Wahlrecht haben. Hier sollte in der Praxis eine Abstimmung zwischen Spender und Verein erfolgen.

Wichtig ist, dass die Entnahmen aus dem Betriebsvermögen, z.B. unentgeltlich dem Verein zur Verfügung gestellte Warenentnahmen, in der Buchführung des Spenders als Entnahme erfasst werden. Geschieht dieses nicht, tritt eine doppelte Auswirkung beim Spender ein.

Auf der einen Seite hat sich der als Betriebsausgabe berücksichtigte Zukauf der Ware/des Materials gewinnmindernd ausgewirkt und auf der anderen Seite erfolgt die Geltendmachung der Sachspenden im Rahmen der Sonderausgaben in der persönlichen Einkommensteuererklärung.

Beispiel:

Ein Baustoffhändler stellt seinem Reiterverein Baumaterial zur Errichtung der Reithalle mit einem Einkaufswert von 1.000,– EUR zzgl. Umsatzsteuer unentgeltlich zur Verfügung und erhält hierüber eine Zuwendungsbestätigung als Sachspende.

Wird beim Baustoffhändler diese Entnahme aus dem Betriebsvermögen nicht berücksichtigt, würde sich eine doppelte Auswirkung dadurch ergeben, dass der Zukauf des Baumaterials als Betriebsausgabe gebucht ist, der Vorsteuerabzug geltend gemacht wurde und auf der anderen Seite zusätzlich die Berücksichtigung der Spende als Sonderausgabe erfolgen kann.

Aufwandsspenden

Aufwandsspenden liegen dann vor, wenn ein Vereinsmitglied auf einen der Höhe nach angemessenen Erstattungsanspruch verzichtet, der

- durch einen besonderen Vertrag, durch die Satzung oder einen rechtsgültigen Vorstandsbeschluss eingeräumt worden ist,
- ernsthaft ist und nicht unter der Bedingung des Verzichts steht.

In Betracht kommen Fahrtkostenerstattungen, Mehraufwendungen für Verpflegung bei Dienstreisen, Telefonkosten usw.

Beispiel:
Die Satzung des Reitervereins enthält folgende Bestimmung
„Die Vorstandsmitglieder erhalten Ersatz ihrer Reisekosten in Höhe der nachgewiesenen und angemessenen Aufwendungen":
Die Vorstandsmitglieder A und B führen Fahrten mit dem eigenen Pkw für den Reiterverein durch und weisen diese durch entsprechende Aufzeichnungen nach. Die von A und B errechneten Fahrtkosten werden von Ihnen beim Reiterverein als Spende eingezahlt. Der Reiterverein zahlt die erhaltenen Beträge unmittelbar nach Erhalt an die Vorstandsmitglieder als Fahrtkostenerstattung aus.
Der Reiterverein darf über die eingezahlten Beträge den Vorstandsmitgliedern A und B eine Zuwendungsbestätigung erteilen.

Höchstbetrag für den Spendenabzug
Für den Abzug von Spenden lässt der Gesetzgeber nur gewisse Höchstbeträge zu:
- Ausgaben zur Förderung mildtätiger, kirchlicher und religiöser und der als besonders förderungswürdig anerkannten Zwecke
  - 5 v.H. des Gesamtbetrags der Einkünfte oder
  - 2 v.T. des gesamten Umsatzes (einschließlich steuerfreie und nicht steuerbare Umsätze) und der im Kalenderjahr aufgewendeten Löhne und Gehälter
- Für wissenschaftliche, mildtätige und besonders förderungswürdig anerkannte kulturelle Zwecke erhöht sich der Prozentsatz um weitere 5 v.H.

Beispiel:
Vereinsmitglied A erzielt im Jahre 2001 aus seiner Arbeitnehmertätigkeit und aus Einkünften aus Vermietung und Verpachtung einen Gesamtbetrag der Einkünfte von 80.000,– EUR.
Er möchte seinem Reiterverein eine Spende in Höhe von 5.000,– EUR zuwenden.
Weiterhin spendet er 1.000,– EUR an eine Einrichtung, die mildtätige Zwecke verfolgt.

Können die **Spenden in voller Höhe** steuerlich abgesetzt werden?

Lösung:
Die Spende an den Reiterverein ist auf 5 v.H. von 80.000,– EUR, somit auf 4.000,– EUR begrenzt. Eine Zahlung der Spende verteilt auf 2 Jahre hätte ggf. den vollen Abzug ermöglicht.
Die Spende für mildtätige Zwecke kann in voller Höhe abgesetzt werden, da für diese Zwecke die zusätzliche Erhöhung von 5 v.H. gilt.

Dieselben Abzugsbegrenzungen gelten auch bei der Körperschaftsteuer und Gewerbesteuer, allerdings mit der Maßgabe, dass an die Stelle des Gesamtbetrages der Einkünfte bei der Körperschaftsteuer das Einkommen und bei der Gewerbesteuer der Gewinn aus Gewerbebetrieb tritt.

Die Spenden sind im Rahmen dieser Höchstbeträge im Kalenderjahr des Abflusses (der Zahlung) abziehbar. Für Reitervereine hat die Verteilung von Großspenden (Einzelzuwendungen von mindestens 25.565,– EUR) keine Bedeutung, da eine Verteilung dieser Großspenden nur für die Förderung wissenschaftlicher, mildtätiger und kultureller Zwecke unter bestimmten, gesetzlich genau festgelegten Voraussetzungen auf mehrere Jahre in Betracht kommt.

Voraussetzung für die Anerkennung der Spende durch das Finanzamt beim Spender ist grundsätzlich die Vorlage einer förmlichen Zuwendungsbestätigung nach amtlich vorgeschriebenem Muster.

Das Beispiel einer Zuwendungsbestätigung für eine Geldspende ist nachstehend dargestellt.

Zuwendungsbestätigungen eines gemeinnützigen Vereins, in denen das angegebene Datum des Steuer- oder Freistellungsbescheides länger als 5 Jahre bzw. das Datum der vorläufigen Bescheinigung länger als 3 Jahre seit dem Tag der Ausstellung der Zuwendungsbescheinigung zurückliegt, genügen nicht den Anforderungen und können daher nicht als ausreichender Nachweis für den Spendenabzug anerkannt werden.
Die betreffenden Vereine sollten deshalb darauf achten, dass sie zeitnah die Steuererklärungen dem Finanzamt einreichen und somit die Erteilung des Freistellungsbescheides bzw. bei teilweiser Steuerpflicht des Steuerbescheides erreichen.

Nur wenn die Zuwendung 50,– EUR nicht übersteigt, genügt als Nachweis anstelle der förmlichen Zuwendungsbestätigung der Zahlungsbeleg mit entsprechend vorgegebenen zusätzlichen Angaben.

Steuerliche Pflichten des Vorstandes
Die Vorstände von Vereinen haben die steuerlichen Pflichten des von ihnen vertretenen Vereins zu erfüllen. Sie müssen insbesondere dafür sorgen, dass Steuererklärungen abgegeben und festgesetzte Steuern aus den von ihnen verwalteten Mitteln pünktlich entrichtet werden. Dabei haftet der Vorstand persönlich, wenn er schuldhaft diese steuerlichen Pflichten verletzt hat und dadurch Steuern des Vereins verkürzt werden (§ 69 AO).

Ein eingetragener Verein wird durch den Vorstand, der die Stellung eines gesetzlichen Vertreters hat, gerichtlich und außergerichtlich vertreten. Zu beachten ist, dass die Vertretungsbefugnis, und damit auch eine evtl. Haftung, nur für den Vor-

stand im Sinne des BGB gilt. Daher sollte im eigenen Interesse die Satzung klar zum Ausdruck bringen, welche Personen zum Vorstand in diesem Sinne und welche zu einem so genannten erweiterten Vorstand gehören.

Sind mehrere gesetzliche Vertreter des Vereins bestellt, so trifft jeden von ihnen die Pflicht zur Geschäftsführung im Ganzen, das heißt, dass grundsätzlich jeder von ihnen alle steuerlichen Pflichten zu erfüllen hat. Der Grundsatz der Gesamtvertretung eines jeden gesetzlichen Vertreters verlangt zumindest eine gewisse Überwachung der Geschäftsführung im Ganzen. Aus ihr folgt ferner eine solidarische Verantwortung aller Vorstandsmitglieder für die ordnungsgemäße Erfüllung der steuerlichen Verpflichtungen.
Wenn der Vorstand aus mehreren Personen besteht, kann die Geschäftsführung aufgeteilt und ein Mitglied des Vorstandes die Wahrnehmung der steuerlichen Pflichten übernehmen.
Dadurch wird die Verantwortung der übrigen Vorstandsmitglieder begrenzt, aber nicht völlig aufgehoben.

Diese Begrenzung erfordert aber eine vorweg getroffene, eindeutige und deshalb schriftliche Klarstellung, wer für welchen Bereich zuständig ist. Für die übrigen Vorstandsmitglieder besteht aber weiterhin eine Überwachungsverpflichtung.
Eine Begrenzung der Verantwortung kommt daher nur solange und soweit zum Tragen, als die übrigen Vorstandsmitglieder ihre bestehende Überwachungspflicht nicht verletzen. Dies ist solange der Fall, wie kein Anlass besteht, an der ordnungsgemäßen Erfüllung der steuerlichen Pflichten durch den per Geschäftsverteilung hierfür zuständigen Vertreter zu zweifeln.

Nach der Neuregelung des Spendenrechtes ab dem 01.01.2000 sollte innerhalb des Vorstandes eine Entscheidung darüber getroffen werden, wer die Verantwortung für die Erteilung der Zuwendungsbestätigungen trägt, somit die Zuwendungsbestätigungen ausfüllt, unterschreibt, aushändigt und die damit verbundenen Aufzeichnungspflichten erfüllt. In kleineren Vereinen kann diese zusätzlichen Aufgaben der vertretungsberechtigte Vorstand übernehmen.
In vielen Fällen ist jedoch ein nicht vertretungsberechtigtes Mitglied, z.B. der Kassenwart oder der Schriftführer, mit diesen Vorgängen befasst. Wichtig ist, dass diese Person zur Ausstellung der Zuwendungsbestätigungen bevollmächtigt wird. Empfehlenswert ist auf jeden Fall ein schriftlich dokumentierter Vorstandsbeschluss, aus dem klar hervorgeht, wer außerhalb des vertretungsberechtigten Vorstandes Zuwendungsbestätigungen ausstellen darf. Wenn also der Vorstand sich aus verständlichen Gründen um diesen Bereich nicht kümmern kann oder möchte, muss die Vertretungsbefugnis und die damit erteilte Vollmacht für spätere Rückfragen dokumentiert sein. Grundsätzlich kann jede Vertrauensperson im Verein mit diesen Aufgaben betraut und entsprechend bevollmächtigt werden.

Warnen kann man nur davor, unterschriebene Blanko-Zuwendungsbestätigungen zum jeweiligen Gebrauch in Umlauf zu geben. Treten dann später Probleme auf, weil es sich z.B. nicht um eine freiwillige Zuwendung handelt, sondern eine Gegenleistung wie z.B. Werbung damit verbunden war, kann später auf den Verein eine Spendenhaftung zukommen. Gleiches kann auch für zu großzügige Beträge bei Sachspenden gelten.

Spendenhaftung

Wer vorsätzlich oder grob fahrlässig eine unrichtige Bestätigung über Spenden oder Mitgliedsbeiträge ausstellt (so genannte **Ausstellerhaftung**),

Beispiele:
- eine ordentliche Zuwendungsbestätigung wird gezielt mit falschen Angaben gefertigt
- es handelt sich nicht um eine Spende, da eine Gegenleistung besteht
- Sachspenden werden zu hoch bewertet

oder

wer veranlasst, dass Zuwendungen nicht zu den in der Bestätigung angegebenen steuerbegünstigten Zwecken verwendet werden (so genannte **Veranlasserhaftung**),

Beispiele:
- Spendenmittel werden in einem steuerpflichtigen wirtschaftlichen Geschäftsbetrieb verbraucht, z.B. bei einem Reiterverein zur Abdeckung des Verlustes aus der Pferdepensionshaltung
- Vereinsmitgliedern werden unzulässige Zahlungen gewährt haftet für die entgangene Steuer.

Folge:
Haftung bei Ertragsteuern in Höhe von 40% der Spenden und Haftung bei der Gewerbesteuer in Höhe von 10% der Spenden.

Neben diesen erheblichen Steuerzahlungen besteht für den Verein die Gefahr, die Gemeinnützigkeit zu verlieren.

Reit- und Fahrverein Musterstadt e.V.

Musterweg 1, 22222 Musterstadt

Bestätigung

über Zuwendungen im Sinne des § 10 b des Einkommensteuergesetzes an eine der in § 5 Abs. 1 Nr. 9 des Körperschaftsteuergesetzes bezeichneten Körperschaften, Personenvereinigungen oder Vermögensmassen.

Art der Zuwendung: **Geldzuwendung**

Name und Anschrift des Zuwendenden:

Betrag der Zuwendung in Ziffern / in Buchstaben / Tag der Zuwendung

---

Es handelt sich nicht um den Verzicht auf die Erstattung von Aufwendungen.

Wir sind wegen Förderung des Sports nach dem letzten uns zugegangenen Freistellungsbescheids des Finanzamtes Musterhausen, St. Nr. 300/3000/3000 vom 17.04.1998 für die Jahre 1995 bis 1997 nach § 5 Abs. 1 Nr. 9 KStG von der Körperschaftsteuer befreit.

Es wird bestätigt, dass es sich nicht um Mitgliedsbeiträge, sonstige Mitgliedsumlagen oder Aufnahmegebühren handelt und die Zuwendung nur zur Förderung des Sports im Sinne der Anlage 1 – zu § 48 Abs. 2 Einkommensteuer-Durchführungsverordnung – Abschnitt B Nr. 1 verwendet wird.

Musterstadt, den

Hinweis:
Wer vorsätzlich oder grob fahrlässig eine unrichtige Zuwendungsbestätigung erstellt oder wer veranlasst, dass Zuwendungen nicht zu den in der Zuwendungsbestätigung angegebenen steuerbegünstigten Zwecken verwendet werden, haftet für die Steuer, die dem Fiskus durch einen etwaigen Abzug der Zuwendungen beim Zuwendenden entgeht (§ 10 b Abs. 4 EStG, § 9 Abs. 3 KStG, § 9 Nr. 5 GewStG).
Diese Bestätigung wird nicht als Nachweis für die steuerliche Berücksichtigung der Zuwendung anerkannt, wenn das Datum des Freistellungsbescheides länger als 5 Jahre zurückliegt (BMF vom 15.12.1994 – BStBl I S. 884)

Sponsoring

In der Vereinspraxis ist eine klare Abgrenzung zwischen den als Spenden anzusehenden freigebigen Zuwendungen und den Einnahmen aus dem eigentlichen Sponsoring erforderlich.

Im Unterschied zu Spenden werden Sponsoring-Einnahmen im engeren Sinne nicht unentgeltlich geleistet, sondern sind ein Entgelt für Werbung. Sponsor und gemeinnützige Körperschaft verpflichten sich hierbei vertraglich zu **gegenseitigen Leistungen** mit dem Ziel, durch die Partnerschaft das Image des Unternehmens in der Öffentlichkeit zu sichern oder zu verbessern. Dies kann sowohl in der Weise geschehen, dass die gemeinnützige Körperschaft auf Plakaten, Veranstaltungshinweisen oder in Veranstaltungskatalogen bzw. Programmheften auf das Unternehmen des Sponsors oder dessen Produkte werbewirksam hinweist oder der Sponsor selbst in der Öffentlichkeit durch Hinweis auf die Partnerschaft mit der gemeinnützigen Körperschaft wirbt. Der einfache Hinweis unter Verwendung des Namens, Emblems oder Logos des Sponsors, jedoch ohne besondere Hervorhebung, führt bei dem steuerbegünstigten Empfänger zu Einnahmen im ideellen Bereich. Ein wirtschaftlicher Geschäftsbetrieb liegt dagegen vor, wenn die Körperschaft an den Werbemaßnahmen mitwirkt. Beim **Sponsor** sind die Leistungen an die gemeinnützige Körperschaft **Betriebsausgaben**; es sei denn, es besteht ein krasses Missverhältnis zwischen den Leistungen des Sponsors und dem zu erreichenden Werbeeffekt.

Zusammenfassung

Zur Vermeidung von wirtschaftlichen Nachteilen in den Vereinen sollte eine fehlerhafte Anwendung der Grundsätze des Spendenrechtes vermieden werden, die den Vereinen zusätzlich eingeräumten Kompetenzen sind sehr sorgfältig zu beachten:
- Der Verein sollte eine Vertrauensperson mit diesem Aufgabenbereich betrauen.
- Spenden sind nur Geld- und Sachzuwendungen, denen keine Leistungen des Vereins gegenüberstehen.
- Spenden müssen freiwillig und unentgeltlich geleistet werden.
- Der Spender darf auf die Richtigkeit der Zuwendungsbestätigung vertrauen. Die Zuwendungsbestätigung muss nach amtlich vorgeschriebenem Muster ausgestellt und grundsätzlich von mindestens einer durch Satzung oder besonderen Auftrag des Vereins zur Entgegennahme von Zahlungen berechtigten Person unterschrieben werden.
- Der Verein hat die entsprechenden Aufzeichnungspflichten zu beachten und von jeder Zuwendungsbestätigung ein Doppel aufzubewahren.
- Bei Sachzuwendungen und beim Verzicht auf die Erstattung von Aufwendungen sind einige Besonderheiten zu beachten.
- Der Aussteller/Verein der Zuwendungsbestätigung (Spendenbescheinigung) haftet gegenüber dem Fiskus für entgangene Steuerbeträge, wenn die Zuwendungsbestätigung vorsätzlich unrichtig oder grob fahrlässig erstellt wurde, außerdem tritt die Haftung ein bei falschem Einsatz der zugewandten Beträge.

- Die Höhe der Haftung beträgt 40% der zugewandten Beträge zzgl. evtl. Gewerbesteuer.
- Der Verein sollte regelmäßig darauf achten, dass der letzte Freistellungsbescheid nicht älter als 5 Jahre ist (bei vorläufiger Freistellung 3 Jahre). Sonst geht die Berechtigung verloren, Zuwendungsbestätigungen auszustellen.

Fazit

Steuern im Reit- und Fahrverein werden auch künftig die ehrenamtlichen Vorstände beschäftigen. In jedem Falle ist es notwendig, dass eine fachkompetente Person die jeweiligen Vereinsaktivitäten aus steuerlicher Sicht betrachtet und im Interesse des Vereins entsprechend gestaltet. Das frühzeitige Gespräch mit einem fachkundigen Steuerberater ist ab einer bestimmten Vereinsgröße unumgänglich.

Kostenrechnung
und Betriebsplanung

Zum Unternehmen gehören nicht nur Ackerbau und Tierhaltung, sondern auch andere Aktivitäten, wie z.B. ein Bauernhofcafé, Anlagen zur Energiegewinnung usw. Das Unternehmen wird deshalb als „landwirtschaftlich geprägtes Unternehmen" definiert.

Der Reitbetrieb ist eine wirtschaftliche Einheit, die aus verschiedenen Betriebszweigen bestehen kann. Kostenrechnungen und Betriebsplanungen können für das gesamte Unternehmen, einzelne Betriebszweige oder Produktionsverfahren vorgenommen werden.

12.1 Erträge und Aufwendungen

Soll mit einem Unternehmen erfolgreich gewirtschaftet werden, so ist Voraussetzung, dass die in einem Zeitraum, z.B. in einem Jahr, erzielten betrieblichen Erträge die im gleichen Zeitraum angefallenen betrieblichen Aufwendungen übersteigen.

■ Zu den betrieblichen Erträgen gehören die Umsatzerlöse, z.B. aus Pensions- und Gastpferdeunterbringung, aus Reithallen-, Pferdevermietung und Reitunterricht sowie aus dem Verzehr in der Reiterstube, aus Pferdeverkäufen, aber auch aus Bestandsveränderungen, Zuschüssen usw.

■ Zu den betrieblichen Aufwendungen zählen Material- und Personalaufwand, Abschreibungen, das sind die jährlichen Wertminderungen von Wirtschaftsgebäuden, Reithalle, Maschinen und unter Umständen auch Pferden. Dazu gehören auch die anfallenden Reparaturen, Versicherungen, Haftpflichtbeiträge, Strom, Wasser, Heizung, Fremdlöhne, Sozialabgaben, Zukäufe von Tieren, Futter, Einstreu, Sattelzeug, Zahlungen an den Tierarzt usw.

Sind die betrieblichen Erträge höher als die betrieblichen Aufwendungen, so ist das Betriebsergebnis in diesem Zeitraum positiv. Sind die betrieblichen Aufwendungen höher als die betrieblichen Erträge, so ist das Betriebsergebnis in diesem Zeitraum negativ. Das verdeutlicht die folgende Darstellung:

Betriebliche Erträge und betriebliche Aufwendungen im Unternehmen

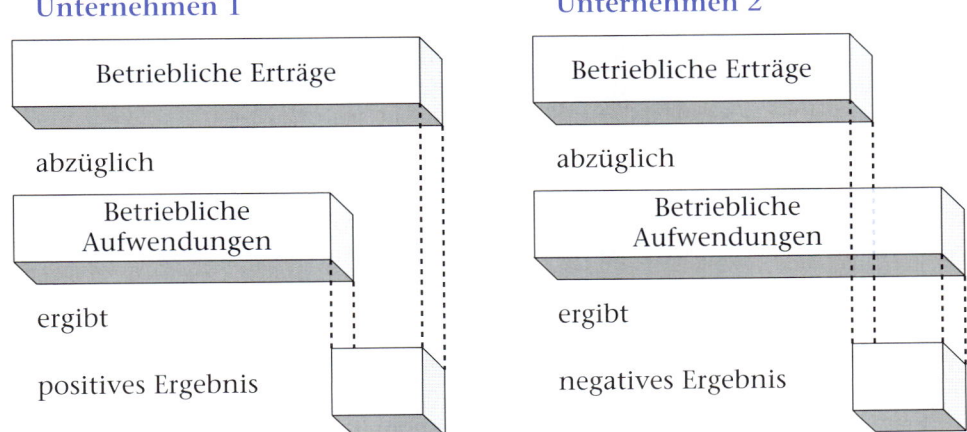

Die Mehr- und Minderbestände an Tieren und Futtervorräten werden exakt an einem Stichtag nach Ablauf des Zeitraumes (in der Regel nach einem Jahr) ermittelt. Buchführungsunterlagen mit Anfangs- und Schlussbilanz des Buchführungsjahres sind deshalb zur exakten Feststellung des Betriebsergebnisses im Reitbetrieb erforderlich.

Voraussetzung für eine funktionierende Unternehmensabrechnung ist eine geordnete Büroorganisation. Betriebliche Aufzeichnungen oder Belege, die verloren gehen oder aus dem Chaos erst wieder auftauchen, nachdem bereits Rückschlüsse aus fehlerhaften Unternehmensabrechnungen gezogen wurden, sind wertlos.

Ebenso wertlos sind ständige Aufzeichnungen, wenn sie in der Unternehmensführung nicht für Analysen, Planungen und Entscheidungen verwertet werden.

12.2 Rentabilität

Die folgende Abbildung zeigt die Erfolgsbegriffe der Unternehmensrentabilität, die mit Einführung des novellierten Jahresabschlusses in den Jahren 1995/96 neu definiert wurden. Dieser Jahresabschluss gilt jetzt sowohl für landwirtschaftliche als auch für gewerbliche Unternehmen.

Das aus betrieblichen Erträgen und Aufwendungen abgeleitete Betriebsergebnis wird ergänzt um das Finanzergebnis, außerordentliche Ergebnis und Steuerergebnis und ergibt den Gewinn bzw. Jahresüberschuss oder Verlust bzw. Jahresfehlbetrag. Der in der Abbildung ausgewiesene Begriff „ordentliches Ergebnis" hat den Begriff

„Zeitraumechter Gewinn" ersetzt. Diese Abrechnungsschritte sind im Buchführungsabschluss zu finden.

Vom ordentlichen Ergebnis können für Einzelunternehmen oder Personengesellschaften Erfolgsbegriffe abgeleitet werden, die zur Beurteilung der Wettbewerbsfähigkeit der Pferdehaltung oder des Reitbetriebes große Bedeutung haben.

Wenn Pferdehaltung bzw. Reitbetrieb im Unternehmen einen großen Anteil haben und nicht nur einer von mehreren Betriebszweigen sind, kann deren Rentabilität aus diesen Unternehmensergebnissen direkt oder größtenteils abgeleitet werden.

Bei der Ermittlung und Interpretation der verschiedenen Ergebnisse ist zu prüfen, was aus den folgenden Bereichen der Pferdehaltung oder anderen Unternehmensaktivitäten zuzurechnen ist.

Erträge	Aufwendungen
– Betriebliche Erträge	– Betriebliche Aufwendungen
– Finanzerträge	– Finanzaufwendungen
– Außerordentliche Erträge	– Außerordentliche Aufwendungen
– Investitionszuschüsse	– Steuern
– Zeitraumfremde Erträge	– Zeitraumfremde Aufwendungen

Dazu ist eine entsprechende Verteilung der Geldbeträge notwendig. Die Basis dafür bieten Bilanz, Gewinn- und Verlustrechnung oder Geld-, Vieh-, Vorräte- und Naturalbericht und das Vermögensverzeichnis.

Erfolgsgrößen der Unternehmensrentabilität
– Von den Erträgen und Aufwendungen zum ordentlichen Ergebnis – (Mertens, 1999)

Betriebliche Erträge
Umsatzerlöse, Bestandsveränderungen, aktivierte Eigenleistungen, sonstige betriebliche Erträge
(Zulagen und Zuschüsse, sonstige Betriebserträge, zeitraumfremde Erträge)

– **Betriebliche Aufwendungen**
Materialaufwand , Personalaufwand, Abschreibungen, sonstige betriebliche Aufwendungen
(Unterhaltung, Betriebsversicherungen, sonst. Betriebsaufwand, zeitraumfremde Aufwendungen)

= **Betiebsergebnis**

+ **Finanzergebnis** ← Finanzerträge (Beteiligungen, Zinserträge)
– Finanzaufwendungen (u.a. Zinsen u.ä. Aufwendungen)

= **Ergebnis der gewöhnlichen Geschäftstätigkeit**

+ **Außerordentliches Ergebnis** ← Außerordentliche Erträge
– Außerordentliche Aufwendungen

+ **Steuerergebnis** ← Körperschaft-, Kapital- und Gewerbeertrag-steuer, Betriebssteuern (u.a. Grundsteuer, Kfz-Steuer)

= **Gewinn/Jahresüber-schuss oder Verlust/Jahresfehlbetrag**

bereinigt um

+ Steuern vom Einkommen und Ertrag
– Außerordentliche Erträge
+ Außerordentliche Aufwendungen
– Zeitraumfremde Erträge
+ Zeitraumfremde Aufwendungen
– Investitionszulagen

= **Ordentliches Ergebnis**

Juristische Personen

Bei juristischen Personen umfasst der Jahresüberschuss bzw. -fehlbetrag nur das Entgelt für das eingesetzte Eigenkapital, weil die eingesetzte Arbeit bereits voll entlohnt wurde. Um eine Vergleichbarkeit der Einkommenslage mit anderen Rechtsformen zu erlangen, werden bei den juristischen Personen dem Jahresüberschuss bzw. Fehlbetrag die Steuern auf Einkommen und Ertrag zugerechnet, um so den Jahresüberschuss bzw. -fehlbetrag vor Steuern zu erhalten. Bei den Steuern auf Einkommen und Ertrag handelt es sich um die Summe aus Körperschaftsteuer (Steuer vom Einkommen, die nur von Kapitalgesellschaften und Genossenschaften gezahlt wird) und Gewerbeertragsteuer (Steuer vom Ertrag).

Einzelunternehmen und Personengesellschaften

Im Gegensatz zu juristischen Personen werden bei Einzelunternehmen und Personengesellschaften nicht sämtliche Arbeitskräfte vor der Gewinnermittlung entlohnt, weil etliche Arbeitskräfte gleichzeitig Gesellschafter, Einzelunternehmer oder mitarbeitende Familien-Arbeitskräfte sind. Für einen Teil der Flächen werden auch keine Pachten gezahlt, wenn sich die Flächen und Stallanlagen im Eigentum befinden. Ferner wird viel Eigenkapital eingesetzt. Für diese Produktionsfaktoren müssen deshalb bei der Abrechnung der Produktion kalkulatorische Kosten angesetzt werden.

Die folgende Abbildung zeigt, wie die nachstehenden Erfolgsgrößen vom ordentlichen Ergebnis abgeleitet werden.
- Arbeitsertrag der nicht entlohnten Familien-AK
- Zinsertrag des Gesamtkapitals
- Zinsertrag des Eigenkapitals ohne Boden
- Unternehmergewinn bzw. -verlust
- Betriebseinkommen

Dazu werden der Pacht-, Zins- und Lohnansatz ermittelt und vom ordentlichen Betriebsergebnis abgezogen. Gesamtrentabilität, Arbeitsrentabilität, Verzinsung des Gesamt- und Eigenkapitals und die Nettorentabilität sind dann für das Unternehmen ablesbar.

Erfolgsbegriffe in der Land- und Forstwirtschaft bei Einzelunternehmen und Personengesellschaften

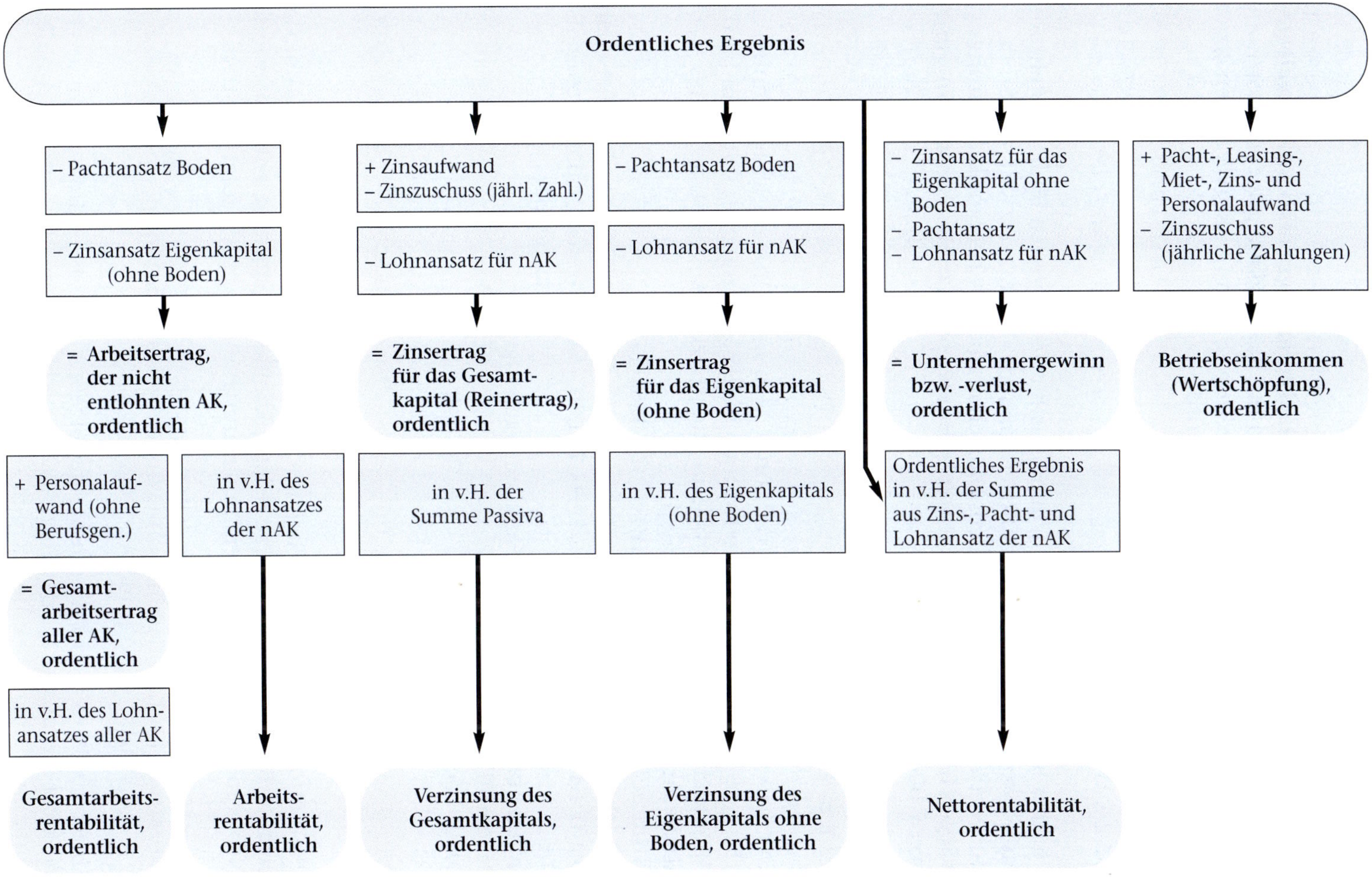

Ordentliches Ergebnis

- Pachtansatz Boden
- Zinsansatz Eigenkapital (ohne Boden)

= **Arbeitsertrag, der nicht entlohnten AK, ordentlich**

+ Personalaufwand (ohne Berufsgen.)

= **Gesamt-arbeitsertrag aller AK, ordentlich**

in v.H. des Lohnansatzes der nAK

in v.H. des Lohnansatzes aller AK

Arbeits-rentabilität, ordentlich

Gesamtarbeits-rentabilität, ordentlich

+ Zinsaufwand
- Zinszuschuss (jährl. Zahl.)
- Lohnansatz für nAK

= **Zinsertrag für das Gesamt-kapital (Reinertrag), ordentlich**

in v.H. der Summe Passiva

Verzinsung des Gesamtkapitals, ordentlich

- Pachtansatz Boden
- Lohnansatz für nAK

= **Zinsertrag für das Eigenkapital (ohne Boden)**

in v.H. des Eigenkapitals (ohne Boden)

Verzinsung des Eigenkapitals ohne Boden, ordentlich

- Zinsansatz für das Eigenkapital ohne Boden
- Pachtansatz
- Lohnansatz für nAK

= **Unternehmergewinn bzw. -verlust, ordentlich**

Ordentliches Ergebnis in v.H. der Summe aus Zins-, Pacht- und Lohnansatz der nAK

Nettorentabilität, ordentlich

+ Pacht-, Leasing-, Miet-, Zins- und Personalaufwand
- Zinszuschuss (jährliche Zahlungen)

Betriebseinkommen (Wertschöpfung), ordentlich

12.2.1 Zinsansatz

Für das eingesetzte Eigenkapital kann ein bestimmter Zinsansatz festgelegt werden. Allgemein (z.B. in den Statistiken) wird mit einem Zinsansatz von 3,5% gerechnet. Das Bodenvermögen ist bei dieser Berechnung vom Gesamtvermögen abzuziehen, weil dafür ein Pachtansatz berechnet wird.

12.2.2 Pachtansatz

Für den im Eigentum befindlichen selbstbewirtschafteten Boden besteht Anspruch auf Faktorentlohnung. Der dafür festgesetzte Pachtansatz soll sich an den ortsüblichen Pachtpreisen orientieren. Danach ergibt sich bei einem Pachtpreis von z.B. 350,– EUR/ha und 20 ha eigenem selbstbewirtschafteten Boden ein Pachtansatz von 7.000,– EUR.

12.2.3 Lohnansatz

Der Lohnansatz ist ein fiktiver Lohn. Man kann ihn im Unternehmen z.B. mit 15,– oder 20,– EUR pro AKh oder noch höher ansetzen oder mit dafür jährlich veröffentlichten Richtsätzen arbeiten. Richtsätze des Wirtschaftsjahres 2000/2001 sind z.B.:

Grundlohn des Betriebsleiters = 22.988,– EUR
Betriebsleiterzuschlag = 320,– EUR je 5.000,– EUR Wirtschaftswert
Bei Wirtschaftswerten unter ➞ 20.000,– EUR werden halbierte Zuschläge angesetzt.

Lohnansatz für mithelfende Familienangehörige
a) männlich 1,0 AK = 19.934,– EUR
b) weiblich 1,0 AK = 16.442,– EUR

12.2.4 Nettorentabilität

Die Nettorentabilität ist gegeben und beträgt 100%, wenn die Produktionsfaktoren eigener Boden, Familien-AK und Eigenkapital angemessen entlohnt werden. Die Nettorentabilität wird aus dem Buchfhrungsabschluss wie folgt ermittelt:

$$\frac{\text{Ordentliches Ergebnis (= Zeitraumechter Gewinn)}}{\text{Zinsansatz für Eigenkapital (ohne Boden) + Lohnansatz der nicht entlohnten AK + Pachtansatz}} \times 100 = ...\%$$

Unter 100% werden Pachtansatz des eigenen Bodens und/oder Lohnansatz und/oder der Zinsansatz für das Eigenkapital nicht voll erwirtschaftet. Wenn die Nettorentabilität über 100% liegt, ergibt sich ein Unternehmergewinn.

12.2.5 Kapitalrentabilität

Mit der Kapitalrentabilität soll die Verzinsung des eingesetzten Kapitals gemessen werden. Unterschieden wird dabei zwischen Gesamtrentabilität und Eigenkapitalrentabilität.

Die Gesamtrentabilität beinhaltet die Verzinsung des im Unternehmen eingesetzten Eigen- und Fremdkapitals. Sie wird wie folgt errechnet:

$$\frac{(\text{Ordentliches Ergebnis ./. Lohnsatz + Zinsaufwand ./. Zinszuschuss}) \times 100}{\text{Unternehmenskapital}} = \dots\%$$

Die verschiedenen Unternehmen sind mit mehr oder weniger teuren Krediten finanziert. Für den Unternehmer entscheidend ist deshalb auch die Eigenkapitalrentabilität. Sie lässt sich wie folgt errechnen:

$$\frac{(\text{Ordentliches Ergebnis ./. Lohnsatz ./. Pachtansatz}) \times 100}{\text{Eigenkapital ohne Boden}} = \dots\%$$

12.3   Stabilität

Pensionspferdehaltungen und Reitbetriebe müssen sich mit ihrem Angebot dem Markt stellen. Die Nachfrage wird durch konjunkturelle Schwankungen der Volkswirtschaft beeinflusst. Die Stabilität des Unternehmens hat deshalb große Bedeutung für die Existenzsicherung. Bei langanhaltender Nachfragestagnation für Dienstleistungen des Reitbetriebes oder der Pferdepensionen ermöglicht große Stabilität des Unternehmens langen finanziellen Atem.

Die Stabilität des Unternehmens ist umsohöher,
- je größer der Eigenkapitalanteil ist, d.h. je weniger das Unternehmen mit Fremdkapital finanziert wird und je niedriger der Fremdkapitalzins ist;
- je niedriger die Anlageintensität ist, d.h. je niedriger der Kapitalanteil ist, der in abnutzbarem Anlagevermögen mit dem Risiko des Verschleißes und der technischen Veralterung festgelegt ist;
- je günstiger die Fremdkapitaldeckung ist, d.h. je höher der Deckungsgrad des Fremdkapitals durch Finanz-, Tier- und Umlaufvermögen und darüber hinaus durch Anlagevermögen (ohne Boden) ist.

Bei der Beurteilung der Stabilität eines Unternehmens sind immer die Kriterien Eigenkapitalanteil, Anlagenintensität und Fremdkapitaldeckung heranzuziehen.

12.3.1 Eigenkapitalanteil

Der Eigenkapitalanteil ist geringer, wenn bei Eigenkapital und Bilanzvermögen der Bodenwert nicht mit eingerechnet wird und umgekehrt entsprechend höher.

12.3.2 Anlagenintensität

Hohe Kapitalbindung im abnutzbaren Anlagevermögen erhöht die Festkosten im Unternehmen und das Risiko der technischen Entwertung dieser Anlagen. Zur Beurteilung der Stabilität des Unternehmens ist es sinnvoll, auch hier beim Bilanzvermögen den Bodenwert in Abzug zu bringen.

Je höher die Anlagenintensität ist, desto geringer ist die Anpassungsfähigkeit an Marktveränderungen. Dies bedeutet auch, dass bei längeren Durststrecken durch fehlende Nachfrage nach Dienstleistungen des Reitbetriebes eine hohe Festkostenbelastung aus Anlagevermögen zur Aufrechterhaltung des Angebotes führt, solange die erzielbaren Erlöse für die Dienstleistungen nicht unter die variablen Kosten dieser Angebote sinken.

12.3.3 Fremdkapitaldeckung

Bei der Beurteilung der Stabilität eines Unternehmens ist wichtig zu erkennen, mit welchen Vermögenswerten das vorhandene Fremdkapital abgedeckt werden kann. Günstig ist es, wenn dafür bereits das Finanzanlage-, Tier- und Umlaufvermögen ausreicht. Gemessen wird das mit der Fremdkapitaldeckung I.

Wenn im Unternehmen die Fremdkapitaldeckung I unter 100% liegt, so ist zu prüfen, inwieweit das Fremdkapital noch abgedeckt ist, wenn zusätzlich Lieferrechte und Rechnungsabgrenzungsposten und letztendlich auch die einem jährlichen Wertverlust unterliegenden technischen Anlagen und Gebäude hinzugezogen werden. Dieser Maßstab ist die Fremdkapitaldeckung II.

Wenn die Verschuldung im Unternehmen so weit steigt, dass über die Fremdkapitaldeckung II hinaus sogar der Wert des Bodens zur Deckung des Fremdkapitals benötigt wird, ist die Stabilität äußerst labil.

12.4 Liquidität

Das Unternehmen ist liquide, wenn es seinen Zahlungsverpflichtungen nachkommen kann. Einnahmeausfälle schmälern die Liquidität. Dieser Liquiditätseinbruch ist umsogrößer, je höher die Zahlungsverpflichtungen sind. Dazu zählen z.B.

Zukauf von Futtermitteln, Tieren, laufende Zinszahlungen für Kredite, Tilgungsverpflichtungen, fällige Steuerbeträge, die nicht gestundet werden, Fremdlöhne und notwendige private Entnahmen für die Lebenshaltung der Unternehmerfamilie und für nicht entlohnte Arbeitskräfte.

Die Liquidität des Unternehmens kann durch Einlagen aus dem Privatbereich verbessert werden. Häufig sind diese Möglichkeiten jedoch begrenzt. Die Liquidität kann auch durch Aufnahme zusätzlicher Kredite, Ausstellen von Wechseln oder durch Kontoüberziehungen verbessert werden. Darunter leidet die Stabilität des Unternehmens. Deshalb sollte zur Aufrechterhaltung der kurzfristigen Liquidität folgende Grenze beachtet werden:

$$\frac{\text{Finanzumlaufvermögen (= Umlaufvermögen ./. Vorräte) x 100}}{\text{kurzfristige Verbindlichkeiten}} = 100\%$$

Wenn das Unternehmen mit seiner kurzfristigen Liquidität unter 100 % gerät, können unter Umständen die Zahlungsverpflichtungen nicht fristgerecht erledigt werden. Das hat Nachteile, weil Skonti entfallen, beim Einkauf wegen fehlender Sofortzahlung nicht hart verhandelt werden kann oder weitere Kontoüberziehungen zusätzliche Zinskosten verursachen. Eine Insolvenz ist bei kurzfristigen Zahlungsschwierigkeiten noch nicht angesagt. Kurzfristige Verbindlichkeiten sollten, wenn die kurzfristige Liquidität längere Zeit unter 100% liegt, in längerfristige preiswertere Darlehen umgewandelt werden.

Unternehmen sollten, wenn die Schwelle der kurzfristigen Liquidität nicht gegeben ist, auf jeden Fall ihre Liquidität auf mittlere Sicht sicherstellen. Die Schwelle dafür lässt sich mit folgender Formel errechnen:

$$\frac{\text{Umlaufvermögen x 100}}{\text{kurz- und mittelfristige Verbindlichkeiten}} = 100\%$$

12.4.1 Cash-flow

Der Cash-flow kennzeichnet die Finanzierungskraft des Unternehmens für ein laufendes Wirtschaftsjahr. Der Cash-flow gibt darüber Auskunft, wie viel Finanzierungsmittel für Privatentnahmen, Tilgung und Investitionen eingesetzt werden können. Die folgende Übersicht zeigt den Cash-flow der hauptberuflich bewirtschafteten landwirtschaftlichen Einzelunternehmen in Westfalen-Lippe in Euro je Unternehmen im Wirtschaftsjahr 2000/2001. Der Vergleich der obersten und untersten 25% Betriebe mit dem Durchschnitt zeigt die enorme Schwankungsbreite im Cash-flow:

Cash-flow in EUR je Unternehmen – Hauptberuflich bewirtschaftete landwirtschaftliche Einzelunternehmen in Westfalen-Lippe, Wirtschaftsjahr 2000/2001 –

Betriebe (Unternehmen)		25% oberste	Durch- schnitt	25% unterste
Anzahl Betriebe		185	741	185
ha LF		57,44	54,62	47,71
Gewinn/Verlust		85.962	46.678	11.644
+ Steuern vom Einkommen und Ertrag		–	–	–
- Zuschreibung		–	–	–
- Rücklagen- und Rückstellungsauflösung, Auflösung des Sonderpostens mit Rücklagenanteil (SPmR)		1.527	1.173	952
+ Rückstellungs- und Rücklagenbildung, Einstellung in den SPmR		1.967	586	–
+ Abschreibungen		22.438	19.856	16.953
= Cash-flow I	je Unternehmen	108.840	65.947	27.645
	je ha LF	**1.895**	**1.207**	**579**
+ Einlagen		38.186	32.101	29.764
- Entnahmen		96.012	66.793	47.224
= Cash-flow II	je Unternehmen	51.014	31.255	10.185
	je ha LF	**888**	**572**	**213**
- Tilgung		12.159	13.433	14.856
= Cash-flow III	je Unternehmen	38.855	17.822	- 4.671
	je ha LF	**676**	**326**	**- 98**

Der Cash-flow III der 25% obersten hauptberuflichen Einzelunternehmen beträgt 38.855,– EUR und liegt 20.733,– EUR über dem Durchschnitt. Die 25% untersten haben mit -4.671,– EUR Cash-flow III kaum Investitionsmöglichkeiten. Ursache ist vor allem der niedrige Gewinn bei relativ hoher Tilgungslast.

Beim Cash-flow als Investitionsmaßstab im Unternehmen ist zu prüfen:
- Wie hoch ist der Cash-flow I?
- Was muss damit finanziert werden (Entnahmen für Privatverbrauch, Tilgungs- verpflichtungen)?
- Verwende ich den Cash-flow III
  - für Investitionen im Unternehmen?
  - als sonstige Kapitalanlage im Unternehmensbereich?
  - nach Entnahme im Privatbereich?

12.4.2 Kapitaldienstgrenze

Die Kapitaldienstgrenze besagt, wie viel Zinsen und Tilgung pro Jahr für das Unternehmen wirtschaftlich tragbar sind.

Mit der mittelfristigen Kapitaldienstgrenze lassen sich Zinsen und Tilgung finanzieren, wenn die jährlichen Abschreibungsbeträge der Gebäude und baulichen Anlagen des Unternehmens vorübergehend dafür verwendet werden.

Werden auch die Abschreibungen der Maschinen, Geräte, technischen Einrichtungen usw. für die Finanzierung von Zinsen und Tilgung herangezogen, so spricht man von der kurzfristigen Kapitaldienstgrenze.

Der sicherste Maßstab ist die langfristige Kapitaldienstgrenze. Sie sagt aus, ob trotz der Verwendung aller Abschreibungsbeträge für Erhaltungsinvestitionen genügend Geld vorhanden ist, um Zinsen und Tilgung zu bezahlen.

Die folgende Übersicht zeigt für hauptberufliche Einzelunternehmen die Kapitaldienstgrenze des Wirtschaftsjahres 2000/2001.

Kapitaldienstgrenze in EUR je Unternehmen – Hauptberuflich bewirtschaftete landwirtschaftliche Einzelunternehmen in Westfalen-Lippe, Wirtschaftsjahr 2000/2001

Betriebe (Unternehmen)	25% oberste	Durch-schnitt	25% unterste
Anzahl Betriebe	185	741	185
ha LF	57,44	54,62	47,71
ordentliches Ergebnis	85.765	44.948	9.402
+ Einlagen bereinigt um Einlagen aus Privatvermögen	12.292	10.225	11.326
- Entnahmen bereinigt um Entnahmen zur Bildung von Privatvermögen	41.964	35.285	28.773
= bereinigte Eigenkapitalveränderung laut Bilanz (ordentlich)	**56.093**	**19.888**	**- 8.045**
+ Zinsen und ähnliche Aufwendungen	4.023	4.943	5.733
+ Zinszuschuss (jährliche Zahlungen)	59	56	25
= langfristige Kapitaldienstgrenze (ordentlich)	**60.175**	**24.887**	**- 2.287**
+ AfA Gebäude (ohne Wohngebäude), bauliche Anlagen und Bodenverbesserungen	4.670	4.357	3.854
= mittelfristige Kapitaldienstgrenze (ordentlich)	**64.845**	**29.244**	**1.567**
+ sonstige AfA ohne Wohngebäude	17.768	14.103	12.099
= kurzfristige Kapitaldienstgrenze (ordentlich)	**82.613**	**43.347**	**13.666**
- tatsächlicher Kapitaldienst	16.124	18.320	20.540
= Finanzüberschuss/-defizit je Unternehmen	**66.489**	**25.027**	**- 6.874**
je ha LF	**1.158**	**458**	**- 144**

Die langfristige Kapitaldienstgrenze der untersten 25% hauptberuflichen Einzelunternehmen betrug im Wirtschaftsjahr 2000/2001 -2.287,– EUR bei einem Kapitaldienst von 20.540,– EUR. Selbst wenn alle Abschreibungsbeträge bis auf das private Wohnhaus zur Finanzierung der Schulden herangezogen werden, fehlen in dieser Betriebsgruppe 6.874,– EUR pro Jahr.

Im Durchschnitt erzielten die hauptberuflich bewirtschafteten Einzelunternehmen im Wirtschaftsjahr 2001 rund 25.000,– EUR Finanzüberschuss. Bei den obersten 25% betrug der Finanzüberschuss (über Privatverbrauch, Abschreibung und Kapitaldienst) im gleichen Wirtschaftsjahr jedoch rund 66.500,– EUR.

12.5   Betriebszweigabrechnung und Produktionsverfahren

Der Betriebszweig ist ein Teilbereich des landwirtschaftlichen Unternehmens, wie z.B. Pensionspferdehaltung, Reitbetrieb, Pferdezucht oder auch Reiterhof-Gastronomie. Nach DLG, 2000 ist die traditionelle Definition eines Betriebszweiges zu eng, um auch Dienst- und Werkleistungen wie den außerbetrieblichen Maschineneinsatz, Gästebeherbergung, Wohnungswirtschaft, Energieerzeugung u.a. zu umfassen. Die Definition lautet deshalb: „Der Betriebszweig ist ein auf die Produktion eines oder mehrerer Produkte oder die Einbringung von Leistungen ausgerichteter Teilbereich eines landwirtschaftlich geprägten Unternehmens beliebiger Rechtsform." Vom Betriebszweig werden also Produkte erzeugt oder Leistungen erbracht. Die folgende Abbildung zeigt beispielhaft die Zerlegung eines landwirtschaftlich geprägten Unternehmens mit Pferdehaltung.

Gliederung eines Unternehmens mit Pferdehaltung

Fläche	Tiere	Sonstige Betriebszweige
Marktfrucht – Weizen – Zuckerrüben – Hafer	Betriebsfremde Pferde – Pensionspferde – Ausbildungspferde	Reiterstube
Futterbau auf dem Acker – Feldgras – Mais	Betriebseigene Pferde für Dienstleistungen – Verleihpferde – Schulpferde	Gästebeherbergung
Grünland – Mähweide – Wiesen	Betriebseigene Pferde – Zuchtstuten – Ausbildungspferde – Handelspferde	Energieerzeugung – Windenergie – Biogas

Im Betriebszweig werden Mengen und Preise als Leistungen erfasst zzgl. öffentlicher Direktzahlungen. Diesen Leistungen werden die Kosten, z.B. für Futter, Tier-

zukauf, Medikamente, Stallplätze, zuteilbare Löhne usw. gegenüber gestellt einschließlich der kalkulatorischen Kosten, wie z.B.

- Lohnanspruch des Unternehmers und der nicht entlohnten Familienarbeitskräfte
- Zinsanspruch des Eigenkapitals
- Pachtanspruch des eigenen Bodens.

Die Zerlegung eines Unternehmens in Betriebszweige macht Sinn, um die Stärken und Schwächen des Unternehmens, die in den verschiedenen Betriebszweigen bestehen, festzustellen und aus- bzw. abzubauen. Rückschlüsse aus Betriebszweigabrechnungen machen aber nur Sinn, wenn die Zuteilung der Leistungen und Kosten des Unternehmens einschließlich der kalkulatorischen Kosten zu den Betriebszweigen exakt erfolgt. Dazu sind ständige Aufzeichnungssysteme wie die Unternehmensbuchführung mit auf die Betriebszweige bezogenen Zuteilungsdateien erforderlich.

Die nach Betriebszweigen gegliederten Leistungen und Kosten müssen in ihrer Summe den gesamten Leistungen und Kosten des Unternehmens in allen Positionen entsprechen, also mit und ohne Pachtansatz für Eigentumsflächen, Lohnansatz für Familien-AK und Zinsansatz für eingesetztes Eigenkapital.

Die Begriffe Betriebszweig und Produktionsverfahren dürfen nicht verwechselt werden. Ein Betriebszweig kann, weil er auf die Herstellung eines oder mehrerer Produkte oder die Einbringung von Leistungen ausgerichtet ist, ein oder mehrere Produktionsverfahren umfassen. So gehören zu dem Betriebszweig Ackerbau die verschiedenen Produktionsverfahren Weizen, Zuckerrüben, Hafer usw.

Bei Betriebszweigabrechnungen muss klar unterschieden werden zwischen Kontrolle und Planung. Wenn sich Betriebszweigabrechnungen auf die Vergangenheit beziehen, wird anhand der vorliegenden Kosten- und Leistungsdaten kontrolliert. Hierfür ist der Begriff Nachkalkulation geprägt. Richtet sich die Betriebszweigabrechnung in die Zukunft, so handelt es sich um eine Vorkalkulation. Dabei werden Leistungs- und Kostendaten eingesetzt, die auf den Erfahrungen und Kontrollen der Vergangenheit beruhen und für die Zukunft angenommen werden.

12.5.1 Betriebszweigabrechnung als Nachkalkulation

Die Nachkalkulation im Betriebszweig, wie z.B. Pensionspferdehaltung, kann stufenweise erfolgen, weil die dazu erforderlichen Daten im Unternehmen unterschiedlich verfügbar vorliegen.

12.5.1.1 Direktkostenfreie Leistung

Zu den Leistungen gehören die Umsatzerlöse dieses Betriebszweiges einschließlich öffentlicher Direktzahlungen, wie z.B. Preisausgleichszahlung Getreideanbau. Ferner werden hier Naturalentnahmen und die innerbetrieblich an andere Betriebszweige gerichteten Leistungen erfasst. Letzteres wäre beispielsweise die Lieferung von Stroh zum Betriebszweig Ackerbau an die Pensionspferdehaltung. Auch die Bestandsveränderungen, z.B. bei eigenen Pferden im Reitbetrieb usw., sind hier als Leistungen auf ein Jahr bezogen den Leistungen hinzuzurechnen.

Direktkosten sind Kosten, die unmittelbar dem Betriebszweig zugeordnet werden können. Dazu müssen sie selbstverständlich während des Jahres entsprechend aufgezeichnet werden. Beispiele dafür sind Tierzukäufe, Tierarzt, Medikamente, Strom, Wasser, Heizung, Spezialberatungen, Tierversicherungen, Tierseuchenkasse, Futterzukauf, aber auch Lieferung von eigenem Kraftfutter, wie z.B. Hafer vom Betriebszweig Ackerbau.

Kosten der Arbeitserledigung, Gebäudekosten oder Kosten durch angepachtete Stallplätze können unter Umständen als Direktkosten ebenfalls der Leistung eines Betriebszweiges gegenüber gestellt werden, um dann zur direktkostenfreien Leistung zu kommen.

Wenn das Ziel dieser Betriebszweigabrechnung als Nachkalkulation der Vergleich mit ähnlich gelagerten Betriebszweigen anderer Unternehmen ist, muss der Bereich der Direktkosten einheitlich definiert werden. Die neue Betriebsabrechnung (DLG, 2000) hat dazu Listen zusammengestellt. Wird der Bereich „Direktkosten" nach einer solchen Liste in verschiedenen Unternehmen abgegrenzt, so ist der direkte Vergleich der direktkostenfreien Leistungen der Betriebszweige verschiedener Unternehmen möglich.

12.5.1.2 Gewinn des Betriebszweiges

Der Gewinn des Betriebszweiges (vor Zinsen und Ertragsteuern) wird durch Abzug der übrigen Direktkosten und anteiligen Gemeinkosten von der direktkostenfreien Leistung ermittelt. Die Schwierigkeit besteht darin, die Gemeinkosten anteilig gerecht auf die verschiedenen Betriebszweige aufzuteilen. Dabei ist große Genauigkeit erforderlich, um den tatsächlichen Gewinn eines Betriebszweiges festzustellen. Wenn zwischen verschiedenen Unternehmen verglichen werden soll, sind einheitliche Maßstäbe bei der Aufteilung der Gemeinkosten anzuwenden.

Für die Aufgabe, Weiterführung oder den Ausbau eines Betriebszweiges ist die Beurteilung nach direktkostenfreier Leistung sinnvoll. Bei Aufgabe eines Betriebszweiges verbleiben nämlich in der Regel die anteiligen Gemeinkosten, womit dann die

übrigen Betriebszweige des landwirtschaftlich geprägten Unternehmens zusätzlich belastet werden. Es kommt also darauf an, diejenigen Betriebszweige auszubauen, die mit hoher direktkostenfreier Leistung einen hohen Anteil der Gemeinkosten abdecken.

Darüber hinaus ist es für langfristige Betrachtungen sinnvoll, die im Zusammenhang mit einem Betriebszweig bestehenden anteiligen Gemeinkosten und Direktkosten festzustellen und so den Gewinn des Betriebszweiges zu ermitteln.

12.5.1.3 Kalkulatorisches Betriebsergebnis

Der landwirtschaftliche Unternehmer sollte sich das Ziel setzen, die gesamten Kosten der Produktion zu ermitteln. Das sind die Vollkosten der Produktion oder der Dienstleistungen im Betriebszweig. Dazu dient die Vollkostenrechnung, die bis zum kalkulatorischen Betriebsergebnis führt. Dabei werden auch die Faktorkosten in Ansatz gebracht.

Um die Vollkosten für z.B. 30 Pensionspferde, den Reitunterricht oder eine Reiterstube zu ermitteln, müssen über den Gewinn dieser Betriebszweige (vor Zinsen und Ertragsteuern) hinaus noch Ansätze für die Faktorkosten gemacht werden. Dazu zählen:
- Lohnansatz
- Pachtansatz
- Zinsansatz
- ortsüblicher Pachtansatz für Lieferrechte.

Die den einzelnen Betriebszweigen zugerechneten Faktorkosten müssen in ihrer Summe die gesamten Faktorkosten des Unternehmens ergeben. Das bei Zuteilung aller Kosten einschließlich der Faktorkosten ausgewiesene kalkulatorische Betriebsergebnis zeigt, ob in diesem Betriebszweig die Vollkosten gedeckt sind bzw. zu welchen Vollkosten hier ein Produkt bzw. eine Dienstleistung angeboten wird.

Dieses kalkulatorische Betriebsergebnis legt offen, ob bei Zuteilung aller Kosten einschließlich der kalkulatorischen Faktorkosten der Preis für das Produkt oder die Dienstleistung des Betriebszweiges hoch genug gewesen ist. Das kalkulatorische Betriebsergebnis ist besonders positiv bei hohen Erlösen und niedrigen Kosten.

Die folgende Darstellung zeigt die Schritte der Nach- und der Vorkalkulation:

Berechnungen für Betriebszweigabrechnungen zur Nachkalkulation und zur Vorkalkulation (DLG, 2000)

Nachkalkulation	Vorkalkulation
Nachkalkulation Zweck: Kontrolle Erfolgskriterien für vergangenheits- bezogene Wirtschaftlichkeitskontrolle	**Vorkalkulation** Zweck: Planung Planungskriterien für zukunfts- orientierte Entscheidungen
Direktkostenfreie Leistung Umsatzerlöse + Naturalentnahmen + öffentliche Direktzahlungen + innerbetriebliche Leistungsabgaben ± Bestandsveränderungen - Kostenblock „Direktkosten" (Liste)	**Deckungsbeitrag** Variable Leistungen + öffentliche Direktzahlungen - variable Direktkosten des Betriebszweiges (Basis: erwartete Menge und Preis!)
Gewinn des Betriebszweiges **(vor Zinsen und Ertragsteuern)** Direktkostenfreie Leistung - übrige Direktkosten und anteilige Gemeinkosten	**Faktoransprüche** *(Bewertet mit Kosten der Beschaffung oder Nutzungskosten aufgrund des Entzuges aus anderen Verwendungen)* **Innerbetriebliche Lieferungen** (Bewertet mit einem Ersatzwert oder dem potentiellen Verkaufspreis) **Variable Gemeinkosten**
Kalkulatorisches **Betriebszweigergebnis** Gewinn des Betriebszweiges (vor Zinsen und Ertragsteuern) - Ansätze für Faktorkosten	**Kalkulatorische** **Gewinnänderung** Deckungsbeitrag ± bewertete Faktoransprüche und innerbetriebliche Lieferungen - variable Kosten

12.5.2 Betriebszweigabrechnung als Vorkalkulation

Bei der Planung von Betriebszweigen oder Produktionsverfahren wie Reitunterricht, Pferdepension, Reit- und Fahrbetrieb oder Reiterstube usw. wird, soweit möglich, auf vorhandene Daten des Unternehmens zurückgegriffen. Hinzu kommen bei der Vorkalkulation Annahmen wie Veränderungen der Produktionsergebnisse durch z.B. verbesserte Haltungsbedingungen für Pferde, Paddock, Reithalle oder Erlösveränderungen.

Die Vorkalkulation erfasst einen beliebigen Zeitraum, wie z.B. ein Wirtschaftsjahr oder die Dauer der Aufzucht eines Verkaufspferdes.

12.5.2.1 Festkosten, veränderliche Kosten und Deckungsbeiträge

Für die Entscheidung zur Ausweitung oder Einschränkung eines Betriebszweiges ist es bei der Vorkalkulation wichtig, sämtliche Produktionskosten des Betriebszweiges aufzuteilen in variable und fixe Kosten. Für kurzfristige Planungen sind nur die variablen Produktionskosten wichtig.

Sollen z.B. vorübergehend bei zu erwartenden Niedrigstpreisen Pferdeboxen im Pensionsbetrieb leer stehen bleiben oder ganz aufgegeben werden? Bei der Aufgabe des Betriebszweiges entfallen zwar die variablen Kosten. Es fällt aber auch die Marktleistung weg. Sind die variablen Produktionskosten höher als die Marktleistung, so ist die Differenz, also der Deckungsbeitrag negativ. Dann wird bei der Produktion bzw. beim Dienstleistungsangebot bares Geld hinzugelegt.

Nur ein positiver Deckungsbeitrag (variable Kosten sind niedriger als die Marktleistung des Betriebszweiges bzw. Produktionsverfahrens) kann helfen, die fixen Kosten des Unternehmens abzudecken.

Zu den fixen Kosten zählen alle Kosten, die nicht sofort wegfallen, wenn ein Produktionsverfahren (z.B. Haferanbau, Reitbetrieb usw.) aufgegeben wird. Dazu zählen z.B. die Festkosten von Maschinen, die Gebäudekosten, Grundsteuern usw.

Ziel einer Vorkalkulation ist die Kalkulation von Gewinnänderungen. Die variablen Leistungen einschl. öffentlicher betriebszweigbezogener Direktzahlungen (sie entfallen, wenn der Betriebszweig aufgegeben wird) müssen höher sein als die variablen Direktkosten dieses Betriebszweiges im gleichen Zeitraum. Dann ergibt sich als Differenz ein positiver Deckungsbeitrag, der den Gewinn positiv beeinflusst.

Um vom Deckungsbeitrag zur kalkulatorischen Gewinnänderung zu kommen, sind die Faktoransprüche, innerbetrieblichen Lieferungen und evtl. Änderungen variabler Gemeinkosten in Ansatz zu bringen. Die Zuordnung von exakten Daten über den Deckungsbeitrag hinaus ist bei dieser Vorkalkulation ebenso schwierig wie bei der Nachkalkulation über die direktkostenfreie Leistung hinaus.

Im Unterschied zur Nachkalkulation, bei der die Daten aus dem Unternehmen ermittelt werden, sind bei der Vorkalkulation Erfahrungswerte anzusetzen. Zwischen direktkostenfreier Leistung und Deckungsbeitrag besteht deshalb kein unmittelbarer rechnerischer Zusammenhang. In der Praxis wurde bei den Begriffen bisher nicht so grundsätzlich unterschieden. Der Begriff Deckungsbeitrag wurde bisher auch bei der Nachkalkulation verwendet. Dies wird sich zukünftig wegen der neuen Begriffsdefinitionen jedoch ändern.

12.5.2.2 Vollkostenrechnung für preisgerechtes Leistungsangebot

Aus der Nachkalkulation mit Daten aus dem Unternehmen kann die Preisgestaltung für Produkte und Dienstleistungen abgeleitet werden, wenn die Betriebszweige im Unternehmen bereits vorhanden und die erforderlichen Daten auswertbar vorliegen.

Mit der Vorkalkulation über den Deckungsbeitrag unter Berücksichtigung der Faktoransprüche und innerbetrieblichen Lieferungen bis hin zur kalkulatorischen Gewinnänderung kann die Grundlage für die Preisgestaltung geschaffen werden, wenn zusätzliche Betriebszweige mit Produktabsatz oder Dienstleistungen vorgesehen sind.

Bei langfristigen Planungen ist es wichtig, die gesamten Vollkosten zu ermitteln. Es ist dann nicht notwendig, die kalkulierten variablen Kosten von einer angenommenen Leistung (Erlössituation) abzuziehen, um den Deckungsbeitrag auszuweisen. Hier reicht es aus, wenn die variablen und festen Kosten einschließlich der kalkulatorischen Faktoransprüche (Arbeit, Boden, Kapital) zu den so genannten Vollkosten zusammengefasst werden. Diese Vollkosten müssen dann über den Verkaufserlös abzudecken sein, sonst werden eingesetzte Arbeit der Familien-AK, eigener Boden oder eingesetztes Eigenkapital nicht entsprechend entlohnt.

Bei dieser Vollkostenkalkulation müssen unterschiedliche Ansätze gewählt werden, wenn
- Fremdkapital wesentlich teurer ist als die Zinsen, die für eigenes Geld zu erzielen sind
- die Fremdlöhne wesentlich höher sind als der Lohnanspruch der Familien-AK pro Stunde
- Zupachtflächen wesentlich mehr kosten, als für die eigenen Flächen bei Verpachtung zu erzielen wäre.

Diese Unterscheidung ist nicht erforderlich, wenn kein Unterschied besteht zwischen
- Fremdpacht für Boden und Pachtanspruch für eigenen Boden
- Fremdzinsen und Zinsanspruch für eigenes Kapital
- Fremdlohn und Lohnanspruch der Familien-AK.

a) Vollkostenrechnung einer Pferdepension

Im folgenden Beispiel werden die Vollkosten einer Pensionspferdehaltung kalkuliert. (LANDWIRTSCHAFTSKAMMER WESTFALEN-LIPPE, 2001).

Angebot der Pferdepension

Betriebsgröße:	35 Stallplätze:
Haltung	Einzelboxen (3 x 3,50 m) mit Außenfenstern in drei bestehenden Wirtschaftsgebäuden mit deckenlastiger Lagerung von Heu und Stroh Weide (0,33 ha/Pferd) in unmittelbarer Nähe
Einrichtung	Reitplatz (20 x 40 m) Reithalle (22 x 45 m) Führanlage Gemeinschaftsauslauf Reitmöglichkeiten in der Umgebung Reiterstübchen
Dienstleistungen	Füttern 3 x am Tag Einstreuen mit Stroh Täglicher Weidegang Misten mit Frontlader-Schlepper alle 4 Wochen Wartung der Anlage Betreuung von Reiter und Pferd Reitunterricht wird von den Einstellern organisiert

Der Kapitalbedarf für die 35 Stallplätze und zusätzlich erforderlicher Einrichtungen beträgt 302.500,– EUR, weil teilweise Umbauten in vorhandenen Wirtschaftsgebäuden möglich sind. Der Neubau der gesamten Anlage wäre noch teurer.

Investitionen der Pferdepension

Kapitalbedarf	EUR
Umbau Stallungen	87.500,–
Reithalle	175.000,–
Nebenräume	vorhanden
Reitplatz	25.000,–
Mistlege	vorhanden
Parkplätze	15.000,–
Gesamt:	**302.500,–**

Vollkosten der Pferdepension

	EUR/Stallplatz und Jahr	EUR/Jahr
Variable Kosten		
Krippenfutter		
– 3,5 kg/Tag und Platz x 15,– EUR/dt	192,–	6.720,–
Mineralfutter		
– 0,1 kg/Tag und Platz x 100,– EUR/dt	37,–	1.295,–
Heu		
– 5,0 kg/Tag und Platz x 11,– EUR/dt	201,–	7.035,–
Futterstroh		
– 1,0 kg/Tag und Platz x 5,– EUR/dt	19,–	665,–
Einstreu		
– 8,0 kg/Tag und Platz x 5,– EUR/dt	146,–	5.110,–
Weidegang	165,–	5.775,–
Wasser, Energie	38,–	1.330,–
Dungausbringung	40,–	1.400,–
Stallgeräte	15,–	525,–
Tierhüterhaftpflicht	40,–	1.400,–
Tierseuchenkasse	3,–	105,–
Gesamt	896,–	31.360,–
Festkosten		
Gebäude		
– Abschreibung bei 25 Nutzungsjahren	346,–	12.100,–
– 5 v. H. Zinsen vom halben Neuwert	216,–	7.563,–
– Instandhaltung 1,5 v. H. vom Neuwert	130,–	4.538,–
– Versicherung 0,5 v. H. vom Neuwert	43,–	1.513,–
Sonstige Festkosten	83,–	2.888,–
Lohnanspruch 80 FamAKh/Platz x 14,– EUR/FamAKh	1.120,–	39.200,–
Vollkosten	**2.834,–**	**99.162,–**

Auslastung und Pensionspreis

Die Vollkosten betragen 2.834,– EUR je Stallplatz je Jahr bei voller Auslastung. Der Mindestpensionspreis beträgt:

$$\frac{2.834,–\ \text{EUR Vollkosten}}{12\ \text{Monate}} = 236,–\ \text{EUR/Monat}$$

Bei 90 v. H. Auslastung der Stallplätze (32 Pferde) ergibt sich folgende Rechnung:

	EUR/Stallplatz und Jahr
Variable Kosten	896,–
Festkosten Gebäude = 25.714,– EUR, bei 32 Pferden Sonstige Festkosten Lohnanspruch 80 FamAKh/ Platz x 14,– EUR/FamAKh	804,– 90,– 1.120,–
Vollkosten	**2.910,–**

Der Mindestpensionspreis beträgt bei nur 90%iger Auslastung:

$$\frac{2.910,- \text{ EUR Vollkosten}}{12 \text{ Monate}} = 243,- \text{ EUR/Monat}$$

Die Zahl der Pensionspferdehalter steigt mit zunehmender Bevölkerung. Auch die Zahl der Pferde je Pensionspferdehalter ist an solchen Standorten höher (LEMMERBROCK, 1998).

Zunehmend werden Freizeitreiter zu Pferdebesitzern, die nach Stallplätzen suchen. In den alten Bundesländern sind bisher jährlich relativ konstante Zuwachsraten von ca. 1% festzustellen. Trotzdem kann in vielen Gegenden inzwischen die Sättigungsgrenze erreicht sein. Mitteilungen über leer stehende Pferdeboxen häufen sich. Je ländlicher das Umland ist, desto schwieriger ist die volle Auslastung der Pferdeboxen bei angemessenen Pensionspreisen (LANDWIRTSCHAFTSKAMMER WESTFALEN-LIPPE, 2001).

Der zur Kostendeckung erforderliche Pensionspreis je Pferd und Jahr muss umso höher sein, je geringer die Auslastung der Pferdeboxen ist. Praktisch ist es jedoch oft umgekehrt. Pensionspferdehalter senken bei nachlassender Nachfrage den Pensionspreis. Die folgende Übersicht zeigt, wie dadurch der Arbeitsertrag pro Stunde für den dargestellten Beispielsbetrieb sinkt.

Arbeitsertrag in Abhängigkeit von Pensionspreis und Auslastung – im Betrieb mit 35 Pferdeplätzen – (LANDWIRTSCHAFTSKAMMER WESTFALEN-LIPPE, 2001)

Pensionspreis	250,– EUR/ Monat		225,– EUR/ Monat		200,– EUR/ Monat	
Auslastung (durchschn. eingestellte Pferde)	90 v. H. (32)	80 v. H. (28)	90 v. H. (32)	80 v. H. (28)	90 v. H. (32)	80 v. H. (28)
Umsatz EUR/Jahr	96.000,–	84.000,–	86.400,–	75.600,–	76.800,–	67.200,–
Variable Kosten (896,– EUR/Platz) EUR/Jahr	28.672,–	25.088,–	28.672,–	25.088,–	28.672,–	25.088,–
Festkosten ohne Lohnansatz EUR/Jahr	28.602,–	28.602,–	28.602,–	28.602,–	28.602,–	28.602,–
FamAKh je Jahr (80 FamAKh/Pferd u. Jahr)	2.560,–	2.240,–	2.560,–	2.240,–	2.560,–	2.240,–
Arbeitsertrag in EUR je FamAKh	15,13	13,53	11,38	9,78	7,63	6,03

Festzustellen ist:

▪ Bei mangelnder Nachfrage sollte der Pensionspreis nicht voreilig gesenkt werden. Selbst wenn es gelingt, durch Senkung des Pensionspreises um 50,– EUR/ Stallplatz die Auslastung von 80 auf 90% zu erhöhen, sinkt der Arbeitsertrag des Unternehmens und der FamilienAKh um rund 40%.
Reiter fordern große, helle, luftige Boxen und komplette Angebote mit Reitplätzen, Schlechtwetter-Paddock, Ausreitgelände, Reithalle, pferdegerechte Einzäunung von Weiden, hohe Futterqualität, sachkundiges Betreuungspersonal, Kundenfreundlichkeit und darüber hinaus oft das Angebot von Reitunterricht.

▪ Die Stallplätze müssen trotzdem so weit wie möglich ausgelastet werden, um die Festkosten abzudecken. Dazu sollte den Kunden viel Zusatznutzen geboten werden. Das ist für das Einkommen vorteilhafter, als Anreiz zu geben durch Preissenkungen.

Die gesamte Palette kann im Einzelbetrieb wegen Kapitalmangels oder aus anderen Gründen oft nicht angeboten werden. In diesen Fällen muss ein zu einem bestimmten Kundenkreis passendes Angebot verdeutlicht werden. Wichtig ist dabei das unverwechselbare Image, um sich von anderen Anbietern abzugrenzen.

Die vielfältigen Forderungen der Kunden führen unter Umständen zu überhöhter Festkostenbelastung im Pensionsbetrieb. Wenn sich diese Kosten wegen der Konkurrenzsituation nicht auf die Pensionspreise umlegen lassen, ist die Rentabilitätsgrenze überschritten. Insofern ist gründliche Marktanalyse ebenso wichtig wie saubere Kalkulation der im Betrieb anfallenden Vollkosten.

b) Vollkostenkalkulation für Reitstunden

Der Kapitalbedarf dieses Unternehmens gleicht dem des vorstehenden Pensions-pferdebetriebes. Statt der 35 Pensionspferdeplätze werden nur 30 Pensionspferde untergebracht und zusätzlich 5 eigene Schulpferde.

Angebot von zusätzlichem Reitunterricht
- 30 Pensionspferdeplätze, 5 Schulpferdeplätze
- 600 Reitstunden bei gemeinsamem Einsatz aller Schulpferde
- Die variablen Kosten enthalten sämtliche Kosten der Bereitstellung wie z.B. Maschinenkosten bei Futterstroh usw.

Vollkosten von Schulpferden und Reitunterricht

	EUR/Schulpferd u. Jahr
Variable Kosten	
Krippenfutter	
– 5 kg/Schulpferd und Tag x 15,– EUR/dt	274,–
Mineralfutter	
– 0,1 kg/Schulpferd und Tag x 100,– EUR/dt	37,–
Heu	
– 5,0 kg/Schulpferd und Tag x 11,– EUR/dt	201,–
Futterstroh	
– 1,0 kg/Schulpferd und Tag x 5,– EUR/dt	18,–
Einstreu	
– 8,0 kg/Schulpferd und Tag x 5,– EUR/dt	146,–
Weidegang	165,–
Wasser, Energie	38,–
Dungausbringung	40,–
Tierarzt	100,–
Hufschmied	300,–
Haftpflicht	125,–
Pferdeausrüstung	100,–
Tierseuchenkasse	3,–
Bestandsergänzung 3.000,– EUR/5 Jahre	600,–
Verlustausgleich 3 v. H. von 3.000,– EUR	90,–
Gesamt	2.237,–
Festkosten	
Gebäude	
– Abschreibung bei 25 Nutzungsjahren	346,–
– 5 v. H. Zinsen vom halben Neuwert	216,–
– Instandhaltung 1,5 v. H. vom Neuwert	130,–
– Versicherung 0,5 v. H. vom Neuwert	43,–
Sonstige Festkosten	83,–
Lohnanspruch 110 FamAKh/Platz x 14,– EUR/FamAKh	1.540,–
600 Std./5 Schulpferde = 120 FamAKh	
120 FamAKh/Schulpferd x 14,– EUR/FamAKh	1.680,–
Vollkosten	**6.275,–**
bei 600 Reitstunden	EUR/Reitstunde	10,46
bei 540 Reitstunden	EUR/Reitstunde	11,62

Bei 600 Reitstunden ergeben sich Vollkosten und damit ein Mindestpreis je Reitstunde von 10,46 EUR.

Werden 10% weniger Reitstunden erteilt, ergibt sich bei 540 Reitstunden je Jahr ein Mindestpreis von 11,62 EUR/Reitstunde. Die Kosten können in diesem Fall nicht gesenkt werden, weil kein Schulpferd abgeschafft wird und auch keine Einsparung bei der eingesetzten Arbeitszeit entsteht, wenn die Reitergruppen kleiner sind.

Unterstellt ist hierbei, dass die Benutzung der Reitanlage mit Schulpferden nicht häufiger erfolgt als mit Pensionspferden.

12.6 Deckungsbeitrag als Maßstab für innerbetriebliche Wettbewerbskraft der Produktionsverfahren

Die Wettbewerbsfähigkeit eines Produktionsverfahrens (oder Betriebszweiges) im Reitbetrieb kann mit dem Deckungsbeitrag kalkuliert werden. Der Deckungsbeitrag wird durch Abzug der variablen Direktkosten von den variablen Leistungen ermittelt.

Das Rechnen mit Produktionsverfahren und Deckungsbeiträgen stammt aus den USA, wo die Methode während des Zweiten Weltkrieges zur Lösung militärischer Transportprobleme entwickelt wurde. Diese Produktionsverfahren sind vergleichbar mit Fertigteilen, die zu einem Haus zusammengefügt werden. Ebenso wie dort Außen- und Innenwände, Fenster- und Türelemente zusammengefügt werden, ergeben die verschiedenen Produktionsverfahren Weizen, Hafer, Rüben, Milchkühe, Pferde usw. einen landwirtschaftlichen Betrieb.

Ebenso wie es in einem Haus viele Fenster gibt, so kommen auch in einem Betrieb die Produktionsverfahren mehrfach vor, z.B. etliche Hektar Weizen, viele Kühe oder Pferde im Betrieb. Die Pferde sind dabei gegliedert in Pensionspferde, Zucht- und Schulpferde. Je mehr Produktionsverfahren im Betrieb unterschieden werden, umso flexibler ist die Planung im Betrieb.

Bei Schulpferden werden die variablen Direktkosten von den kalkulierten Einnahmen aus Reiten abgezogen. Bei Pensionspferden sind die Einnahmen bei Vertragsabschluss bekannt. Von beispielsweise 12 Monaten x 250,– EUR = 3.000,– EUR/Jahr Pensionspreis für ein Pferd lassen sich alle Futterkosten und Aufwendungen für Tierhüterhaftpflicht, Einstreu, Strom und Wasser usw. als variable Direktkosten abziehen. Das folgende Schaubild verdeutlicht das:

Von der Leistung zum Deckungsbeitrag

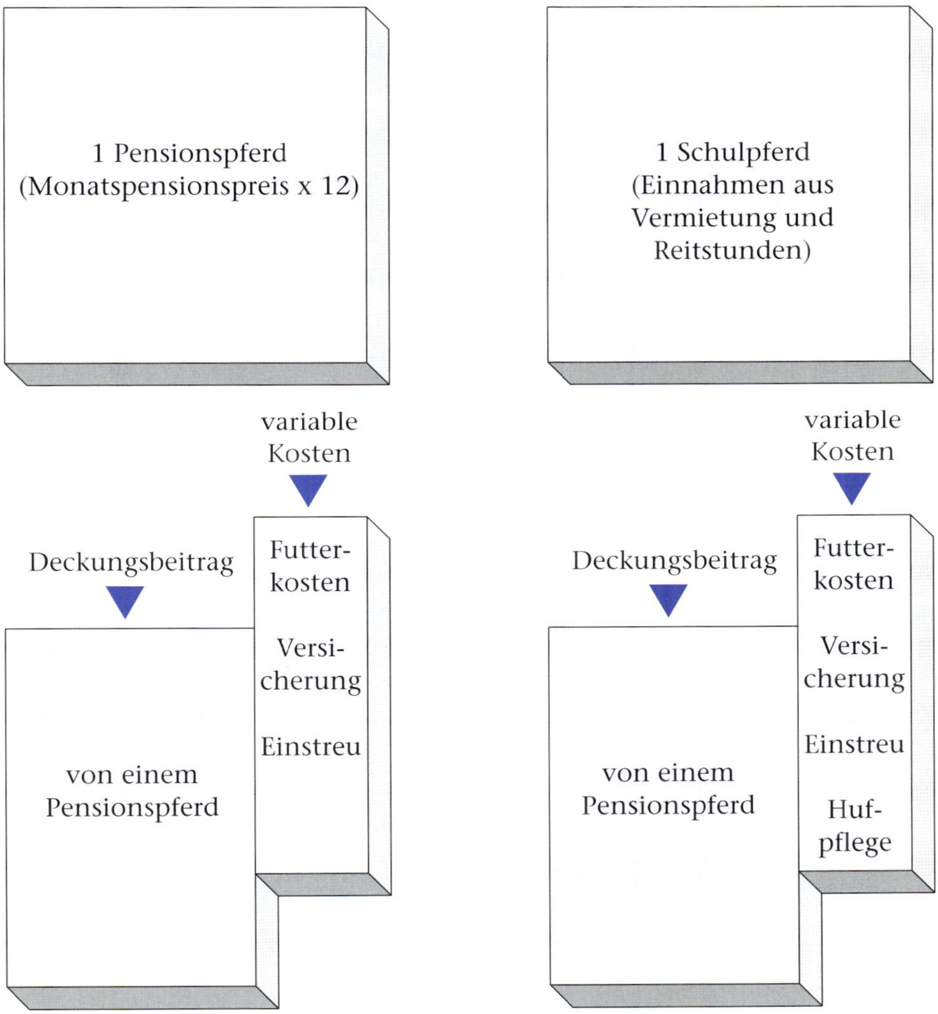

1 Pensionspferd (Monatspensionspreis x 12)	**1 Schulpferd** (Einnahmen aus Vermietung und Reitstunden)

variable Kosten ▼   variable Kosten ▼

Deckungsbeitrag ▼	Futter- kosten Versi- cherung Einstreu	Deckungsbeitrag ▼	Futter- kosten Versi- cherung Einstreu Huf- pflege
von einem Pensionspferd		von einem Pensionspferd	

Je höher die Deckungsbeiträge der verschiedenen Betriebszweige oder Produktionsverfahren sind, desto besser werden die Faktoransprüche (Kapital für Stallungen,
Reithalle usw.), für Boden (Weidefläche, Ackerland für Haferanbau usw.) sowie
Arbeitsleistung der Familien-AK damit abgedeckt. Die folgende Darstellung verdeutlicht das:

Vom Deckungsbeitrag zum Unternehmergewinn

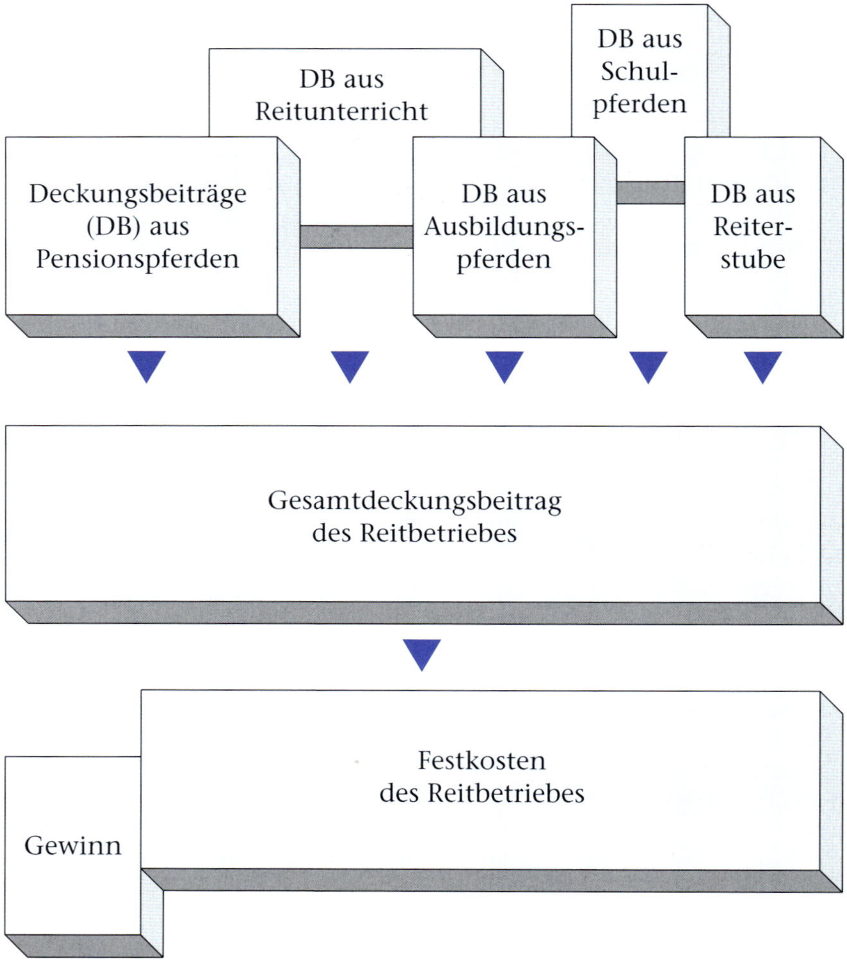

DB aus
Schul-
pferden

DB aus
Reitunterricht

Deckungsbeiträge
(DB) aus
Pensionspferden

DB aus
Ausbildungs-
pferden

DB aus
Reiter-
stube

Gesamtdeckungsbeitrag
des Reitbetriebes

Festkosten
des Reitbetriebes

Gewinn

Nach Abzug aller Festkosten inkl. Faktoransprüche vom Gesamtdeckungsbeitrag aller Betriebszweige sollte sich ein kalkulatorischer Unternehmergewinn ergeben. Andernfalls sind die Deckungsbeiträge der Produktionsverfahren bzw. der Dienstleistungen im Unternehmen zu gering oder die Festkosten und Faktoransprüche sind zu hoch.

Bei der Überlegung zur Ausweitung von Produktion oder Dienstleistungen ist demjenigen Produktionsverfahren der Vorzug zu geben, das den jeweils knappsten Faktor am besten verwertet. Die Deckungsbeiträge der Betriebszweige bzw. Produktionsverfahren werden dazu durch, z.B. Stallplätze, Hektar Futterfläche oder benötigte Arbeitsstunden dividiert.

12.6.1 Pensionspferde

Für das Produktionsverfahren Pensionspferd werden alle zuteilbaren variablen Kosten, die pro Jahr anfallen, zu 900,– EUR insgesamt addiert (vgl. hierzu die vorhergehende Vollkostenrechnung).

Diesen variablen Kosten stehen in Abhängigkeit vom Pensionspreis verschiedene Leistungen gegenüber. Sie werden in der folgenden Übersicht mit 1.500,– bis 3.000,– EUR/Jahr ausgewiesen. Die Differenz dieser jährlichen Leistungen zu den variablen Kosten ist der Deckungsbeitrag des Pensionspferdes, der im Beispiel 600,– bis 2.100,– EUR/Jahr beträgt.

Deckungsbeiträge von Pensionspferden

Variable Kosten			EUR/Pferd und Jahr	
Gesamte variable Kosten ohne Arbeits- und Stallkosten für – Krippen- und Mineralfutter – Heu, Futterstroh, Einstreu – Weidegang – Wasser und Energie – Dungausbringung – Stallgeräte – Tierhüterhaftpflicht und Tierseuchenkasse			900,–	
	je Monat	je Jahr	Deckungsbeitrag in	
			EUR je Pferd	je Fam-AKh
Deckungsbeitrag bei einem Pensionspreis in .... EUR	125,–	1.500,–	600,–	7,60
	150,–	1.800,–	900,–	11,40
	175,–	2.100,–	1.200,–	15,–
	200,–	2.400,–	1.500,–	19,–
	225,–	2.700,–	1.800,–	22,80
	250,–	3.000,–	2.100,–	26,60
Arbeitsanspruch je AKh je Jahr ohne Pflege pro Pferd			13,–	79,–

Das Pensionspferd beansprucht bei 13 Min./Tag/Jahr 79 Arbeitsstunden vom Pensionsbetrieb, wenn die Pflege des Pferdes nicht vom Betrieb aus erfolgt. Andernfalls steigt der Arbeitsbedarf von 13 Min./Tag auf 20 Min./Pferd und Tag.

Der Deckungsbeitrag je Familien-AKh bewegt sich zwischen 7,60 und 26,60 EUR. Da es sich hierbei um den Deckungsbeitrag handelt, müssen davon neben den Arbeits- auch die Festkosten pro Stallplatz getragen werden.

Wenn die Festkosten wie bei der Vollkostenrechnung im Betriebsbeispiel mit 35 Pensionspferden 818,– EUR/Platz betragen, ist der Deckungsbeitrag je AKh

dadurch mit 10,35 EUR belastet. Bei einem Pensionspreis von 150,– EUR/Monat und Pferd wird dann kein Arbeitsertrag erzielt. Arbeitserträge über 10,– EUR/AKh ergeben sich bei solchen Festkosten erst ab 210,– EUR Pensionspreis je Monat.

12.6.2 Verleih- und Schulpferde

Verleih- und Schulpferde konkurrieren mit Pensionspferden um die teuren Stallplätze. Die variablen Kosten dieses Produktionsverfahrens sind rund 1.200,– EUR höher als die des Pensionspferdes, weil Wertminderung und Zinsanspruch des Pferdes, Tierarzt- und Medikamentenkosten, Hufpflege und Kosten für Sattel- und Lederzeug hinzukommen.
Die variablen Kosten betragen nach der vorn für Schulpferde aufgeführten Vollkostenrechnung 2.237,– EUR/Pferd bei Festkosten von 818,– EUR ohne die Kosten der Familien-AKh.

Bei variablen Kosten für Miet- und Schulpferde von 2.237,– EUR/Pferd und Jahr steigt der Deckungsbeitrag je Pferd und Familien-AKh sprunghaft an mit der besseren Auslastung. Das zeigt die folgende Übersicht.

Deckungsbeiträge von Miet- und Schulpferden

Variable Kosten		EUR/Pferd und Jahr	
Gesamte variable Kosten ohne Arbeits- und Stallkosten		2.237,–	
Mietpreis ohne Unterricht oder Begleitung in EUR/Pferd	Einsatz der Pferde in Std./Jahr	Deckungsbeitrag in	
		EUR/Pferd	EUR/Fam-AKh
6,–	500	763,–	6,94
	800	2.563,–	23,30
8,–	500	1.763,–	16,–
	800	4.163,–	37,85
Arbeitsanspruch für Füttern, Misten und Pflegen ohne Unterricht in AKh		110,–	

Da vom Deckungsbeitrag auch die Festkosten in Höhe von 818,– EUR/Jahr getragen werden müssen, wird bei 6,– EUR Mietpreis und 500 Std. Auslastung nur rund 5,– EUR Arbeitsertrag pro Familien-AKh erzielt. Bei 800 Verleihstunden je Pferd

steigt der Arbeitsertrag nach Abzug des Festkostenanteils pro Reitstunde auf rund 22,– EUR/Familien-AKh.

Wird Reitunterricht erteilt, ist der Lohnanspruch der Familien-AKh oder das Reitlehrergehalt pro Stunde auf die eingesetzten Pferde zu verteilen.

Zum Beispiel $\dfrac{30,– \text{ EUR}}{5 \text{ Pferde}}$ = 6,– EUR/Pferd und Stunde

Dieser Betrag ist dem Mietpreis des Pferdes zuzuschlagen.

Finanzierungsfragen

13.1 Geld- und Kreditverkehr

13.1.1 Die Funktion der Kreditinstitute

In entwickelten Volkswirtschaften ist es Aufgabe der Notenbank, den Geldumlauf zu regeln, die Kreditversorgung der Wirtschaft – mit dem Ziel der Sicherung der Währung – zu gewährleisten sowie den Zahlungsverkehr im Inland mit dem Ausland sicherzustellen. Für die an der europäischen Währungsunion teilnehmenden Staaten hat diese Aufgabe die Europäische Zentralbank übernommen. Das Publikum jedoch hat im Allgemeinen nur mit „seinem" Kreditinstitut, „seiner" Bank zu tun.

Aufgrund des Gesetzes über das Kreditwesen (KWG) unterliegen alle Kreditinstitute einer staatlichen Aufsicht, die durch das Bundesaufsichtsamt für das Kreditwesen ausgeübt wird. In der sechsten KWG-Novelle vom 01.01.1998 wurden die hierzu erlassenen Richtlinien der europäischen Union in deutsches Recht umgesetzt. Durch diese Richtlinien wurde eine Harmonisierung des europäischen Bankenaufsichtsrechts erreicht.

Die Ware der Banken ist das Geld. Über den Zahlungsverkehr bewegen die Banken das Geld. Durch Hereinnahme von Einlagen in den verschiedensten Fristen beschaffen sie sich Geld. Durch Kredithergabe in den verschiedensten Formen und Fristen leihen sie Geld.

Neben dem Einlagen- und Kreditgeschäft und den Zahlungsverkehrsdienstleistungen betreiben die Kreditinstitute das Emissions- und Effektengeschäft und die Vermögensverwaltung. Alle diese Geschäfte werden international durchgeführt. *Der Euro* ist konvertibel, somit frei in jede andere Währung umtauschbar.

13.1.2 Zahlungsverkehr

Das Konto

Voraussetzung für die Teilnahme am bargeldlosen Zahlungsverkehr ist die Eröffnung eines Kontos. Ein Bankkonto ist die seitens der Bank für den Kontoinhaber, den Kunden, geführte Rechnung über die Ein- und Ausgänge (Gutschriften und Belastungen), die von der Bank verbucht und dem Kunden angezeigt werden.

Der Kontoinhaber muss rechts- und geschäftsfähig sein. Unter rechtsfähig versteht man die Fähigkeit, Träger von Rechten und Pflichten zu sein. Sie beginnt mit der Geburt und endet mit dem Tode. Unter Geschäftsfähigkeit versteht man, sich selbstständig durch Verträge rechtswirksam verpflichten zu können. Kinder unter 7 Jahren gelten als geschäftsunfähig, also muss ein Kontoeröffnungsantrag für ein solches Kind durch den gesetzlichen Vertreter, beider Elternteile oder den Vormund, gestellt werden.

Die Jugendlichen zwischen dem 7. und 18. Lebensjahr gelten als beschränkt geschäftsfähig. Ihr Kontoeröffnungsantrag bedarf der Zustimmung des gesetzlichen Vertreters. Wer das 18. Lebensjahr vollendet hat, ist volljährig. Er ist unbeschränkt geschäftsfähig.

Wer ein Konto eröffnen will, um am Zahlungsverkehr teilzunehmen, schließt mit der Bank den Kontokorrent-Vertrag, in dem die „Allgemeinen Geschäftsbedingungen" anerkannt werden. Dort ist verbindlich erklärt, wer welche Rechte und Pflichten hat.

Ein Zahlungsverkehrskonto ist ein Giro-Konto oder Kontokorrent. Giro heißt Kreislauf, Kontokorrent bedeutet „laufendes Konto". Wenn man Guthaben meint, über die der Kunde jederzeit verfügen kann und die in erster Linie der Abwicklung des Zahlungsverkehrs dienen, spricht man von Sichteinlagen.

Der Überweisungsverkehr

Ein solches Konto ist vielseitig zu verwenden. Der Verfügungsberechtigte kann bar abheben oder bar einzahlen. Er kann auch bargeldlos über sein Konto verfügen. So weist er mit dem *Überweisungsformular,* seine Bank an, sie wolle zu Lasten seines Kontos den in der Überweisung angegebenen Betrag einem ebenfalls auf dem Formular bezeichneten anderen Konto gutschreiben (soweit dieses Konto bei der gleichen Bank geführt wird) oder gutschreiben lassen, soweit das Konto bei einer anderen Bank oder einem Postscheckamt geführt wird. Umgekehrt kann der Kontoinhaber auf dem gleichen Wege Gutschriften empfangen. Er muss natürlich seinen Partnern, von denen er Geld erwartet, seine Bankverbindung und Kontonummer angeben. Überweisungen können auch „online", d.h. über den Computer durchgeführt werden. Hierzu benötigt man eine spezielle Software, die von Banken und Internetprovidern angeboten wird.

Eine Verfeinerung der Überweisung ist der *Dauerauftrag,* eine einmalige Anweisung des Kunden an die Bank, sie möge die regelmäßig in gleicher Höhe wiederkehrenden Zahlungen (Miete, Versicherungsprämien usw.) vornehmen. Parallel gibt es Dauerverpflichtungen, deren Höhe man im voraus nicht kennt. Hier zahlt *(Einzugsverfahren)* die Bank gemäß einer vom Kunden ausgesprochenen Abbuchungsermächtigung auf Anforderung. Voraussetzung hierfür ist, dass der Bankkunde dem Empfänger – z.B. dem E-Werk – eine Einzugsermächtigung erteilt hat, jeweils bei Fälligkeit die Strom- und Gasrechnung von seinem Konto mittels Lastschrift einzuziehen.

Der Scheckverkehr

Der Scheck ist eine Zahlungsanweisung des Ausstellers an seine Bank, bei der er Guthaben unterhält oder bei der er zugesagte Kredite in Anspruch nehmen kann. Er hat die uneingeschränkte Anweisung zu enthalten, eine bestimmte Geldsumme zu zahlen, ferner den Namen dessen, der zahlen soll (das ist in jedem Fall die bezogene Bank, die Bank also, die die Zahlung leisten soll), außerdem die Angabe des Zahlungsortes, das Datum sowie die Unterschrift des Ausstellers. Wenn der Aussteller oben links „Nur zur Verrechnung" vermerkt, wird der Scheck von der bezo-

genen Bank nicht bar ausgezahlt, sondern die Einlösung folgt nur im Wege der Kontogutschrift. Damit ist Missbrauch weitgehend ausgeschlossen.

Bei der Überweisung hatte der Schuldner seine Bank beauftragt, seinem Gläubiger Zahlungen zukommen zu lassen. Bei einem Scheck dagegen übergibt oder übersendet der Schuldner dem Gläubiger das Scheckpapier, sodass der Gläubiger den Scheck des Schuldners seiner Bank zum Einzug gibt.

Eine für die Privatkundschaft interessante Dienstleistung sind Scheck- bzw. Bankkarten. Diese Karten, die mit Magnetstreifen und persönlicher Codezahl ausgestattet sind, ermöglichen die Bargeldbeschaffung rund um die Uhr über Geldausgabe-Automaten. Heute akzeptieren auch eine Vielzahl von Unternehmen, überwiegend im Einzelhandel, den Zahlungsausgleich über Scheckkarte. Als weltweite Ergänzung zu Scheckkarten dienen die für einen ausgewählten Kundenkreis bestimmten Kreditkarten. Bei jedem Vertragsunternehmen kann unter Vorlage der Karte durch Unterschreiben der Rechnung gezahlt werden.

Der Wechselverkehr

Zum Zahlungsverkehr gehört ferner die zahlungstechnische Seite des Wechsels. Der Wechsel ist ein durch schriftliche Abtretungserklärung übertragenes Wertpapier. Die Weitergabe erfolgt durch die als Indossament bezeichnete Übertragungserklärung auf seiner Rückseite („in dosso" bedeutet „auf dem Rücken geschrieben"). Der Wechsel enthält ein abstraktes, also ein selbstständig verpflichtendes Versprechen, an einem bestimmten, auf dem Wechsel vermerkten Zahl- oder Verfalltag eine bestimmte Geldsumme zu zahlen. Vereinfacht gesagt: Wer einen Wechsel ausschreibt oder auf einem Wechsel querschreibt, verpflichtet sich ohne Einschränkung, die angegebene Summe zum vereinbarten Tag zu zahlen. Der Wechsel ist ein vom Grundgeschäft abhängiges, d.h. ein unbedingtes Zahlungsversprechen.

Der wirtschaftliche Sinn des Wechsels ist darin zu sehen, dass der Wechselschuldner, also z.B. der Käufer einer Ware, nicht sofort, sondern erst am vorgesehenen Verfalltag zahlen muss. Der Aussteller eines Wechsels verpflichtet sich in der Wechselurkunde, an einem Fälligkeitstag eine bestimmte Summe zu zahlen (eigener Wechsel, Solawechsel) oder er verspricht, dass ein auf dem Wechsel benannter Dritter, der „Bezogene", die Summe zahlen werde. Als Wechsel gilt nach Art. 1 des Wechselgesetzes nur eine Urkunde, die folgende Bestandteile enthält: Die Bezeichnung „Wechsel" im Text der Urkunde, die unbedingte Anweisung, eine bestimmte Geldsumme zu zahlen, die Angabe der Verfallzeit und des Zahlungsortes, den Namen dessen, an den gezahlt werden soll (Wechselnehmer Remittent – der Wechsel kann auch an die „eigene Order" lauten), ferner den Namen dessen, der zahlen soll (Bezogener), schließlich der Tag und Ort der Ausstellung, Unterschrift des Ausstellers.

Die so ausgestellte Wechselurkunde wird vom Bezogenen, also in unserem Beispiel dem Warenabnehmer, akzeptiert, indem er seine Unterschrift vorn links quer auf

das Wechselformular setzt. Diesen Wechsel kann der Warenlieferant für eigene Käufe bzw. zur Begleichung bereits bestehender Verbindlichkeit in Zahlung geben, indem er seinen Namen auf die Rückseite der Wechselurkunde schreibt (indossiert) und diesen Wechsel seinem Gläubiger weitergibt. Dabei ist zu beachten, dass neben dem Bezogenen und dem Aussteller auch derjenige selbstständig haftet, der indossiert. Derselbe Wechsel kann auf diese Weise eine Reihe von mehreren Personen bzw. Firmen durchlaufen und zu wiederholtem Maße als Zahlungsmittel dienen. Irgendwann jedoch, meist schon nach der ersten Weitergabe, wird diese Kette ein Ende haben; denn irgendwer wird nicht kreditieren wollen oder können, sondern Bargeld fordern. Hier setzt die Banktätigkeit ein. Die Bank übernimmt – als Teil des Zahlungsverkehrs für ihre Kunden den Einzug von Wechseln. Sie diskontiert darüber hinaus – als Teil des Kreditgeschäfts – Wechsel, sodass der letzte Wechselinhaber gegen Zinsabschlag (Diskont) für die restliche Laufzeit den Betrag erhält, bevor der Wechsel fällig ist.

13.1.3 Geldanlagen

Termingelder
Sofern vorübergehend dispositionsfreie Mittel zur Verfügung stehen, werden diese von Wirtschaftsunternehmen, ab einer bestimmten Größenordnung aber auch von Privatkunden, zum Zweck der Erzielung eines Zinsertrages „auf Termin" angelegt. Termingelder werden an einem im Voraus bestimmten Tag fällig, von dem an sie als Sichtverbindlichkeiten zu betrachten sind.

Spargeld
Ob Anlage-, ob Zwecksparen, die leichteste und bekannteste Sparform ist das Sparbuch-Sparen. Im Kreditwesengesetz sind zum Schutz der Kontensparer klare Regeln geschaffen worden. Danach sind Spareinlagen Geldanlagen auf Konten, die nicht dem Zahlungsverkehr dienen. Somit ist auch keine Verfügung über eine Spareinlage – es sei denn, es liegen besondere Bedingungen vor – durch Überweisung gestattet, während Gutschrift aus Scheck oder Überweisung auf ein Sparkonto selbstverständlich erfolgen darf.
Bei der Eröffnung des Sparkontos wird ein Sparbuch ausgefertigt. Hier wird verzeichnet, wer der Inhaber sein soll und wird erklärt, wie der Inhaber unterschreibt. Dass Minderjährige der Zustimmung des gesetzlichen Vertreters bedürfen, ergibt sich aus dem Begriff der Geschäftsfähigkeit.

Auszahlungen zu Lasten des Sparkontos können nur gegen Vorlage des Sparbuches erfolgen. Bei Sparkonten mit gesetzlicher Kündigungsfrist können ohne Kündigung innerhalb von 30 Zinstagen bis zu 2.000,– EUR abgehoben werden. Für höhere Beträge bedarf es der Einhaltung der gesetzlichen Kündigungsfrist von 3 Monaten. Eine sofortige Auszahlung ist jedoch auch möglich. Allerdings ist die Bank dann zur Berechnung von Vorschusszinsen verpflichtet.

Wenn zwischen Kunde und Bank eine längere als die so genannte gesetzliche Kündigungsfrist vereinbart wurde, dann erhöht sich der Sparzins, da auch die Banken solche längerfristigen Einlagen nutzbringender verwenden können.

Darüber hinaus haben die Kreditinstitute verschiedene Formen besonderer Förderung der Spareinlagensammlung entwickelt, die vor allem nach der Einschränkung der staatlichen Sparförderung besondere Beachtung haben. Neben den Sparbriefen – eine Zwischenform zwischen der Sparkonto- und der Wertpapieranlage – bieten sie die verschiedensten „Sparpläne" an, bei denen der Kunde für eine Reihe von Jahren regelmäßige Sparleistungen erbringt. Dabei wird neben der Möglichkeit der Absicherung des Sparziels durch eine zusätzliche Risikolebensversicherung bei den meisten Sparplänen außer der laufenden Verzinsung für langfristig angelegte Gelder ein „Bonus" oder ähnliches gewährt.

13.1.4 Wertpapiere

Zum Leistungsprogramm der deutschen Universalbanken zählt weiter das Wertpapiergeschäft. Es ist einerseits hinsichtlich der Versorgung von Staat und Wirtschaft mit Kapital von ausschlaggebender Bedeutung und bietet andererseits dem Kunden vielfältige und interessante Anlageformen. Die beste Gewähr für eine fundierte Wertpapierberatung bieten die Anlageexperten der Banken, die die Chancen und Risiken der einzelnen Anlageformen abwägen können. Dabei ist die Frage, ob Ertrag, Sicherheit oder Liquidität im Vordergrund stehen, auch abhängig von dem Zweck, dem die Geldanlage dienen soll, etwa dem kontinuierlichen Aufbau eines Vermögens, dem Ansparen für Bauvorhaben, der Sicherung bzw. Aufbesserung der Altersversorgung oder der raschen Erzielung von Gewinnen. Die Geldanlage in Wertpapieren unterteilt sich in zwei Gruppen, die in wirtschaftlicher und rechtlicher Hinsicht grundlegend verschiedene Merkmale aufweisen: nämlich in festverzinsliche Wertpapiere (Geldforderungen) und in Aktien (Substanzwerte).

Festverzinsliche Wertpapiere
Festverzinsliche Wertpapiere sind Schuldverschreibungen, die von der öffentlichen Hand, von Kreditinstituten oder von größeren Industrieunternehmen herausgegeben werden. Sie verbriefen ein *Gläubigerrecht,* das sich auf die Verzinsung des Kapitalbetrages und seine Rückzahlung erstreckt. Im Unterschied zu den Aktien garantieren sie einen im voraus festgelegten, im Allgemeinen gleichbleibenden Zinsertrag (daher die Bezeichnung Rentenwerte), während einer bestimmten Laufzeit durch den Anspruch auf Rückzahlung des Nennbetrages zum Fälligkeitstag. Die Bezeichnung Schuldverschreibung (Obligation) oder auch Anleihe sind allgemeine Begriffe, die alle festverzinslichen Wertpapiere einschließen.

Gegliedert nach den Ausstellern stehen dem Publikum folgende Hauptgruppen festverzinslicher Wertpapiere zur Verfügung:

Anleihen der öffentlichen Hand emittiert von Bund, Ländern und Gemeinden sowie von Bundesbahn und Bundespost. Hinzu kommen als Daueremission des Bundes die Bundesobligation und die Bundesschatzbriefe.

Pfandbriefe und Kommunalobligationen werden von privaten und öffentlich-rechtlichen Realkreditinstituten herausgegeben.

Industrieobligationen werden von bedeutenden Industrieunternehmen am Kapitalmarkt emittiert.

Bank- und Sparkassenschuldverschreibungen dienen dem jeweiligen Kreditinstitut zur Beschaffung langfristiger Kapitalmittel. Sie sind zugleich ein Instrument, mit dem die Wertpapierbedürfnisse der eigenen Kundschaft durch zinsattraktive Angebote befriedigt werden können.

Aktien
Aktien sind Anteilspapiere, in denen Beteiligungsrechte an einer Aktiengesellschaft verbrieft werden. Hier erhält man keinen festen Zinssatz, sondern eine Dividende, die von den Gewinnen der jeweiligen Gesellschaft abhängig ist. Als Anteilseigner nimmt der Aktionär an Zuwachsraten und Wertsteigerungen des Unternehmens teil, er hat aber auch das Risiko einer Wertminderung bzw. unter Umständen eines Dividendenausfalls zu tragen.

Investmentzertifikate
Investmentzertifikate sind Anteilscheine am Fondsvermögen einer Investmentgesellschaft. Die Investmentidee ist einfach: viele Anleger zahlen Geld in einen großen „Topf", den Investmentfonds, ein. Die Investmentgesellschaft kauft für das Geld Wertpapiere (Aktien, festverzinsliche Wertpapiere) – oder bei Immobilienfonds Immobilien – und übernimmt ihre laufende Verwaltung. Das wesentliche Kennzeichen der Investmentfonds ist die Minderung des Kursrisikos durch ausreichende Mischung im Fondsvermögen. Somit wird dem Sparer die Möglichkeit gegeben, sich schon mit kleineren Beträgen an einem großen, breit gestreuten Wertpapiervermögen zu beteiligen.

13.1.5 Der Kredit

Das Wesen des Kredits liegt darin, dass die Bank als Kreditgeber eine Leistung in der Gegenwart erbringt und damit zum Gläubiger wird. Dagegen verpflichtet sich der Kreditnehmer als Schuldner, die Rückführung des Kredits und die Zinszahlungen in der Zukunft zu erbringen. Da Kredite somit immer in die Zukunft gerichtet sind, wünscht die Bank nur dort Kredite zu geben, wo das Kreditrisiko kalkuliert werden kann, wo mit an Sicherheit grenzender Wahrscheinlichkeit erwartet werden kann, dass die hinausgelegten Gelder auch wieder zurückfließen werden. Ist die Kredit-

vergabe für Banken ein Geschäft, so ist die Kreditaufnahme seitens der Kunden nichts anderes. Denn welcher Kaufmann würde Kredit aufnehmen, wenn er mit den geborgten Mitteln nicht einen höheren Nutzen erzielen könnte, als er an Zinsen etc. seinerseits der Bank zahlt?

Um von der Bank einen Kredit zu erhalten, muss der Kunde einen Kreditantrag stellen, der die Grundlage für die Prüfung der Kreditwürdigkeit ist. Die Prüfung der wirtschaftlichen Situation des Kreditgebers erfolgt anhand zahlreicher Unterlagen, die dem Kreditinstitut einzureichen sind. Es handelt sich dabei im Wesentlichen um folgende Unterlagen: die letzten Jahresbilanzen (möglichst Steuerbilanzen) und – soweit vorhanden – Geschäftsberichte, Prüfungsberichte eines Wirtschaftsprüfers, Handelsregisterauszüge, ein aktuelles Vermögensverzeichnis, Angaben über die wirtschaftliche Situation (Umsatz, Auftragsbestand, Rentabilität) und Angaben über bereits bestehende Kreditverhältnisse. Zur Ergänzung dieser Unterlagen holen die Banken, soweit es erforderlich erscheint, Auskünfte bei Banken oder gewerbsmäßigen Auskunfteien ein.

Die Bank bereitet die ihr überlassenen Geschäftsziffern auf, um sich einen Überblick über die finanziellen Verhältnisse des Kreditnehmers zu verschaffen. Handelt es sich um einen kurzfristigen Kredit, so rangieren die Fragen nach der Liquidität vor den Fragen der Rentabilität. Unter Liquidität versteht man den Überschuss des kurzfristigen Umlaufvermögens über die kurzfristigen Verbindlichkeiten.

Handelt es sich um einen mittel- oder längerfristigen Kredit, so steht nicht die Frage nach Liquidität an erster Stelle, sondern nach Rentabilität. Hier wird neben der Bilanzkontrolle das Schwergewicht auf die Gewinn- und Verlustrechnung gelegt. Es wird geprüft, ob die gegenwärtige Ertragslage ausreichend ist, um die durch die Investitionsvorhaben bedingten zusätzlichen Belastungen (Zinsendienst, Tilgung) während der Laufzeit des Kredits zu tragen. Die Vorlage der Jahresabschlüsse haben die Kreditinstitute gemäß § 18 KWG zu verlangen.

Bei Privatpersonen prüft die Bank, welche Gelder aus welchen Quellen stammen und wohin sie fließen. Besondere Beachtung wird dabei der Höhe des Einkommens, dem Vermögen und den bereits vorhandenen Schulden geschenkt. Bestehen z.B. Abzahlungsverpflichtungen, so ist der Spielraum eingeengt, aus dem nach Deckung des Lebensunterhalts der beantragte Kredit aus dem laufenden Einkommen zurückgezahlt werden kann. Besteht ein Wertpapierdepot, stehen Spar- oder Festgelder zur Verfügung? Ist Haus- oder Wohnungseigentum vorhanden? Sollte dies der Fall sein, so wird die Gewährung größerer Darlehen auf diese Sicherheiten aufgebaut werden können.

Je nach dem Zweck der Kreditinanspruchnahme stehen dem Kunden verschiedene Kreditarten zur Verfügung. Hier setzt die bankkaufmännische Beratung ein, die dafür zu sorgen hat, dass der Kunde entsprechend seinem Finanzierungsbedarf den richtigen Kredit mit der richtigen Laufzeit erhält. So macht es einen wesentlichen Unterschied, ob beispielsweise ein Reit- und Fahrverein sich lediglich Pensions- oder Mitglieder-Beiträge bevorschussen lässt, um auch weiterhin Lieferantenverbindlichkeiten (Futterkosten oder dergleichen) unter Skontoausnutzung bezahlen

zu können, oder aber ob er den geplanten Neubau einer Reithalle finanzieren will. Im ersteren Fall wird ihm ein kurzfristiger Barkredit, im zweiten Fall ein langfristiges hypothekarisch gesichertes Darlehen empfohlen werden.

Kontokorrentkredit

Ein Kontokorrentkredit ist ein Bankkredit, der dem Kunden in einer bestimmten Höhe eingeräumt wird, wobei es dem Kunden freisteht, bis zur vereinbarten Höchstgrenze Gelder in beliebigen Teilbeträgen zu entnehmen und ebenso in beliebigen Beträgen Rückzahlungen zu tätigen. Der Kontokorrentkredit passt sich somit dem Wirtschaftsbrauch an. Er gewährt volle Bewegungsfreiheit. Dementsprechend ist das Interesse von Handel, Handwerk, Industrie wie Privaten an der Einräumung eines Kontokorrentkredits groß. Rein formal hat der Kontokorrentkredit kurzfristigen Charakter, durch ständige Prolongationen ist er jedoch tatsächlich oft langfristiger Natur. Typisch für den Kontokorrentkredit ist die schwankende Höhe seiner Inanspruchnahme.

Wechseldiskontkredit

Die Diskontierung von Wechseln ist ebenfalls eine Kreditgewährung, da sie Forderungen vor Fälligkeit ankauft. Im Vordergrund stehen qualitativ einwandfreie Wechsel mit einer Laufzeit bis zu 90 Tagen, denen eine Warenbewegung zugrunde liegt. Gibt z.B. der Kleinhändler dem Großhändler, von dem er kauft, sein Akzept und somit seine Anerkennungsunterschrift, so liegt ein Schuldverhältnis aus Warenumschlag zugrunde. Dabei gehen Schuldner wie Gläubiger von der Voraussetzung aus, dass während der Laufzeit des Wechsels die Ware ihren Absatz findet und der zur Zahlung erforderliche Betrag eingeht. Die wertvolle Eigenschaft des Geschäfts- oder Handels- oder Warenwechsels besteht eben darin, dass er ein wirtschaftliches Gut zur Grundlage hat. Der Kredit- oder Finanzierungswechsel dagegen, bei dem die Warenunterlage fehlt, dient lediglich dem Zweck, einem Wechselverbundenen, der für sich allein einen Kredit nicht erhält, durch Diskontierung bare Mittel zu verschaffen. Solche Gefälligkeitswechsel lehnen Banken im Allgemeinen ab.

Akzeptkredit

Der Akzeptkredit ist der Form nach ebenfalls ein Wechselkredit. Hier akzeptiert die Bank einen vom Kunden auf sie gezogenen Wechsel. Sie verpflichtet sich somit – nach Wechselrecht – den im Wechsel angegebenen Betrag bei Fälligkeit zu zahlen. Im Außenverhältnis ist also die Bank die Zahlungsverpflichtete, womit sie dem Aussteller – aufgrund des guten Namens der Bank – die Möglichkeit gibt, durch Weiterbegebung des Bankakzeptes sich bares Geld zu verschaffen. Beim Akzeptkredit hat somit der Kunde zwei Wege zu gehen, bevor er bares Geld erhält: Er muss das Akzept der Bank erwirken; er muss das Bankakzept zum Diskont geben. Im Innenverhältnis hat sich der Bankkunde dagegen verpflichtet, der Bank den Wechselbetrag kurz vor Fälligkeit anzuschaffen.

Mittel- und langfristige Kredite

Bei den bisher erläuterten Kreditarten handelt es sich um kurzfristige Kredite. Neben diesen sind bei den Geschäftsbanken in zunehmendem Maße mittel- und langfristige Kredite getreten, die früher vorwiegend von Sparkassen und Spezialinstituten zur Verfügung gestellt wurden. So bieten die Banken ihrer Privatkundschaft z.B. grundbuchlich abzusichernde langfristige Kredite mit gleich bleibenden Rückzahlungsraten an, so genannten Hypotheken-Darlehen. Ihr Verwendungszweck ist nicht begrenzt, sie können z.B. verwendet werden für den Kauf von Häusern und Eigentumswohnungen, die Instandsetzung, Modernisierung sowie An- und Umbau von Altbauten, Erbauszahlung usw. Die Absicherung kann sowohl auf älteren Hausbesitz als auch auf fertiggestellten Neubauten erfolgen, soweit diese Objekte überwiegend Wohnzwecken dienen. Unter Berücksichtigung der persönlichen Einkommens- und Vermögensverhältnisse richtet sich die Höhe des Darlehens nach dem Wert des Grundbesitzes.

Es ist das Bestreben der Banken, dem Kunden eine „Finanzierung aus einer Hand" anzubieten, da dann eine umfassende Beratung möglich ist und die Kreditwürdigkeitsprüfung nur einmal zu erfolgen braucht. Im Wesentlichen handelt es sich um folgende Kredite: Anschaffungs- und die schon oben erwähnten Hypothekendarlehen für Privatpersonen und Investitions-Barkredite für Firmen, die aus eigenen Mitteln der Bank gegeben werden. Außerdem werden zinsgünstige Mittel aus öffentlichen Kreditprogrammen für förderungswürdige Investitionen und zu Existenzgründungen von den hierfür zuständigen Spezialinstituten (Kreditanstalt für Wiederaufbau, Deutsche Ausgleichsbank, Berliner Industriebank) vornehmlich über die Hausbank unter deren Primärhaftung weitergeleitet.

13.1.6 Sicherheiten im Kreditgeschäft

Im Rahmen der Bearbeitung von Kreditanträgen kommt der Sicherstellung der Kredite größte Bedeutung zu. Nur in ganz begründeten Ausnahmefällen werden Darlehen „blanko", d.h. ohne spezielle Besicherung, gegeben. Je schwieriger die allgemeine Wirtschaftsentwicklung ist, je größer die in ihr liegenden Risiken sind, desto unsicherer gestalten sich vielfach auch die Verhältnisse des einzelnen Betriebes. Um so mehr wird die Bank bemüht sein, ihre Risiken durch die Stellung von Sicherheiten abzumildern und sich damit die Möglichkeit einer Befriedigung aus den Sicherheiten zu verschaffen, sofern der Kreditnehmer den in Anspruch genommenen Kredit nicht zurückzahlen bzw. seinen Zinszahlungen nicht nachkommen kann. Zu den wichtigsten Kreditsicherheiten gehören:

Bürgschaft

Voraussetzung ist die Existenz einer Hauptverbindlichkeit, d.h. eines Schuldverhältnisses zwischen Gläubigern (Bank) und Schuldnern (Kreditnehmer). Durch die Bürgschaft verpflichtet sich der vom Kreditnehmer beigebrachte Bürge der Bank

gegenüber, für die Erfüllung der Verbindlichkeiten des Schuldners einzustehen. Die Bank wird einen derartigen Bürgschaftsvertrag nur dann schließen, wenn der Bürge potent genug erscheint.

Pfandrecht
Neben der Bürgschaft nimmt in der Bankpraxis das Pfandrecht an Sachen wie Rechten breiten Raum ein. Im weitesten Sinne ist das Pfandrecht das einem Gläubiger an einem Vermögensgegenstand zustehende Recht, diesen Vermögensgegenstand unter bestimmten Voraussetzungen zum Zwecke der Befriedigung seiner Forderungen zu verwerten. Der Gläubiger kann also sowohl den Schuldner persönlich als auch den verpfändeten Gegenstand in Anspruch nehmen. Voraussetzung ist dabei das Vorhandensein einer Forderung, ohne Forderung besteht somit kein Pfandrecht. Die Verpfändung bezieht sich insbesondere auf Wertpapiere, da diese besonders gut übergebbar sind, denn zur Entstehung des Pfandrechts muss der Eigentümer dem Gläubiger die Sache übergeben (Faustpfandprinzip). Bei der Verpfändung von Waren oder Maschinen macht das Übergabeerfordernis Schwierigkeiten, sodass diese Form nur selten Verwendung findet.

Neben den gesetzlichen Vorschriften sind die Allgemeinen Geschäftsbedingungen zu berücksichtigen. In ihnen ist u.a. festgelegt, dass sämtliche in den Besitz der Bank gelangten Werte jeder Art als Pfand für alle Forderungen gegen den jeweiligen Kunden dienen.

Sicherungsübereignung
Das Wesen der Sicherungsübereignung besteht darin, dass zur Sicherstellung einer Forderung dem Gläubiger das Eigentum an einer Sache übertragen wird, während der Schuldner aufgrund eines besonderen Besitzmittlungsverhältnisses (Leih- oder Verwahrungsvertrag) unmittelbarer Besitzer bleibt.
Damit werden die Nachteile der Verpfändung, nämlich die strengen Erfordernisse hinsichtlich der Übergabe, vermieden. Allerdings ist der Übereignungsnehmer – also die Bank – in hohem Maße von der Ehrlichkeit des Sicherungsgebers abhängig, dem er das Sicherungsgut zur Fortführung seines Geschäftsbetriebes überlässt. Die Bank hat z.B. bei vertragswidriger Veräußerung an einen gutgläubigen Dritten diesem gegenüber keinen Herausgabeanspruch.

Sicherungsabtretung (Zession)
Eine heute weit verbreitete Form der Besicherung von Krediten ist die Abtretung von Forderungen und Rechten an die kreditgebende Bank. Zur Wirksamkeit der Abtretung ist lediglich ein formloser Vertrag notwendig, d.h. ein Vertrag darüber, dass die Forderung von dem bisherigen Gläubiger auf den neuen Gläubiger übergehen soll (vom Kreditnehmer auf die Bank). Insbesondere ist die zur Rechtswirksamkeit der Verpfändung notwendige Anzeige an den Schuldner nicht erforderlich, Gegenstand der Sicherungsabtretung im Bankbetrieb bilden vor allem die kurzfristigen, aus dem Warenverkehr entstandenen Forderungen.

Grundpfandrechte

Wie ein Pfandrecht an beweglichen Sachen und Rechten bestellt werden kann, so auch an Grundstücken. Diese Pfandrechte werden als Hypothek und Grundschuld bezeichnet.

Hypothek. Sucht ein Grundstückseigentümer ein Darlehen, einen langfristigen Kredit, so wird sich die entsprechende Bank, die das Darlehen gewähren soll, als Sicherheit eine Hypothek im Grundbuch des betreffenden Grundstückes eintragen lassen. Kommt der Schuldner seinen Verpflichtungen aus dem Darlehensvertrag nicht nach, so kann sich die Bank erforderlichenfalls an das Grundstück halten, das als Pfand für das Darlehen haftet. Diese hypothekarische Belastung gibt aber dem Gläubiger (Bank) nur dann ein Recht, wenn die Forderung, die gesichert werden soll, auch tatsächlich entstanden ist und noch weiter besteht. Ohne existente Forderung ist die Hypothek ein Nichts. Daher sind Hypotheken als Sicherheit für schwankende, kurzfristige Kontokorrentkredite der Geschäftsbanken ungeeignet. Verkehrs- und Sicherungshypotheken werden bei vorübergehender Abdeckung des Kredites kraft Gesetzes zu Eigentümergrundschulden. Sie leben als Hypothek nicht wieder auf. Die Bank hat daher bei erneuter Beanspruchung eines Kredits insoweit keine Sicherheiten.

Die *Grundschuld* dagegen ist von jeder Forderung losgelöst, sie ist abstrakt und somit unabhängig von den Veränderungen des Kredits. Sie bleibt wirksam, auch wenn der Kredit nach vorübergehender Rückführung wieder neu in Anspruch genommen wird. Die Grundschuld erlaubt ferner die Unterwerfung des Grundstückseigentümers unter die sofortige Zwangsvollstreckung und erspart dem Gläubiger damit im Falle einer notwendig werdenden Zwangsvollstreckung die oftmals zeitraubende Beschaffung eines Vollstreckungstitels. Sie hat ferner für den Gläubiger den Vorzug, dass sie ihm gestattet, alle Einwendungen aus dem zugrunde liegenden Schuldverhältnis abzuschneiden. Die Grundschuld ist daher für Geschäftsbanken ein sehr geschätztes, bewegliches Mittel zur Sicherung kurzfristiger, schwankender Kredite.

13.2   Finanzplanung

Wer einen Reitbetrieb erfolgreich führen will, muss jederzeit liquide (flüssig) sein; d.h. über die notwendigen Mittel zur Bezahlung der fälligen Rechnungen verfügen können. Das geht aber nur, wenn man mit Hilfe eines Finanzierungsplanes weiß, welche Ausgaben den jeweils monatlichen Einnahmen gegenüberstehen.
Bei der Ausarbeitung eines Finanzplanes stützt man sich zweckmäßigerweise auf Aufzeichnungen aus vorhergehenden Jahren. Sind keine derartigen Aufzeichnungen vorhanden, müssen die voraussichtlich anfallenden Kosten und Einnahmen möglichst wirklichkeitsnah geschätzt und einander monatlich gegenübergestellt werden. Ergibt eine solche Gegenüberstellung eine größere Unterdeckung, muss

diese Lücke entweder durch zusätzliches Eigenkapital oder aber durch möglichst preiswerte Kredite geschlossen werden, damit der Betrieb liquide bleibt. Sind nach der Finanzplanung Überschüsse zu erwarten, ist zeitig mit dem Geldinstitut zu überlegen, ob und wie diese Überschüsse zinsbringend angelegt werden können. Größere Barbeträge und renditelose Guthaben auf dem laufenden Konto sind unwirtschaftlich!

Auf der Ausgabenseite der Finanzplanung sind zunächst die üblichen regelmäßigen Ausgaben wie Futter, Wasser, Strom, Abgaben, Kosten der Arbeitserledigung, für anfallende Reparaturen, für den Tierarzt, für Hufpflege, Kreditkosten usw. anzusetzen. Zusätzlich müssen größere, oft saisonbedingte Ausgaben wie Heu- und Strohankäufe, Neuanschaffungen von Pferden oder auch Investitionen in Gebäude, Geräte und Ausstattung berücksichtigt werden. Sie sollten möglichst zu einem Zeitpunkt getätigt werden, in der sie saisonal besonders preisgünstig sind. Wichtig ist es, die voraussichtlichen Preissteigerungen einzukalkulieren.

Die Planung der Einnahmen ist besonders sorgfältig vorzunehmen. Langfristige Erfahrungswerte schützen hier vor zu euphorischer Betrachtung und Fehlkalkulation.

Üblicherweise werden für größere Investitionsobjekte – z.B. Ausbau der Stallungen, Erweiterung der Reithalle oder Neubau einer Reithalle – gesonderte Finanzierungspläne aufgestellt, deren Abwicklung sich über einen längeren Zeitraum erstreckt.

Die nachfolgenden Übersichten zeigen das Beispiel eines vereinfachten Finanzplanes für einen Reitbetrieb mit 30 Pferden. In der ersten Übersicht sind hier die Jahreseinnahmen und -ausgaben zusammengestellt, danach bei einer Liquiditätsübersicht die Aufgliederung dieser Einnahmen und Ausgaben auf die einzelnen Monate. Hier sieht man sehr deutlich, wann voraussichtlich ein Zahlungsengpass entsteht, der durch Kreditierung überbrückt werden muss oder umgekehrt, wann auf dem Kontokorrentkonto Guthaben entstehen, die besser für 4 oder 6 Wochen höherverzinslich angelegt werden sollten. Bei den Einnahmen aus dem Reitunterricht ergibt sich häufig ein Loch während der Sommerferien. Zu dieser Zeit fallen aber bei genügend Lagerraum durch dann meistens preisgünstig mögliche Vorratskäufe an Heu und Stroh erhöhte Ausgaben an. Ein weiteres Ausgabenhoch findet sich wegen der dann fälligen Beiträge, Steuern und Versicherungsprämien auch zum Jahresbeginn.

Beispiel eines vereinfachten Finanzierungsplanes (Reitbetrieb mit 30 Pferden)

Einnahmen	EUR	Ausgaben	EUR
Pensionspferde (20 x inkl. Pflege)	60.000,–	Personal und Verwaltung	50.000,–
Reitunterricht (150,– EUR/Tag x 200)	30.000,–	Pferde (20 Turnierpferde + 10 eigene Pferde)	
Pferdeausbildung	10.000,–	(Futter, Stroh, Versicherung, Tierarzt, Zukauf)	30.000,–
Pferdeverkauf	15.000,–		
Gastronomie	5.000,–	Gebäude und Hindernisse	10.000,–
Vermietung	10.000,–	Kapitaldienst	15.000,–
	130.000,–	Mechanisierung und Ausrüstung	5.000,–
		Strom, Wasser, Heizung	10.000,–
		Steuern, Beiträge, Sonstiges	10.000,–
			130.000,–

Stehen für die Finanzierung von Ausgaben nicht hinreichend Eigenmittel zur Verfügung, muss eine Zwischenfinanzierung durch Kredit erfolgen. In dem vorangegangenen Abschnitt „Geld- und Kreditverkehr" sind die Kreditarten im Einzelnen bereits beschrieben. Es kommt nun darauf an, zu prüfen, welche Kreditformen sich für den jeweiligen Verwendungszweck am besten eignen. Für kurzfristige Kredite gibt es den Kontokorrent-, den Wechsel und den Lieferantenkredit, für mittel- und langfristige Vorhaben empfehlen sich Teilzahlungskredite, Darlehen oder Hypotheken.

Ein *Kontokorrentkredit* dient im Allgemeinen zum Ausgleich von beim täglichen Zahlungsverkehr entstehenden kurzfristigen Engpässen. Er ist z.B. als Dispositionskredit in Höhe von 2 bis 3 Monatsgehältern auch bei Privatkunden verbreitet üblich. Auf dem Geschäftskonto sollte in jedem Fall in Absprache mit dem Kreditinstitut eine Kreditlinie für den Kontokorrentkredit eingetragen sein, bis zu der das Konto ohne weitere Rücksprache mit dem Kreditinstitut belastet werden darf. Für den in Anspruch genommenen Kredit wird dann der jeweils geltende Zins berechnet.

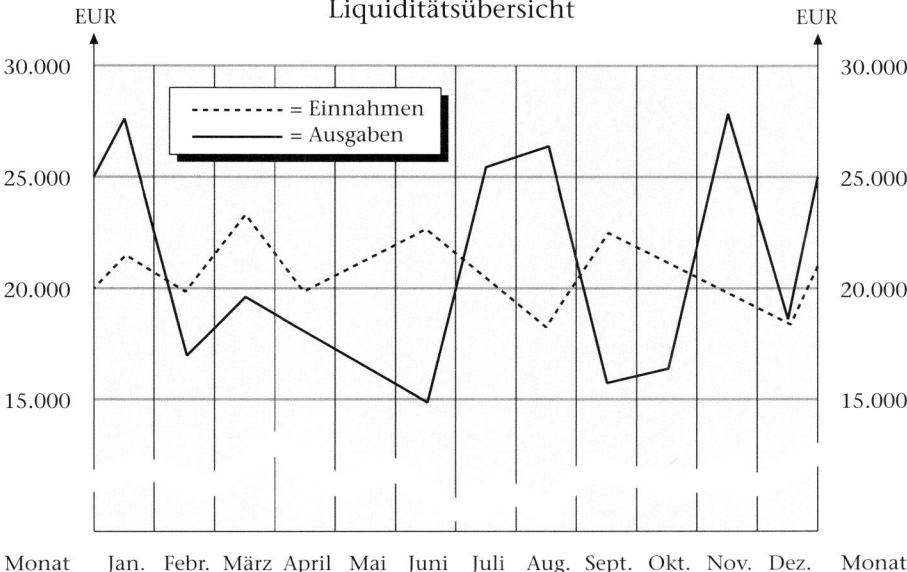

Liquiditätsübersicht

Wird die eingeräumte Kreditlinie überzogen, spricht man von Überziehungskredit, und für den liegt der Zinssatz mindestens um 3 bis 5% höher. Er sollte daher tunlichst vermieden werden. Die Kreditinstitute verzichten bei langjähriger positiver Geschäftsverbindung bis zu bestimmten Höchstgrenzen häufig auf die Bestellung einer dinglichen Sicherheit.

Der Kontokorrentkredit bietet für den Inhaber die Möglichkeit, günstige Einkaufsgelegenheiten zu nutzen und Skonti, Mengenrabatte, Frühbezugspreise u.Ä. in Anspruch zu nehmen, was die Kreditkosten, die im Durchschnitt die von Darlehen übersteigen, senkt bzw. ganz aufhebt.

Der Kontokorrentkredit, ohne den ein moderner Betrieb nicht rationell zu führen ist, ist nicht geeignet zur Finanzierung mittel- oder gar langfristiger Investitionen, da er dafür zu teuer ist.

Der *Wechsel* genießt zwar einen schlechten Ruf, kann aber mit Maßen eingesetzt ein sehr preiswertes Finanzierungsmittel sein. Der Wechsel, auch als Akzept bezeichnet, wird in der Regel vom Handelspartner ausgestellt. Der Bezogene, also der Zahlungspflichtige, unterschreibt ihn quer und verpflichtet sich dadurch, die angegebene Summe zum Ablauf der angegebenen Frist einzulösen. Meistens wird der Wechsel bei der Hausbank des Bezogenen zahlbar gestellt, wird also zum angegebenen Termin das dort geführte laufende Konto belasten.

Der Wechsel ist ein abstraktes Zahlungsversprechen, d.h. er muss eingelöst werden, auch wenn die gelieferte Ware minderwertig ist bzw. überhaupt nicht geliefert wurde. Darin liegt ein gewisses Risiko. Deshalb tut man gut daran, Wechselfinanzierungen nur mit bekannt seriösen Handelspartnern vorzunehmen. Statt Zinsen spricht man beim Wechsel von Diskont. Die normale Laufzeit beträgt bis zu

3 Monate, Verlängerungen (Prolongationen) sind möglich, aber von den Kosten her durchweg ungünstig. Die genauen Kosten (Gebühren) des Wechsels sollte man bei seiner Hausbank erfragen.

Der Wechsel kann z.B. für den Futterzukauf eine günstige Finanzierungsart sein, wenn auf den Handelspartner Verlass ist und der Wechsel bei Fälligkeit auch eingelöst werden kann.

Der *Lieferantenkredit* sollte nur begrenzt in Anspruch genommen werden. Er ist durchweg die teuerste Finanzierungsart. Der Lieferant muss sich seinerseits refinanzieren und wird den Kredit mit einem Aufschlag weitergeben, sodass die Zinsbelastung oft erheblich höher liegt, als wenn über Wechsel oder Kontokorrentkredit finanziert wird. Außerdem entfallen beim Lieferantenkredit durchweg sonst mögliche Zahlungsvergünstigungen wie z.B. das Skonto. Ein Skonto von 2% binnen 14 Tagen entspricht auf das Jahr bezogen einem Zinssatz von 48%! Höhere Verschuldungen bei den Handelspartnern bringen eine erhebliche finanzielle Mehrbelastung und führen häufig auch zu einer Beschränkung in der freien Auswahl seiner Handelspartner.

Der häufig genannte Vorzug des Lieferantenkredits, seine schnelle und unbürokratische Gewährung, verliert durch den gleichfalls ohne weitere Rücksprache zu erlangenden Kontokorrentkredit an Bedeutung. Letzterer hat den weiteren Vorzug, dass bei einer Überweisung oder Einzahlung auf das laufende Konto auch sofort der Kontokorrentkredit reduziert wird, was unverzüglich die Zinsbelastung verringert. In der Kreditstatistik werden Kredite mit einer Laufzeit von 1 bis 4 Jahren als mittel-, solche mit einer Laufzeit von über 4 Jahren als langfristig bezeichnet. Mittel- und langfristige Kredite sollen bei Investitionen das fehlende Eigenkapital ersetzen.

Teilzahlungskredite, auch Raten- oder ganz allgemein Kleinkredite sind mittelfristige Kredite. Ihre Absicherung erfolgt seitens der Kreditinstitute meistens durch Sicherungsübereignung, z.B. durch Hinterlegung des Kraftfahrzeugbriefes.

Die Kleinkredite sind in der Regel mit einem Laufzeitzins ausgestattet, der zudem nicht jahr-, sondern monatsbezogen angegeben wird. Der Laufzeitzins wird während der gesamten Laufzeit des Kredites stets von der Anfangshöhe des Kredits berechnet, sodass er optisch besonders günstig erscheint. Bei einem angegebenen Laufzeitzins von 0,7% p.m. (je Monat) ergibt sich eine Jahreszinsbelastung von über 16% der anfänglichen Kreditsumme. Dazu treten noch eine Bearbeitungsgebühr von etwa 2% der Anfangssumme und oft noch die Kosten einer Risikoversicherung, die zu Lasten des Kreditnehmers abgeschlossen wird.

Um größere Investitionen mit längerer Nutzungsdauer zu finanzieren, bieten die Kreditinstitute Darlehen an. Diese werden nach Möglichkeit hypothekarisch oder durch Einräumen einer Grundschuld abgesichert.

Man unterscheidet Abzahlungsdarlehen und Annuitätsdarlehen. Erstere haben regelmäßige Tilgungsraten, z.B. bei 10-jähriger Laufzeit in jedem Jahr 10% des Anfangsbetrages. Die Zinsberechnung erfolgt jeweils von dem noch valutierenden

Darlehnsbetrag, verringert sich also von Jahr zu Jahr, sodass in unserem Beispiel im 10. Jahr nur noch ein Zehntel der Zinsen des ersten Jahres zu zahlen sind.

Beim Annuitätsdarlehen werden Tilgungs- und Zinsleistungen in einer während der gesamten Laufzeit gleich bleibenden Summe – der Annuität – zusammenge-fasst. Bei sonst gleichen Bedingungen ist die anfallende Belastung beim An-nuitätsdarlehen in den ersten Jahren niedriger, später höher als beim Abzahlungs-darlehen.

Die Kosten eines Darlehens sind nicht allein von dem Zinssatz abhängig, der im Übrigen variabel – Anpassungsmöglichkeit nach oben und nach unten – oder für die gesamte Laufzeit auch fest sein kann. Insbesondere der Auszahlungskurs oder das Disagio sprechen hier ein wichtiges Wort mit. Ein Auszahlungskurs von 95% entspricht einem Disagio von 5% und bedeutet, dass von einem beantragten Dar-lehen von 100.000,– EUR lediglich 95.000,– EUR ausbezahlt, aber 100.000,– EUR zurückgezahlt und auch für 100.000,– EUR Zinsen bezahlt werden müssen. Weite-re Kosten können durch Bearbeitungsgebühren, Verwaltungskostenbeiträge, Til-gungsstreckung, ungünstige Zinsfälligkeitstermine u.a. entstehen. Die tatsächli-chen Kosten eines Kredites werden auch als *Effektivzins* bezeichnet, der allein eine Vergleichsbasis abgibt.

Beispiele einer Kapitaldienstberechnung

a) Abzahlungsdarlehen
Darlehensbetrag 100.000,– EUR
Konditionen: 8% Zinsen p.a., 90% Auszahlung, Laufzeit 20 Jahre, ausgezahlt wer-den 90.000,– EUR, zu zahlen sind

im	1. Jahr	Tilgung 5.000,– EUR	+	8.000,– EUR Zinsen	= 13.000,– EUR
im	2. Jahr	Tilgung 5.000,– EUR	+	7.600,– EUR Zinsen	= 12.600,– EUR
im	3. Jahr	Tilgung 5.000,– EUR	+	7.200,– EUR Zinsen	= 12.200,– EUR
im	20. Jahr	Tilgung 5.000,– EUR	+	400,– EUR Zinsen	= 5.400,– EUR

b) Annuitätsdarlehen
(Darlehensbetrag und Konditionen wie a)
Hier werden für Zins und Tilgung während der gesamten Laufzeit einheitlich 10% vom Darlehensbetrag = 10.000,– EUR als Annuität berechnet. Im ersten Jahr ent-fallen lediglich 2% auf die Tilgungsleistung, da ja 8% Zinsen zu zahlen sind. Mit fortschreitender Laufzeit verschiebt sich das Verhältnis von Tilgung zu Zinsen immer mehr zugunsten der Tilgung.

Annuitätsdarlehen werden heute im Allge-meinen bevorzugt. Wegen ihrer über die ge-samte Laufzeit gleich bleibenden Bedienung bieten sie dem Geldinstitut arbeitswirtschaft-liche Vorteile und erleichtern dem Darlehens-nehmer seine eigene Finanzplanung.

Merke:
Investitionen längerer Nutzungsdauer nie kurzfristig finanzieren, da dadurch die Dispositionsfreiheit im täglichen Geschäftsverkehr behindert wird.

241

13.3   Grundfragen der Finanzierung von Investitionen

Vor der Verwirklichung von Investitionsplanungen ist es angebracht, sich nach der Möglichkeit einer staatlichen Förderung zu erkundigen. Dies sollte möglichst früh geschehen, weil staatliche Unterstützungen häufig nur möglich sind, wenn der erforderliche Antrag vor Beginn der Maßnahme nicht nur gestellt, sondern auch genehmigt ist. Dieser Verfahrensweg kann häufig ein Jahr oder länger dauern.

Die staatlichen Förderungsmaßnahmen sind länderweise verschieden. Als gewerbliches Unternehmen hat ein Reitbetrieb grundsätzlich die Möglichkeit, an öffentlichen Förderungsmaßnahmen von Bund und/oder Land teilzuhaben, die zur Gründung, Fortführung und gegebenenfalls Verlagerung eines Betriebes vorgesehen sind. Ein landwirtschaftlich ausgerichteter Reitbetrieb kann gegebenenfalls Mittel aus den Sonderkreditprogrammen der „Landwirtschaftlichen Rentenbank" und der „Kreditanstalt für Wiederaufbau", beide haben ihren Sitz in Frankfurt, mit überdurchschnittlich günstigen Konditionen erhalten.
Es ist zweckmäßig, sich bei der Hausbank bzw. beim sportlichen Fachverband nähere Auskünfte zu holen. Auch die Kreissportämter können hier oft wichtige Hinweise geben.

Neben staatlichen Förderungsmaßnahmen gibt es häufig auch besondere Kreditprogramme, die den Sportstättenbau o.Ä. mit günstigen Kreditkonditionen erleichtern. Auch hierüber ist die Hausbank im Normalfall informiert. Darüber hinaus empfiehlt es sich, in Erfahrungsaustausch zu treten mit Reitbetrieben, die in jüngster Zeit ähnliche Investitionen vorgenommen haben.
Bei allen Investitionen erleichtert ein hoher Anteil von Eigenkapital bzw. Eigenleistung die Finanzierung. Je mehr Fremdkapital mit seinen pünktlich fälligen Zinsansprüchen und Tilgungsleistungen eingesetzt werden muss, umso enger wird später der finanzielle Spielraum.
Deshalb ist es nötig, für spätere Investitionsvorhaben im jährlichen Finanzplan des Reitbetriebes Rücklagen vorzunehmen. Daneben müssen – streng genommen mindestens in Höhe der jährlichen Abschreibungen – Reserven gebildet werden, um nach dem Unbrauchbarwerden der alten Anlage eine neue errichten zu können. Dabei ist nach Möglichkeit die zu erwartende Preissteigerung zu berücksichtigen.
Günstig kann es sein, einen Teil der fehlenden Geldmittel bei Vereinsmitgliedern zu beschaffen. Im Gegensatz zu den Kreditinstituten können diese später bei gegebenenfalls eintretender schwieriger Finanzlage vorübergehend ganz oder doch teilweise auf den Zinsertrag verzichten und die Tilgung aufschieben.
Sobald die ungefähre Höhe der benötigten Fremdmittel feststeht, sollte man mit der Hausbank und gegebenenfalls noch weiteren Kreditinstituten über die Möglichkeit und die Konditionen eines entsprechenden Kredites sprechen. Der auf dem Kreditmarkt herrschende Wettbewerb kann zu durchaus unterschiedlichen Kreditkosten führen und sollte genutzt werden.

Da es Kredite mit für die ganze Laufzeit feststehendem Zinssatz gibt und solche mit variablem Zinssatz, der während der Laufzeit größeren Zinserhöhungen, aber auch -senkungen angepasst werden kann, sollte man bei hohem Zinsniveau einen variablen Zins, bei niedrigem Niveau vorteilhafter einen festen Zins anstreben.

Die Laufzeit des Kredites darf keineswegs länger sein als die voraussichtliche Nutzungsdauer der damit finanzierten Investition. Je schneller ein Kredit getilgt werden kann, um so niedriger sind die insgesamt zu zahlenden Zinsen. Andererseits schränkt eine den Einkünften nicht angepasste kurze Laufzeit mit entsprechend hohen Tilgungsraten die Liquidität des Betriebes zu sehr ein. Das führt dann leicht zu überhöhter kurzfristiger Verschuldung mit all ihren Nachteilen, wenn nicht gar zur Illiquidität, d.h. zur Zahlungsunfähigkeit.

Wichtig ist bei der Planung der benötigten Fremdmittel die zu erwartende Preissteigerung zu berücksichtigen und auch daran zu denken, dass jede Grundinvestition fast immer weitere Folgekosten nach sich zieht. Werden diese bei der Finanzplanung nicht beachtet, so müssen sie später aus dem Jahresetat und damit häufig wieder – teuer – kurzfristig finanziert werden.

Die Höhe des Fremdkapitals und seine beabsichtigte Laufzeit sollte sich letztlich streng nach der real kalkulierten finanziellen Tragbarkeit des entstehenden Kapitaldienstes richten, wobei ein zusätzlicher Sicherheitszuschlag empfehlenswert ist.

Kreditinstitute gewähren Realkredite, d.h. relativ zinsgünstigere grundbuchlich abgesicherte Kredite, etwa bis zum halben Verkehrswert des zu beleihenden Grundstücks. Weitergehende Kreditwünsche sind gegebenenfalls gegen Bürgschaft bei entsprechend fundierter Geschäftslage durchaus erfüllbar, wobei allerdings nicht zuletzt auch wegen des größeren Risikos mit einem höheren Zinssatz gerechnet werden muss.

Zu Absicherungen von Krediten können auch Lebensversicherungen hinzugezogen werden, die je nach zurückgelegter Laufzeit bis zur Höhe von 80 bis 90% des Rückkaufwertes beliehen werden können. Bis zu bestimmten Höchstgrenzen – 60 bis 80% des Kurswertes – sind auch Wertpapiere beleihbar.

> ### Merke:
> *Bei allen gewichtigeren Investitionen einen möglichst hohen Eigenanteil anstreben. Bei der Kreditbeantragung selbst aber großzügig verfahren, um bei späterem höherem Geldbedarf nicht kurzfristig finanzieren zu müssen und dadurch die Liquidität zu gefährden.*

Buchführung und Bilanz

14.1 Wesen und Aufgaben der Buchführung

Durch verschiedene Geschäftsvorfälle (Betriebseinnahmen, Betriebsausgaben, Einlagen, Entnahmen, kalkulatorische Kosten und Erträge) wird das Vermögen eines Betriebes ständig verändert. Der Betriebsinhaber muss einen Überblick über Ursachen und Höhe der Veränderungen haben, ob sich sein Vermögen vermehrt oder vermindert hat. Er muss auch wissen, wie hoch seine Kosten und Erlöse sind, ob er also mit Gewinn oder Verlust gearbeitet hat. Ohne Aufzeichnungen, d.h. Buchführung, würde er die Übersicht bald verlieren.

Merke:

Buchführung ist die lückenlose Aufzeichnung aller Geschäftsvorfälle eines Unternehmens für einen bestimmten Zeitabschnitt.

Als wesentliche Aufgaben der Buchführung lassen sich festhalten:

❶ Die Buchführung muss Vermögen, Eigenkapital und Fremdkapital ermitteln. Das geschieht am Ende eines Geschäftsjahres, aber auch bei Gründung eines Betriebes.

❷ Sie hält alle Veränderungen des Vermögens, des Eigen- und Fremdkapitals im Laufe eines Jahres wertmäßig fest.

❸ Sie erfasst alle Aufwendungen und Erträge, um den Erfolg des Betriebes, also den Gewinn oder den Verlust zu ermitteln.

❹ Sie liefert damit wichtige Zahlen für die Kalkulation der verschiedenen Produktionsverfahren (siehe Kapitel 12 – Kostenrechnung und Betriebsplanung).

❺ Durch Vergleiche werden Unterlagen für Maßnahmen und Entscheidungen des Betriebsinhabers geschaffen, z.B. Maßnahmen zur Kosteneinsparung, Umsatzsteigerung u.Ä.

❻ Sie ist Auskunftsmittel für die Gläubiger z.B. für Kreditinstitute bei der Prüfung der Kreditwürdigkeit.

❼ Sie liefert genaue Unterlagen bei Steuerveranlagungen.

❽ Sie ist in Rechts- und Vermögensstreitigkeiten, z.B. gegenüber dem Finanzamt, wichtiges Beweismittel.

14.2 Die gesetzlichen Grundlagen der Buchführung

Unabhängig von der Notwendigkeit einer Buchführung für den Betriebsinhaber hat der Gesetzgeber für steuerliche Zwecke gewisse Mindesterfordernisse an die Buchführung festgelegt (siehe §§ 145 ff. der Abgabenordnung – AO). Nach diesen gesetzlichen Vorschriften muss die Buchführung so beschaffen sein, dass sie einem sachverständigen Dritten innerhalb angemessener Zeit einen Überblick über die Geschäftsvorfälle und über die Vermögenslage des Betriebes vermitteln kann. Die Geschäftsvorfälle müssen sich in ihrer Entstehung und Abwicklung verfolgen lassen. Demnach gelten folgende Grundsätze:

❶ Buchungen und sonstige Aufzeichnungen müssen vollständig, richtig, nach der Zeitfolge und geordnet vorgenommen werden. Kasseneinnahmen und -ausgaben sollen täglich festgehalten werden. Dies gilt insbesondere für alle Betriebe mit großem Kassenverkehr.

❷ Die Buchhaltung muss im Inland geführt werden.

❸ Die Buchführung und sonstige Aufzeichnungen sind generell in deutscher Sprache zu führen. Werden Abkürzungen, Ziffern, Buchstaben und Symbole verwendet, muss im Einzelfall deren Bedeutung eindeutig festgelegt sein.

❹ Eine einmal durchgeführte Buchung darf grundsätzlich nicht so verändert werden, dass der ursprüngliche Inhalt nicht mehr feststellbar ist.

❺ Keine Buchung ohne Beleg. Die Belege sind fortlaufend nummeriert aufzubewahren.

❻ Buchführungsbücher (siehe Kapitel 14.9.3), Inventare, Bilanzen und Belege sind 10 Jahre, sonstige Aufzeichnungen 6 Jahre aufzubewahren.

Neben diesen allgemeinen Buchführungspflichten gibt es eine spezielle Buchführungspflicht für gewerbliche Unternehmer sowie Land- und Forstwirte und auch Vereine, die

▪ Jahresumsätze aus wirtschaftlichen Geschäftsbetrieben von mehr als 260.000,– EUR oder

▪ selbst bewirtschaftete land- und forstwirtschaftliche Flächen mit einem Wirtschaftswert von mehr als 20.500,– EUR oder

▪ einen Gewinn aus Gewerbebetrieb von mehr als 25.000,– EUR im Wirtschaftsjahr oder

▪ einen Gewinn aus Land- und Forstwirtschaft von mehr als 25.000,– EUR im Kalenderjahr haben.

Trifft eine der zuvor genannten Bedingungen zu, so ist der Betroffene verpflichtet, Bücher entsprechend den Vorschriften des Handelsgesetzbuches zu führen und Jahresabschlüsse aufgrund von Bestandsaufnahmen vorzulegen (Bilanzierungspflicht gem. § 141 AO).

14.3 Buchführungssysteme

Für die kaufmännische Buchführung gibt es zwei Buchführungssysteme:
- die einfache Buchführung,
- die doppelte Buchführung.

Auch für Vereine, die steuerbegünstigte Zwecke verfolgen, sind diese Buchführungssysteme von Bedeutung.

14.3.1 Einfache Buchführung

Bei dieser werden die Geschäftsvorfälle in zeitlicher Reihenfolge lediglich im Hinblick auf die Zu- und Abgänge bei den Bestandskonten (Kasse, Bank, Postscheck) erfasst. Eine Aufgliederung nach den Quellen der Einnahmen und der Verwendung der Ausgaben erfolgt nicht, sodass nur ein Nachweis des jeweiligen Bestandes ohne Darstellung der Herkunft des Gewinnes oder Verlustes in Betracht kommt. Die Gewinnermittlung erfolgt nur in einfacher Weise durch Bestandsvergleich. Die einfache Buchführung ist eine Art Mindestbuchführung und kommt daher nur für kleinere Betriebe/Vereine in Betracht.

14.3.2 Doppelte Buchführung

Die doppelte Buchführung erfasst alle Geschäftsvorfälle nicht nur in zeitlicher, sondern auch in sachlicher Ordnung, d.h., alle Vorgänge werden nach ihrer Vermögens- und Erfolgsauswirkung erfasst. Diese Erfassung erfolgt zum einen in der Bilanz und zum anderen in der Gewinn- und Verlustrechnung.

Nachfolgende Grundlagen kennzeichnen die doppelte Buchführung:
- Alle Geschäftsvorfälle werden in zeitlicher Ordnung mit der Auswirkung auf das Betriebsvermögen dargestellt.
- Die Buchungen erfolgen grundsätzlich auf zwei Konten, nämlich einmal im Soll und einmal im Haben.
- Es werden Bestands- und Erfolgskonten geführt.
- Die Gewinnermittlung erfolgt in doppelter Form, nämlich durch den Bestandsvergleich der Bilanzkonten und durch die Gewinn- und Verlustrechnung der Aufwands- und Ertragskonten.

Die doppelte Buchführung zeigt also nicht nur, „was" verdient wurde, sondern auch, „woher" der Erfolg kommt.
Aufgrund dieses wesentlichen Vorteils gegenüber der einfachen Buchführung soll sie als Grundlage für die nachfolgenden Ausführungen dienen.

14.4   Von der Inventur zur Bilanz

14.4.1 Inventur/Inventar

Für eine ordnungsgemäße Geschäftätigkeit ist es erforderlich, dass der Unternehmer eine Feststellung seines Vermögens und seines Fremdkapitals vornimmt. Diese Bestandsaufnahme, auch Inventur genannt, wird in der Regel zu folgenden Terminen vorgenommen:

- bei der Eröffnung oder Übernahme eines Unternehmens,
- am Schluss eines jeden Geschäftsjahres,
- bei Auflösung oder Veräußerung eines Unternehmens.

Alle Vermögensteile und Fremdkapitalteile sind zu erfassen und mit ihren Werten in einem Verzeichnis aufzuschreiben.

> ### *Merke:*
> *Inventur ist die mengen- und wertmäßige Erfassung des Vermögens und des Fremdkapitals eines Unternehmens zu einem bestimmten Zeitpunkt.*

Die Ergebnisse der Inventur werden in einem Bestandsverzeichnis, dem Inventar, festgehalten. Das Inventar enthält Art, Menge und Wert der Vermögensteile und des Fremdkapitals. Eine klare Trennung von Vermögen und Fremdkapital ermöglicht die Berechnung des Eigenkapitals.

Daraus ergibt sich die folgende Dreiteilung des Inventars:
a) Vermögen,
b) Fremdkapital,
c) Errechnung des Eigenkapitals.

a) Vermögen
Das Vermögen wird in zwei Teile gegliedert.

Das Anlagevermögen
Hierzu zählen die Vermögensteile, die dem Unternehmen längere Zeit dienen, wie z.B. Grundstücke und Gebäude, Reithallen, Stallungen, Reitplätze, Pferde, Reitsättel, Hindernisse, Ausstattung Reithalle und sonstige Betriebs- und Geschäftsausstattungen.
Das Anlagevermögen bildet die Grundlage des Betriebes. Mit seiner Hilfe können die eigentlichen Aufgaben des Betriebes, Pensionspferdehaltung, Reitunterricht u.Ä. erst durchgeführt werden.

Das Umlaufvermögen

Zum Umlaufvermögen zählen die Teile des Vermögens, die kurzfristig umgesetzt werden. Dazu zählen insbesondere Futtervorräte, Forderungen, Bank- und Barguthaben. Im Gegensatz zum Anlagevermögen wird das Umlaufvermögen durch die betriebliche Tätigkeit ständig verändert und umgewandelt.

Für die Zurverfügungstellung von Pferdeboxen werden monatlich Rechnungen geschrieben. Es entstehen somit Forderungen. Diese werden zu Zahlungsmitteln, wenn der Pferdebesitzer die Rechnung begleicht. Diese Zahlungsmittel werden wiederum zum Einkauf von Futtervorräten ausgegeben und erhöhen somit den Vorratsbestand.

> **Merke:**
>
> 1. *Das Vermögen wird in Anlage- und Umlaufvermögen gegliedert.*
> 2. *Die Vermögensposten werden nach der Liquidität geordnet.*

b) Fremdkapital

Aufgrund unterschiedlicher Fälligkeit wird das Fremdkapital in zwei Gruppen gegliedert:
- Langfristiges Fremdkapital;
  hierzu gehören z.B. Hypotheken und Darlehnsschulden.
- Kurz- und mittelfristiges Fremdkapital;
  hierzu gehören z.B. Verbindlichkeiten bei Futterlieferanten und Kreditinstituten.

> **Merke:**
>
> *Das Fremdkapital wird in langfristiges und kurzfristiges Fremdkapital geordnet und gegliedert.*

c) Errechnung des Eigenkapitals

Vom Vermögen wird das Fremdkapital abgezogen. Der Unterschied wird als Eigenkapital bezeichnet.

> **Merke:**
>
> *Das Inventar ist ein Verzeichnis des Vermögens und des Fremdkapitals nach Art, Menge und Wert; der Vergleich von Vermögen und Fremdkapital dient der Ermittlung des Eigenkapitals.*

Das Inventar gibt somit dem Betriebsinhaber einen Überblick über den Stand von Vermögen, Eigen- und Fremdkapital zu einem bestimmten Zeitpunkt. Durch Vergleich der Inventare mehrerer Jahre kann er die Entwicklung der einzelnen Bestände erkennen. Er sieht, ob Vermögen, Fremd- und Eigenkapital sich vermehrt oder vermindert haben. Bei ungünstiger Entwicklung wird er sich fragen müssen, wo die Ursachen liegen und welche Maßnahmen er zur Besserung ergreifen muss. Der Vergleich des Kapitals zweier aufeinander folgender Jahre zeigt, mit welchem Erfolg das Unternehmen gearbeitet hat, d.h. mit Gewinn oder Verlust. Dabei bedeutet Kapitalmehrung Gewinn und Kapitalminderung Verlust.

14.4.2 Bilanz

Aus dem Inventar wird die Bilanz eines Unternehmens gebildet. In der Bilanz wird auf jede mengenmäßige Darstellung des Vermögens und des Kapitals verzichtet. Sie enthält lediglich die Gesamtwerte gleichartiger Posten. Vermögen und Kapital werden in einem Konto gegenübergestellt. Das Konto ist eine zweiseitige Rechnung zur getrennten und übersichtlichen Aufzeichnung verschiedener Vorgänge.

Übersicht 1: Gegenüberstellung von Vermögen und Kapital in der Bilanz in Kontenform

Aktiva (= Vermögen)	Bilanz zum 31.12.20 ..	Passiva (= Kapital)
I. Anlagenvermögen		I. Eigenkapital 290.000,–
1. Grund und Boden 50.000,–		II. Fremdkapital
2. Gebäude, Bauten 300.000,–		1. Hypothekenschulden 150.000,–
3. Fahrzeuge, Maschinen 30.000,–		2. Darlehnsschuld 50.000,–
4. Pferdebestand 30.000,–		3. Verbindlichkeiten
5. Sonstige		gegenüber Lieferanten 10.000,–
Betriebsausstattung 10.000,–		
II. Umlaufvermögen		
1. Vorräte (Futter, Einstreu) 20.000,–		
2. Forderungen 10.000,–		
3. Bankguthaben 45.000,–		
4. Kasse 5.000,–		
500.000,–		**500.000,–**

Merke:

1. Das Vermögen steht auf der linken Seite (= Aktivseite) der Bilanz.
2. Eigenkapital und Fremdkapital stehen auf der rechten Seite (= Passivseite) der Bilanz.
3. Das Eigenkapital bildet den Ausgleich zwischen Vermögen und Fremdkapital.
4. Die Summen der beiden Bilanzseiten stimmen daher überein.

14.4.3 Auswertung der Bilanz

Die Bilanz zeigt in übersichtlicher Form, woher das Kapital stammt und wie es angelegt wurde:

Übersicht 2: Bilanzübersicht

Vermögen oder Aktiva	Bilanz	Kapital oder Passiva
Diese Seite erfasst die Formen des Vermögens, d.h. die Mittelverwendung (Investierung):		Diese Seite erfasst die Quellen des Kapitals, d.h. die Mittelherkunft (Finanzierung):
Anlagevermögen		Eigenkapital
+ Umlaufvermögen		+ Fremdkapital
= Vermögen des Betriebes		= Kapital des Betriebes

Die Summe des Vermögens ist gleich der Summe des Kapitals (Bilanzgleichung). Die Bilanz zeigt, ob das Unternehmen überwiegend mit eigenen oder fremden Mitteln arbeitet. Ferner erteilt sie Auskunft darüber, ob das Unternehmen über genügend flüssige Mittel verfügt, um die kurzfristigen Verbindlichkeiten auszugleichen.

Merke:

1. Die Bilanz ist eine Gegenüberstellung von Vermögen und Kapital in Kontenform.
2. Die Bilanz ist eine Kurzfassung des Inventars.
3. Die Bilanz zeigt Kapitalquellen und Kapitalverwendung und erteilt Auskunft über das Verhältnis einzelner Vermögens- und Kapitalteile zueinander.

14.5   Wertbewegungen in der Bilanz

Die Bilanz ist eine Aufstellung des Vermögens und der Schulden zu einem bestimmten Zeitpunkt (in der Regel 31.12...). Durch die Geschäftstätigkeit werden die Vermögens- und Kapitalbestände aber laufend verändert. Damit verändert sich bei jedem Geschäftsvorfall auch die Bilanz. Zur Verdeutlichung sollen anhand einer vereinfachten Bilanz die vier Änderungsmöglichkeiten dargestellt werden:

Aktiva	Bilanz	Passiva	
Pferdebestand	30.000,–	Eigenkapital	50.000,–
Vorräte	10.000,–	Darlehnsschuld	20.000,–
Bankguthaben	40.000,–	Verbindlichkeiten	10.000,–
	80.000,–		80.000,–

1. Aktivtausch

Beispiel: Anschaffung eines Pferdes gegen Bankscheck 5.000,– EUR.

Aktiva		Bilanz	Passiva
Pferdebestand	35.000,–	Eigenkapital	50.000,–
Vorräte	10.000,–	Darlehnsschuld	20.000,–
Bankguthaben	35.000,–	Verbindlichkeiten	10.000,–
	80.000,–		80.000,–

Der Geschäftsvorfall betrifft nur die Aktivseite der Bilanz.

2. Passivtausch

Beispiel: Eine kurzfristige Lieferantenverbindlichkeit wird in ein Darlehen umgewandelt 5.000,– EUR.

Aktiva		Bilanz	Passiva
Pferdebestand	35.000,–	Eigenkapital	50.000,–
Vorräte	10.000,–	Darlehnsschuld	25.000,–
Bankguthaben	35.000,–	Verbindlichkeiten	5.000,–
	80.000,–		80.000,–

Der Geschäftsvorfall betrifft nur die Passivseite der Bilanz.

3. Aktiv-Passiv-Mehrung

Beispiel: Futtereinkauf auf Ziel 2.000,– EUR.

Aktiva		Bilanz	Passiva
Pferdebestand	35.000,–	Eigenkapital	50.000,–
Vorräte	12.000,–	Darlehnsschuld	25.000,–
Bankguthaben	35.000,–	Verbindlichkeiten	7.000,–
	82.000,–		82.000,–

Der Geschäftsvorfall betrifft Aktiv- und Passivseite der Bilanz. Der Posten Vorräte auf der Aktivseite sowie der Posten Verbindlichkeiten gegenüber Lieferanten auf der Passivseite erhöht sich jeweils um den gleichen Betrag. Die Bilanzsummen nehmen somit um den gleichen Betrag zu. Die Bilanzgleichung bleibt erhalten.

4. Aktiv-Passiv-Minderung

Beispiel: Ausgleich einer Lieferantenrechnung durch Banküberweisung 1.000,– EUR.

Aktiva	Bilanz		Passiva
Pferdebestand	35.000,–	Eigenkapital	50.000,–
Vorräte	12.000,–	Darlehnsschuld	25.000,–
Bankguthaben	34.000,–	Verbindlichkeiten	6.000,–
	81.000,–		81.000,–

Verbindlichkeiten auf der Passivseite sowie Bankguthaben auf der Aktivseite werden um den gleichen Betrag vermindert. Die Bilanzsummen nehmen um den gleichen Betrag ab. Die Bilanzgleichung bleibt erhalten.

Merke:

1. Jeder Geschäftsvorfall ändert zwei Posten der Bilanz.
2. Betrifft ein Geschäftsvorfall nur eine Seite der Bilanz (Aktiv- oder Passivseite), so steht der Mehrung eines Postens immer eine Minderung eines anderen Postens um den gleichen Betrag gegenüber.
3. Berührt der Geschäftsvorfall beide Seiten der Bilanz, so steht der Aktivmehrung auch eine Passivmehrung, der Aktivminderung auch eine Passivminderung gegenüber.
4. Das Bilanzbild ändert sich durch jeden Geschäftsvorfall, nicht aber die Bilanzgleichung.

14.6 Einzelabrechnung der Bilanzposten auf Konten

14.6.1 Aufgliederung der Bilanz in Bestandskonten

Die Buchung aller Geschäftsvorfälle in einer Bilanz durch Veränderung der Aktiv- und Passivposten ist in der Praxis nicht anwendbar, da nach jedem Geschäftsvorfall die Bilanz neu geschrieben werden müsste. Zeitverlust und schlechte Übersicht wären somit die Folgen.

Um eine bessere Übersicht zu erzielen, müssen die Bilanzposten einzeln abgerechnet werden. Die Bilanz wird daher in Konten aufgegliedert. Für jeden Bilanzposten wird das entsprechende Konto eingerichtet.

Den Seiten der Bilanz entsprechend werden Aktiv- und Passivkonten unterschieden. Ihre Seiten tragen die Bezeichnungen „Soll" (links) und „Haben" (rechts). Aus

der Bilanz am Anfang eines Abrechnungszeitraumes, der *Eröffnungsbilanz,* übernehmen die Konten den Anfangsbestand (AB). Deshalb werden die Aktiv- und Passivkonten auch als Bestandskonten bezeichnet.

Übersicht 3

Aktiva		Eröffnungsbilanz	Passiva
Pferdebestand	30.000,–	Eigenkapital	50.000,–
Vorräte	10.000,–	Darlehnsschuld	20.000,–
Bankguthaben	40.000,–	Verbindlichkeiten	
		gegenüber Lieferanten	10.000,–
	80.000,–		80.000,–

S	Pferdebestand	H	S	Eigenkapital	H
AB	30.000,–			AB	50.000,–

S	Vorräte	H	S	Darlehnsschuld	H
AB	10.000,–			AB	20.000,–

S	Bankguthaben	H	S	Verbindlichkeiten Lieferanten	H
AB	40.000,–			AB	10.000,–

14.6.2 Buchung der Geschäftsvorfälle auf den Bestandskonten

Am Anfang des Jahres oder des Rechnungsabschnittes wird die Eröffnungsbilanz in aktive und passive Bestandskonten, wie zuvor dargestellt, aufgelöst. Auf jedem Konto wird der Anfangsbestand aus der Bilanz eingetragen. Danach können die Geschäftsvorfälle auf den Konten gebucht werden. Jeder Geschäftsvorfall ruft Veränderungen auf zwei Konten hervor.

Vor jeder Buchung sind folgende Überlegungen anzustellen:
❶ Welche Konten werden berührt?
❷ Um welche Kontenart handelt es sich?

Es muss ferner überlegt werden, ob es sich um ein Aktiv- oder um ein Passivkonto handelt, da auf beiden Kontenarten unterschiedlich gebucht wird.

Merke:
1. Bei Aktivkonten werden Mehrungen auf der Sollseite, Minderungen auf der Habenseite gebucht.
2. Bei Passivkonten ist es umgekehrt, Mehrungen stehen auf der Habenseite, Minderungen auf der Sollseite.

Beispiele:

1. Einkauf Vorräte mit Überweisung 2.000,– EUR.

Der Bestand an Vorräten vermehrt sich um 2.000,– EUR, der Bestand des Bank-kontos vermindert sich um 2.000,– EUR.
Buchung: Vorräte im Soll 2.000,– EUR.
            Bankguthaben im Haben 2.000,– EUR.

2. Umwandlung einer kurzfristigen Lieferantenverbindlichkeit in eine Darlehnsschuld 5.000,– EUR.

Die Verbindlichkeit gegenüber Lieferanten vermindern sich um 5.000,– EUR, die Darlehnsschulden vermehren sich um 5.000,– EUR.
Buchung: Verbindlichkeiten gegenüber Lieferanten im Soll 5.000,– EUR.
            Darlehnsschulden im Haben 5.000,– EUR.

3. Anschaffung eines Pferdes auf Ziel 8.000,– EUR.

Der Pferdebestand erhöht sich um 8.000,– EUR, die Verbindlichkeiten gegenüber Lieferanten erhöhen sich um 8.000,– EUR.
Buchung: Pferdebestand im Soll 8.000,– EUR.
            Verbindlichkeiten gegenüber Lieferanten im Haben 8.000,– EUR.

4. Ausgleich einer Lieferantenrechnung durch Banküberweisung 1.000,– EUR.

Die Verbindlichkeiten gegenüber Lieferanten vermindern sich um 1.000,– EUR, das Bankguthaben vermindert sich um 1.000,– EUR.
Buchung: Verbindlichkeiten gegenüber Lieferanten im Soll 1.000,– EUR.
            Bankguthaben im Haben 1.000,– EUR.

Übersicht 4

Aktiva	Eröffnungsbilanz		Passiva
Pferdebestand	30.000,–	Eigenkapital	50.000,–
Vorräte	10.000,–	Darlehnsschuld	20.000,–
Bankguthaben	40.000,–	Verbindlichkeiten	
		gegenüber Lieferanten	10.000,–
	80.000,–		80.000,–

S	Pferdebestand	H	S	Eigenkapital	H
AB	30.000,–			AB	50.000,–
(3)	8.000,–				

S	Vorräte	H	S	Darlehnsschuld	H
AB	10.000,–			AB	50.000,–
(1)	2.000,–		(2)		5.000,–

S	Bankguthaben	H	S	Verbindlichkeiten Lieferanten	H
AB	40.000,–	(1) 2.000,–	(2)	5.000,–	AB 10.000,–
		(4) 1.000,–	(4)	1.000,–	(3) 8.000,–

Die Ziffer in der Klammer (Belegnummer) weist auf den jeweiligen Geschäftsvorfall (Buchungssatz) hin.

> ## Merke:
> 1. Jeder Geschäftsvorfall ruft Veränderungen auf zwei Konten hervor. Bei dem einen Konto wird im Soll, bei dem anderen Konto im Haben gebucht.
> 2. Mehrungen stehen immer beim Anfangsbestand, Minderungen immer auf der Gegenseite.

14.6.3 Buchungssatz/Kontierung

Jeder Buchung liegt ein Beleg zugrunde (siehe Kapitel 14.9.2). Als Beleg dient z.B. die Eingangsrechnung des Lieferanten X für eine Haferlieferung über 2.000,– EUR.

Geschäftsvorfall oder Buchungstext: Zieleinkauf Hafer von X 2.000,– EUR.
Jeder Geschäftsvorfall wird auf zwei Konten gebucht, beim ersten im Soll, beim zweiten im Haben.

Buchung: Konto Vorräte im Soll 2.000,– EUR.
              Konto Verbindlichkeiten im Haben 2.000,– EUR.

Im Buchungssatz bzw. in der Kontierung werden diese beiden Konten angerufen. Beide Kontenbenennungen werden durch das Wort „an" verbunden:
Vorräte 2.000,– EUR an Verbindlichkeiten 2.000,– EUR.

Diese Kontierung wird auf dem jeweiligen Beleg festgehalten. Daneben wird sie in einem besonderen Buch, dem Grundbuch (siehe Kapitel 14.9.3) aufgeführt.
Danach wird auf den entsprechenden Konten gebucht. Diese stehen im Hauptbuch (siehe Kapitel 14.9.3).

Beispiel:

S	Vorräte	H	S	Verbindlichkeiten	H
AB 10.000,–				AB 10.000,–	
(1) Verbind-				(1) Vorräte 2.000,–	
lichkeiten 2.000,–					

Die Eintragung des Gegenkontos lässt auf den zugrunde liegenden Geschäftsvorfall und damit auf die Ursache der Änderung schließen. Aus dem Konto Vorräte geht durch die Angabe des Gegenkontos „Verbindlichkeiten" hervor, dass die Vorräte über 2.000,– EUR auf Kredit (Ziel) eingekauft worden sind. Das Konto „Verbindlichkeiten" zeigt durch die Gegenbuchung „Vorräte", dass ein Einkauf von Vorräten getätigt wurde. Die Angabe der Belegnummer vor der Gegenbuchung ermöglicht ein schnelles Wiederfinden des Beleges, der der Buchung zugrunde liegt.

Merke:

1. *Der Buchungssatz ruft die Konten an, die durch einen Geschäftsvorfall berührt werden.*
2. *Zuerst wird das Konto angerufen, auf dem im Soll, dann das Konto, auf dem im Haben gebucht wird.*
3. *Die Ursache jeder Buchung wird durch Angabe des Gegenkontos und der Belegnummer zum Ausdruck gebracht.*

14.6.4 Von der Eröffnungsbilanz zur Schlussbilanz

Am Ende eines Abrechnungszeitraumes (Geschäftsjahres) möchte der Betriebsinhaber wissen, wie sich seine Bilanzposten verändert haben und wie sich sein Vermögen bzw. Kapital entwickelt hat. Dieses geschieht, indem die Konten abgeschlossen werden, d.h. der Saldo (Schlussbestand = SB) auf jedem Konto wird ermittelt. Die so errechneten Schlussbestände müssen mit den durch Inventur ermittelten Beständen der Schlussbilanz übereinstimmen.

Übersicht 5

Aktiva	Eröffnungsbilanz		Passiva
Pferdebestand	30.000,–	Eigenkapital	50.000,–
Vorräte	10.000,–	Darlehnsschuld	20.000,–
Bankguthaben	40.000,–	Verbindlichkeiten	
		gegenüber Lieferanten	10.000,–
	80.000,–		80.000,–

S	Pferdebestand	H	S	Eigenkapital	H
AB 30.000,–	SB	38.000,–	SB 50.000,–	AB	50.000,–
(3) Verbind-					
lichkeiten 8.000,–					
38.000,–					

S	Vorräte	H	S	Darlehnsschuld	H
AB 10.000,–	SB	12.000,–	SB 25.000,–	AB	20.000,–
(1) Bank 2.000,–				(2) Verbind-	
12.000,–				lichkeiten	5.000,–
					25.000,–

S	Bankguthaben	H	S	Verbindlichkeiten	H
AB 40.000,–	(1) Vorräte	2.000,–	(2) Darlehns-	AB	10.000,–
	(4) Verbindlich-		schuld 5.000,–	(3) Pferde-	
	keiten	1.000,–	(4) Bank 1.000,–	bestand	8.000,–
	SB	37.000,–	SB 12.000,–		18.000,–
		40.000,–	18.000,–		

S	Schlussbilanz		H
Pferdebestand	38.000,–	Eigenkapital	50.000,–
Vorräte	12.000,–	Darlehnsschuld	25.000,–
Bankguthaben	37.000,–	Verbindlichkeiten	
		gegenüber Lieferanten	12.000,–
	87.000,–		87.000,–

Die Schlussbestände (SB) werden folgendermaßen errechnet:

Anfangsbestand
+ Mehrungen
– Minderungen
= Schlussbestand (Saldo).

Merke:

1. *Der Schlussbestand wird immer auf der wertmäßig kleineren Seite des Kontos einge-tragen. Dadurch weisen die beiden Seiten jedes Kontos am Ende des Abrechnungs-zeitraumes die gleiche Summe aus.*
2. *Die Summen der Aktiv- und Passivseite der Schlussbilanz müssen gleich sein, da bei jedem Geschäftsvorfall der gleiche Betrag im Soll und im Haben gebucht wurde.*

14.7   Die Gewinn- und Verlustrechnung

Die bisher gebuchten Geschäftsvorfälle veränderten nur die Bestände der Bilanz. Dabei wurde jedoch der Bilanzposten Eigenkapital nicht verändert. In der Vermehrung oder auch Verminderung des Eigenkapitals zeigt sich der Erfolg (Gewinn oder Verlust) des Unternehmens. Aufwendungen vermindern das Eigenkapital, Erträge erhöhen das Eigenkapital.

Würden die laufenden Aufwendungen und Erträge eines Jahres auf dem Eigenkapitalkonto verbucht, würde das Eigenkapitalkonto unübersichtlich. Zudem lässt sich nur sehr schwer die Höhe der einzelnen Aufwandsarten, z.B. die Personalkosten für den Reitbetrieb und Ertragsarten, z.B. Einnahmen aus der Pensionspferdehaltung, aus dem Kapitalkonto ersehen. Daher werden die Aufwendungen und Erträge auf Unterkonten des Kapitalkontos, den so genannten Erfolgskonten, gebucht.

Die Erfolgskonten nehmen die Kapitalveränderungen auf. Daher wird wie auf dem Eigenkapitalkonto gebucht; Aufwendungen werden auf den Aufwandskonten im Soll gebucht, Erträge werden auf den Ertragskonten im Haben gebucht.

Beispiele:

1. Zahlung der Löhne und Gehälter unbar 5.000,– EUR
   Buchung: Löhne und Gehälter an Bank

2. Einkauf von Futtermitteln unbar 2.000,– EUR
   Buchung: Futtermitteleinkauf an Bank

3. Überweisungen der Monatsgebühren für diverse Pensionspferde 8.000,– EUR
   Buchung: Bank an Erträge aus Pensionspferdehaltung

Übersicht 6

	Bestandskonto			Aufwands-/Ertragskonten	

Bestandskonto

S	Bankguthaben		H
AB	40.000,–	(1) Löhne und Gehälter	5.000,–
(3) Erträge Pensionspferde	8.000,–	(2) Futtermitteleinkauf	2.000,–
		SB	41.000,–
	48.000,–		48.000,–

Aufwands-/Ertragskonten

S	Löhne und Gehälter		H
(1) Bank	5.000,–		

S	Futtermitteleinkauf		H
(2) Bank	2.000,–		

S	Erträge Pensionspferde		H
		(3) Bank	8.000,–

Am Ende des Jahres werden die Erfolgskonten abgeschlossen. Der besseren Übersicht wegen werden die Aufwands- und Ertragskonten über ein Zwischenkonto, Betriebsergebnis (BE), abgeschlossen, um so den Erfolg (Gewinn oder Verlust) des Unternehmens zu ermitteln. Der so ermittelte Gewinn oder Verlust wird dann auf das Eigenkapitalkonto übertragen.

Übersicht 7

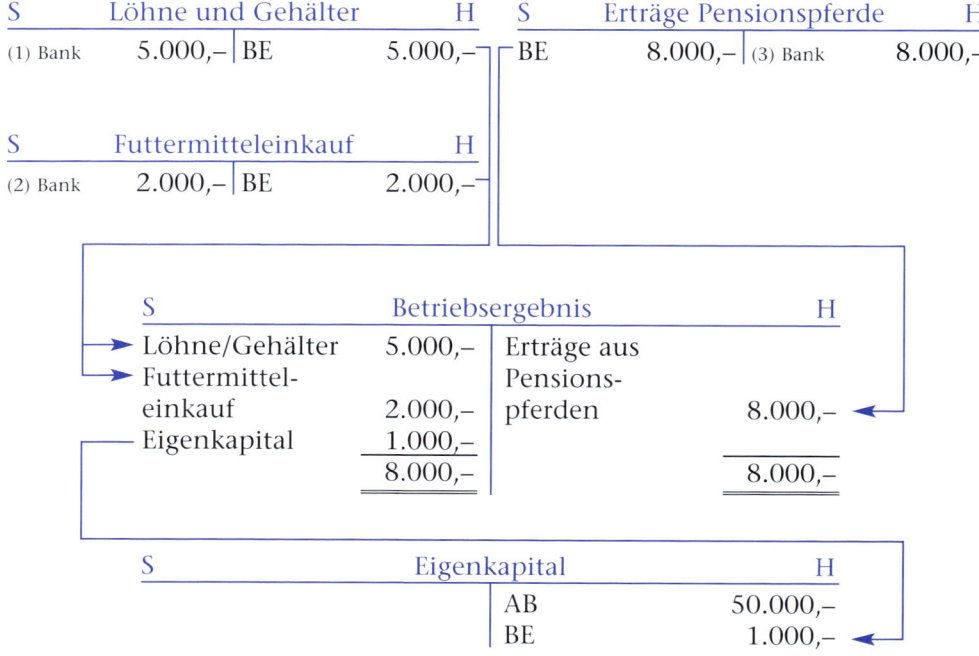

Aus Übersicht 7 wird folgendes deutlich: Aufwendungen stehen im Betriebsergebnis auf der Soll-Seite, Erträge auf der Haben-Seite. Der Saldo des Betriebsergebnisses stellt den Erfolg des Unternehmens dar. In unserem stark vereinfachten Beispiel ist ein Überschuss in Höhe von 1.000,– EUR erzielt worden.Dieser Saldo aus Aufwendungen und Erträgen wird auf das Eigenkapitalkonto gebucht.

Das Eigenkapital (Passivseite) hat sich somit um 1.000,– EUR erhöht. Entsprechend ist auf der Aktivseite das Bankguthaben um diesen Betrag erhöht worden. Die Bilanzgleichung ist somit gewahrt.

Merke:

1. *Aufwendungen vermindern das Eigenkapital, Erträge erhöhen das Eigenkapital.*
2. *Auf den Aufwandskonten werden die Kapitalminderungen (Aufwendungen) im Soll gebucht; auf den Ertragskonten werden die Kapitalmehrungen (Erträge) im Haben gebucht.*
3. *Das Konto Betriebsergebnis ist das Sammelkonto der Aufwendungen und Erträge eines Betriebes. Aufwendungen stehen auf der Soll-Seite, Erträge auf der Haben-Seite. Der Saldo (Gewinn oder Verlust) wird auf das Kapitalkonto übertragen.*

14.8   Besonderheiten beim Jahresabschluss

Im Zusammenhang mit dem Jahresabschluss bzw. der Erfolgsermittlung eines Betriebes sind folgende Faktoren noch zu beachten:

14.8.1 Bestandsveränderungen

Der Bestand an Vorräten (Futtermittel, Einstreu) hat sich im Laufe des Jahres durch Zukäufe und Verbrauch verändert. Um nun den tatsächlichen Aufwand für das laufende Jahr ermitteln zu können, muss zum Jahresende im Zusammenhang mit der Inventur der Bestand an Vorräten ermittelt werden. Liegt dieser Jahresendbestand über dem Anfangsbestand, ruft diese Bestandserhöhung eine entsprechende Minderung des Jahresaufwandes hervor. Eine Bestandsminderung erhöht dementsprechend den Jahresaufwand, da ja aus dem Anfangsbestand Vorräte für das laufende Jahr entnommen wurden. Die Bestandsveränderung (BV) wird über das Aufwandskonto erfolgswirksam verbucht.

Beispiele:

1. Die Inventurauswertung ergibt einen Bestand an Futtermitteln von 8.000,– EUR.

S	Vorräte		H		S	Futtermitteleinkauf		H
AB	10.000,–	SB	8.000,–		(1) Bank	2.000,–	BE	4.000,–
		BV	2.000,–		BV	2.000,–		
	10.000,–		10.000,–			4.000,–		4.000,–

2. Die Inventarauswertung ergibt einen Bestand an Futtermitteln von 11.000,– EUR.

S	Vorräte		H		S	Futtermitteleinkauf		H
AB	10.000,–	SB	11.000,–		(1) Bank	2.000,–	BV	1.000,–
BV	1.000,–						BE	1.000,–
	11.000,–		11.000,–			2.000,–		2.000,–

Im ersten Beispiel ergibt der um 2.000,– EUR verminderte Bestand an Futtermitteln einen entsprechend höheren Aufwand für das Jahr. Somit sind Futtermittel-Aufwendungen in Höhe von 4.000,– EUR im Betriebsergebnis zu verzeichnen.
Im zweiten Beispiel ergibt der um 1.000,– EUR höhere Inventurbestand einen entsprechend geringeren Jahresaufwand, sodass das Betriebsergebnis lediglich mit 1.000,– EUR belastet wird.

14.8.2 Abschreibungen

Die Wirtschaftsgüter des Anlagevermögens (z.B. Gebäude, Maschinen) unterliegen einer ständigen Abnutzung, d.h., ihr Wert wird gemindert. Die jährliche Wertminderung durch Abnutzung wird durch die Abschreibung erfasst.

Merke:

Abschreibungen sind Kosten. Sie werden am Ende eines jeden Jahres auf dem Aufwandskonto „Abschreibungen" gesammelt.

Die jährlichen Abschreibungsbeträge werden von den Anschaffungs- bzw. Herstellungskosten ermittelt. Dabei richtet sich die Höhe der Abschreibung nach der Nutzungsdauer des Anlagegegenstandes und nach der Abschreibungsmethode. Abschreibungsmethoden sowie Höhe der Abschreibungssätze sind durch das Steuerrecht begrenzt. Die gebräuchlichste Abschreibungsmethode ist die lineare. Danach werden die Anschaffungs- bzw. Herstellungskosten eines Anlagegegenstandes auf die voraussichtliche Nutzungsdauer desselben gleichmäßig verteilt. Der jährliche Abschreibungsbetrag errechnet sich demnach wie folgt:

$$\text{Jahresabschreibung} = \frac{\text{Anschaffungswert}}{\text{Nutzungsdauer in Jahren}}$$

Beispiel:

Anschaffung eines gebrauchten Schleppers mit Frontlader 30.000,– EUR, voraussichtliche Nutzungsdauer = 6 Jahre,

$$\frac{30.000,-}{6} = 5.000,- \text{ EUR/Jahr.}$$

S	Maschinen	H
Bank 30.000,–	Abschreibungen	5.000,–
	SB	25.000,–

S	Abschreibungen	H
Maschinen 5.000,–	BE	5.000,–

S	Schlussbilanz	H
Maschinen 25.000,–		

S	Betriebsergebnis	H
Abschreibungen 5.000,–		

Abschreibungen haben nur dann einen Sinn, wenn sie auch durch den Betrieb „verdient" werden können. Sie sind daher unbedingt bei der Kostenkalkulation und einer damit einhergehenden Preisfestsetzung für die verschiedenen Angebote eines Reitbetriebes zu berücksichtigen. Damit wird sichergestellt, dass rechtzeitig Ersatzinvestitionen durchgeführt werden können.

14.9 Die Organisation der Buchführung

Die Aufgaben der Buchführung (siehe Kapitel 14.1) lassen sich mit Hilfe einer rationell durchorganisierten Buchführung leichter erfüllen. Dazu gehört insbesondere die Benutzung eines auf die Größe des jeweiligen Betriebes abgestimmten Kontenrahmens, eine *ordnungsgemäße Belegbearbeitung sowie die ordnungsgemäße Führung der Buchführungsbücher.* Letzteres wird mit Hilfe der heute vielfach eingesetzten EDV-gestützten Buchführung dem Anwender weitgehend abgenommen.

14.9.1 Der Kontenrahmen/Kontenplan

Kontenrahmen und Kontenpläne dienen der einheitlichen Ausrichtung der Buchführung aller Wirtschaftsbetriebe, wobei sie sich unterschiedlich für einzelne Branchen herausgebildet haben.

Ziele von Kontenrahmen und Kontenplänen sind:

❶ die eindeutige Bezeichnung und scharfe Abgrenzung aller Konten zum Zwecke einer einheitlichen Organisation der Buchführung;

❷ die genaue Erfassung aller Aufwendungen und Erträge, geordnet nach den jeweiligen Aufwands- und Ertragsarten. Dieses bietet die wesentliche Grundlage für eine einwandfreie Kalkulation für die vom Betrieb angebotenen Dienstleistungen.

Ein speziell für Reit- und Fahrvereine ausgearbeiteter Kontenplan befindet sich im Anhang dieses Buches. Die besondere Gestaltung dieses Kontenrahmens trägt der steuerrechtlichen Beurteilung von Vereinsaktivitäten Rechnung.

Sowohl für Reit- und Fahrvereine als auch für alle übrigen gewerblichen Reitbetriebe gilt, dass in den Kontenklassen 0 und 1 die Konten der Bilanzposten zu erfassen sind. Dabei werden zweckmäßigerweise in der Kontenklasse 0 die Anlage- und Kapitalkonten errichtet. Das sind die Konten, die während des Geschäftsjahres nur selten oder überhaupt nicht bewegt werden. Die Konten der Klasse 1 umfassen das Finanzumlaufvermögen sowie die kurzfristigen Verbindlichkeiten. Diese Klasse umfasst somit den gesamten Geld- und kurzfristigen Kreditverkehr.

Die Konten der Gewinn- und Verlustrechnung gliedern sich zum einen in eine Kontenklasse, wo ausschließlich Kosten und Aufwendungen erfasst werden, und in eine Kontenklasse, die die betrieblichen Erträge zuordnet. Sinnvoll ist es, innerhalb der Kontenklasse gleiche Kontenarten zusammenzufassen, z.B. Personalkosten, die sich zusammensetzen aus den Personalkosten für den Reitlehrer, für das Stallpersonal, aus gesetzlichen Sozialaufwendungen, Aushilfskosten u.Ä. Eine weitere Kontengruppe wären die Kosten des Stallbereiches, wie z.B. Tierarzt, Hufschmied und Instandhaltungs- und Reparaturkosten. Ebenso denkbar ist es, Kontengruppen nach Kostenstellen einzurichten. Dabei ist es jedoch erforderlich, dass gewisse Gemeinkosten, wie z.B. Abschreibungen, Personalkosten, Futtereinkauf mit Hilfe

von Umlagekonten auf die entsprechenden Kostenkonten verbucht werden. Ebenso wie die Kostenkontenklasse sollte innerhalb der Ertragskontenklasse eine Zusammenfassung entsprechend der betrieblichen Dienstleistungsbereiche erfolgen, wie z.B. Erträge aus dem Pensionsstall, Erträge aus dem Reitunterricht oder auch Erträge aus dem Casinobetrieb.

Mit Hilfe eines auf die jeweiligen Betriebsbedürfnisse abgestellten Kontenplanes ist somit auch eine kurzfristige Erfolgsermittlung für die einzelnen Kostenstellen möglich (siehe Kapitel 12.3).

14.9.2 Belege als Grundlage der Buchführung

Einer der wesentlichen Grundsätze ordnungsgemäßer Buchführung lautet:
„Keine Buchung ohne Beleg".
Belege entstehen zum einen aus dem Geschäftsverkehr des Betriebes mit Außenstehenden wie Lieferanten, Kunden, Banken, Versicherungen, Finanzamt usw. Belege sind somit Eingangsrechnungen von Lieferanten, Durchschriften der Ausgangsrechnungen an Pferdebesitzer, Lehrgangsteilnehmer u.a., Kontoauszüge der Banken u.a. Zum anderen können Belege auch selbst erstellt werden, so z.B. für Umbuchungen und Abschlussbuchungen. Sie müssen dann Zeit, Grund und Höhe des Betrages enthalten.

Die Verarbeitung der Belege sollte möglichst nach einem einheitlichen Schema erfolgen:
❶ Vermerk des Eingangsdatums;
❷ Prüfung der rechnerischen Richtigkeit;
❸ Ordnen der Belege nach Kosten- und Ertragsart (wichtig für Sammelbuchungen);
❹ fortlaufende Nummerierung der Belege;
❺ Kontierung des Beleges.

Die Kontierung des Beleges geschieht in der Weise, dass auf dem Beleg der Buchungssatz, d.h. die angesprochenen Konten im Soll und Haben festgehalten werden.
Nach der Buchung werden die Belege entsprechend den Kontennummern abgelegt. Somit wird sichergestellt, dass ein schnelles Wiederauffinden möglich ist. Die Aufbewahrungsfrist dieser Belege beträgt 10 Jahre, vom Ende des Kalenderjahres gerechnet.

14.9.3 Die Buchführungsbücher

In den Buchführungsbüchern werden die Geschäftsvorfälle gebucht. Man unterscheidet das *Grundbuch,* das *Hauptbuch* und die *Nebenbücher.*

1. Das Grundbuch

Nachdem die Belege geordnet und vorkontiert sind, werden sie im Grundbuch, auch Journal genannt, gebucht.

Im Journal sollten Eingangs- bzw. Ausstellungsdatum des Beleges, Belegnummer, Buchungssatz sowie Betrag (Soll und Haben) festgehalten werden. Da in diesem Buch alle Geschäftsvorfälle fortlaufend und lückenlos gebucht werden, bildet es die Grundlage bei Prüfungen durch die Behörden. Gleichzeitig liefert das Grundbuch alle Unterlagen für die Buchung der Geschäftsvorfälle auf den Konten.

2. Das Hauptbuch

Die chronologische Aufzeichnung im Grundbuch vermittelt dem Betriebsinhaber jedoch keinen Überblick über die Veränderungen der einzelnen Vermögens- und Kapitalposten. Daher werden alle Geschäftsvorfälle auf den Konten gebucht. Die Konten befinden sich im Hauptbuch.

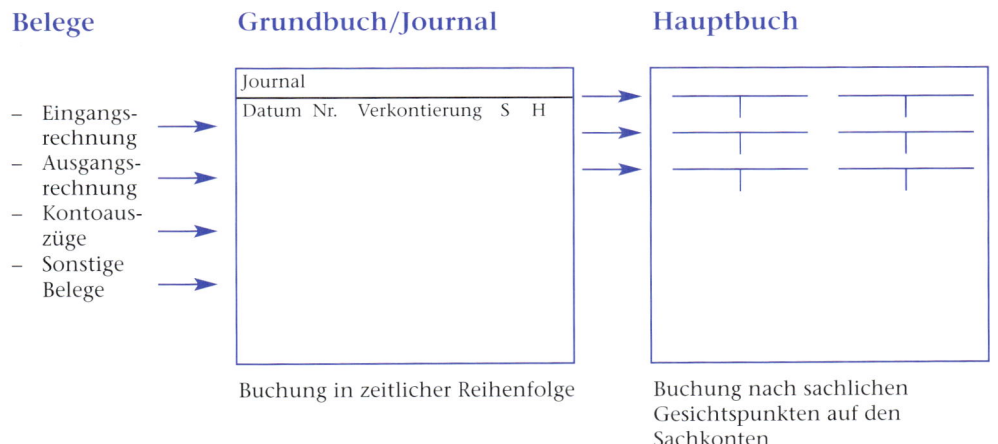

3. Die Nebenbücher

Ab bestimmten Betriebsgrößen ist es sinnvoll, Nebenbücher einzurichten. Diese dienen dem Zweck, bestimmte Konten des Hauptbuches näher zu erläutern. Als ein wesentliches Nebenbuch ist hier das Kontokorrentbuch zu erwähnen. In diesem werden für jeden Kunden und Lieferanten ein eigenes Konto eingerichtet. Die Buchung auf dem Forderungskonto im Hauptbuch löst eine entsprechende Buchung auf dem Kundenkonto aus. Ähnlich verhält es sich bei den Verbindlichkeiten. Somit kann der Guthaben- oder Schuldenstand gegenüber jedem Kunden oder Lieferanten ermittelt werden.

Im Zusammenhang mit der EDV-gestützten Buchführung werden die zuvor genannten Buchführungsbücher bereits automatisch mit angeboten. Es brauchen also keine Bücher mehr gesondert manuell geführt zu werden (reine Belegbuchführung). Die

Verbuchung erfolgt vom Beleg oder Sammelbeleg direkt in das EDV-System. Nach Verarbeitung eines Buchungslaufes wird vom System ein Journal als Buchungsnachweis ausgedruckt. Je nach Bedarf kann man sich monatlich oder vierteljährlich die Konten des Hauptbuches sowie weitere aussagefähige Listen (Saldenliste, Gewinn- und Verlustrechnung) ausdrucken lassen.

Aber auch mit Hilfe der manuell zu führenden Durchschreibe-Buchführung ist eine ordnungsgemäße Belegverbuchung gewährleistet. Bei letzterer wird durch Einrichtung von Kontenblättern eine beliebig große Unterteilung entsprechend dem Kontenplan ermöglicht. Kennzeichnend für die Durchschreibe-Buchführung ist, dass die Urschrift auf den einzelnen Kontenblättern erfolgt, während die Durchschrift mittels eines Kohlepapiers auf dem Journalblatt erfolgt.

Marketing im Pferdebetrieb

Einführung

Auch Pferdebetriebe erkennen heute mehr und mehr die Bedeutung des **Marketing**. Dies gilt gerade vor dem Hintergrund eines sich auch bei Pferdebetrieben wandelnden Marktes vom Verkäufer- zum Käufermarkt. Nach dem Tiefstand der Pferdehaltung Anfang der 60er Jahre ist nach einem steten Aufwärtstrend z.Zt. in manchen Angebotssegmenten und Regionen ein Überangebot festzustellen. Dort kommt der Käufer (Kunde) in eine stärkere Position.

Marketing wird auch als **Absatzförderung** bezeichnet und umfasst wesentlich mehr Aspekte als im Allgemeinen angenommen wird.

Marketing

ist die

Ausrichtung aller unternehmerischen Aktivitäten auf den Absatzmarkt.

Dazu gehört die
- Marktanalyse
- Marketingplanung
- Marketing – Mix
- organisatorische Verankerung
- Marketingkontrolle

Reit- und Pferdebetriebe verstehen sich heute als Dienstleister.
Da in der Regel der „Verkauf" von Dienstleistungen und Einstellplätzen, also der „Service am Kunden", im Vordergrund steht, geht es in diesem Kapitel im Wesentlichen um das Dienstleistungsmarketing.

15.1 Marktanalyse – Informationsbeschaffung

15.1.1 Informationsbeschaffung

Relevante Daten erhält man bei Stadt- und Kreisverwaltungen, in statistischen Jahrbüchern, beim statistischen Bundesamt, über Beiträge in Pferdefachzeitschriften, bei den Landesverbänden der Reit- und Fahrvereine und bei der Deut-

schen Reiterlichen Vereinigung (FN). Hier gibt die von der FN in Auftrag gegebene und 2002 veröffentlichte „Marktanalyse Pferdesport in Deutschland 2001 – IPSOS" tiefgreifende Hinweise.

Kundenbefragungen sind eine sinnvolle Form, um an Informationen zu deren Verhalten und Wünschen zu gelangen und geben dem Kunden gleichzeitig das Gefühl, dass seine Wünsche ernst genommen werden. Hierzu sollten in erster Linie persönliche Gespräche und Gesprächskreise, aber auch schriftliche Fragebogenaktionen genutzt werden. Der Kunde kann dadurch sowohl Wünsche als auch Kritik loswerden.

15.1.2 Marktanalyse

Hier sind folgende Informationen zur Beurteilung des Umfeldes nötig:
- Einwohnerzahl (Umkreis bis 30 bis 40 Autominuten) oder des Einzugsgebietes
- Kaufkraft
- Bevölkerungsdichte
- Struktur der Bevölkerung nach
  - Einkommen
  - Haushaltsgröße
  - Familienstand

15.1.3 Mitbewerberanalyse

Bestandteil der Ist-Analyse ist auch die Mitbewerberanalyse.

Ein Umkreis von 15 bis 30 Autominuten für die regionale Kundschaft wird hierbei für relevant gehalten. Betriebe mit einem größeren Kundeneinzugsgebiet müssen entsprechend den Radius zur Mitbewerberanalyse erweitern.

Welche Informationen über Mitbewerber sind wichtig ?
- Dienstleistungen (Füttern, Misten, Putzen, auf die Weide bringen, ...)
- Pferdehaltung (Außenbox, Offenstallhaltung, Weidegang)
- Fütterung (Häufigkeit, Qualität der Futtermittel, Zusatzfuttermittel, ...)
- Reitanlage (Halle, Außenplätze, Führmaschine, Ausreitgelände, Reitwege, ...)
- Preisstruktur
- Verkehrsanbindung
- Kundenstruktur
- Qualifikation der Betreiber

15.1.4 Kundenbedarfsanalyse

Da die Leistungen des Betriebes auch an den Kunden ausgerichtet sein müssen, ist der Bedarf dieser zu ermitteln. Folgende Informationen sind wichtig:

- Welche Ziele verfolgt der Kunde ?
- Welche Leistungen will er in Anspruch nehmen?
- Bis zu welchem Preis ist der Kunde bereit, für die angebotenen Leistungen zu zahlen ?
- Wie viel Zeit will und kann der Kunde für das Reiten und Betreuen des Pferdes aufwenden ?

15.1.5 Betriebsanalyse Stärken/Schwächen

Die Marketingmaßnahmen fallen nur auf einen fruchtbaren Boden, wenn der Betrieb eine realistische Ist – Aufnahme der betrieblichen Gegebenheiten macht und die Marketingaktivitäten danach ausrichtet:

- Kapazitäten der Angebote
- Fachliche Eignung
- Bisheriges Marketing
- Budget für Marketingaktivitäten
- Budget und Finanzierung bei Erweiterung der Kapazitäten
- Positionierung des eigenen Betriebes zu den Mitbewerbern und Ermittlung des eigenen Image
- Ermittlung der Rentabilität der Betriebszweige/Wirtschaftlichkeit des Betriebes

15.2 Marketingplanung/Zieldefinition

Die Marketingplanung ist das Kernelement der gesamten Betriebsplanung.
Die kurzfristige (operative) Marketingplanung bezieht sich auf:

- kurzfristige Absatz- bzw. Umsatzziele (untergliedert in Teilbereiche)
- Marktanteil
- Bestimmung des angemessenen Marketing-Mix
- kurzfristige Budgetplanung
- Rückkopplung mit der langfristigen Planung, d.h. regelmäßige Soll-Ist-Vergleiche.

Die langfristige (strategische) Marketingplanung bezieht sich auf:

- langfristige Absatz- bzw. Umsatzziele für den Gesamtbetrieb
- die Erarbeitung produkt- bzw. dienstleistungsbezogener Zielsetzungen
- die Entwicklung alternativer Strategien zur Zielerreichung
- langfristige Budgetplanung

15.2.1 Absatzchancen

Um Absatz zu planen, sind Prognosen in den Bereichen der allgemeinen Wirtschaftsentwicklung, der Branchenentwicklung und des eigenen Absatzmarktes einzuschätzen.

Die allgemeine Wirtschaftsentwicklung kann über Veröffentlichungen der Konjunkturforschung beobachtet werden. Daneben geben die vor- und nachgelagerten Wirtschaftszweige Aufschluss über Trends. Nach der Beobachtung der Entwicklung der Wirtschaft seit 1955 und des Pferdesports kann festgehalten werden, dass bei einem Konjunkturabschwung die Pferdehaltung nur zeitverzögert getroffen worden ist.
Bei der Beurteilung der Branchenentwicklung ist die allgemeine Entwicklung und die der speziellen Teilmärkte zu beobachten. So hatten alternative Reitweisen vor zwei Jahrzehnten noch keinen nennenswerten Marktanteil, mittlerweile werden diese von ca. 20% aller Reiter bevorzugt.

Die Einschätzung des eigenen Absatzmarktes schließt die Betrachtung der Wirtschafts- und Branchenentwicklung ein, verwertet aber auch Daten der Mitbewerberanalyse, der regionalen Bevölkerungsstruktur und letztendlich das eigene Image.

15.2.2 Zielgruppenbestimmung

Sowohl aus den besonderen Stärken des Betriebes als auch aus den anderen Informationen der Marktanalyse (Punkt 15.1.2 bis 15.1.5) werden eine oder mehrere Zielgruppen bestimmt, die in der entsprechenden Region vorhanden und wirtschaftlich interessant sind und deren Interessen und Wünsche von dem Betrieb erfüllt werden können. Auf diese Zielgruppe wird die Angebotspalette und das gesamte Handeln des Betriebes ausgerichtet. Dieses Vorgehen bezeichnet man als **„Zielgruppenorientiertes Handeln"**.

15.2.3 Planwerte/Marketingziel

Aus den gewonnenen Prognosen wird der Absatzplan unter Berücksichtigung der betrieblichen Stärken und Schwächen abgeleitet. Ein Mindestgewinn und eine Mindestauslastung können auch Ziel der Marketingplanung sein. Hierbei sind für die verschiedenen Angebote und Dienstleistungen getrennte Planwerte zu ermitteln.

Ferner sind klar die Vorteile und Stärken des Betriebes sowie die besonderen Qualifikationen der handelnden Personen herauszuarbeiten. Aber auch die Bereiche, für

die weder der Betrieb noch das Personal prädestiniert sind, müssen erkannt werden. Wenn z.B. Personal vorhanden ist, dass hervorragenden Anfängerunterricht geben kann und deshalb auch bei Kindern sehr beliebt ist und auch noch geeignete Schulpferde zur Verfügung stehen, sollte man sich auch auf diese Stärken konzentrieren. Ergänzende Angebote dazu müssen mit diesem Schwerpunkt harmonieren. Das Betriebskonzept und die Positionierung am Markt bestimmt die Angebotsstruktur und das Preisniveau.

Für den einen Betrieb kann es sinnvoll sein, einfache Pferdeboxen und Dienstleistungen zu einem günstigen Preis anzubieten, wenn in der betreffenden Gegend wenig Mitbewerber vorhanden sind und eine entsprechende Nachfrage vorhanden ist. Für einen anderen Betrieb kann es erfolgversprechend sein, ein besonders exklusives Angebot zu machen. Dazu muss jedoch die entsprechende Zielgruppe vorhanden sein und die fachliche Kompetenz des Betriebes muss den Erwartungen der Zielgruppe entsprechen. Diese beiden Betriebe müssen sich im Übrigen nicht als Konkurrenten verstehen, da sie unterschiedliche Zielgruppen erreichen.

Eine gut dokumentierte strategische Planung ist im Übrigen auch für Finanzierungsgespräche bei der Bank von Vorteil.

15.3   Marketing – Mix (Konkretisierungsphase)

15.3.1 Kombination der Marketinginstrumente

Als Marketing Mix bezeichnet man die Kombination der verschiedenen Marketinginstrumente.

**Qualität
Produkt
Dienstleistung**

**Kommunikation:
Öffentlichkeitsarbeit
Persönlicher Kontakt
Werbung**   **Marketing-Mix**   **Preis**

**Vertriebsorganisation
Absatzkanäle**

15.3.2 Angebot/Dienstleistung/Produkt

Die Angebotspalette der Dienstleistungen muss gut aufeinander abgestimmt sein und sich an den Wünschen der Zielgruppe (z.B. Weidegang für Pferde, Unterricht) orientieren. Auch das Preis-Leistungs-Verhältnis muss für den Kunden transparent und nachvollziehbar sein. Als langfristige Zielsetzung muss festgelegt werden, ob die Ausrichtung des Betriebes eher in Richtung Qualität oder Quantität gehen soll. Die Kompetenz des Betriebsinhabers bzw. des Personals spielt dabei eine besondere Rolle. Es ist kritisch zu prüfen, ob alle angebotenen Leistungen auch tatsächlich in vollem Umfang erbracht werden können. Die Dienstleistungen sollten kontinuierlich und verlässlich erbracht und die Qualität laufend überprüft werden.

15.3.3 Preis

Der Preis ist der Geldbetrag, den ein Käufer für ein Produkt oder eine Dienstleistung zahlt. Der Marktpreis stellt sich theoretisch dort ein, wo Angebot und Nachfrage zum Ausgleich kommen. Das Thema Pferd ist besonders stark von Emotionen geprägt. Viele Menschen sind bereit, unverhältnismäßig viel Geld für Pferde und deren Wohlergehen zu bezahlen. Der Bogen darf jedoch von Seiten der Anbieter nicht überspannt werden.

Wichtige Aspekte bezüglich des Preises sind:
- Marktgerechtigkeit (Image)
- Vertrauen schaffen und erhalten (Absprachen einhalten, gilt auch gegenüber Lieferanten)
- Preishinderungen beachten
  Was steht einer Preiserhöhung entgegen?
  – Substitutionsgüter, Alternativen
  – Mitbewerber
  – Preiselastizität der Nachfrage (Wie stark geht die Nachfrage zurück, wenn der Preis um einen bestimmten Betrag erhöht wird?)
- Keine Preiserhöhung ohne Leistungsverbesserung
- Fairness: Keine verschiedenen Preise für gleiche Leistungen
- Transparente Preispolitik (Preisliste für alle angebotenen Leistungen)

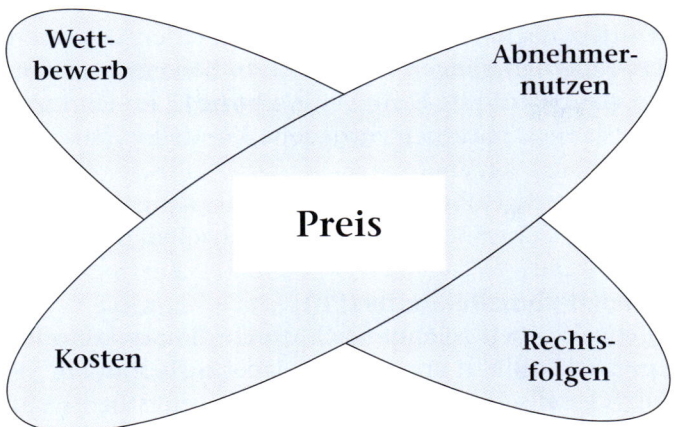

Der Preis wird beeinflusst durch:

- den Nutzen, den der Abnehmer sich von dem Produkt bzw. der Dienstleistung verspricht
- die zu deckenden Kosten (variable und fixe Kosten)
- die Wettbewerbssituation (einziger (Monopolist) oder mehrere Anbieter)
- das Preis-Leistungs-Angebot der Wettbewerber
- die rechtlichen Folgen, die durch einen Vertrag entstehen

15.3.4 Kommunikation

Persönlicher Kontakt
Der persönliche Kontakt zum Kunden ist besonders wichtig und wird üblicherweise durch Repräsentanten und Ansprechpartner gewährleistet. In Pferdebetrieben steht dieser Aspekt noch mehr im Vordergrund. Nicht nur der Betriebsinhaber, sondern alle Mitarbeiter sollten sich als „Verkäufer" verstehen, die immer offen und freundlich auftreten und sich voll mit dem Betrieb identifizieren. Dieser Umstand sollte bei der Personalauswahl mit berücksichtigt werden.
Kundenbefragungen sind eine sinnvolle Form, sich ein Bild von der Zufriedenheit zu machen (siehe auch Punkt 15.1.1).

Werbung
Die gängigsten Formen der Werbung sind:
- Zeitungs- und Zeitschrifteninserate (regional und überregional)
- Werbebriefe, Rundschreiben
- Werbeveranstaltungen
- Prospekte (Hofbroschüren), Plakate, Videos
- Internet – Homepage

Werbung ist generell nur dann erfolgreich, wenn sie kontinuierlich durchgeführt wird und sich außerdem nach den Schwerpunkten und den Saisonzeiten des Betriebes richtet (z.B. bei Ferienlehrgängen frühzeitig vor den entsprechenden Ferien). Die günstigste und glaubwürdigste Form der Werbung ist im Übrigen die Mund-zu-Mund-Propaganda. Sie setzt natürlich zufriedene Kunden voraus.

Als grobe Richtgröße für die Höhe des Werbebudgets kann 3% vom Umsatz angenommen werden. Starke Schwankungen sind im Einzelfall durchaus möglich.

Öffentlichkeitsarbeit/Public Relations (PR)

Eine gute Öffentlichkeitsarbeit zeichnet sich durch die Kontaktpflege zu den örtlichen Tageszeitungsredaktionen aus. Ziel ist dabei insbesondere die Imageförderung, die auch durch gesellschaftliches Engagement unterstützt werden kann.

Corporate Identity

Dies zeichnet sich durch ein einheitliches Erscheinungsbild des Betriebes in der Öffentlichkeit aus. Man spricht heute von **Corporate Identity** (einheitliche Selbstdarstellung eines Unternehmens), was durch einheitliche Jacken, Westen, Pullover, Satteldecken oder Ähnliches zum Ausdruck kommen kann. Auch ein Logo auf Briefköpfen, Rechnungen und Prospekten trägt zum Wiedererkennungswert bei. Ferner gehört hierzu auch das einhellige Verhalten gegenüber den Kunden und Lieferanten (z.B. höflicher Umgangston und Pünktlichkeit, Reklamationen werden sofort wahrgenommen).

Veranstaltungen

Eine weitere Möglichkeit, um Kunden zu gewinnen sind **Veranstaltungen** wie: Infoveranstaltungen, Tag der offenen Tür, Lehrveranstaltungen, Weihnachtsreiten, Grillfeste, etc.
Kunden können allerdings nur gewonnen werden, wenn die Veranstaltungen gut organisiert sind und der Betrieb gut geführt und gepflegt ist.

15.3.5 Vertriebsorganisation

In der Betriebswirtschaftslehre spricht man bei der Vertriebsorganisation von der Organisation der Absatzkanäle (Groß- und Einzelhandel) sowie von der Lagerhaltung und der Transportwege der Waren. Reitbetriebe sind darauf angewiesen, dass die Kunden zu ihnen auf den Hof kommen. Dazu nutzt man die oben beschriebenen Möglichkeiten der Werbung und Öffentlichkeitsarbeit. Aus der Erkenntnis, dass der größte Teil der Reiter über Freunde und Verwandte zum Reiten gekommen ist (Quelle: IPSOS/FN), bieten sich Modelle wie „Bring a Friend" oder Ähnliches zur Neukundengewinnung an.
Für den Pferdeverkauf gibt es die in Kapitel 5.3 ausführlich beschriebenen Möglichkeiten.

15.4 Säulen und Organisation des Marketing

Säulen des Marketing		
Umfeld	Personal	**Produkt-palette** in Verbindung mit **Preispolitik**

15.4.1 Umfeld

Die Zufriedenheit des **Kunden** steht natürlich an erster Stelle. Auch **Interessenten** sind **Meinungsmacher** in der Öffentlichkeit und sollten deshalb immer freundlich und korrekt informiert werden, auch wenn beispielsweise gerade keine Pferdebox mehr frei ist.
Ein gutes Verhältnis zu den Nachbarn trägt langfristig erheblich zum Erfolg des Betriebes bei. Auch der Kontakt zu benachbarten Landwirten, Jägern und der Kommune sollte gepflegt werden.

15.4.2 Personal

Das Auftreten und die Qualifikation des Betriebsleiters und aller Mitarbeiter entscheiden über Erfolg oder Misserfolg eines Betriebes. Das Betriebskonzept und die Angebotspalette müssen qualifiziert und für alle Kunden zufriedenstellend umgesetzt werden. Nur wenn sich alle Mitarbeiter in das Gesamtkonzept einbezogen fühlen, werden sie sich mit dem Betrieb identifizieren und als positive „Verkäufer" auftreten.

15.4.3 Produktpalette in Verbindung mit Preispolitik

Die angebotene Qualität der Produkte und Dienstleistungen muss mit der Preisstruktur übereinstimmen und natürlich auf die Zielgruppe zugeschnitten sein. Eine Vermischung von hochpreisigen Exklusivangeboten und besonders günstigen, einfachen Angeboten im gleichen Betrieb führt langfristig häufig zu Konfliktsituationen.

15.5 Marketingkontrolle

Eine **Marketingkontrolle** ist nicht immer mit den Möglickeiten, wie es große Unternehmen haben, durchzuführen. Hilfreich sind jedoch folgende Instrumente:
- regelmäßige Soll-Ist-Vergleiche zur Auslastung der verschiedenen Betriebszweige und Dienstleistungsangebote
- Kontrolle der Neukundengewinnung
- Registrierung der Anfragen
- Feststellung der Kundenzufriedenheit.

Neben diesen „weichen" Ergebnissen des Marketings ist das Ziel der gesamten Marketingaktivitäten, den Gewinn zu festigen und zu steigern. Hier greift das Marketing in die Betriebswirtschaft über.

Vor einer Marketingmaßnahme sollte daher vom Betrieb eine Ist-Aufnahme der Deckungsbeiträge der einzelnen Betriebszweige gemacht werden. Während und am Ende der Maßnahmen werden dann die neuen Deckungsbeiträge mit denen vor Beginn der Maßnahmen verglichen, um dann Differenzen zu erkennen. Im Detail muss dann ergründet werden, ob sich die Veränderungen auf Umsatzsteigerung oder Kostensenkung oder aus der Kombination beider Elemente zusammensetzen. Die Kosten, die durch das Marketing in Form von Personal, Material und finanziellem Einsatz entstehen, müssen dabei natürlich in die Betrachtung mit einbezogen werden. Von Interesse sind hier unter anderem die Kosten pro Kundenkontakt, z.B. wie viele Kontakte konnten mit 1000,– EUR erzielt werden.

Zur **Organisation** der **Marketingkontrolle** steht die innerbetriebliche Abwicklung und die Kontrolle von extern beauftragten Personen zur Verfügung. In der Regel sind die Betriebe, ähnlich wie bei der Abwicklung der Buchführung, aufgrund von personellen und fachlichen Engpässen nicht in der Lage, dies selbst abzuwickeln. Hier kann auf externe Spezialisten, die mit der Branche vertraut sind, zurückgegriffen werden.

15.6 Konsumenteninteresse

15.6.1 Grundrechte der Verbraucher

Im Mittelpunkt der angestrebten Marketingaktivitäten steht der Verbraucher. Dieser unterliegt einem Schutz vor „nicht wahrheitsgemäßen Informationen". Dies kann von Aussagen zum Inhalt und Qualität von Reitunterricht über die Eigenschaften eines Verkaufspferdes bis hin zum Verschweigen von Provisionen beim Pferdehandel gehen. Etliche gesetzliche Regelungen schaffen mittlerweile mehr oder weniger klare Grenzen.

15.6.2 Tierschutz

Neben dem Verbraucher steht natürlich das Pferd und die Pferdehaltung auch im Mittelpunkt des Marketings. Durch gewollte, unbeabsichtigte oder durch Gewinnstreben provozierte tiergesundheitsschädliche Haltung wird von den Aufsichtsbehörden und den Amtstierärzten geahndet.

Grundlagen hierzu liefert das Tierschutzgesetz. Konkrete Verfahren liefern die „Leitlinien zur Beurteilung von Pferdehaltung unter Tierschutzgesichtspunkten" (Herausgegeben v. BMVEL bzw. der „Richtlinien für Reiten und Fahren, Band 4", herausgegeben von der Deutschen Reiterlichen Vereinigung (FN), Warendorf).

15.6.3 Schutz durch das Unternehmen

Betriebe oder Verbände können durch Selbstverpflichtung Vorkehrungen zum Schutze der Verbraucher und der Tiere treffen. Erwähnt seien hier die „ethischen Grundsätze" der Deutschen Reiterlichen Vereinigung oder „Ethik und Moral des Berufsreiters" von Günther Festerling, Bundesvereinigung der Berufsreiter.

15.6.4 Selbstschutz des Verbrauchers

Der Kunde kann sich selbst vor „Mogelpackungen", Irreführung und überzogenen Preisen schützen. Dies setzt eine umfassende Selbstinformation voraus. Gebündelte Informationen stellen die Verbände (FN auf Bundesebene, Landesverbände, Zuchtverbände, BBR).

15.6.5 Schutz durch den Staat

Der Staat hält diverse Maßnahmen bereit, um den Verbraucher zu schützen und zu fördern.

Fördermaßnahmen werden über die Ausbildungsförderung gezielt ab den Trainer-C-Lizenzen durchgeführt.

Diverse Gesetze wie unter anderem Tierschutzgesetz, Verbraucherschutzgesetz, BGB und Gesetz gegen den unlauteren Wettbewerb tragen dazu bei.

Letztendlich steht der Kunde Mensch und Pferd im Mittelpunkt der Marketingaktivitäten, ohne deren Zufriedenheit eine nachhaltige Sicherung des Betriebes nicht funktioniert.

EDV

Computer sind aus dem betrieblichen Alltag gar nicht mehr wegzudenken. EDV ist ohne Frage das Mittel der Wahl für die tägliche Büroarbeit. Aber auch betriebswirtschaftliche Aufgaben sind mit Unterstützung des Computers schneller und einfacher zu erledigen als früher. So sind z.B. selbst Laien mit entsprechender Software vergleichsweise rasch in der Lage, eine übersichtliche Buchhaltung zu führen oder flexible Gewinn- und Verlustkalkulationen durchzuführen. Verbunden mit dem Internet dient der Computer zudem der einfachen Informationsbeschaffung sowie möglicherweise sogar der Marktbeobachtung und dem gezielten Marketing.

Dieses breite Spektrum an Möglichkeiten erscheint auf den ersten Blick verwirrend und möglicherweise auch etwas abschreckend. Da um den Computer aber heute kaum noch ein Weg herumführt, sind auf den folgenden Seiten einige grundlegende Überlegungen zum Computererwerb zusammengestellt. Zudem wird ein Überblick über die wichtigsten Hardware-Komponenten und die am meisten verbreiteten Arten von Anwendungsprogrammen (Software) gegeben.

16.1 Grundsätzliche Überlegungen zum Computererwerb

Für den professionellen und semiprofessionellen Bereich stehen verschiedene Arten von Computersystemen zur Verfügung. Die gängigste und kostengünstigste Lösung ist der auch bei Amateuranwendern am weitesten verbreitete Personal Computer (PC), auf den sich daher die folgenden Ausführungen beschränken. Andere Systeme werden vor allem bei speziellen Anforderungen erworben (z.B. MacIntosh bei grafikintensivem Bedarf).

Die weite Verbreitung des PC birgt für den Anwender wichtige Vorteile. Zum einen wird am Markt eine große Zahl an oft relativ preisgünstigen PC-Programmen angeboten. Sie decken das Spektrum möglicher Anwendungen mehr oder weniger vollständig ab. Zum anderen ist bei Problemen jederzeit leicht Unterstützung zu finden. Oft gibt es schon im Bekanntenkreis Personen mit PC-Erfahrung, die bei Kauf und Betrieb beratend zur Seite stehen können. Das Händlernetz für PC ist so gut ausgebaut, dass selbst in kleinen Orten fast immer ein Geschäft mit der entsprechenden Fachkompetenz zu finden ist. Schließlich geben Bildungseinrichtungen und eine Vielzahl verschiedener Fachzeitschriften auch wenig erfahrenen Anwendern detaillierte Hilfestellung für den PC-Einsatz.

Vor dem Kauf ist grundsätzlich zu entscheiden, wo das Gerät gekauft wird. Außer Fachhändlern und Elektronikmärkten bieten inzwischen auch Billigdiscounter regelmäßig Computer an. Solche Angebote erscheinen insbesondere für finanzschwächere Unternehmen und Vereine sehr verlockend, denn der legendäre „Aldi-PC" und seine jüngere Verwandtschaft von anderen Discountern rangieren häufig

am untersten Ende der Preisskala. Bei den preislich scheinbar unschlagbaren Angeboten muss der Kunde allerdings vorher bereits genau wissen, was er will. Die Qualität der geschnürten Angebotspakete schwankt und zum individuellen Testen gibt es ebenfalls keine Chance. Andererseits werden die spektakulärsten Angebote gelegentlich vorab in gängigen Fachzeitschriften getestet, die dann auch über die tatsächliche Preiswürdigkeit Auskunft geben. Solche exakt auf die angebotene Gerätekonfiguration ausgerichteten Expertentests sind für die Angebote der Kaufhäuser, Elektronikmärkte, aber auch der Fachhändler natürlich nicht zu bekommen.

Fachgeschäfte liegen mit ihrem Angebot zumeist am anderen Ende der Preisskala, sie haben aber den Vorteil, dass kleinere Reparaturen unter Umständen gleich vor Ort erledigt werden können. Das Gerät braucht nicht erst eingeschickt zu werden, was im schlimmsten Fall zu wochenlangen Ausfällen führen kann. Außerdem beraten Fachgeschäfte nicht nur vor dem Kauf, sondern sind oft auch später noch bereit, bei Problemen zu helfen. Dieser Vorteil ist vor allem dann Gold wert, wenn das Gerät durch weitere Komponenten ergänzt werden soll, wenn der PC plötzlich neue Peripheriegeräte wie z.B. einen Scanner einfach nicht anerkennen will oder wenn es zu Schwierigkeiten mit grundlegender Software kommt. Natürlich sind auch nicht alle Fachgeschäfte in gleichem Maß in der Lage und bereit, solche Dienstleistungen wahrzunehmen. Eine genaue Recherche vor dem Kauf ist daher wichtig.

Aber was soll man nun kaufen? Als grundsätzlichen Tipp für den Computerkauf geben viele Experten den Rat: „Kaufen Sie, was Standard ist". Nicht mehr und nicht weniger. Dieser Standard ist allerdings einem raschen Wandel unterworfen. Komponenten, die gestern noch für viel Geld zusätzlich erworben werden mussten, gehören heute möglicherweise schon zum zumeist preisgünstigeren Standard und werden morgen als veraltet verschleudert. Galt z.B. ein CD-Rom-Laufwerk lange Zeit als Zusatzausstattung, so war es zum Zeitpunkt der Drucklegung dieses Buches als absoluter Standard anzusehen, der aber bereits durch CD-Brenner und DVD-Laufwerke aufgeweicht wurde. Aus diesem Umstand ergibt sich ein weiterer Tipp: Es ist dringend empfehlenswert, einen Computer erst dann zu kaufen, wenn er unmittelbar eingesetzt werden soll. Damit erhält man technisch wie finanziell die beste Lösung.

Schneller noch als die ständig verbesserte Standardausstattung gängiger Computerpakete wächst die Zahl an Hardware-Komponenten und Peripheriegeräten, die grundsätzlich für einen PC erhältlich sind. Wird ein Computer neu gekauft, ist es daher sinnvoll, vor dem Kauf genau zu überlegen, für welche Zwecke der PC eingesetzt werden soll. Zu beantworten ist die Frage, ob, und wenn ja, welche Komponenten über die Grundausstattung hinaus sinnvoll sind. Das Nachrüsten von Komponenten zu einem späteren Zeitpunkt kann, muss aber bei weitem nicht immer problemlos funktionieren.

Die folgenden Seiten sollen dazu anregen, über den eigenen Bedarf nachzudenken, und Entscheidungshilfen geben für die Auswahl einzelner Produkte innerhalb einer Produktkategorie.

16.2 Hardware

16.2.1 Zentraleinheit

Unter Zentraleinheit wird im Folgenden alles verstanden, was standardmäßig in das Gehäuse des Computers eingebaut ist. Dazu gehört neben dem Prozessor und der Hauptplatine – dem so genannten Motherboard – auch z.B. die Festplatte.

Der rasante technische Fortschritt im EDV-Bereich bedingt, wie oben bereits angesprochen, einen ständigen Wandel bei der möglichen Ausstattung der Zentraleinheit. Dieser Wandel hat auch eine Auswirkung auf die Lebensdauer des Computers. Sie beträgt – inzwischen sogar vom Finanzamt mit einem verkürzten Abschreibungszeitraum anerkannt – nur noch wenige Jahre. Das heißt natürlich nicht, dass das Gerät danach grundsätzlich nicht mehr funktionsfähig wäre. Solange die beim Kauf des PC aktuelle Software im Einsatz bleibt, wird es kaum Probleme geben. Sobald aber neuere Programme oder vielleicht sogar nur neuere Programmversionen eingespielt werden, beginnt es oft zu zwicken und zu zwacken. Dann stellt sich heraus, dass der „alte" PC für diese neue Software einfach nicht mehr leistungsfähig genug ist, dass z.B. der Speicherplatz nicht ausreicht oder die Verarbeitungsgeschwindigkeit zu Wünschen übrig lässt. Das Gleiche kann auch mit Peripheriegeräten wie Druckern oder Scannern geschehen. Neben der Leistungsfähigkeit spielen hier vor allem Kabelanschlüsse und die notwendige Treibersoftware eine problematische Rolle.

Als Empfehlung für den Kauf sei daher noch einmal wiederholt: Standard kaufen. Das heißt, die Zentraleinheit sollte die zum Zeitpunkt des Kaufes übliche Ausstattung und Leistungsfähigkeit aufweisen. Ein PC mit geringerer Leistung kommt zu schnell in das beschriebene Dilemma. Geräte mit der allerneuesten Technik hingegen sind sehr teuer und unterliegen innerhalb kürzester Zeit einem enormen Preisverfall.

Wenn möglich lohnt es sich, ein neues Gerät Probe zu hören. Jeder PC besitzt Komponenten, die Geräusche entwickeln. Insbesondere sind dies die zahlreichen Lüfter, die im PC dafür sorgen, die Temperatur auf ein für die empfindlichen elektronischen Komponenten erträgliches Maß zu begrenzen. Aber auch Laufwerke können z.B. unangenehm störende Geräusche entwickeln. Lautstärke und Frequenz solcher Geräusche sind von PC zu PC unterschiedlich und werden zudem von verschiedenen Personen unterschiedlich stark störend wahrgenommen. Welche Geräuschentwicklung am eigenen Arbeitsplatz tolerierbar ist, bleibt damit eine individuelle Entscheidung. Da die Industrie verschiedene Techniken einsetzt, um

die Geräuschentwicklung zu minimieren, kann sich ein Vergleich zwischen mehreren Geräten durchaus lohnen.

Freie Auswahl gibt es bei den Gehäuseformen. Ob Desktop, Tower oder Minitower bleibt weitgehend dem persönlichen Geschmack überlassen. Sinnvoll ist in diesem Zusammenhang, schon vor dem Kauf zu überlegen, wie und an welcher Stelle der Computer aufgestellt werden soll (z.B. neben oder unter dem Schreibtisch, in einem gesonderten Schrank, auf einem speziellen Computertisch etc).
Ist sehr wenig Platz vorhanden oder soll der Einsatz vor allem mobil erfolgen, kann auch über ein Laptop nachgedacht werden. Diese sehr kompakten Geräte sind für den häufigen Transport ausgelegt, also z.B. weniger stoßempfindlich. Zudem sind sie sehr leicht. Allerdings sind sie auch deutlich teurer als die regulären Standgeräte.

16.2.2 „Mensch-Maschine-Schnittstellen": Bildschirm, Tastatur und Maus

Neben der Zentraleinheit ist der Monitor die teuerste Komponente des Systems. Er ist allerdings auch eine der wichtigsten Schnittstellen zwischen Mensch und Maschine und sollte dementsprechend großzügig ausgelegt sein. Die Arbeit mit einem schlechten Monitor führt zu Ermüdung und Kopfschmerzen und damit letztendlich zu Arbeitsausfall.

Zunächst muss eine grundsätzliche Entscheidung zwischen zwei Monitorarten fallen: Dem herkömmlichen Röhrenmonitor und den neueren Flachbildschirmen (TFT). Diese Entscheidung ist weniger technisch beeinflusst, denn beide bauen auf vollkommen unterschiedlicher miteinander nicht vergleichbarer Technik auf. In der Praxis liegt der wichtigste Unterschied zunächst darin, dass die von vielen als moderner und schicker empfundenen Flachmonitore deutlich weniger Stellfläche auf dem Schreibtisch benötigen als Röhrenmonitore. Dies macht sich umso mehr bemerkbar, je größer der Monitor ist, denn der Röhrenmonitor wächst nicht nur in der Höhe und Breite, sondern insbesondere auch in die Tiefe.
Zweites wichtiges Entscheidungskriterium ist jedoch der Preis und der liegt bei Flachbildschirmen noch deutlich höher als bei den herkömmlichen Geräten. Diese Preisdifferenz wird zwar geringer, bleibt aber höchstwahrscheinlich noch einige Zeit in nicht zu vernachlässigendem Maße bestehen.
Schließlich sei der Vollständigkeit halber auch noch ein technischer Unterschied angeführt, der für den Einsatz in Reitbetrieben und -vereinen jedoch eher zweitrangig sein dürfte: Bauartbedingt setzen Flachbildschirme die Bildsignale, die sie aus dem Computer erhalten, langsamer um. Für Film- oder Videospielwiedergaben mit schnellen Bildwechseln sind sie daher (noch) weniger geeignet.

Die Güte eines Monitors – egal ob flach oder nicht – ist insbesondere durch zwei Merkmale bestimmt: die Größe, d.h. die Länge der sichtbaren Diagonalen, und die

Qualität des Bildes. Ehemals wichtige Kriterien wie z.B. das Einhalten bestimmter Strahlungswerte werden von modernen Geräten in der Regel erfüllt.

Die Größe des Monitors wird in Zentimetern oder Zoll Bildschirmdiagonale gemessen. Dabei erscheint ein Flachbildschirm bei gleicher Bildschirmdiagonale etwas größer. Ein 17 Zoll Röhrenmonitor und ein 16 Zoll Flachbildschirm bieten in etwa den gleichen optischen Bildeindruck.
Bei der Größe des Monitors gilt der Grundsatz: Nicht zu klein kaufen. Je größer ein Bildschirm ist, desto mehr Informationen können gleichzeitig angezeigt werden. Dies ist für moderne Programme besonders wichtig. Insbesondere wer viel grafisch arbeiten will (Bildbearbeitung, Internetseiten), ist auf einen größeren Monitor angewiesen. Andererseits sind große Monitore natürlich teurer. Anders als bei der Zentraleinheit gilt hier aber: Mindestens das kaufen, was üblich ist. Insbesondere Komplett- und Sonderangebote beinhalten oftmals aus Preisgründen einen kleineren Monitor als üblich. Hier zu sparen, ist sicherlich der falsche Weg.

Bei der Qualität des Bildes gelten für Röhrenmonitore und Flachmonitore unterschiedliche Kriterien. Bei herkömmlichen Monitoren ist zunächst darauf zu achten, dass das Bild flimmerfrei ist. Maß aller Dinge ist hier die Bildwiederholfrequenz. Je öfter das Bild auf dem Monitor neu aufgebaut wird, desto geringer flimmert es.
Ab welcher Bildwiederholungsrate das Bild flimmerfrei erscheint, hängt vom Betrachter ab. Das menschliche Auge nimmt diese Rate in sehr individuellem Maße wahr. Als Faustzahl gilt: Der Monitor sollte in Zusammenarbeit mit dem PC mindestens eine Bildwiederholfrequenz von 75 Hertz aufweisen. Eine Vorführung des Monitors vor dem Kauf zeigt, ob dieser Wert auch für den Anwender persönlich passt. Ob das Bild am Ende am eigenen PC ebenfalls flimmerfrei bleibt, ist mit einer reinen Monitorvorführung allerdings nicht gewährleistet. Für ein flimmerfreies Bild müssen Bildschirm und PC harmonieren. Also sollte auch diese Kombination möglichst vor dem Kauf getestet werden.

Bei Flachmonitoren hat die Bildwiederholungsrate nur eine untergeordnete Bedeutung. Auch bei wesentlich niedrigerer Frequenz wirken diese Bildschirme flimmerfrei. Wichtiger ist die Bildhelligkeit in Verbindung mit dem erzielten Kontrast. Um die Wirkung richtig beurteilen zu können, sollte der Monitor, wenn möglich, unter Tageslichteinfall getestet werden, denn je dunkler der umgebende Raum, desto eindrucksvoller wirkt das Bild zunächst. Steht der Arbeitsplatz dann allerdings in Fensternähe, erscheint der Monitor möglicherweise auf einmal sehr flau.
Der wichtigste Schwachpunkt der Flachmonitore ist jedoch der Betrachtungswinkel. Bauartbedingt verändert sich bei einem Flachmonitor das Bild, wenn schräg auf den Monitor geschaut wird. Ab einem gewissen Winkel ist gar nichts mehr zu erkennen. Ein Wert für den so genannten sichtbaren Winkel gibt an, wie schräg der Monitor maximal zum Anwender stehen darf, damit noch ein vernünftiges Bild erkennbar ist.

Ein weiterer allerdings sehr schwierig zu kontrollierender Punkt ist die Anzahl fehlerhafter Bildpunkte (Pixel) auf dem Bildschirm. Die Hersteller behalten sich hier eine gewisse Fehlerrate vor, die sich durchaus im tolerierbaren Bereich bewegt. In der Regel wird der Anwender sie gar nicht wahrnehmen. Wenn die defekten Bildpunkte allerdings dicht zusammenliegen und/oder an zentraler Stelle des Monitors auftreten, kann dies bei der täglichen Arbeit zu einem erheblichen Ärgernis führen. Gerade hier wäre es also besonders wichtig, sich genau den Monitor vorführen zu lassen, den man kauft, und nicht nur ein baugleiches Modell.

Es gibt noch einige weitere Kriterien, die bei der Beurteilung für oder gegen einen Monitor sprechen. Sie lassen sich allerdings kaum in Zahlen fassen, sondern können nur beim Betrachten ermittelt werden. Das Monitorbild sollte angenehm wirken, das betrifft insbesondere auch die Farbintensität und die Schärfe. Der Betrachter sollte die Darstellung als exakt und sauber empfinden. Bei Röhrenmonitoren verdienen die Ecken des Bildes besondere Beachtung. Auch hier muss das Bild klar und unverzerrt sein.
Da es bei der Qualität von Monitoren große Unterschiede gibt, nicht nur zwischen verschiedenen Herstellern, sondern auch zwischen und sogar innerhalb verschiedener Baureihen, ist die Vorführung für die endgültige Beurteilung der Güte eines Bildschirms ein unbedingtes Muss.

Weitere „Mensch-Maschine-Schnittstellen" sind Tastatur und Maus, über die Befehle des Anwenders an die Zentraleinheit geleitet werden. Sie sind in der Regel ohne Test einsetzbar. Allerdings gibt es auch hier Unterschiede, die für empfindliche Personen durchaus ernst zu nehmen sind. Bei Tastaturen unterscheidet sich der Kraftaufwand, mit dem Tasten gedrückt werden müssen. Einige Anwender empfinden eventuell vorhandene Druckpunkte als besonders angenehm. Die Maus sollte zur Handgröße passen, da andernfalls bei intensivem Gebrauch Schmerzen in der Hand auftreten können.
Da die Kosten für beide Geräte sehr niedrig sind, kann sich ein Austausch bei ersten Anzeichen von Problemen durchaus lohnen. Gerade in diesem Bereich ist es wichtig, die passenden Komponenten einzusetzen, damit Sie schnell und ermüdungsfrei arbeiten können.
Außer den klassischen Tastaturen und Mäusen gibt es auch noch solche in so genannter ergonomischer Form, die sich der natürlichen Körperhaltung anpassen sollen. Da sich bei der Tastatur der Aufbau von dem üblicherweise verwendeten unterscheidet, ist eine gewisse Gewöhnungszeit nötig. Dies kann, wenn der PC von wechselnden Personen genutzt wird, ein Nachteil sein.

16.2.3 Laufwerke: CD-Rom und DVD

Neben dem Festplatten- und Diskettenlaufwerk benötigt der PC mindestens ein weiteres Laufwerk, durch das von außen Daten, etwa neue Programme, eingespielt

werden können. In der Regel ist dies ein CD-Laufwerk. Teilweise werden neue PCs aber auch schon mit einem DVD-Laufwerk ausgeliefert.

Die Datenträger CD und DVD sind sich als identisch große silberne Scheiben optisch zunächst zum Verwechseln ähnlich. Was die begehrte Speicherkapazität angeht, ist die DVD – technisch gesehen eine Weiterentwicklung der CD – jedoch klar im Vorteil. Schon die einfachen Modelle bringen es auf die siebenfache Kapazität einer CD und weitere Steigerungen sind möglich.

Die technische Verwandtschaft der Silberlinge bringt in diesem Fall für den Anwender einen gewissen Vorteil. DVD-Laufwerke sind problemlos in der Lage, die weniger dicht beschriebene CD zu lesen. Umgekehrt funktioniert es leider nicht. Allerdings ist ein DVD-Laufwerk deswegen noch nicht das Maß aller Dinge. So kann es mit dem Lesen selbst gebrannter CDs Probleme haben, da die Daten beim eigenen Brennen oft etwas ungenauer auf den Datenträger gebracht werden als bei der industriellen Serienproduktion. Wer häufig Sicherungen einliest oder Daten von anderen auf CD bekommt, sollte mögliche Schwierigkeiten einkalkulieren.

Die DVD ist als Datenträger in der semiprofessionellen EDV noch selten zu finden und keinesfalls unersetzlich. Wegen ihrer großen Speicherkapazität wird sie jedoch insbesondere für Videos verwendet. Damit die Bildqualität nicht leidet, muss in diesem Fall aber auch der PC entsprechend leistungsstark sein.

Greift der normale Anwender möglicherweise eher zum DVD-Laufwerk, wenn die Wahl zwischen diesem moderneren und einem CD-Laufwerk besteht, sieht die Situation anders aus, wenn es gleichzeitig um einen so genannten Brenner geht. Die Laufwerke dienen zunächst in beiden Fällen nur als Mittel zum Auslesen der Daten von der Scheibe. Erst ein Brenner macht auch das Beschreiben der Silberlinge möglich. Der Name leitet sich von dem technischen Vorgang des Beschreibens ab: Ein Laserstrahl brennt die Daten regelrecht in die Oberfläche der Scheiben.

Brenner gibt es sowohl in der CD als auch in der DVD Variante. Letztere ist allerdings noch weit davon entfernt, Standard zu sein. Ist der Käufer vor die Wahl zwischen einem CD-Brenner und einem DVD-Laufwerk gestellt, die in Angebotspaketen etwa einen gleichen preislichen Rang einnehmen, ist meist dem Brenner der Vorzug zu geben. Er ermöglicht den Austausch von größeren Datenbeständen, aber auch die eigene Datensicherung. Ein späteres Nachrüsten eines DVD-Laufwerks ist möglich.

16.2.4 Drucker

Auch wenn die Erfinder moderner Bürotechnik vom „papierlosen Büro" geträumt haben – der Papierverbrauch hat sich mit dem Einzug der Computer in den Arbeitsalltag eher erhöht. Ohne Frage gehört ein Drucker damit zur unverzichtbaren Ausstattung der Computeranlage. Stand der Technik sind Tintenstrahl- oder Laserdrucker, wobei sich Laserdrucker durch ein etwas besseres Schriftbild und in der Regel höhere Druckgeschwindigkeit auszeichnen. Sie sind allerdings in der Anschaffung auch teurer. Richtig kostspielig wird es, wenn dann noch Farbe ins

Spiel kommen soll, da Farb-Laserdrucker vorwiegend für den reinen Profibereich entwickelt werden.

Üblicherweise werden Reitbetriebe und -vereine daher eher zu Tintenstrahldruckern greifen. Die Anschaffungskosten dafür halten sich in extrem engen Grenzen. Anders sieht das sehr häufig bei den laufenden Druckkosten aus. Daher sind gerade beim Drucker intensive Vorüberlegungen und gründliche Preisrecherchen zu empfehlen.

Die Auswahl eines Druckers richtet sich zunächst nach dem geplanten Einsatz. Hier spielen vor allem drei Fragen eine Rolle: Wie viel wird gedruckt? Welche Qualität soll der Ausdruck aufweisen? Sind Farbausdrucke gewünscht?

Wird sehr viel gedruckt, ist die Druckgeschwindigkeit ein wichtiges Kaufkriterium. Die Sekunden, die ein Drucker pro Seite mehr benötigt als ein anderer, summieren sich möglicherweise rasch zu einer zusätzlichen Stunde, für die eine Bürokraft entlohnt werden muss – ganz abgesehen von der demotivierenden Wirkung, die das Warten auf einen Ausdruck auf den Anwender hat.

An dieser Stelle stellt sich auch erneut die Frage nach der Farbe sowie der Notwendigkeit, grafische Elemente zu drucken. Beides bremst einen Drucker aus. Ein Drucker mit ausgezeichneten Ergebnissen im Schwarz-Weiss-Druck braucht noch lange nicht die beste Wahl im Farbdruck zu sein und umgekehrt. Ein Drucker, mit dem möglicherweise auch Fotos in guter Qualität gedruckt werden sollen, muss schon etwas höhere grafische Fähigkeiten besitzen als ein reiner Bürodrucker.

Wer durchschnittliche Anforderungen an den Drucker stellt, kann allerdings technisch gesehen bei den meisten auf dem Markt befindlichen Geräten nicht zu viel falsch machen. Der Preis ist daher in der Regel ein sehr wichtiges Kaufkriterium. Gerade im unteren Preissegment liefern sich die Druckerhersteller hier erbittertste Preiskämpfe. Das geht so weit, dass sich manch ein Hersteller den Vorwurf gefallen lassen muss, statt am Verkauf des Gerätes praktisch nur noch an den Folgekosten zu verdienen.

Ausschlaggebend sind in diesem Zusammenhang vor allem die Kosten für die Tinte. Dabei stellt sich nicht nur die Frage nach dem Preis der Originalbehälter. Nachfüllmöglichkeiten oder Produkte von Drittanbietern sind häufig erheblich günstiger, nicht für jeden Drucker gibt es jedoch solche Alternativen. Entsprechende Recherchen sind für den Anwender relativ schwierig und vor allem zeitaufwendig. Die gängigen Fachzeitschriften liefern jedoch laufend Tests und Kaufempfehlungen, die auch solche Folgekosten mit einkalkulieren.

16.2.5 Zugang zum Internet: Modem, DSL & Co

Zu den auch betrieblich sehr interessanten Einsatzmöglichkeiten des Computers gehört die Verbindung zum Internet. Damit wird einerseits die Kommunikationsmöglichkeit via E-Mail eröffnet. Andererseits sind Marktrecherchen etwa im Vorfeld von Beschaffungen möglich. Wer möchte, kann eine eigene Homepage als

Marketinginstrument oder Mittel zur Information der Vereinsmitglieder nutzen. Einen einfachen Weg, eine solche Homepage zu realisieren, bietet z.B. auch der FN*verlag* an.

Auf der Hardware-Seite wird die Anbindung an das weltweite Kommunikationsnetz in der Regel über Modem, ISDN-Karte oder Netzwerkkarte realisiert. Verbindungen über Satellit, Stromnetz oder Breitbandkabel spielen auf absehbare Zeit eine untergeordnete Rolle. Welche Variante gewählt wird, hängt von der Intensität der Internetnutzung, vom Preis, aber auch von den technologischen Voraussetzungen des Telefonnetzes am PC-Standort ab.

Modem und ISDN-Karte stellen eine direkte Verbindung zum Telefonnetz her, über das Computer an anderen Stellen des Internets erreicht werden. Das Modem verkörpert dabei die ältere Technologie, erlebt aber spätestens bei der mobilen Verbindung von Laptops mit dem Internet ein Revival. Allerdings ist auch beim Standgerät prinzipiell nichts gegen die Verwendung eines Modems einzuwenden. Zwar sind die so hergestellten Verbindungen langsamer als ISDN-Verbindungen, aber der Unterschied fällt in der Praxis viel weniger ins Gewicht als manche Verkaufsverpackungen und Werbebroschüren glauben machen wollen.
Dennoch wird ein Modem heute normalerweise nur noch dann verwendet, wenn am PC-Standort nur ein analoger Telefonanschluss vorhanden ist. Befriedigen kann eine solche Lösung auch allenfalls bei äußerst sparsamer Internetnutzung, denn der analoge Telefonanschluss ist während der Dauer der Internetverbindung belegt. Der Anwender ist also telefonisch nicht erreichbar.

Wer statt in ein Modem in eine ISDN-Karte investiert, die in den PC eingebaut wird, ist im Internet etwas schneller unterwegs. Voraussetzung für diese Variante ist ein digitaler ISDN-Telefonanschluss. Die monatlichen Gebühren dafür sind höher als für einen analogen Anschluss, dafür stehen aber auch gleich zwei Telefonleitungen zur Verfügung. Während der Internetsitzung bleibt damit eine Leitung für Telefonate frei.
Die ISDN-Lösung bietet in der Praxis eine Reihe von Vorteilen, selbst wenn die Internetnutzung im Vorfeld als nicht all zu stark eingeschätzt wird. Das beginnt zum Zeitpunkt der Konfiguration des Internetzugangs. Auftretende Probleme können möglicherweise leicht telefonisch geklärt werden. Bei analogem Anschluss ist die Lösung mit abwechselnder Telefon- und Computerverbindung aufwendig und ineffektiv. Die eigenständige Internetleitung ist zudem angenehm, wenn Dateien aus dem Internet heruntergeladen werden, z.B. Programm- oder Virenschutz-Updates, aber auch Musik- oder Videodateien und die eingehende E-Mail. Dies kann durchaus geraume Zeit in Anspruch nehmen, während der das Büro bei der analogen Lösung telefonisch nicht erreichbar wäre.
In besonderen Fällen wäre schließlich auch die Bündelung der ISDN-Leitungen möglich, wodurch die telefonische Erreichbarkeit wiederum nicht mehr gegeben ist, dafür die Übertragungsgeschwindigkeit zum Internet theoretisch verdoppelt wird.

Noch schneller geht es für den, der mit DSL (Digital Subscriber Line) die jüngste Entwicklung im Zugang zum Internet über die Telefonleitung nutzen kann. Die damit erzielten Datenübertragungsgeschwindigkeiten betragen derzeit in der Praxis das bis zu Zwölffache der ISDN-Geschwindigkeit. Eine weitere Beschleunigung ist theoretisch nicht ausgeschlossen.

Da bei dieser Technologie die Datenübertragung in einem anderen Frequenzbereich geschieht als das normale Telefongespräch, bleibt die Telefonleitung selbst beim Anschluss im analogen Netz frei. Leider zeigt der Fall DSL, dass technische Vorteile noch lange nicht immer bis zum Endkunden gelangen. Um DSL nutzen zu können, müssen beim Telefonanbieter bestimmte technische Voraussetzungen erfüllt werden und die meisten Anbieter schaffen diese Voraussetzungen nur für ihre ISDN-Kunden. Zweites Manko an der DSL-Technik: Das bundesdeutsche Telefonnetz wird erst nach und nach für die neue Technik fit gemacht. Ein flächendeckendes Angebot ist unwahrscheinlich. Abgelegene Haushalte mit langen Verbindungen zum ersten Telefonknoten werden das Nachsehen haben ebenso wie ironischer Weise viele Haushalte in den neuen Ländern, die über das moderne Glasfaserkabel an das Telefonnetz angeschlossen sind. Die DSL-Technik verlangt die Übertragung via altem Kupferkabel. Um DSL nutzen zu können, wird für den PC eine Netzwerkkarte benötigt. Weitere Hardwarekomponenten, die zwischen PC und Telefondose installiert werden, sind ein so genannter Splitter und ein spezielles DSL-Modem. Beides liefert in der Regel der DSL-Anbieter.

Die DSL-Anbindung ans Internet ist, was den Telefonanschluss angeht, die kostspieligste Variante des Zugangs zum Internet. Für intensive Internetnutzer oder Anwender, die häufig große Datenmengen laden (z.B. Video- oder Musikdateien) lohnt sich die Investition durch den erheblichen Zeitvorteil dennoch. Zudem ist für die angesprochene Netzwerkkarte, die in den Computer eingebaut werden muss, der Einsatz im Telefonnetz nur eine spezielle Form des grundsätzlichen Verwendungszweckes. Diese Karten dienen der Verbindung von zwei oder mehr Computern, die Daten tauschen oder gemeinsam nutzen. Mit derart ausgestatteten Rechnern könnte also auch ein kleines Büro-Netzwerk realisiert werden oder mehrere Computer könnten sich zumindest den Zugang zum Internet teilen, sofern dies der DSL-Vertrag zulässt.

Neben dem passenden Telefonanschluss sind für den Zugang zum Internet noch die Dienste eines so genannten Providers (z.B. T-Online, AOL, aber auch lokale Anbieter) notwendig, der mit seinen Computeranlagen die Daten aus dem Internet besorgt und Anfragen weiterleitet. Der Provider kann wie beim Telefonieren bei jeder Internetsitzung wechseln (Call by Call) oder es kann ein Vertrag mit minutengenauer Abrechnung geschlossen werden. Wird das Internet häufiger genutzt, kann als dritte Variante eine so genannte Flat-Rate Sinn machen. Statt einer Abrechnung der tatsächlichen Verbindungszeit wird eine feste monatliche Gebühr bezahlt. Insbesondere die DSL-Technik wird oft in Verbindung mit einer solchen Flat-Rate genutzt.

16.2.6 Lautsprecher und Soundkarte

Zu den bei Bürocomputern oft durchaus verzichtbaren Peripheriegeräten gehören Soundkarte und Lautsprecher. Sie verwandeln den PC in das vielbeschworene Multimedia-Gerät, das neben Bildern dann auch Musik oder Sprache wiedergeben kann. Die meiste Multimedia-Software fällt in den Bereich Spiele, aber auch Lernprogramme, Nachschlagewerke und andere Software sind immer öfter mit Multimediaeffekten ausgestattet. Zudem liefern z.B. DSL-Anbieter zu ihren Geräten multimediale Konfigurationsanleitungen auf CD-Rom aus und auch das Internet wird laufend lauter.

Einen wesentlichen Kostenfaktor stellen die Geräte nicht dar, zumal eine Soundkarte oft schon als Standardausstattung im Angebotspreis für einen PC enthalten ist. Computerlautsprecher sind schon sehr preiswert zu erhalten und erfordern keinen Installationsaufwand. Allerdings verleiten derart multimedial ausgerüstete Computer möglicherweise auch eher dazu, die Arbeitszeit durch Spiele oder unterhaltsame Internetseiten zu unterbrechen. Zudem ist darauf zu achten, dass der Lautstärkepegel bei mehreren Anwendern in einem Raum nicht unangenehm steigt. Erinnert sei daran, dass z.B. über das Internet auch Radioprogramme aus aller Welt zu empfangen sind.

16.3 Software

Der beste Computer ist ohne die entsprechende Software überhaupt nichts wert, denn die Software gibt dem Rechner erst die Anweisungen, bestimmte Dinge zu tun oder zu lassen. Unter dem Begriff „Software" sind alle Programme zusammengefasst, die auf einem Computer eingesetzt werden können. Dabei sind zunächst grundsätzlich zwei Arten zu unterscheiden:

❶ Systemsoftware (Betriebssystem Kapitel 16.3.1) und
❷ Anwendungssoftware (Kapitel 16.3.2).

Es ist deutlich zu betonen, dass jede Form von Software dem Urheberrecht unterliegt. Der Anwender muss daher in jedem Fall eine Lizenz erwerben, die ihm die Nutzung des Programmes erlaubt. Nicht immer ist eine solche Lizenz teuer (Shareware-Programme), sie kann auch vollständig kostenfrei sein (Freeware, Open-Source-Programme). Wer aber Programme, die urheberrechtlich geschützt sind, ohne Lizenzerwerb vervielfältigt und benutzt, macht sich strafbar.

16.3.1 Betriebssystem

Das Betriebssystem ist die Basis jeder Arbeit des Computers. Unter diesem Begriff werden alle Programme zusammengefasst, die grundlegende Funktionen zur Verfügung stellen. Das Betriebssystem stellt die Ausführung der Anwendungsprogram-

me, die Verteilung der Betriebsmittel und die Aufrechterhaltung der Betriebsart sicher. Häufig stelle es auch noch allgemeine Dienstleistungen, wie z.B. die Möglichkeit zum Formatieren von Disketten und Verwalten von Dateien zur Verfügung. Das Betriebsystem ist ein entscheidender Faktor für den reibungslosen Ablauf der Anwendungsprogramme.

Es gibt eine Vielzahl von Betriebssystemen, aktuell sind jedoch für den PC vor allem das Betriebssystem Windows der Firma Microsoft sowie das Open-Source-Programm Linux im Gespräch. Letzteres ist viel kostengünstiger zu haben als Windows, da der ursprüngliche Code des Programms kostenfrei ist. Bezahlt werden bestimmte Zusammenstellungen von Systemprogrammen (z.B. Red Hat Linux der Firma Red Hat).
Allerdings sollte im Fall des Betriebssystems der Preis nicht unbedingt die ausschlaggebende Rolle spielen. Windows war zum Zeitpunkt der Drucklegung das mit Abstand am weitesten verbreitete Betriebssystem. Selbst für Anwender mit einem gewissen Maß an Erfahrung hat diese Verbreitung viele Vorteile. Es gibt umfangreiche Unterstützungsmöglichkeiten im Bekanntenkreis, bei Kollegen oder im PC-Handel. Wichtiger noch ist jedoch, dass das Angebot an Anwendungssoftware für Windows wesentlich größer ist als für jedes andere System.
Wer einen PC neu kauft, findet darauf meist Windows bereits vorinstalliert vor (OEM-Version). Der Anwender braucht sich also nicht um die teilweise recht komplizierte Installation eines Betriebsystems zu kümmern. Preislich fällt die ansonsten recht teure Software in diesem Fall nicht ins Gewicht, da es für diese Versionen spezielle Abkommen zwischen Microsoft und der Computerindustrie gibt.

Unter den Windows-Betriebssystemen sind verschiedene Arten und Versionen im Umlauf. Diese lassen sich grob in zwei Kategorien einteilen. Einerseits gibt es die Reihe Windows 95, Windows 98, Windows XP (in zeitlicher Abfolge, d.h. Windows XP ist das zur Drucklegung aktuelle Betriebssystem). Diese Betriebssysteme waren/ sind mehr für den privaten Anwender und/oder den Einzelplatz-PC ausgelegt. Andererseits gibt es die Betriebssysteme Windows NT und Windows 2000, die mehr für ein professionelles Umfeld gedacht sind. Die erstgenannten Betriebssysteme sind billiger, für den Laien einfacher zu handhaben und bieten mehr Möglichkeiten, den PC auch zur Entspannung (z.B. Spiele) einzusetzen. Die zweitgenannten zeichnen sich durch eine höhere Stabilität und Zuverlässigkeit aus, bedingen aber auch, insbesondere bei der Installation von weiterer Hard- oder Software oftmals ein höheres Fachwissen.
Bei einzelnen PC ist daher im Regelfall Windows XP bzw. dessen mögliches Nachfolgeprodukt die richtige Wahl. Wenn es sich um ein Netzwerk oder einen PC mit speziellen Aufgaben (wie z.B. Videoüberwachung) handelt, sollte Windows 2000 oder Windows NT eingesetzt werden. In solchen Fällen besteht aber auch normalerweise eine Betreuung über einen Fachhändler/eine spezialisierte Firma.

Selbstverständlich können auch andere Betriebssysteme eingesetzt werden. Dann sollte allerdings im Vorfeld sichergestellt sein, dass ein mit dem Programm ver-

trauter Anwender zur Verfügung steht und vor allem, dass es die gewünschte Anwendungssoftware auch für dieses Betriebsystem gibt.

16.3.2 Standard-Anwendungs-Software

Unter den Begriff Anwendungs-Software fallen all die Programme, die direkt vom Anwender bedient werden. Sie sind meist für einen mehr oder weniger eng umrissenen Zweck programmiert. Dieser kann sich im Erstellen einer vergleichsweise geringen Auswahl von Grußkarten erschöpfen, kann aber auch bis zu mächtigen Programmen wie der gängigen Bürosoftware reichen. In den meisten Bereichen besteht in der Auswahl von möglichen Anwendungsprogrammen überhaupt kein Mangel. Schwieriger ist es oft, das für die eigenen Bedürfnisse am genauesten zugeschnittene Programm zu ermitteln.

Bei Spezialinteressen, bei denen der Kundenkreis naturgemäß klein ist, scheut die Softwareindustrie zudem verständlicherweise oft die Kosten. Hier ist dann viel Spürsinn gefragt, um möglicherweise mit etwas Glück doch noch professionell programmierte Software von Hobby-Programmierern zu finden, die günstig zu erwerben ist. Hier sei allerdings der Fairness halber auch vor sich selbst überschätzenden Amateur-Programmierern gewarnt. Software aus solcher Feder kann im Verlauf der Zeit mehr Ärger machen als nicht ganz so genau passende Ware von der Stange.

Der detaillierte Softwarebedarf entwickelt sich erst mit der Zeit. Allerdings gibt es einige grundsätzliche Arten von Anwendungssoftware, deren Anschaffung je nach Bedarf ratsam ist und auf die im Folgenden kurz eingegangen wird. Oft ist eine bestimmte Anzahl Standardprogramme auch schon im Kaufpreis des PC enthalten oder kann gegen einen vergleichsweise günstigen Aufpreis mit erworben werden. Wer Glück hat, kann sich dabei sogar die Programme aussuchen, die er benötigt. Neben dem günstigen Preis hat der Anwender den Vorteil, das die so erworbene Software meist schon auf dem PC installiert ist. Der Anwender kann also sofort mit der Arbeit beginnen und braucht sich nicht um die Installation zu kümmern.

16.3.2.1 Textverarbeitung

Textverarbeitungsprogramme gehören zu der beliebtesten Softwarekategorie – schließlich wird manch ein PC fast ausschließlich als eine Art Luxusschreibmaschine genutzt. Texte lassen sich mit Hilfe dieser Programme erfassen, beliebig bearbeiten und korrigieren. Textpassagen können problemlos umgestellt werden, häufig benötigte Passagen sind als Textbaustein abgespeichert jederzeit schnell per Tastendruck einfügbar und der Serienbrief an alle Vereinsmitglieder ist mit wenig Übung auch von Laien schnell erstellt.
Marktführer in diesem Bereich ist wieder die Firma Microsoft mit ihrem Produkt

Word, dies muss allerdings nicht in jedem Fall die erste Wahl sein. Erstaunlicherweise gibt es mit dem Programm StarOffice der Firma Sun sogar ein vollständig kostenfreies Programm, das von Experten gute Noten für seine Leistungsfähigkeit bekommt. Zu bezahlen ist bei diesem Programm nur die Zeit, die es dauert, es aus dem Internet zu laden oder der Preis für eine CD inkl. Handbuch.

Darüber, darunter und dazwischen rangieren preislich wie vom Funktionsumfang her gesehen noch zahlreiche weitere Produkte. Hier ist zunächst zu entscheiden, welcher Funktionsumfang tatsächlich gebraucht wird. So ist StarOffice ein komplettes Officepaket, das neben der Textverarbeitung auch noch eine Tabellenkalkulation und eine Präsentationssoftware umfasst.

Knackpunkt bei der Entscheidung ist als nächstes dann aber neben dem Preis auch die Frage des Datenaustausches. Wer viel gemeinsam mit anderen Anwendern an Dokumenten arbeitet oder wechselnde Computer benutzt, sollte sich mit der Wahl des Textverarbeitungsprogramms an das halten, was er bei diesen Gelegenheiten überwiegend vorfindet.

16.3.2.2 Tabellenkalkulation

Diese Art der Standard-Anwendungs-Software eignet sich nicht nur zum Erstellen von Tabellen, sondern auch für fast alle Arten von Berechnungen und Kalkulationen. Mit Tabellenkalkulationsprogrammen lassen sich Kosten planen, Angebote berechnen und Kostenstellenrechnungen durchführen. Der größte Vorteil ist die einfache Berechnung von Optionen nach dem „Was-wäre-wenn"-Verfahren. So kann z.B. ein einmal erfasster Finanzplan bei Änderung der Bedingungen leicht revidiert werden. Auch Angebote können entsprechend dem Kundenwunsch verändert werden, ohne dass dazu aufwendige, immer neue Berechnungen angestellt werden müssen.

Zu den umfangreichsten, aber auch teuersten Programmen dieser Kategorie gehört das Programm Excel von Microsoft. Wer ein anderes Programm verwendet, sollte möglichst sicherstellen, dass dieses die Daten in das Excel-Format konvertieren kann bzw. Daten aus dem Microsoft-Programm einliest.

16.3.2.3 Präsentationsprogramme

Mit entsprechenden Programmen lassen sich recht einfach eindrucksvolle Präsentationen erstellen, die einem größeren Kreis Interessierter die eigenen Argumente verdeutlichen. Präsentationssoftware ist in der Regel im Funktionsumfang der so genannten Office-Pakete enthalten. Zwar lassen sich Schaubilder auch mit anderen Programmen erstellen, Präsentationssoftware hat aber den Vorteil vollkommen unkomplizierten Seitenwechsels während des Vortrages und bietet zusätzlich die Möglichkeit verschiedener Effekte wie Überblendungen oder Einfügungen.

16.3.2.4 Internetbrowser

Unter dieser Gruppe sind Programme zu verstehen, die für die Nutzung des Internets notwendig sind. Dabei handelt es sich im Wesentlichen um ein Programm zur Anzeige der Daten aus dem Internet auf dem Bildschirm und ein Programm zum Versenden und Empfangen von E-Mails (elektronische Briefe). Diese Programme brauchen normalerweise nicht erworben zu werden, da sie kostenfrei von den Internetanbietern zur Verfügung gestellt werden. Für den Zugang zum Internet müssen Sie einen Vertrag mit einem so genannten Provider (z.B. T-Online, AOL) abschließen. Zudem benötigen Sie entsprechende Hardware (siehe Kapitel 16.2.5).

16.3.2.5 Weiteres

Es gibt noch eine Reihe weiterer Programmkategorien, deren Einsatz von Fall zu Fall zu überdenken ist. Dazu können beispielsweise Bildbearbeitungsprogramme gehören oder, wenn viel aktiv im Internet publiziert werden soll, auch so genannte Html-Editoren. Es gibt jedoch noch eine Reihe weiterer dienstbarer Geister, die die tägliche Arbeit mit dem Computer unterstützen und von denen einige exemplarisch an dieser Stelle vorgestellt werden sollen. Welche dieser Programme im Einzelfall sinnvoll sind, kann aber nur vor Ort entschieden werden. Der Bedarf stellt sich häufig auch erst bei einiger Erfahrung als Computeranwender heraus.
Von vielen Anwendern eingesetzt werden Programme zum Packen und Entpacken von so genannten Archiven (Stichwort ,zip'-Dateien). Mit Hilfe dieser Komprimierungsprogramme werden Dateien oder ganze Ordner zum Transport in recht kleine Dateien verpackt, die schnell verschickt oder auf Diskette gespeichert werden können. Werden sie nicht mit automatischem Entpacker versehen, muss der Empfänger ein entsprechend ausgelegtes Programm auf dem Rechner haben, um die Daten lesen zu können.

Der Adobe Acrobat Reader zum Anzeigen und Drucken von so genannten ,pdf'-Dateien ist bei Nutzung von Internet und E-Mail schier unentbehrlich. In pdf-Dateien wird ein druckbares Bild einer (Text-)Seite transportiert. Der Inhalt ist jedoch nicht zu verändern. Auch die von Scannern hergestellten Bilder könnten in dieses Bildformat konvertiert werden. Im Internet ist der Verweis auf diese Art der Dateien nicht unüblich, um z.B. den Inhalt von Broschüren oder Merkblättern exakt in derselben äußeren Form wie bei den Druckversionen auf dem Bildschirm erscheinen zu lassen. Üblicherweise ist an solchen Stellen auch ein Verweis darauf zu finden, auf welcher Seite die kostenlose Möglichkeit besteht, den Acrobat Reader aus dem Internet auf den eigenen Rechner zu holen.

Eine unverzichtbare Kategorie von Dienstprogrammen ist die Virenschutzsoftware, die auch weiter unten noch einmal angesprochen wird. Im Büroalltag haben sich zudem Programme zur Recherche von Telefonnummern sowie Routenplanungs-Software bewährt.

Einige dieser Programme sind relativ kostengünstig bzw. über das Internet sogar kostenfrei zu erhalten. Andere liegen teilweise deutlich in dem Bereich über 100,– EUR. Viele dieser Programme gibt es auch in einer so genannten ‚Demo-Version'. Dies bedeutet, dass Sie das Programm vor dem Kauf zunächst eine bestimmte Zeit oder mit eingeschränktem Funktionsumfang kostenfrei testen können.

16.3.3 Spezialsoftware für Pferdeinteressierte

Leider ist die Anzahl der Softwarepakete, die sich mit den speziellen Anforderungen eines Reitvereins oder Pferdebetriebes beschäftigen, in letzter Zeit eher gesunken. Zudem sind die Kosten für einige der Programme nicht unerheblich. Die FN und der FN*verlag* sind bemüht, in diesem Bereich gute und kostengünstige Software anzubieten oder den Kontakt zum Hersteller zu vermitteln. Näheres hierzu erfahren Sie auf den Seiten des FN*verlages* im Internet oder durch Kontaktaufnahme mit der FN unter der E-Mail-Adresse.

Grundsätzlich ist es immer empfehlenswert, vor der Entscheidung für ein Programm mehrere Demoversionen zu bestellen, um den Funktionsumfang und die Bedienungsfreundlichkeit zu testen. Erst nach abgeschlossenem Test sollte die endgültige Wahl getroffen werden.

16.3.3.1 Verwaltungssoftware für Reitbetriebe

Neben den grundlegenden Funktionen, die jede Verwaltungssoftware für Betriebe bietet, sollten als Mindestanforderungen für Reitbetriebe gelten:
- Erfassungsmöglichkeit für die Pferdestammdaten
- Erfassungsmöglichkeit für die Besitzerstammdaten
- Textverarbeitung mit Serienbrieffunktion oder Schnittstelle zur Textverarbeitung
- Buchhaltungsfunktion

Weitere denkbare und sinnvolle Funktionen:
- Terminkalender
- Wiedervorlagesystem
- Kalkulationsfunktion
- Listengenerator

16.3.3.2 Software zur Vereinsverwaltung

An allgemeiner Software zur Vereinsverwaltung besteht inzwischen kaum noch ein Mangel, für spezialisierte Software gilt das aber leider nicht. So stellt die Verwaltung eines Fußball- oder Wandervereins an vielen Stellen ganz andere Anforderungen als

die eines Reitervereins. Deshalb ist es von größter Wichtigkeit, darauf zu achten, dass das ausgewählte Programm sehr flexibel ist. Es sollten selbst definierbare Variationsmöglichkeiten in den Eingabemasken vorhanden sein, mit denen auch vollwertig gearbeitet werden kann.

Hierzu ein Beispiel: In dem ausgewählten Verwaltungsprogramm fehlt ein Feld, in dem erfasst werden kann, ob ein Vereinsmitglied Reitausweisinhaber ist oder nicht. In diesem Fall muss das Programm die Möglichkeit bieten, ein frei definierbares Feld für diesen Zweck zu nutzen. Das Programm sollte also eine möglichst große Zahl dieser frei definierbaren Felder anbieten. Mit der grundsätzlichen Erfassbarkeit ist es dann allerdings auch noch nicht getan. Das selbst definierte Feld muss auch auswählbar sein, um z.B. eine Liste aller Reitausweisinhaber innerhalb des Vereins erstellen zu können.

Als Mindestanforderung für eine vernünftige Vereinsverwaltung gelten folgende Funktionen:

- Erfassungsmasken für Vereinsmitglieder
- Textverarbeitung mit Serienbrieffunktion oder Schnittstelle zur Textverarbeitung
- Buchhaltungsmodul, das die steuerlichen Besonderheiten bei Vereinen berücksichtigt
- Vorgefertigte Listenauswertungen

16.3.3.3 Software zur Pferdefütterung

Bei diesen Programmen handelt es sich meistens um einfache Rationsberechnungen. Die in Frage kommenden Futtermittel sind in einer Tabelle hinterlegt und werden in Bezug zur Leistung und Rasse bzw. Konstitution eines Pferdes gesetzt. Bei der Anschaffung eines solchen Programms sollte auf größtmögliche Flexibilität wert gelegt werden. Die Futtermittel müssen in ihrer Nährstoffzusammensetzung geändert werden können, wenn die Futtermittelanalysen dies erfordern. Ebenso dürfen nicht ausschließlich fixe Leistungsklassen und Rasseangaben vorhanden sein. Der Anwender sollte die Möglichkeit haben, solche Kategorien frei zu definieren.

16.3.3.4 Software zur Turnierabwicklung (TORIS)

TORIS (TurnierOrganisations- und InformationsSystem) ist ein Softwareprodukt der FN, das Veranstalter von Reitturnieren von der FN erhalten können. Mit diesem Programm können Turnierveranstaltungen vom Nennungs- und Nenngeldeingang bis hin zur Gesamtabrechnung und der Ergebnisrückmeldung an die FN abgewickelt werden. Alle Nennungsdaten kommen auf Diskette oder auch per Internet auf den PC des Veranstalters. Es müssen keine Pferde und Reiter mehr erfasst werden. Wenn während der Veranstaltung die Ergebnisse eingegeben wurden, ist die Ergebnisrückmeldung an die FN kein Problem mehr. Es wird ein Menüpunkt im

Programm aufgerufen und innerhalb von wenigen Minuten ist die Diskette mit den Ergebnissen fertig. Das mühsame Ausfüllen der grünen Ergebnislisten entfällt. Dieses Programm kann telefonisch bei der FN bestellt (Tel.: 0 25 81 - 63 62-120) oder über die Internetseiten der FN heruntergeladen werden (Internetadresse: http://www.pferd-aktuell.de).

16.4 Datensicherheit

Wie jede andere Technik kann auch ein Computer ausfallen. Neben der ärgerlichen Situation, dass während der Reparatur oder der Neubeschaffung nicht mit dem PC gearbeitet werden kann, birgt ein Ausfall aber noch eine weitere Gefahr. Alle in den Computer eingegebenen Informationen können dabei verloren gehen. Ein Verlust dieser Daten kann, insbesondere wenn der PC für die Verwaltung eines Vereins oder Betriebs eingesetzt wird, einer Katastrophe gleichkommen. Um dies zu verhindern, ist eine regelmäßige Sicherung der Daten auf einem anderen Medium notwendig. Die dafür benötigte Software wird mit dem Betriebssystem mitgeliefert.

Als Sicherungsmedium können im einfachsten Fall Disketten verwendet werden. Je größer die Menge der zu sichernden Informationen, desto eher sollte allerdings auch über andere Sicherungsmöglichkeiten nachgedacht werden. Mit der Menge der Daten, die gesichert werden müssen, steigt die Zahl der dafür notwendigen Disketten. Während des Sicherungsvorgangs müssen also die Disketten gewechselt werden. Wenn der PC einen CD-Brenner hat, kann auch dieser zur Sicherung eingesetzt werden. Reicht auch die Kapazität einer CD für die Sicherung nicht aus, sollte ein Bandlaufwerk inkl. der dafür nötigen Software beschafft werden.

Es gibt zwei unterschiedlich aufwendige und umfangreiche Verfahren zur Datensicherung. Es kann entweder eine Vollsicherung, also eine Sicherung aller auf dem Computer installierten Programme und aller erfassten Daten, oder nur eine Sicherung der Daten durchgeführt werden. Der reinen Datensicherung wird oftmals der Vorzug gegeben, da sie naturgemäß wesentlich weniger Zeit benötigt. Zudem reicht für eine Sicherung der Daten üblicherweise die Kapazität einer CD gut aus. Problematisch an diesem Verfahren ist, dass der Anwender entscheiden muss, welche Dateien zu sichern sind. Übersieht er Dateien, sind diese nach einem Komplettausfall des PC unwiderruflich verloren. Eine mögliche Alternative, um das Risiko bei zumutbarem Arbeitsaufwand zu minimieren, ist eine relativ häufige Sicherung der Dateien ergänzt um eine gelegentliche Vollsicherung.

16.5 Computerviren

Die in manchen Fällen deutlich größere Gefahr für einen teilweisen oder totalen Datenverlust geht inzwischen nicht mehr von technischen Problemen, sondern

von den so genannten Computerviren aus. Computerviren sind Programme, die meist unbemerkt in den PC gelangen und dort Programme und Dateien zerstören. Wenn der Befall eines Computers mit Computerviren auffällt, besteht normalerweise kaum noch eine Chance, die Daten zu retten.

Computerviren verbreiten sich durch den Kontakt zwischen Computern. Während die zerstörerischen Kleinprogramme in der Vergangenheit meist über den Austausch von Disketten in den PC gelangten, liegt inzwischen die Hauptgefahr in der Kommunikation per E-Mail. Dabei ist nicht die eigentliche E-Mail der Virenträger, sondern an die E-Mail angehängte Dateien, etwa Word-Dokumente. In ihnen verstecken sich die ungewünschten Programme unbemerkt und können, wenn das Dokument aufgerufen wird, manchmal aber sogar schon vorher, ihr zerstörerisches Werk beginnen. Es ist daher sehr wichtig, vor dem Öffnen eines E-Mail-Anhangs zunächst zu überlegen, ob der Absender bekannt ist und ob man von diesem Absender eine solche Mail erwartet.

Der einzige Schutz vor Computerviren sind so genannte Virenschutzprogramme. Sie sind gegen eine geringe Gebühr im Handel oder kostenfrei im Internet erhältlich. Virenschutzprogramme überwachen den PC und melden einen Virenbefall auf dem Bildschirm. In den meisten Fällen kann der Computervirus dann entfernt werden, ohne das ein Schaden entsteht.
Wie bei den biologischen Viren tauchen auch bei Computerviren ständig neue Variationen auf. Virenschutzprogramme können aber nur Viren erkennen, die zum Zeitpunkt der Erstellung des Programms bekannt waren. Die Hersteller von Virenschutzprogrammen bringen deshalb in relativ kurzen Abständen neue Versionen auf den Markt, die man dann auch unbedingt einsetzen sollte. Diese aktuellen Versionen können ebenfalls über den Handel, aber auch über das Internet bezogen werden.
In der Vergangenheit reichte es aus, ca. monatlich eine aktuelle Version zu beschaffen und auf dem Computer zu installieren. Bedingt durch die Übertragung per E-Mail-Anhang ist die Verbreitungsgeschwindigkeit von Computerviren deutlich gestiegen. Die Hersteller von Antivirensoftware geben inzwischen 2- bis 3-mal pro Woche neue Versionen heraus. Um einen vernünftigen Virenschutz zu erreichen, muss also fast täglich im Internet nach Viren und den neuen Versionen der Schutzsoftware recherchiert werden.

Die neuen Versionen müssen dann auch unbedingt installiert werden, nicht nur im eigenen Interesse, sondern auch im Interesse der Kunden und anderer Korrespondenzpartnern, mit denen E-Mail-Kontakt besteht. Absender einer virenverseuchten E-Mail zu sein, macht im günstigsten Fall einen schlechten Eindruck. Hat der Empfänger ebenfalls beim Virenschutz geschlampt und daher einen Datenverlust erlitten, wird er nicht gerade dankbar auf die Post reagieren. Hier zeigt sich, dass ein Computer nicht nur Arbeit spart, sondern auch eine ganze Menge Arbeit machen kann.

Fachverbände, Behörden und Organisationen

17.1 Fachverbände

In der Bundesrepublik Deutschland gibt es im Bereich des Pferdesports, der Pferdezucht und der Pferdehaltung drei große Bundesorganisationen, die sich in der Arbeitsgemeinschaft Deutscher Pferdesport zusammengeschlossen haben. Es sind dies im Einzelnen: die Deutsche Reiterliche Vereinigung e.V. mit dem Sitz in 48231 Warendorf, Freiherr-von-Langen-Straße 13, das Direktorium für Vollblutzucht und Rennen e.V. mit dem Sitz in 50737 Köln, Rennbahnstraße 154 und der Hauptverband für Traber-Zucht und Rennen e.V. mit dem Sitz in 41564 Kaarst, Gutenbergstraße 40.

17.1.1 Deutsche Reiterliche Vereinigung e.V.

Die Deutsche Reiterliche Vereinigung e.V. (Federation Equestre Nationale), im Folgenden kurz „FN" genannt, ist der zuständige Spitzenfachverband für den Reit- und Fahrsport in seiner ganzen Vielfalt, für die damit verbundene Pferdehaltung und für die Zucht von Reitpferden, Ponys und Wagenpferden. Sie vertritt die Interessen ihrer Mitglieder und ihren Aufgabenbereich gegenüber den zentralen Behörden des Bundes und allen Organisationen auf Bundes- und internationaler Ebene; so insbesondere auch bei der Internationalen Reiterlichen Vereinigung (FEI) mit dem Sitz in Lausanne, dem Internationalen Freizeitreiterverband (FITE) mit dem Sitz in Brüssel, bei dem Deutschen Sportbund (DSB) und dem Nationalen Olympischen Komitee (NOK), jeweils mit dem Sitz in Frankfurt sowie bei der Arbeitsgemeinschaft Deutscher Tierzüchter (ADT) mit dem Sitz in Bonn.

Die FN gliedert sich in vier unterschiedlich große Mitgliedergruppen, die in den Bereichen Sport, Zucht und Persönliche Mitglieder sowie in der Gruppe der Sondermitglieder zusammengefasst sind.

FN-Hauptorgane
Hauptorgane der FN sind die Mitgliederversammlung, der Verbandsrat und das Präsidium.

Die *Mitgliederversammlung* ist das oberste Beschlussorgan der FN, alle übrigen Organe sind ihr auskunfts- und rechenschaftspflichtig. Sie tagt in der Regel alle 4 Jahre. In ihr sind alle den Bereichen Sport und Zucht zugeordneten Mitglieds- und Anschlussorganisationen sowie die persönlichen FN-Mitglieder durch stimmbe-

rechtigte Delegierte vertreten. Die Mitgliederversammlung bestimmt die Verbandspolitik, beschließt den Haushalt, koordiniert die Tätigkeit der Unterorgane und entscheidet bei Streitigkeiten innerhalb des Verbandes. Der *Verbandsrat* übernimmt – von wenigen wichtigen Ausnahmen abgesehen – die Zuständigkeiten und Aufgaben der Mitgliederversammlung in den Jahren, in denen sie nicht zusammentritt. Ihm gehören stimmberechtigt die Vorsitzenden der in der Mitgliederversammlung vertretenen Mitglieds- und Anschlussorganisationen sowie 5 Mitglieder des Beirates Persönliche Mitglieder an.

Das *Präsidium* führt die Beschlüsse der Mitgliederversammlung bzw. des Verbandsrates durch. Es vertritt die FN nach außen und ist für den gesamten administrativen Bereich zuständig. Es besteht aus dem Präsidenten, 3 Vizepräsidenten und 8 weiteren Mitgliedern.

FN-Unterorgane
Unterorgane der FN sind die Bereiche Sport, Zucht und Persönliche Mitglieder. Sie haben alle einen eigenen Vorstand, dessen Mitglieder von einer jeweils eigenen Delegierten- bzw. Mitgliederversammlung gewählt werden. Die Bereiche nehmen die ihnen zugeordneten fachlichen Aufgaben in eigener Zuständigkeit wahr.

FN-Bereich Sport
Er nimmt alle FN-Aufgaben im Bereich des Sports und der damit verbundenen Pferdehaltung wahr. Davon ausgenommen ist lediglich der Bereich Hochleistungssport, dessen Wahrnehmung dem Deutschen Olympiade-Komitee für Reiterei der FN e.V. übertragen worden ist.

Zum Bereich Sport gehören als Mitgliedsorganisationen
▨ die 17 Landesverbände der Reit- und Fahrvereine,
▨ das Deutsche Olympiade-Komitee für Reiterei der FN e.V. (DOKR),
▨ die Deutsche Richtervereinigung für Pferdeleistungsprüfungen e.V. (DRV),
▨ der Deutsche Reiter- und Fahrerverband e.V. (DRFV),

und als Anschlussorganisationen
▨ der Island-Pferde-Reiter- und Züchterverband e.V. (IPZV),
▨ der Verein Deutsche Distanzreiter e.V. (VDD),
▨ das Deutsche Kuratorium für Therapeutisches Reiten (DKThR),
▨ der Deutsche Akademische Reiterverband e.V. (DAR),
▨ die Erste Westernreiter Union Deutschland e.V. (EWU),
▨ Internationale Gangpferde-Vereinigung (IGV).

In der Delegiertenversammlung Sport sind darüber hinaus die Landeskommissionen für Pferdeleistungsprüfungen und die Obersten Landesbehörden für Ernährung, Landwirtschaft und Forsten vertreten.

Die Vielzahl der hier genannten Organisationen darf jedoch nicht darüber hinwegtäuschen, dass die 17 Landesverbände der Reit- und Fahrvereine mit den ihnen nachgegliederten Bezirks- oder Kreisverbänden bzw. Reiterbünden oder -ringen und Vereinen das Hauptgewicht an Verantwortung und Stimmen in die Abteilung Sport einbringen.

Als berufsständische Vertretung der Berufsreiter bedarf hier noch die Bundesvereinigung der Berufsreiter im Deutschen Reiter- und Fahrerverband e.V. einer besonderen Erwähnung wegen ihrer besonders verantwortlichen Mitarbeit in allen Fragen der Berufsausbildung und des Berufsstandes. Die praktische Arbeit des FN-Bereiches Sport vollzieht sich überwiegend in den folgenden vier Ausschüssen, die dem Vorstand und der Delegiertenversammlung mit entscheidungsreifen Vorlagen zuarbeiten:

- Jugend,
- Ausbildung,
- Breitensport,
- Turniersport.

Neben den Ausschüssen bestehen noch zahlreiche Fachbeiräte für die Bearbeitung besonderer Fachfragen und für die Belange der Anschlussorganisationen.

FN-Bereich Zucht

Er ist der Zusammenschluss aller anerkannten Pferdezuchtverbände in der Bundesrepublik Deutschland. Er unterstützt und koordiniert die Arbeit der regionalen Zuchtverbände (Stutbuchführung, Selektion von Zuchttieren, Leistungsprüfung) auf Bundesebene und vertritt die Interessen der Zuchtverbände gegenüber Bundesbehörden sowie nationalen und internationalen Organisationen, soweit es sich dabei nicht um wirtschaftliche Interessen handelt. Besonderes Anliegen ist die Förderung und Koordination wissenschaftlicher Forschungsarbeit auf dem Gebiet der Pferdezucht. Die eigentliche züchterische Arbeit wird von den regionalen Züchterverbänden geleistet. Das Tierschutzgesetz stellt an ihre Führung und Arbeitsweise hohe Anforderungen, ebenso auch an die Selektion von Vatertieren. Jeder Zuchtverband ist – einschließlich seiner Zuchtbuchordnung und seines Zuchtprogrammes – vom Staat anerkannt und wird von diesem im Hinblick auf seine Arbeitsweise ständig überprüft. Im Wesentlichen geht es dabei um die Führung des Stutbuches, die Identifikation der Zuchttiere und ihrer Nachzucht sowie die Ausstellung entsprechender Abstammungsnachweise, die Wahrnehmung der Zuchtleitung mit der Selektion der Zuchttiere sowie der Organisation und Durchführung von Leistungsprüfungen und um den Absatz, die Organisation und Durchführung von Absatzveranstaltungen einschließlich der notwendigen Werbung.

Der Staat gewährt den Zuchtverbänden bei der Durchführung ihrer züchterischen Arbeit durch die Erhaltung von Landgestüten eine große Hilfe. Es ist nach wie vor Aufgabe der Landgestüte, den Züchtern wertvolle Vatertiere zu erschwinglichen Decktaxen zur Verfügung zu stellen. Landgestüte gibt es in Celle (Niedersachsen),

Warendorf (Nordrhein-Westfalen), Dillenburg (Hessen), Marbach (Baden-Württemberg), Schwaiganger (Bayern), Zweibrücken (Rheinland-Pfalz), Moritzburg (Sachsen), Redefin (Mecklenburg-Vorpommern), Neustadt (Brandenburg) und Prussendorf (Sachsen-Anhalt).

FN-Bereich Persönliche Mitglieder

Die Persönlichen Mitglieder (PM) fördern die Aufgaben der FN – auf regionaler und örtlicher Ebene in Abstimmung mit den zuständigen Mitgliedsorganisationen und Vereinen. Der Bereich unterstützt sie dabei mit entsprechenden Informationen und durch Entwicklung neuer Initiativen.

FN-Sondermitglieder

Die Sondermitglieder, insbesondere Firmen aus der Wirtschaft rund um das Pferd, unterstützen die FN bei der Wahrnehmung ihrer Aufgaben. Für ihre beratende Mitwirkung bildet die FN bei Bedarf besondere Arbeitskreise. Gegenwärtig bestehen sie für die Fachgebiete „Ausrüstung", „Pferdefutter und Fütterungstechnik" sowie „Reitanlagen und Stallbau".

Das *Deutsche Olympiade-Komitee für Reiterei e.V. (DOKR)* nimmt unter den Mitgliedsorganisationen eine Sonderstellung ein. Es ist von der FN mit der Wahrnehmung aller Aufgaben im Hochleistungssport beauftragt. Hierzu gehören u.a.:

❶ die Aufstellung und Betreuung der Kader,
❷ die Planung und Durchführung des Leistungstrainings im Spitzensport,
❸ die Lenkung der Bundestrainer,
❹ die Vorbereitung von Reitern, Fahrern und Pferden auf internationale Wettkämpfe,
❺ die Nominierung von Reitern, Fahrern und Pferden für offizielle internationale Wettkämpfe sowie die Durchführung der Teilnahme,
❻ die Unterhaltung des Bundesleistungszentrums.

Die Durchführung dieser und weiterer Aufgaben (z.B. Betreuung der wehrpflichtigen Spitzensportler an der Sportschule der Bundeswehr) erfolgt durch den Vorstand des DOKR, der im Übrigen mit dem Vorstand Sport personengleich ist, und die Ausschüsse in den drei olympischen Disziplinen Dressur, Springen und Vielseitigkeit sowie Fahren.

Das Deutsche Olympiade-Komitee für Reiterei e.V. (DOKR) ist Träger des Bundesleistungszentrums (BLZ) Reiten in Warendorf, das gleichzeitig als einziger Bundesstützpunkt entsprechend den Richtlinien des DSB und des BMI anerkannt ist.

Die Errichtung des BLZ ist aus Mitteln des Bundesministers des Inneren (BMI), des Ministers für Ernährung, Landwirtschaft und Forsten des Landes Nordrhein-Westfalen (MELF) sowie aus Eigenmitteln finanziert worden. Die Unterhaltung und der Betrieb des BLZ erfolgt aus Mitteln des BMI und den Erträgen, die das BLZ erwirtschaftet, sowie aus Eigenmitteln.

Organisations-Struktur FN

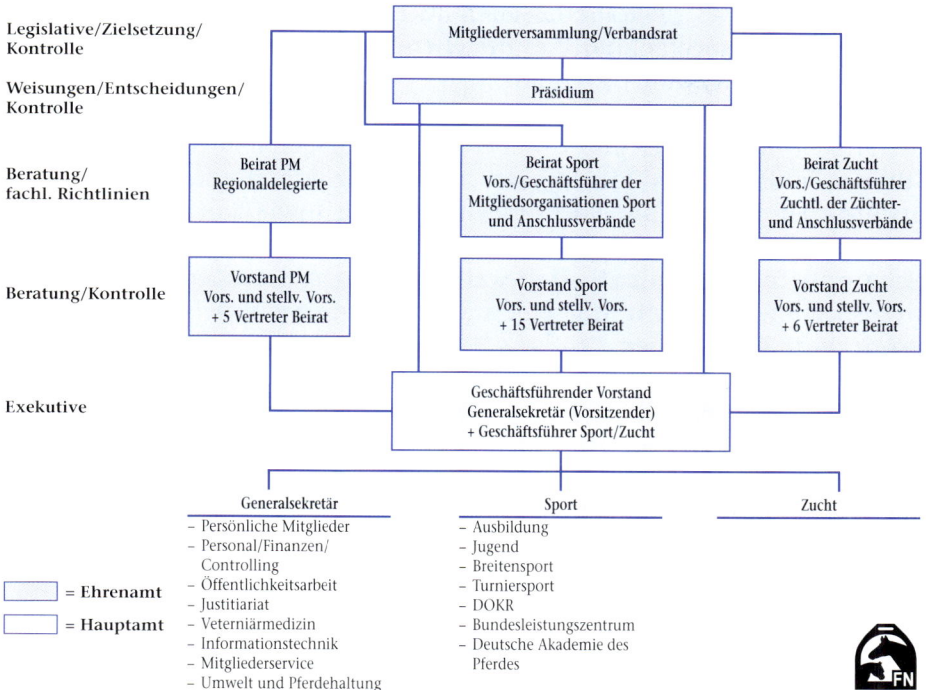

Legislative/Zielsetzung/
Kontrolle

Weisungen/Entscheidungen/
Kontrolle

Beratung/
fachl. Richtlinien

Beratung/Kontrolle

Exekutive

☐	= Ehrenamt
☐	= Hauptamt

Generalsekretär
– Persönliche Mitglieder
– Personal/Finanzen/
  Controlling
– Öffentlichkeitsarbeit
– Justitiariat
– Veterinärmedizin
– Informationstechnik
– Mitgliederservice
– Umwelt und Pferdehaltung

Sport
– Ausbildung
– Jugend
– Breitensport
– Turniersport
– DOKR
– Bundesleistungszentrum
– Deutsche Akademie des
  Pferdes

Zucht

Organisation von Pferdesport und Pferdezucht

FNverlag

Deutsche Reiterliche Vereinigung

IGV
IPZV
DKThR
VDD
DAR
EWU

Sport

Zucht

Persönliche Mitglieder

DOKR

17 Landes-
reiterverbände

16 Landes-
kommissionen

27 Zuchtverbände

10 Landgestüte

– 30.649 Mitglieder

DRFV

– 7.063 Reiter-
vereine

117.567 Zuchtstuten
– 78.768 Dt. Reitpferd
– 34.345 Ponys
– 4.454 Kaltblut

3 Hauptgestüte

DRV

8.949 Hengste
– 4.505 Dt. Reitpferd
– 4.100 Ponys
–   344 Kaltblut

10 Hengstleistungs-
prüfungsanstalten

–   757.726 Mitglieder
–   93.833 Turnierreiter
–   143.026 Turnier-
             pferde
–   2.927 Turniere
– 1.366.236 Starts
–   55,4 Mio. Geldpreise

50.897 Fohlen
– 32.890 Dt. Reitpferd
– 16.597 Ponys
– 1.410 Kaltblut

Stand: 31.12.2001

Die Verwaltung des BLZ obliegt der Geschäftsstelle des DOKR entsprechend den durch den Vorstand des DOKR erlassenen Richtlinien. Das Aufsicht führende Gremium ist das Kuratorium des BLZ, bestehend aus Vertretern des BMI, MELF, DSB, FN, DOKR und der Stadt Warendorf.

Nach Richtlinien des BMI und DSB dient das BLZ der Ausbildung und dem Training aller Kaderangehörigen (A-, B- und C-Kader) auf Bundesebene, der Nachwuchsförderung für die Bundeskader (D-Kader), der Ausbildung von Pferden für den Hochleistungssport, der Trainer- und Richterweiterbildung sowie Sondermaßnahmen. Diese Aufgaben werden unter Leitung der jeweiligen Bundestrainer in Form von Lehrgängen und Trainingsaufenthalten wahrgenommen. Darüber hinaus soll das BLZ sowohl personell als auch mit seinen Einrichtungen sportwissenschaftlichen Aufgaben zur Verfügung stehen.

17.1.2 Direktorium für Vollblutzucht und Rennen e.V.

Das Direktorium für Vollblutzucht und Rennen e.V. (im Folgenden kurz DVR genannt) ist anerkannte Züchtervereinigung im Sinne des Tierschutzgesetzes und der Verordnung über Züchtervereinigung und Zuchtunternehmen.

Es ist der zuständige Spitzenverband mit Aufsichtsfunktion für den gesamten Galopprennsport der Bundesrepublik Deutschland.

Dem Verband obliegen die Förderung und Überwachung der deutschen Vollblutzucht sowie Leitung und Beaufsichtigung ihrer Leistungsprüfungen. Er führt das allgemeine deutsche Gestütbuch für Vollblut und erlässt die Rennordnung für die Leistungsprüfungen und die Zuchtbuchordnung der Vollblutzucht. Der Verband besteht aus 36 Mitgliedern, nämlich 15 Vollblutzüchtern oder Rennpferdebesitzern, 15 Vertretern von Rennvereinen sowie 3 Trainern, 2 Jockeys und einem Vertreter des Verbandes Deutscher Amateurrennreiter. Die Mitglieder können als 37. Mitglied eine Persönlichkeit als Vorsitzenden in das Direktorium berufen.

Die Mitgliederversammlung ist das oberste Beschlussorgan des DVR und tagt mindestens 2-mal im Jahr.

Der Vorstand besteht aus dem Vorsitzenden, 2 stellvertretenden Vorsitzenden und 9 weiteren Vorstandsmitgliedern.

17.1.3 Hauptverband für Traberzucht und Rennen e.V.

Der Hauptverband für Traberzucht und Rennen e.V. (HVT) ist die Dachorganisation für Trabrennsport und Traberzucht in der Bundesrepublik Deutschland. Nach seiner Rechtsform ist der HVT ein eingetragener Verein. Gleichzeitig ist der HVT anerkannte Züchtervereinigung im Sinne der §§ 8, 26 Abs. 1 Tierzuchtgesetz.

Mitglieder im HVT sind die regionalen Aufsichtsorganisationen, die Trabrennvereine, der Verband der Traber-Trainer e.V. sowie der Deutsche Trabrenn-Amateurfahrer-Verband e.V., die Vereine der Traberzüchter und -besitzer. Bei den Mitglie-

dern handelt es sich durchweg um eingetragene Vereine, natürliche Personen können nicht Mitglied werden.

Wichtigste Aufgabe des HVT ist die Durchführung von Leistungsprüfungen zur Feststellung des Zuchtwertes der beim HVT im Deutschen Traber-Gestütbuch eingetragenen Traber. Die Leistungsprüfungen (Trabrennen) werden also unter Aufsicht und im Auftrag der anerkannten Züchtervereinigung durchgeführt (§ 4 Abs. 2 Satz 4 Tierzuchtgesetz). Zur Durchführung und Beaufsichtigung dieser Leistungsprüfungen erlässt der HVT die Trabrennverordnung. In dieser sind neben Organisations-, Verfahrens- und Schiedsbestimmungen vor allem die für die ordnungsgemäße Durchführung von Trabrennen erforderlichen Regeln zusammengefasst.

17.1.4 Bundesvereinigung der Berufsreiter im Deutschen Reiter- und Fahrerverband e.V.

Die Bundesvereinigung der Berufsreiter im Deutschen Reiter- und Fahrerverband e.V. ist die Interessenvertretung des Berufsreiterstandes und der Inhaber von Reit- und Ausbildungsbetrieben. Dem Berufsreiterstand gehören die Reitmeister, Reitlehrer, Bereiter/Pferdewirte – Schwerpunkt Reiten, Reitwarte, Stallmeister, Pferdewirte – Schwerpunkt Zucht und Haltung, Pferdepfleger sowie auszubildende Pferdewirte an. Als deren Interessenvertretung wird sie sowohl von der Deutschen Reiterlichen Vereinigung e.V. (FN) als auch von den zuständigen Stellen der Länder anerkannt. Höchstes beschlussfassendes Organ der Bundesvereinigung der Berufsreiter im Deutschen Reiter- und Fahrerverband e.V. ist die jährlich stattfindende Delegiertenversammlung, die auch den Vorsitzenden und den Vorstand der Bundesvereinigung wählt.

Zu den Aufgaben der Bundesvereinigung der Berufsreiter im Deutschen Reiter- und Fahrerverband e.V. zählen:

Im Rahmen des Ausbildungs- und Prüfungswesens

■ fachliche Begutachtung bei Anerkennung von Ausbildungsbetrieben, Ausbildern und Schulen;
■ Unterstützung bei der Suche nach Ausbildungs- und Arbeitsstellen;
■ Beratung in Bezug auf Berufsaussichten und Eignung für die Pferdewirt-Ausbildung;
■ Rat und Hilfe für Auszubildende, Ausbilder und die Ausbildungsbetriebe während der Ausbildungszeit;
■ Mitwirkung bei Prüfungen durch Nominierung von Mitgliedern in die Prüfungsausschüsse bzw. Kommissionen für Pferdewirte – Schwerpunkt Reiten (Bereiter FN) und für die Pferdewirtschaftsmeister – Teilbereich Reitausbildung;
■ Empfehlung für Möglichkeiten der Fortbildung von Bereitern als Vorbereitung für die Pferdewirtschaftsmeister-Prüfung;
■ bundesweite und regionale Fortbildungslehrgänge für Mitglieder;
■ Beratung der nicht geprüften Berufsreiter für deren Fortbildung sowie Testprüfungen.

Auf sozialem Gebiet

- Vertragswesen: Anstellungsverträge, Tarifempfehlungen, Arbeits-, Freizeit- und Urlaubsregelung;
- Versicherungswesen: Unfall-, Reitlehrerhaftpflicht-, Pferdehalterhaftpflicht-, Betriebshaftpflicht-, Alters- und Hinterbliebenenversorgungsversicherung und Absicherung des Berufsunfähigkeitsrisikos, Pferde-Transport-Versicherung, Rechtsschutzversicherung; Bestätigung der Steuerabzugsfähigkeit für Aufwendungen von Reitlehrern und Bereitern;
- fachliche Stellungnahmen;
- allgemeine Beratung in allen Berufsfragen.

17.2 Behörden und Organisationen

17.2.1 Ministerien

Auf Bundesebene ist der Bundesminister für Ernährung, Landwirtschaft und Forsten (BELF) der für Pferdezucht und -haltung sowie für Teilbereiche des Pferdesports zuständige Fachminister. Auf Landesebene sind es analog die Länderminister für Ernährung, Landwirtschaft und Forsten (Oberste Landesbehörden); in den Stadtstaaten Berlin, Bremen und Hamburg die Senatoren für Wirtschaft. Den Länderministern (MELF) unterstehen unter anderem die Landgestüte in Celle, Warendorf, Dillenburg, Zweibrücken, Marbach a.L., Schwaiganger (Ohlstadt) sowie Redefin, Neustadt/Dosse, Prussendorf und Moritzburg. In den Ländern mit Landwirtschaftskammern (Bremen, Niedersachsen, Nordrhein-Westfalen, Rheinland-Pfalz, Saarland und Schleswig-Holstein) sind wesentliche öffentliche Aufgaben von den Agrarministern an diese Kammern übertragen. Die obersten Landesbehörden sind Aufsichtsbehörden der Landwirtschaftskammern.

17.2.2 Landwirtschaftskammern

Die Landwirtschaftskammern sind Körperschaften des öffentlichen Rechts, d.h. gesetzlich begründete, selbstständige Verwaltungseinheiten, die öffentliche Aufgaben in eigener Verantwortung durchführen. Ihre Mitglieder – Mitglieder der Hauptversammlung – werden von den Berufszugehörigen der Landwirtschaft (Betriebsinhabern und Arbeitnehmern) gewählt. Die Hauptversammlung wählt den Präsidenten, Verwaltungschef ist der Kammerdirektor. Landwirtschaftskammern unterhalten in der Regel Außendienststellen in den Landkreisen (Kreisstellen), Versuchsbetrieben und Institute. Die Verwaltung ist gegliedert in Fachabteilungen bzw. Referate, wie z.B. Tierzucht, Betriebswirtschaft, Berufsbildung usw. Neben den so genannten Selbstverwaltungsaufgaben haben Landwirtschaftskammern Auftragsangelegenheiten aufgrund von Gesetzen oder anderen Rechtsvorschriften durchzuführen, wie z.B. Körungen und Leistungsprüfungen im Bereich der Tierzucht sowie Aufgaben in der Berufsausbildung.

17.2.3 Zuständige Stellen und Behörden für die Berufsbildung

Die Landwirtschaftskammern sind laut Berufsbildungsgesetz (BBiG) zuständige Stellen für die betriebliche Berufsbildung im Agrarbereich. Dazu gehört auch der Beruf Pferdewirt mit den Schwerpunkten Reiten, Rennreiten, Trabrennfahren sowie Pferdezucht und -haltung. Aufgaben der „Zuständigen Stellen" sind u.a.:
Beratung der Ausbildenden und Auszubildenden, Überwachung der Eignung der Ausbilder und der Ausbildungsstätten („Lehrbetriebe"), Überprüfung und Registrierung der Ausbildungsverträge, Errichtung von Prüfungsausschüssen, Zulassung zu und Durchführung von Prüfungen. In Ländern ohne Landwirtschaftskammern (Baden-Württemberg, Bayern, Berlin, Brandenburg, Hamburg, Hessen, Mecklenburg-Vorpommern, Sachsen, Sachsen-Anhalt und Thüringen) werden die Aufgaben der „Zuständigen Stellen" von den Agrarministerien selbst bzw. von damit beauftragten Verwaltungsbehörden wahrgenommen.
Für den Beruf Pferdewirt bestehen länderübergreifende „gemeinsame Prüfungsausschüsse" (z.B. für den Schwerpunkt Reiten bei der Landwirtschaftskammer Westfalen-Lippe in Münster).
Bestimmte Aufgaben nach dem Berufsbildungsgesetz sind den nach Landesrecht „zuständigen Behörden" vorbehalten – z.B. die Anerkennung von Ausbildungsbetrieben, das Verbot, Auszubildende einzustellen und auszubilden.

Zuständige Behörden im Sinne des BBiG für den Ausbildungsberuf Pferdewirt sind:
- die Agrarminister in Hessen, im Saarland und in Schleswig-Holstein; in Bayern hat das Staatsministerium die Aufgaben delegiert an die Bayerische Landesreit- und Fahrschule in München-Riem,
- die Regierungspräsidenten/Bezirksregierungen in Baden-Württemberg (Reg.-Präs. Karlsruhe), in Rheinland-Pfalz, in Niedersachsen (Bez.-Reg. Hannover und Oldenburg),
- die Direktoren der Landwirtschaftskammern als Landesbeauftragte in Bonn und Münster,
- in Berlin, Bremen und Hamburg die Fach-Senatoren bzw. die Behörde für Ernährung und Landwirtschaft,
- in Brandenburg, Mecklenburg-Vorpommern und Sachsen-Anhalt sind es die zuständigen Landwirtschaftsministerien selber; in Sachsen ist es das Regierungspräsidium Chemnitz; in Thüringen das Landesverwaltungsamt.

Zwischen allen gemäß BBiG zuständigen Stellen und der FN besteht in Fragen der Berufsausbildung in Pferdezucht, -haltung und -sport ein ständiger fachlicher Kontakt. Auf diese Weise finden die Bedürfnisse und Wünsche der Praxis im Rahmen der durch das Gesetz vorgegebenen Möglichkeiten stets Berücksichtigung, und den zuständigen Stellen bietet sich so eine gute Plattform für ihr Vorbringen gegenüber allen an der Berufsausbildung Beteiligten.

17.2.4 Jugendamt/Landesjugendamt

Werden Minderjährige ohne Begleitung der Eltern z.B. während der Ferien aufgenommen, so besteht grundsätzlich Meldepflicht gemäß §§ 28, 78, 79 Jugendwohlfahrtgesetz beim örtlich zuständigen Jugendamt bzw. beim Landesjugendamt. Darüber hinaus gibt es weitere Vorschriften im Hinblick auf die Betreuung, die Räume und Sanitäranlagen sowie die ärztliche Vorsorge. Minderjährige sind alle Kinder und Jugendlichen bis zum 18. Lebensjahr.

17.2.5 Veterinärverwaltung

Veterinärämter führen als Behörden die durch das Gesetz geregelten staatlichen Aufgaben der Veterinärmedizin durch:
- Tierseuchenbekämpfung (Tierseuchengesetz, Tierkörperbeseitigungsgesetz),
- Gutachter in Tierschutzfragen (Tierschutzgesetz),
- Überwachung des Verkehrs von Tierarzneimitteln (Arzneimittelgesetz),
- Überwachung des Verkehrs von Lebensmitteln tierischer Herkunft (Fleischbeschaugesetz, Lebensmittelgesetz, Milchgesetz).

Veterinärämter sind unterschiedlich in den einzelnen Bundesländern in die Kommunalbehörden (Kreis-, Stadtverwaltungen) integriert, teils Sonderbehörden des Landes. Die Aufgaben werden von „beamteten" Tierärzten, auch von Tierärzten im Angestelltenverhältnis wahrgenommen.

Staatliche Veterinär-Untersuchungsämter
sind in der Regel Einrichtungen des Landes. Sie führen auf dem Gebiet der Veterinärmedizin Untersuchungen durch, für die besondere technische Hilfsmittel (Laboratoriumseinrichtungen) erforderlich sind. Man kann sie als Zentrallabore für die Veterinärämter ansprechen, die sich ihrer für pathologisch-anatomische, bakteriologische, virologische, parasitologische Blut- und Gewebsuntersuchungen z.B. im Rahmen ihrer gesetzlichen Aufgaben bedienen. Sie können auch von Privatpersonen in Anspruch genommen werden.

Tiergesundheitsdienste sind Einrichtungen zur Förderung der Tiergesundheit
Sie befassen sich mit Erkrankungen landwirtschaftlicher Nutztiere, die von wirtschaftlicher Bedeutung sind, aber keinen eindeutigen Seuchencharakter aufweisen und nicht in die Kompetenz der staatlichen Veterinärverwaltung fallen. Die Organisationsformen der Tiergesundheitsdienste sind in den verschiedenen Bundesländern unterschiedlich. Während die Tiergesundheitsdienste in den norddeutschen Ländern bei den Landwirtschaftskammern eingerichtet sind, gibt es analoge Einrichtungen in den übrigen Bundesländern als nachgeordnete Dienststellen der Agrarminister bei den veterinärmedizinischen Hochschulen oder auch als eingetragene Vereine.

17.2.6 Amtsgerichte (Vereinsregister)

Ein Amtsgericht ist zum einen unterste Gerichtsstufe in Zivil- und Strafsachen. Zum anderen ist es aber auch regelmäßig erste Instanz der so genannten freiwilligen Gerichtsbarkeit, z.B. als Registergericht, Grundbuchamt, Vormundschafts- und Nachlassgericht, Konkurs- und Vergleichsgericht. So wird beim Amtsgericht auch das „Vereinsregister" geführt, eine für den Bereich des Pferdesports und der Pferdezucht nicht unwichtige Einrichtung. Das Vereinsrecht unterscheidet zwischen dem nichtwirtschaftlichen (ideellen) Verein und dem wirtschaftlichen Verein, dessen Zweck in erster Linie auf einen wirtschaftlichen Betrieb ausgerichtet ist. Reitervereine und Züchterverbände sind in der Regel nichtwirtschaftliche Vereine. Der nichtwirtschaftliche Verein erlangt „Rechtsfähigkeit", d.h. die Fähigkeit, Träger von Rechten und Pflichten zu sein, durch Eintragung in das Vereinsregister beim Amtsgericht (Kennzeichnung „e.V."). Der wirtschaftliche Verein dagegen erlangt Rechtsfähigkeit durch behördliche Verleihung. Einen rechtsfähigen Personenzusammenschluss (Verein) – ob e.V. oder nicht e.V. – nennt man „juristische Person" zum Unterschied von der „natürlichen Person", die bekanntlich von Geburt an rechtsfähig ist. Zur Rechtsfähigkeit gehört unter anderem das Recht, Prozesse zu führen, verklagt werden zu können, selbst konkursfähig zu sein sowie Schutz des Vereinsnamens zu beanspruchen und im Verletzungsfall Schadensersatz zu fordern.
Voraussetzungen für die Eintragung in das Vereinsregister sind: Grundsätzlich mindestens 7 Gründer, Erarbeitung einer Satzung; diese muss Angaben enthalten über Zweck, Ziel, Namen, Vereinssitz, Ein- und Austritt der Mitglieder, Beitragspflicht, Vorstandsbildung und Einberufung der Mitgliederversammlung. Die Anmeldung hat förmlich mit notarieller Unterschriftsbeglaubigung beim örtlich zuständigen Amtsgericht zu erfolgen.

Anhang

18.1 Vertragsmuster

Die nachstehenden Muster

18.1.1   Betriebs- und Reitordnung,

18.1.2   Pferdeeinstellungsvertrag,

18.1.3   Vertrag für das Bereiten eines Pferdes,

18.1.4   Reitlehrer-/Bereiter-Anstellungsvertrag,

18.1.5   Pferdepflegervertrag (Arbeitsvertrag),

18.1.6   Pferdekaufvertrag (zwischen Verkäufer, der Unternehmer ist, und einem privaten Käufer (Verbraucher),

18.1.7   Pferdekaufvertrag (zwischen Privatpersonen untereinander, Unternehmen untereinander oder privaten Verkäufer und Unternehmer-Käufer),

18.1.8   Pachtvertrag,

18.1.9   Verpachtung diverser Werberechte von Reit- und Fahrvereinen,

18.1.10 Haftungsausschluss Reitunterricht,

18.1.11 Schutzvertrag,

18.1.12 Reitbeteiligungsvertrag

sind auf die konkreten Gegebenheiten abzustimmen, zu variieren und gegebenenfalls zu ergänzen. Die Muster sind bewusst ausführlich gehalten, um die Vertragsparteien auf solche Punkte aufmerksam zu machen, die möglicherweise geregelt werden müssen. Ob sie tatsächlich einer Regelung bedürfen, hängt vom konkreten Einzelfall ab.

18.1.1 Betriebs- und Reitordnung

des _____

gem. Beschluss des Vorstandes/der Mitgliederversammlung vom _____

I. Allgemeines

1. Zu den Anlagen gehören: Die Stallungen und alle weiteren Räume, die offenen und gedeckten Reitbahnen, der Hindernispark sowie alle Nebenflächen einschließlich Pkw-Einstellplätzen.
2. Unbefugten ist das Betreten
   - der Ställe,
   - der Sattel- und Futterkammern,
   - der Futterböden und aller sonstigen Nebenräume
   nicht gestattet.
3. Das Geschäftszimmer des Vereins/Betriebes befindet sich in _____ _____ . Anträge, Anfragen und Beschwerden sind an den Vorstand/den Betriebsinhaber – nicht an das Stallpersonal – zu richten.
4. Das Rauchen in den Stallungen und Futterräumen ist verboten.
5. Die am schwarzen Brett angegebenen Stallruhezeiten sind einzuhalten.
6. Hunde sind in der Reitanlage an der Leine zu führen. Das Mitführen von Hunden in die Reitbahn und auf die Reitplätze ist untersagt.
7. Der Vertragsreitlehrer leitet den Reitbetrieb, übernimmt das Arbeiten von Privatpferden und ist für alle Fachfragen des Reitbetriebes zuständig. Die Erteilung von Reitunterricht durch fremde Reitlehrer, auch Privatpersonen, im Reitbetrieb bedarf der vorherigen Zustimmung des Vorstandes.
8. Das Stallpersonal darf nur im Rahmen der ihm vom Vorstand erteilten Anweisungen zu Aufgaben herangezogen werden. Besondere Wünsche sind an den Vorstand und nicht an das Stallpersonal zu richten (z.B. Pferdetransport, Betreuung auf Turnieren).
9. Alle nicht in den Vereins-/Betriebsstallungen untergebrachten Pferde können nur mit Genehmigung des Vorstandes/Inhabers gearbeitet werden. Hierfür wird je Pferd eine monatliche Gebühr – unabhängig von der Arbeitsdauer innerhalb des Monats – erhoben (die jeweils gültigen Gebühren sind am schwarzen Brett veröffentlicht oder im Geschäftszimmer einzusehen).
10. Wer trotz Verwarnung gegen die Betriebsordnung verstößt, kann von der Benutzung der Anlagen ausgeschlossen werden.
11. Der Verein/Betrieb haftet nicht für Unfälle, Verluste oder Schäden irgendwelcher Art, die insbesondere durch Lehr- oder Privatpferde, Diebstahl, Feuer oder andere Ereignisse gegenüber Personen, Pferden oder anvertrautem Gut verursacht werden oder sonstwie an privatem Eigentum der Kunden oder der Besucher entstehen, soweit der Verein/Betrieb nicht gegen solche Schäden versichert ist oder soweit diese Schäden nicht auf Vorsatz oder grober Fahrlässigkeit seitens des Ver-

eins/Betriebes, seiner gesetzlichen Vertreter, Erfüllungsgehilfen oder irgendwelcher sonstiger Hilfspersonen beruhen.

II. *Lehrpferde des Vereines/Betriebes*

1. Die Preise für Reitstunden auf den Lehrpferden des Vereines/Betriebes richten sich nach der Gebührenordnung des Vereines/Betriebes. Die jeweils gültigen Gebühren sind am schwarzen Brett veröffentlicht oder im Geschäftszimmer einzusehen.

2. Die Lehrpferde werden je nach Ausbildungsgrad des Reiters durch den Reitlehrer zugewiesen.

3. Eine Bestellung der Pferde kann jederzeit – auch telefonisch – erfolgen. Eine Abmeldung eines bestellten Pferdes kann nur entgegengenommen werden, wenn die Abbestellung mindestens 24 Stunden vor der betreffenden Zeit erfolgt; andernfalls muss die Stunde berechnet werden. Ein Anspruch auf volle Ausnutzung einer Stunde besteht nur dann, wenn der Reiter die Stunde pünktlich beginnt.

4. Zu einer Springstunde gehören das Vorbereiten des Pferdes, einzelne Sprünge und das Springen eines Parcours oder verschiedener Parcoursausschnitte bzw. so genannte Gymnastik-Reihen. Das Springen einzelner kleiner Hindernisse während einer Reitstunde gilt nicht als Springstunde. Das Springen auf Lehrpferden ohne Aufsicht des Reitlehrers ist verboten.

5. Für Ritte außerhalb der Anlage werden Lehrpferde an Samstagen und Sonntagen grundsätzlich nur für mindestens 2 Stunden zur Verfügung gestellt.
Ausritte mit Lehrpferden sind grundsätzlich nur in Begleitung eines Reitlehrers oder eines erfahrenen, vom Vorstand benannten Reiters (z.B. Berittführers) zulässig. Ausnahmen hiervon bedürfen der Genehmigung durch den Vorstand/Inhaber.
Wird ein Reitlehrer benötigt, so ist er zu bezahlen. Angefangene halbe Stunden müssen voll bezahlt werden. Sind längere Ausritte – ganztägig oder mehrtägig – geplant, so sind mit dem Vorstand hierüber Sonderabmachungen zu treffen.
Für Lehrpferde, die bei Ausritten offensichtlich überfordert oder unreiterlich behandelt wurden, ist die doppelte Gebühr zu zahlen. Der Vorstand/Inhaber behält sich das Recht vor, den hierfür verantwortlichen Reiter für die Zukunft von Ausritten auf Lehrpferden auszuschließen.

6. Werden Lehrpferde auf Turnieren eingesetzt, dann sind hierfür mit dem Vorstand/Inhaber Sonderabmachungen zu treffen. Gewonnene Geldpreise fallen an den Verein/Betrieb.

III. *Pensionspferde*

1. Der Verein/Betrieb vermietet Boxen für die Unterstellung von Pferden einschließlich Fütterung und Pflege. Für die Einstellung von Pensionspferden ist ein besonderer Einstellungsvertrag abzuschließen. Diese Betriebsordnung ist in ihrer jeweils gültigen Fassung Bestandteil dieses Einstellvertrages.

2. Die Preise für die Unterstellung von Pensionspferden einschließlich ihrer Staffelung (bei Ponys sowie bei Eigenleistungen der Einsteller) ergeben sich aus der Gebührenordnung (am schwarzen Brett veröffentlicht oder im Geschäftszimmer einzusehen).

3. Die Preise für den Reitunterricht und für das Arbeiten von Pensionspferden sind mit dem Reitlehrer zu vereinbaren und an diesen zu entrichten.

4. Treten im Stall Seuchen oder ansteckende Krankheiten auf, welche den gesamten Pferdebestand gefährden, so ist der Verein/Betrieb berechtigt, nach Anhören von mindestens 2 Tierärzten alle zum Schutze der Pferde erforderlichen Maßnahmen zu treffen. Widersetzen sich Pferdebesitzer diesen Anordnungen, so kann der Verein/Betrieb die sofortige Entfernung ihrer Pferde verlangen.

5. Für eingestellte Pensionspferde sind vom Halter angemessene Tierhalterhaftpflichtversicherungen abzuschließen.

IV. Reitordnung

1. Die Reitanlagen stehen grundsätzlich gem. Zeitplanung (schwarzes Brett) zur Verfügung. Machen besondere Veranstaltungen wie Turniere, Lehrgänge usw. es erforderlich, die Reitanlagen für den allgemeinen Reitbetrieb zu sperren oder einzuschränken, so wird das durch Anschlag bekanntgegeben. Zu folgenden Zeiten ist im Interesse von Personal und Pferden das Betreten der Stallungen untersagt:

2. Einzelreiter werden gebeten, nach Möglichkeit nicht zu Zeiten zu reiten, die geschlossenen Abteilungen vorbehalten sind. Während der für Abteilungsreiter festgesetzten Zeiten ist den Weisungen des Reitlehrers Folge zu leisten. Während des Reitens der Musikquadrillen ist das Reiten nicht an der Quadrille Beteiligter untersagt.

3. Longieren ist nur zulässig, wenn der allgemeine Reitbetrieb nicht gestört wird. Das ist grundsätzlich der Fall, wenn ein Reiter in der Bahn ist. Ausnahmen bestehen nur, wenn sich nicht mehr als 3 erfahrene Reiter auf älteren Pferden in der Bahn befinden und diese sämtlich dem Longieren zustimmen.
Zur Zeit des Voltigierunterrichtes dürfen keine Pferde in der Bahn gearbeitet werden.

4. Vor Betreten und Verlassen der Reitbahn hat der Reiter auf sich aufmerksam zu machen („Tür frei?" – „Ist frei!"). Das Aufsitzen erfolgt nicht auf der Stallgasse, sondern erst in der Bahn bzw. auf dem Reitplatz und zwar auf der Mittellinie.

5. Während des Abteilungsreitens ist den Weisungen des Reitlehrers Folge zu leisten.

6. Halten und Schritt auf dem Hufschlag sind untersagt, wenn mehr als ein Reiter die Bahn benutzt. Der Hufschlag ist stets für Trab- und Galoppreiten freizumachen; hierbei ist ein Zwischenraum von 2,50 m (drei Schritt) einzuhalten.

7. Wird die Bahn von mehreren Reitern benutzt, so ist aus Sicherheitsgründen ein Abstand von wenigstens einer Pferdelänge erforderlich. Beim Überholen wird auf der Innenseite vorbeigeritten. Nach Ermessen ordnet der älteste Reiter nach

angemessenem Zeitraum an: „Bitte Handwechsel". Dieser Anordnung ist sofort Folge zu leisten.

8. Reiten auf der entgegengesetzten Hand ist nur zulässig, wenn sich nicht mehr als 4 Reiter in der Bahn befinden und alle zustimmen. Hierbei ist stets rechts auszuweichen. Ganze Bahn hat Vorrang vor Zirkel- und Wechsellinie. Springen ist nur nach Anordnung des anwesenden Reitlehrers oder mit Einverständnis der weiteren anwesenden Reiter zulässig.

9. Die Benutzung der Hindernisse steht allen Reitern frei. Sie sind nach Benutzung an ihren Platz zurückzustellen. Für Schäden an den Hindernissen kommt der betreffende Reiter oder Pferdebesitzer selbst auf. Schäden sind sofort zu melden.

10. In den Springstunden ist das Tragen eines Reithelmes (bis 18) bzw. einer splittersicheren Sturzkappe Pflicht.

11. Außer bei der Springarbeit sind alle Hindernisse außerhalb der Reitbahn aufzubewahren.

12. Die vorgenannten Bestimmungen gelten sinngemäß für die Außenanlagen.

V. Reiten im Gelände

1. Bei Ausritten von Abteilungen ist der Reitlehrer oder sein Vertreter (z.B. Berittführer) für Gangart, Tempo, erforderliche Rasten und eine sachgemäße Behandlung der Pferde während des Rittes verantwortlich. Seinen Weisungen ist Folge zu leisten. Hunde dürfen nicht mitgeführt werden.

2. Ausritte ohne Aufsicht des Reitlehrers auf Privatpferden oder Lehrpferden sind nur erlaubt, wenn der Reiter (Reiterin) die Reiterpass-Prüfung abgelegt hat.

3. Bei Dunkelheit ist Beleuchtung mitzuführen.

4. Bei Begegnungen mit anderen Reitern oder Fußgängern nur Schritt.

5. Zum Ausschlagen neigende Pferde sind zu kennzeichnen und am Schluss der Gruppe zu reiten.

6. Im Übrigen gelten für den fairen Reiter im Gelände folgende Gebote:
   - Verschaffe dem Pferd täglich hinreichend Bewegung und gewöhne es vor dem ersten Ausritt an die Erscheinungen im Straßenverkehr.
   - Verzichte nicht auf die Sturzkappe.
   - Kontrolliere den verkehrssicheren Zustand von Sattel und Zaumzeug.
   - Vereinbare die ersten Ausritte mit anderen Reitern; in der Gruppe ist der Ausritt sicherer!
   - Reite nur auf den nach geltendem Recht hierfür freigegebenen Wegen und Straßen, niemals querbeet, wenn dafür keine besondere Erlaubnis des Eigentümers vorliegt!
   - Verzichte auf einen Ausritt oder nimm entsprechende Umwege in Kauf, wenn Wege durch anhaltende Regenfälle oder Frostaufbrüche weich geworden sind und nachhaltig Schäden entstehen können!
   - Melde unaufgefordert Schäden, die immer einmal entstehen können, und regele entsprechenden Schadensersatz!
   - Sei freundlich zu allen, die dir draußen begegnen. Verschaffe dem Reitsport Sympathien, keine Gegner.

Der Vorstand

_____ , den _____

Die mir ausgehändigte Betriebs- und Reitordnung habe ich gelesen und erkenne sie an.

_____ , den _____

_____

(Unterschrift)

18.1.2 Pferdeeinstellungsvertrag

zwischen _____

(im Folgenden „Betrieb" genannt)

und

Herrn/Frau _____

(im Folgenden „Einsteller" genannt)

§ 1

Vertragsgegenstand

1. Für die Einstellung des Pferdes _____

(Name)

wird in dem Stallgebäude des Betriebes eine Box vermietet.

2. Die Benutzung der geschlossenen und offenen Reitbahn ist dem Einsteller laut Betriebs- und Reitordnung gestattet, die Bestandteil dieses Vertrages ist.

3. Im Einzelnen umfasst die Einstellung folgende Leistungen:
   a) Vermietung gem. § 1 Abs. 1,
   b) Benutzung der Reitanlagen gem. § 1 Abs. 2,
   c) Lieferung von Einstreu (_____ kg Stroh täglich),
   d) Lieferung von Kraftfutter (Hafer/Fertigfutter _____ kg täglich),
   e) Lieferung von Heu (_____ kg täglich),
   f) Pflege (Betreuung) des Pferdes.
   - Füttern und Tränken des Pferdes ____-mal täglich.
   - Ausmisten der Box und Einbringung von Einstreu (Stroh oder Späne) ____-mal täglich.
   - Bewegen des Pferdes durch Weidegang oder Einstellen in die Führmaschine, sofern das Pferd zeitweise nicht geritten wird und dieses für die Gesunderhaltung und das Wohlbefinden des Pferdes erforderlich ist.
   - Gesundheitskontrolle des Pferdes und Benachrichtigung eines Tierarztes oder Schmiedes und, soweit möglich, des Einstellers bei Erkrankungen oder Hufschäden.

4. Die Futtergabe/Futterhäufigkeit kann nach Vereinbarung erhöht/vermindert werden.

§ 2
Vertragszeitraum, Kündigung

1. Der Vertrag beginnt am _____ und endet am _____ /
läuft auf unbestimmte Zeit.

2. Ist der Vertrag auf unbestimmte Zeit geschlossen, so kann er spätestens am 3. Werktag des Kalendermonats für den Ablauf des gleichen Monats gekündigt werden. Die Kündigung bedarf der Schriftform.

3. Der Vertrag kann ohne Einhaltung einer Kündigungsfrist nur aus wichtigem Grund gekündigt werden. Ein wichtiger Grund liegt vor, wenn
   a) der Einsteller mit der jeweils geschuldeten Vergütung 1 Monat im Rückstand ist;
   b) die Betriebs- und Reitordnung trotz Abmahnung wiederholt oder – auch ohne vorherige Anmahnung – schwerwiegend verletzt wird.

   Die Regelung gilt auch für einen wichtigen Grund aus dem Verhalten einer Person, die der Einsteller mit dem Reiten des Pferdes oder mit sonstigen in den Bereich dieses Vertrages fallenden Verrichtungen betraut hat.

§ 3
Pensionspreis

1. Der Pensionspreis beträgt _____ EUR monatlich.

2. Er ist im Voraus bis spätestens zum 10. Tag des laufenden Monats auf das
Konto _____ BLZ _____
bei_____ zu zahlen.

3. Vorübergehende Abwesenheit (Turnierbesuch etc.) des eingestellten Pferdes wird auf den Pensionspreis nicht in Anrechnung gebracht.

4. Verspätete Zahlung des Pensionspreises berechtigt den Betrieb, eine Mahngebühr von 2,50 EUR für jede Mahnung und Verzugszinsen für die Wartezeit zu erheben.

§ 4
Aufrechnungsverbot und Pfandrecht

1. Die Aufrechnung des Einstellers gegenüber dem Pensionspreis mit einer Gegenforderung ist ausgeschlossen; es sei denn, dass die Gegenforderung rechtskräftig festgestellt ist oder vom Betriebsinhaber nicht bestritten wird.

2. Der Betrieb hat wegen fälliger Forderungen gegen den Einsteller ein Pfandrecht am Pferd des Einstellers und ist befugt, sich aus dem zurückbehaltenen Pferd zu befriedigen. Die Befriedigung erfolgt nach den für das Pfandrecht geltenden Vorschriften des BGB. Die Verkaufsberechtigung tritt 2 Wochen nach Verkaufsandrohung ein.

§ 5
Auskunftspflicht des Einstellers, Haftpflichtversicherung

1. Der Einsteller verpflichtet sich, Auskunft hinsichtlich fremder Eigentumsrechte an dem Pferd zu erteilen. Er versichert, dass das Pferd nicht von einer ansteckenden Krankheit befallen ist oder aus einem verseuchten Stall kommt. Der Betrieb ist berechtigt, hierfür gegebenenfalls einen tierärztlichen Bericht auf Kosten des Einstellers zu verlangen.

2. Der Einsteller hat dem Betrieb den Abschluss einer Reitpferdehaftpflichtversicherung nachzuweisen.

§ 6
Hufbeschlag und Tierarzt

1. Im Pensionspreis sind die Kosten des Hufbeschlages nicht enthalten. Der Einsteller kann aber den Betrieb damit betrauen, für Rechnung des Einstellers einen Beschlagschmied zu beauftragen.

2. Der Betrieb kann im Namen des Einstellers einen Tierarzt bestellen, wenn die Hinzuziehung erforderlich ist. In nicht dringenden Fällen ist die Zustimmung des Einstellers einzuholen.

§ 7
Bauliche Veränderungen, Abtretung der Rechte an Dritte

1. Der Einsteller ist nicht berechtigt, ohne Zustimmung des Betriebes bauliche Veränderungen an der Anlage oder im Stall vorzunehmen.

2. Jede Veränderung hinsichtlich des eingestellten Pferdes ist dem Betrieb unverzüglich anzuzeigen, insbesondere ist der Einsteller nicht berechtigt, Boxen oder Ständer an Dritte abzugeben.

§ 8
Schäden durch das eingestellte Pferd

Der Einsteller hat für Schäden aufzukommen, die an den Einrichtungen des Stalles und den Reitbahnen sowie an den Hindernissen durch ihn bzw. sein Pferd oder einen mit dem Reiten seines Pferdes Beauftragten verursacht werden.

§ 9
Sorgfaltspflicht, Haftung und Versicherung des Betriebes

1. Der Betrieb verpflichtet sich, das eingestellte Pferd mit der Sorgfalt eines ordentlichen und gewissenhaften Pflegers zu füttern, zu pflegen und Krankheiten und besondere Vorkommnisse unverzüglich nach Bekanntwerden dem Einsteller zu melden.

2. Der Betrieb haftet nicht für Schäden am eingestellten Pferd oder sonstigen Sachen des Einstellers, soweit der Betrieb nicht gegen diese Schäden versichert ist oder diese Schäden nicht auf Vorsatz oder grobfahrlässigem Verhalten des Betriebes oder eines Gehilfen beruhen.

3. Der Einsteller erkennt ausdrücklich an, dass er über den Rahmen der vorliegenden Versicherung unterrichtet ist und nur hieraus und in den Fällen des § 9 Abs. 1 Ansprüche gegen den Betrieb geltend machen kann.

§ 10
Änderungen, Nebenabreden

Änderungen dieses Vertrages bedürfen in jedem Falle der Schriftform. Mündliche Erklärungen sind unwirksam. Sollten einzelne Vertragsteile unwirksam sein, besteht der Vertrag im Übrigen weiter.

_____ , den _____

Für den Betrieb: Für den Einsteller:

_____   _____

18.1.3 Vertrag für das Bereiten eines Pferdes

zwischen

Herrn/Frau _____

(Besitzer)

und

Herrn/Frau _____

(Bereiter)

§ 1
Vertragsgegenstand

1. Herr/Frau _____ ist Besitzer
   des Pferdes _____ .

2. Er/Sie gibt das Pferd Herrn/Frau _____
   (Bereiter) zur Ausbildung/zum Bereiten.

§ 2
Dauer des Vertrages

1. Der Vertrag beginnt am _____ , endet am _____ /
   läuft auf unbestimmte Zeit.

2. Ist der Vertrag auf unbestimmte Zeit geschlossen, kann er mit einer Frist von
   4 Wochen zum Monatsende gekündigt werden. Die Kündigung bedarf der
   Schriftform.

3. Der Besitzer ist berechtigt, das Pferd jederzeit (schon vor Vertragsablauf)
   wieder an sich zu nehmen. Die vorzeitige Abholung berührt nicht die Verpflichtung, das Entgelt (§ 4 Abs. 1) bis zum Ende des Vertragsverhältnisses zu zahlen.

§ 3
Umfang des Bereitens

1. Der Bereiter/Berufsreitlehrer arbeitet das Pferd
   - wöchentlich ____ -mal,
   - unter dem Sattel/an der Longe,
   - nach eigenem Ermessen.

2. ____ -mal wöchentlich reitet der Besitzer selbst.

3. Der Bereiter/Berufsreitlehrer ist berechtigt/nicht berechtigt, seine Auszubilden-den unter seiner Anleitung das Pferd reiten zu lassen.

4. Die Vorstellung des Pferdes auf Turnieren ist in jedem Einzelfall mit dem Besitzer abzusprechen.

§ 4

Entgelt, Nebenkosten

1. Das Entgelt beträgt monatlich _____ EUR. Es ist monatlich im Vor-aus/zur Monatsmitte/nachträglich fällig.

2. Die Kosten für Hufschmied und Tierarzt trägt der Besitzer.

3. Nenn- und Startgelder sowie Transportkosten für Turnierbesuche trägt der Berei-ter/Berufsreitlehrer/der Besitzer.

§ 5

Haftung

1. Der Besitzer hat für das Pferd eine Reitpferdehaftpflichtversicherung abgeschlos-sen mit folgenden Deckungssummen:

   _____ EUR (Personenschäden),

   _____ EUR (Sachschäden).

2. Er hält den Bereiter von etwaigen Haftpflichtansprüchen Dritter frei.

3. Für Schäden, die dem Pferd während der Arbeit entstehen, haftet der Bereiter nur im Falle von Vorsatz und grober Fahrlässigkeit.

_____ , den _____

_____   _____

(Besitzer)   (Bereiter/Berufsreitlehrer)

Anmerkung:

Falls der Bereiter das Pferd auch unterbringt bzw. füttert und pflegt, kann neben vorstehendem Vertrag ein geson-derter Pferdeeinstellungsvertrag (siehe Muster 18.1.2) abgeschlossen oder der vorstehende Vertrag um die ent-sprechenden Klauseln des Pferdeeinstellungsvertrages (insbesondere § 1 Vertragsgegenstand, § 3 Pensionspreis) erweitert werden.

18.1.4 Reitlehrer-/Bereiter-Anstellungsvertrag

zwischen

_____

(im Folgenden „Arbeitgeber" genannt)

und

_____

(im Folgenden „Reitlehrer"/„Bereiter" genannt)

§ 1

Vertragsbeginn, Kündigungsmöglichkeiten

1. Herr/Frau _____ wird ab _____
   im Betrieb _____ als Reitlehrer(in)/Bereiter(in)
   eingestellt, und zwar im Angestelltenverhältnis.

2. Der Vertrag wird auf unbestimmte Zeit geschlossen. Er kann mit einer Frist von 4 Wochen zum 15. oder zum Ende eines Kalendermonats von beiden Seiten gekündigt werden. Eine Probezeit von 6 Monaten gilt als vereinbart. Innerhalb dieser Zeit beträgt die Kündigungsfrist 2 Wochen. Kündigungen erfolgen schriftlich.

3. Eine fristlose Kündigung ist aus wichtigem Grunde möglich. Als wichtige Gründe gelten von Seiten des Arbeitgebers insbesondere
   – grobe oder mehrfache Verstöße gegen die Bestimmungen dieses Vertrages;
   – Begehen strafbarer Handlungen oder rechtskräftige Verurteilungen wegen eines Verbrechens oder Vergehens gegen Leib und Leben;
   – schweres Fehlverhalten gegenüber Reitschülern;
   – Handlungen, die eindeutig gegen Interessen des Arbeitgebers verstoßen;
   – Vermögensverfall des Reitlehrers/Bereiters.

§ 2

Arbeitsumfang

1. Die tägliche/wöchentliche/monatliche Arbeitszeit wird festgelegt auf _____ Stunden und gliedert sich in
   a) _____ Stunden als Unterrichtender,
   b) _____ Stunden als Ausbilder von Pferden,
   c) _____ Stunden im Stall,
   d) _____ Stunden für kaufmännische Betriebsführung,
   e) _____ Stunden für sonstige Pflichten, insbesondere _____
   _____ .

2. Der Reitlehrer/Bereiter führt zusammen mit _____

_____/in Vertretung von

_____ die Aufsicht über

folgende Betriebsangehörige:

_____

_____

_____

(z.B. Pferdepfleger, Auszubildende).

3. Der Reitlehrer/Bereiter ist berechtigt, an bis zu _____ Turnieren im Jahr selber aktiv teilzunehmen. Diese Teilnahme gilt als Arbeitszeit. Daneben hat der Reitlehrer/Bereiter die Vereinsmitglieder/Reitschüler/Pensionspferdeinhaber auf folgenden Turnieren zu betreuen: _____

_____

(z.B. Vereinsturnier/Kreisturnier/Landesturnier).

4. Der Reitlehrer/Bereiter hat seine volle Arbeitskraft dem Betrieb zur Verfügung zu stellen. Eine Nebentätigkeit bedarf der Zustimmung des Betriebes/Vorstandes.

5. (Anmerkung: nur bei Pferdewirtschaftsmeistern)
Der/die Reitlehrer(in) ist Ausbilder im Sinne des Berufsausbildungsgesetzes für die im Betrieb einzustellenden Auszubildenden. Die Auswahl von Auszubilden-den bedarf seiner/ihrer Zustimmung. Er/sie hat die Ausbildung im Rahmen der von ihm/ihr mit zu unterzeichnenden Ausbildungsverträge gewissenhaft durch-zuführen.

§ 3
Entgelt

1. Das monatliche Gehalt beträgt _____ EUR brutto. Es wird am 1./15. eines jeden Monats ausgezahlt.

2. Das Urlaubsgeld beträgt _____ EUR.
Das Weihnachtsgeld beträgt _____ EUR.
(Anmerkung: z.B. ein halbes oder volles Monatsgehalt o.Ä.).

3. Für die im Betriebsgelände zur Verfügung gestellte Wohnung wird eine Monatsmiete von _____ EUR berechnet und vom Gehalt einbehalten.

4. Der Reitlehrer/Bereiter erhält/keine Beihilfe für Reitbekleidung in Höhe von _____ EUR.

5. Der Reitlehrer/Bereiter erhält für den eigenen Bedarf _____ Box(en) einschließ-lich Futter und Einstreu. Bei Nichtinanspruchnahme wird eine Ablösung nicht gewährt/gewährt in Höhe von _____ EUR monatlich je Box.

6. Der Reitlehrer/Bereiter erhält _____ % der Einnahmen aus den Reitstunden, soweit sie einen Betrag von _____ EUR monatlich übersteigen/einen Betrag von _____ EUR/Reitstunde, soweit die monatliche Reitstundenzahl _____ EUR übersteigt.

§ 4

Arbeitszeit, Urlaubs- und Freizeitregelung

1. Die wöchentliche Arbeitszeit beträgt _____ Stunden.

2. Samstage (ganztags) und Sonntagvormittage (bis 13.00 Uhr) gelten grundsätzlich als Arbeitszeit; Montag ist Stehtag.

3. Der Jahresurlaub beträgt _____ Werktage, wobei eine 5-Tage-Woche zugrunde gelegt wird. Gesetzliche Feiertage gelten nicht als Werktage.

4. Der Zeitpunkt des Jahresurlaubs ist mit dem Arbeitgeber abzusprechen.

5. Als Ausgleich für Dienst an Sonn- und Feiertagen werden freie Wochentage bzw. Nachmittage gewährt.

§ 5

Privat- und Pensionspferde, Provision

1. Der Reitlehrer/Bereiter ist berechtigt, neben den zu betreuenden Betriebspferden auf eigene Rechnung _____ Privat- und Pensionspferde zu bereiten. Er/sie erhält _____ % des Berittgeldes von Privatpferden, die er/sie im Auftrage des Arbeitgebers bereitet.

2. Beim An- und Verkauf von vereinseigenen Pferden ist der Reitlehrer/Bereiter zu Rate zu ziehen.

§ 6

Fortbildung

1. Der Reitlehrer/Bereiter ist berechtigt, an Fortbildungslehrgängen bzw. Kursen, Berufsreitertagungen usw. mit einer jährlichen Gesamtdauer von _____ Werktagen teilzunehmen.

2. Die Kosten von Reitlehrerfortbildungs-Lehrgängen werden dem Reitlehrer/Bereiter erstattet/nicht erstattet.

§ 7
Versicherungen

Der Reitlehrer/Bereiter ist über den Umfang der über den Betrieb abgeschlossenen Reitlehrerhaftpflichtversicherung und über den Umfang der gesetzlichen Unfallversicherung informiert. Der Abschluss von Zusatzversicherungen (z.B. bei Vereinen im Falle der Unterrichtserteilung an Nichtmitglieder) erfolgt auf eigene Kosten.

§ 8
Weisungsbefugnis, Betriebsgeheimnis

1. Der Reitlehrer/Bereiter erhält alle Weisungen von Herrn/Frau _____ , in seiner/ihrer Stellvertretung durch Herrn/Frau _____ . Umgekehrt ist der Reitlehrer/ Bereiter verpflichtet, alle Fragen des Betriebes ausschließlich mit den oben angeführten Personen zu regeln.

2. (*Anmerkung:* Wenn der Betrieb ein Verein ist:) Der Reitlehrer/Bereiter hat beratende Stimme in den Vorstandssitzungen/gehört dem erweiterten Vorstand an.

3. Der Reitlehrer/Bereiter ist zu Diskretion bezüglich aller internen Fragen verpflichtet; er/sie hat über Betriebsgeheimnisse Stillschweigen zu bewahren.

§ 9
Nebenabreden

Nebenabreden zu diesem Vertrag bedürfen (eines Vorstandsbeschlusses und) schriftlicher Festlegung. Soweit irgendwelche Bestimmungen dieses Vertrages nicht im Einklang mit geltendem Arbeitsrecht, Tarifverträgen usw. stehen, treten diese Vorschriften an ihre Stelle.

_____ , den _____

_____   _____
(Arbeitgeber)   (Arbeitnehmer)

Anmerkung:
Für fachliche Auskünfte empfiehlt sich die Einschaltung des Deutschen Reiter- und Fahrerverbandes – Bundesvereinigung der Berufsreiter und -fahrer im Deutschen Reiter- und Fahrerverband.

18.1.5 Pferdepflegervertrag

zwischen _____

(Betrieb)

in _____

(Anschrift)

und

Herrn/Frau _____

wird folgender

Arbeitsvertrag

geschlossen.

§1
Vertragsgegenstand

Herr/Frau _____ wird als Pferdepfleger bei
_____ eingestellt.
Das Vertragsverhältnis beginnt am _____ .

§ 2
Pflichten des Arbeitnehmers

1. Herr/Frau _____ wird im Stallbereich auf Weisung des
   Futtermeisters/Reitlehrers_____ tätig.

2. Die wöchentliche Arbeitszeit beträgt _____ Stunden.

3. An _____ Wochenenden monatlich besteht voller/teilweiser Arbeitseinsatz.
   Der Zeitausgleich erfolgt im Rahmen der monatlichen Gesamtarbeitszeit.

4. Für höchstens _____ Tage (insbesondere Sonn- und Feiertage) besteht Dienstbereitschaft. In dem Falle muss Herr/Frau _____
   im Betrieb anwesend sein und insbesondere
   – Telefon bedienen
   – regelmäßige Stalldurchgänge alle _____ Stunden durchführen.

Die Dienstbereitschaft wird zur Hälfte der Arbeitszeit angerechnet. Stallwache
(Nachtwache) gilt als Dienstbereitschaft.

§ 3

Rechte des Arbeitnehmers

1. Die monatliche Vergütung beträgt _____ EUR brutto.

2. Urlaubsgeld beträgt _____ EUR. Es wird vor Antritt des Urlaubs gezahlt.

3. Die Beiträge zur Sozialversicherung tragen die Parteien nach Maßgabe der gesetz-lichen Bestimmungen.

4. Dienst oder Dienstbereitschaft an Sonn- und Feiertagen wird durch freie Wochentage oder freie Nachmittage vergütet.

5. Die Vergütung wird am _____ eines jeden Monats gezahlt.

6. Die im Betrieb gewährte freie Unterkunft wird mit monatlich _____ EUR auf den Brutto-Lohn angerechnet.

§ 4

Vertragsdauer, Kündigung

1. Dieser Arbeitsvertrag wird auf unbestimmte Zeit geschlossen. Er kann mit einer 4-Wochen-Frist zum 15. oder zum Ende eines Kalendermonats von beiden Seiten gekündigt werden. Eine Probezeit von 3 Monaten gilt als vereinbart. Innerhalb dieser Probezeit beträgt die Kündigungsfrist 2 Wochen.

2. Als wichtiger Grund für eine fristlose Kündigung gilt insbesondere ein grob fahr-lässiges Fehlverhalten im Umgang mit Pferden, sofern eine Wiederholung zu befürchten ist. Dasselbe gilt für wiederholte Unzuverlässigkeit.

§ 5

Nebenabreden

Nebenabreden zu diesem Vertrag bedürfen (eines Vorstandsbeschlusses und) schriftlicher Festlegung. Soweit irgendwelche Bestimmungen dieses Vertrages nicht im Einklang mit geltendem Arbeitsrecht, Tarifverträgen usw. stehen, treten diese Vorschriften an ihre Stelle.

_____ , den _____

_____   _____

(Arbeitgeber)   (Arbeitnehmer)

18.1.6 Pferdekaufvertrag
Vertrag zwischen Verkäufer, der <u>Unternehmer</u> ist, und einem <u>privaten</u> Käufer (Verbraucher)

zwischen

Herrn/Frau _____

(Verkäufer)

und

Herrn/Frau _____

(Käufer)

wird nachfolgender Kaufvertrag geschlossen:

§ 1
Kaufgegenstand

Der Verkäufer verkauft dem Käufer das Pferd _____

(Name des Pferdes)

Der Käufer hat Einsicht in die Zuchtbescheinigung/den Pferdepass genommen.

§ 2
Beschaffenheitsvereinbarung

Der Käufer hat das Pferd besichtigt und Probe geritten.

Die Parteien vereinbaren zum Zeitpunkt des Gefahrenübergangs des Pferdes folgende

1. äußere Beschaffenheitsmerkmale:

Alter: _____ Geschlecht: _____ Farbe: _____
Lebensnummer: _____ Abzeichen: _____
_____
Abstammung: _____
_____
In einem Zuchtbuch eingetragen   ❑ ja   ❑ nein.

2. sportliche Beschaffenheit:
Das Pferd ist ❑ ungeritten, ❑ angeritten, ❑ sonstiges _____
Das Pferd ist ❑ nicht / ❑ bereits im Sport (❑ ohne Erfolg/❑ mit Erfolg) verwendet worden.

Disziplin (z.B. Reitpferdeprüfungen, Dressur, Springen, Fahren etc. – Zutreffendes eintragen *–):* _____

Klasse *(z.B. E, A, L, M/B, M/A, S):* _____

3. gesundheitliche Beschaffenheit aufgrund tierärztlicher Untersuchung:
Vereinbart wird der Gesundheitszustand, der sich aus der tierärztlichen Untersuchung durch den Tierarzt Dr. _____ ergibt.
Der Inhalt des aufgrund der tierärztlichen Untersuchung angefertigten tierärztlichen Gutachtens wird zum Bestandteil des Vertrages gemacht. Die dort getroffenen tierärztlichen Feststellungen zum Gesundheitszustand des Pferdes bestimmen die gesundheitliche Beschaffenheit des Pferdes. Ausführungen im tierärztlichen Gutachten zum Verwendungszweck werden nicht Inhalt des vorliegenden Vertrages.

❏ Das Pferd ist geimpft worden gegen _____
(siehe Eintragungen im Impfpass/Pferdepass)

Wurmkuren: ❏ ja, letztmalig am _____ mit _____
❏ nein

Das Pferd hat während der Besitzzeit beim Verkäufer ❏ keine Krankheiten/
❏ folgende Krankheiten gehabt:_____
_____

4. a) Die Parteien sind sich einig, dass aus folgenden Besonderheiten/Eigenheiten des Pferdes keine Haftung des Verkäufers hergeleitet werden kann (z.B. Pferd lässt sich schlecht verladen/transportieren/ist nicht geländesicher/nicht schmiedefromm, Weben, Koppen etc. – Zutreffendes eintragen –): _____
_____

b) Darüber hinaus vereinbaren die Parteien, dass den Verkäufer keine Haftung trifft in Bezug auf folgende Sachbereiche, für die ihm konkrete Kenntnisse fehlen (z.B. weil das Pferd im Gelände/Straßenverkehr noch nicht geritten ist, keine Herdenerfahrung hat etc. – Zutreffendes eintragen –):
_____
_____

c) Die Parteien sind sich außerdem einig, dass die weitere Entwicklung und die weiteren Fähigkeiten des Pferdes nicht absehbar sind. Eventuelle mündliche Aussagen des Verkäufers über die Zuordnung des Pferdes hinsichtlich seiner vorwiegenden, dauerhaften Eignung z.B. als Dressur-/Spring-/Vielseitigkeits-/Fahr-/Voltigierpferd (Nichtzutreffendes streichen) stellen keine Beschaffenheitsmerkmale dar, sondern beruhen auf subjektiv geprägten Eindrücken des

Verkäufers. Auch ist eine Zusage hinsichtlich besonderer, dauerhafter Fähigkeiten des besprochenen Pferdes hiermit nicht verbunden.

5. Von den vorstehenden Rechtsbeschränkungen ausgenommen ist eine Haftung bei Vorsatz oder Arglist. Hinsichtlich von Schadenersatzansprüchen gelten die vorstehenden Rechtsbeschränkungen auch nicht für die Haftung bei grob fahrlässig verursachten Schäden und nicht für Personenschäden (Verletzung von Leben, Körper, Gesundheit), die auf einer fahrlässigen Pflichtverletzung des Verkäufers oder einer vorsätzlichen oder fahrlässigen Pflichtverletzung eines gesetzlichen Vertreters oder Erfüllungsgehilfen beruhen.

§ 3
Kaufpreis

Der Kaufpreis beträgt _____ EUR (i.W.: _____
_____ Euro) zzgl. _____ % MwSt.

Der Kaufpreis ist bei Kaufabschluss/bis zum _____ bar/per Scheck/
auf das Konto_____ BLZ _____
bei _____ zu zahlen.

§ 4
Gefahr-, Lasten- sowie Eigentumsübergang

1. Die Gefahr einer zufälligen Verschlechterung oder des Untergangs des Pferdes sowie Lasten und Kosten gehen nach Übergabe des Pferdes mit Wirksamwerden des Kaufvertrages gem. § 5 auf den Käufer über.

2. Die Zuchtbescheinigung/der Pferdepass werden bei Barzahlung des Kaufpreises übergeben/bei Eingang des Kaufpreises übergeben/bei Einlösung des Schecks übersandt/bei Eingang des vollen Kaufpreises dem Käufer übersandt (Nichtzutreffendes streichen).

3. Die Vertragsparteien sind sich darüber einig, dass das Eigentum am Pferd mit vollständiger Kaufpreiszahlung auf den Käufer übergehen soll. Der Verkäufer erklärt, dass zum Zeitpunkt der vollständigen Bezahlung Rechte Dritter am Pferd nicht bestehen.

Der Verkäufer übergibt dem Käufer die das Pferd betreffenden Urkunden (z.B. Zuchtbescheinigung, Pferdepass, Eigentumsurkunde etc. – Nichtzutreffendes streichen).

§ 5
Tierärztliche Untersuchung

1. Der vorstehende Kaufvertrag wird erst wirksam, wenn das Pferd durch den vom Verkäufer/Käufer zu beauftragenden Tierarzt Dr. _____ untersucht ist und wenn sich der Käufer nach Bekanntgabe des Untersuchungsergebnisses entscheidet, das Pferd zu übernehmen. Der Käufer hat dem Verkäufer seine Entscheidung unverzüglich mitzuteilen. In jedem Fall wird der Verkäufer von seiner Verkaufsverpflichtung frei, wenn der Käufer seine Entscheidung nicht innerhalb von _____ Tagen nach dem Zeitpunkt der tierärztlichen Untersuchung dem Verkäufer mitgeteilt hat.

2. Der Auftraggeber bestimmt den Umfang der tierärztlichen Untersuchung und trägt die Kosten.

§ 6
Garantie

Der Verkäufer übernimmt keinerlei Garantie oder sonstige Gewähr für bestimmte Eigenschaften oder Verwendungsmöglichkeiten des Pferdes, auch nicht dafür, dass das Pferd eine bestimmte Beschaffenheit für eine bestimmte Dauer behält.

§ 7
Verjährung

Mängelansprüche des Käufers verjähren in einem Jahr nach Ablieferung des Pferdes.

§ 8
Schriftformerfordernis

Änderungen und Ergänzungen des obigen Vertrages bedürfen der Schriftform. Das Schriftformerfordernis kann nur schriftlich abgegeben werden.

§ 9
Salvatorische Klausel

Sollten eine oder mehrere der vorstehenden Bestimmungen unwirksam sein oder werden, wird hierdurch die Wirksamkeit der übrigen Bestimmungen nicht berührt.

Unwirksame Bestimmungen sind durch Regelungen zu ersetzen, durch die der von den Parteien erstrebte wirtschaftliche Erfolg in rechtlich wirksamer und durchführbarer Weise erreicht werden kann.

_____ , den _____

_____   _____

(Verkäufer)   (Käufer)

Wichtiger Hinweis:
Im Hinblick auf das Fehlen jeglicher Rechtsprechung wird für die Richtigkeit des erstellten Vertrages keine Gewähr oder Haftung übernommen. Das vorliegende Vertragsformular ist nach bestem Wissen erstellt worden. Beachten Sie auch die u.a. Erläuterungen.
Deutsche Reiterliche Vereinigung e.V. (FN)

Erläuterungen
zum Kaufvertrag zwischen Unternehmer/privatem Käufer

1. Der vorliegende Pferdekaufvertrag findet Anwendung zwischen einem Unternehmer-Verkäufer und einem privaten Käufer.

   Unternehmer ist jede natürliche oder juristische Person, die am Markt planmäßig gegen Entgelt tätig wird. Unter seiner gewerblichen Tätigkeit ist jede kaufmännische oder sonstige selbstständige auf Dauer angelegte Tätigkeit zu verstehen.

   In diesem Sinne sind also Landwirte, Pferdehändler, aber auch Berufsreiter oder Berufsreitlehrer usw. als Unternehmer anzusehen, wenn sie als Verkäufer auftreten.

2. Bei der Verwendung des vorliegenden Kaufvertrages handelt es sich um die Verwendung vorformulierter Vertragsbedingungen, auf die die rechtlichen Bestimmungen über die allgemeinen Geschäftsbedingungen anzuwenden sind.

   Insoweit ist davon auszugehen, dass allgemeine Haftungsausschlüsse für Sachmängel und eine Verkürzung der Verjährungsfrist für Mängelansprüche unter einem Jahr nicht möglich sind.

3. Bei Abweichung von den vorformulierten Vertragsbedingungen sollte dies nur unter Einholung von Rechtsrat geschehen.

18.1.7 Pferdekaufvertrag
- ❑ zwischen *Privatpersonen untereinander,*
- ❑ zwischen *Unternehmern untereinander* oder
- ❑ zwischen *privatem Verkäufer* und *Unternehmer-Käufer*

zwischen

Herrn/Frau _____

(Verkäufer)

und

Herrn/Frau _____

(Käufer)

wird nachfolgender Kaufvertrag geschlossen:

§ 1
Kaufgegenstand

Der Verkäufer verkauft dem Käufer das Pferd _____

(Name des Pferdes)

Der Käufer hat Einsicht in die Zuchtbescheinigung/den Pferdepass genommen.

§ 2
Beschaffenheitsvereinbarung

Die Parteien vereinbaren zum Zeitpunkt des Gefahrenübergangs des Pferdes folgende

1. äußere Beschaffenheitsmerkmale:

Alter: _____ Geschlecht: _____ Farbe: _____

Lebensnummer: _____ Abzeichen: _____

Abstammung: _____

In einem Zuchtbuch eingetragen ❑ ja ❑ nein.

2. gesundheitliche Beschaffenheit:

a) ❏ **mit** tierärztlicher Untersuchung:

Vereinbart wird der Gesundheitszustand, der sich aus der tierärztlichen Untersuchung durch den Tierarzt Dr. _____ ergibt.
Der Inhalt des aufgrund der tierärztlichen Untersuchung angefertigten tierärztlichen Gutachtens wird zum Bestandteil des Vertrages gemacht. Die dort getroffenen tierärztlichen Feststellungen zum Gesundheitszustand des Pferdes bestimmen die gesundheitliche Beschaffenheit des Pferdes. Ausführungen im tierärztlichen Gutachten zum Verwendungszweck werden nicht Inhalt des vorliegenden Vertrages.

b) ❏ **ohne** tierärztliche Untersuchung:

Das Pferd ist geimpft worden gegen _____

(siehe Eintragungen im Impfpass/Pferdepass)

Wurmkuren: ❏ ja, letztmalig am _____ mit _____
❏ nein

Das Pferd hat während der Besitzeit beim Verkäufer ❏ keine Krankheiten / ❏ folgende Krankheiten gehabt: _____
_____

3. a) Die Parteien sind sich einig, dass aus folgenden Besonderheiten/Eigenheiten des Pferdes keine Haftung des Verkäufers hergeleitet werden kann (z.B. Pferd lässt sich schlecht verladen/transportieren/ist nicht geländesicher/nicht schmiedefromm, Weben, Koppen etc. – Zutreffendes eintragen –): _____
_____
_____

b) Darüber hinaus vereinbaren die Parteien, dass den Verkäufer keine Haftung trifft in Bezug auf folgende Sachbereiche, für die ihm konkrete Kenntnisse fehlen (z.B. weil das Pferd im Gelände/Straßenverkehr noch nicht geritten wurde, keine Herdenerfahrung hat etc. – Zutreffendes eintragen –):
_____
_____

c) Die Parteien sind sich außerdem einig, dass die weitere Entwicklung und die weiteren Fähigkeiten des Pferdes nicht absehbar sind. Eventuelle mündliche Aussagen des Verkäufers über die Zuordnung des Pferdes hinsichtlich seiner vorwiegenden, dauerhaften Eignung z.B. als Dressur-/Spring-/Vielseitigkeits-/Fahr-/Voltigierpferd (Nichtzutreffendes streichen) stellen keine Beschaffenheitsmerkmale dar, sondern beruhen auf subjektiv geprägten Eindrücken des Verkäufers. Auch ist eine Zusage hinsichtlich besonderer, dauerhafter Fähigkeiten des besprochenen Pferdes hiermit nicht verbunden.

Das Pferd wird verkauft, wie besichtigt, und zur Probe geritten. Hinsichtlich der

reiterlichen bzw. sportlichen Beschaffenheit wird der Zustand als vertraglich vereinbart zugrunde gelegt, der sich nach Besichtigung des Pferdes und/oder nach Proberitt durch den Käufer darstellt. Insoweit erfolgt der Verkauf unter vollständigem Ausschluss jeglicher Haftung.

Von den vorstehenden Rechtsbeschränkungen ausgenommen ist eine Haftung bei Vorsatz oder Arglist. Hinsichtlich von Schadenersatzansprüchen gelten die vorstehenden Rechtsbeschränkungen auch nicht für die Haftung bei grob fahrlässig verursachten Schäden und nicht für Personenschäden (Verletzung von Leben, Körper, Gesundheit), die auf einer fahrlässigen Pflichtverletzung des Verkäufers oder einer vorsätzlichen oder fahrlässigen Pflichtverletzung eines gesetzlichen Vertreters oder Erfüllungsgehilfen beruhen, es sei denn, der Käufer ist Unternehmer.

§ 3
Kaufpreis

Der Kaufpreis beträgt _____ EUR (i.W.: _____
_____ Euro).
Der Kaufpreis ist bei Kaufabschluss/bis zum _____ bar/per Scheck/
auf das Konto _____ BLZ _____
bei _____ zu zahlen.

§ 4
Gefahr-, Lasten- sowie Eigentumsübergang

1. Die Gefahr einer zufälligen Verschlechterung oder des Untergangs des Pferdes sowie Lasten und Kosten gehen mit Wirksamwerden des Kaufvertrages auf den Käufer über. Der Kaufvertrag wird, wenn keine tierärztliche Untersuchung vorgesehen ist, sofort, bei Vereinbarung einer tierärztlichen Untersuchung gem. § 5 wirksam.

2. Die Zuchtbescheinigung/der Pferdepass werden bei Barzahlung des Kaufpreises übergeben/bei Eingang des Kaufpreises übergeben/bei Einlösung des Schecks übersandt/bei Eingang der vollen Kaufsumme dem Käufer übersandt (Nichtzutreffendes streichen).

3. Die Vertragsparteien sind sich darüber einig, dass das Eigentum am Pferd mit vollständiger Kaufpreiszahlung auf den Käufer übergehen soll. Der Verkäufer erklärt, dass zum Zeitpunkt der vollständigen Bezahlung Rechte Dritter am Pferd nicht bestehen.

   Der Verkäufer übergibt dem Käufer die das Pferd betreffenden Urkunden (z.B. Zuchtbescheinigung, Pferdepass, Eigentumsurkunde etc. – Nichtzutreffendes streichen).

§ 5
Tierärztliche Untersuchung

Für den Fall, dass die Parteien die Durchführung einer tierärztlichen Untersuchung vereinbaren, gilt Folgendes:

1. Der vorstehende Kaufvertrag wird erst wirksam, wenn das Pferd durch den vom Verkäufer/Käufer zu beauftragenden Tierarzt Dr. _____ untersucht ist und wenn sich der Käufer nach Bekanntgabe des Untersuchungsergebnisses entscheidet, das Pferd zu übernehmen. Der Käufer hat dem Verkäufer seine Entscheidung unverzüglich mitzuteilen. In jedem Fall wird der Verkäufer von seiner Verkaufsverpflichtung frei, wenn der Käufer seine Entscheidung nicht innerhalb von _____ Tagen nach dem Zeitpunkt der tierärztlichen Untersuchung dem Verkäufer mitgeteilt hat.

2. Der Auftraggeber bestimmt den Umfang der tierärztlichen Untersuchung und trägt die Kosten.

§ 6
Garantie

Der Verkäufer übernimmt keinerlei Garantie oder sonstige Gewähr für bestimmte Eigenschaften oder Verwendungsmöglichkeiten des Pferdes, auch nicht dafür, dass das Pferd eine bestimmte Beschaffenheit für eine bestimmte Dauer behält.

§ 7
Verjährung

Mängelansprüche des Käufers verjähren in 3 Monaten nach Ablieferung des Pferdes.

§ 8
Schriftformerfordernis

Änderungen und Ergänzungen des obigen Vertrages bedürfen der Schriftform. Das Schriftformerfordernis kann nur schriftlich abgedungen werden.

§ 9
Salvatorische Klausel

Sollten eine oder mehrere der vorstehenden Bestimmungen unwirksam sein oder werden, wird hierdurch die Wirksamkeit der übrigen Bestimmungen nicht berührt.

Unwirksame Bestimmungen sind durch Regelungen zu ersetzen, durch die der von den Parteien erstrebte wirtschaftliche Erfolg in rechtlich wirksamer und durchführbarer Weise erreicht werden kann.

_____ , den _____

_____   _____
(Verkäufer)   (Käufer)

Wichtiger Hinweis:

Im Hinblick auf das Fehlen jeglicher Rechtsprechung wird für die Richtigkeit des erstellten Vertrages keine Gewähr oder Haftung übernommen. Das vorliegende Vertragsformular ist nach bestem Wissen erstellt worden. Deutsche Reiterliche Vereinigung e.V. (FN)

18.1.8 Pachtvertrag

zwischen

falls Reitverein:
dem Reitverein _____

(vertreten durch den Vorstand)

falls kein Verein:
Herrn/Frau _____

(Name, Vorname)

_____

(Anschrift)
(im Folgenden „Verpächter" genannt)

und

Herrn/Frau_____

(Name, Vorname)

_____

(Anschrift)
(im Folgenden „Pächter" genannt)

entweder

§ 1 a)
Gegenstand des Pachtvertrages

1. Der Verpächter verpachtet dem Pächter das in _____
   gelegene, im Grundbuch von _____ Band _____ Blatt _____
   eingetragene Grundstück mit Reitanlage.

2. Zum Grundstück und der Reitanlage gehören folgende Gebäude:

_____

_____

oder

§ 1 b)
Gegenstand des Pachtvertrages

Anmerkung: Die nachfolgende Fassung tritt an die Stelle des § 1 a, wenn der Verpächter ein gemeinnütziger Reitverein ist, der seine Anlage an einen Reitlehrer verpachtet, sich selber ein Höchstmaß an Mitsprache vorbehalten will und zugleich

darauf bedacht ist, seine Gemeinnützigkeit durch die Verpachtung an einen Gewerbetreibenden nicht zu verlieren (siehe dazu auch Anmerkung am Schluss des Vertrages).

1. Der Verpächter verpachtet dem Pächter den Betrieb der auf den nachfolgenden Grundstücken betriebenen Reitsportanlage:
   Grundbuch von _____ Band _____ Blatt _____
   Gemarkung _____ Flur _____ Flurstücke _____ .
   Die zur Reitsportanlage gehörenden Flächen sind in der Karte, die Anlage und Gegenstand dieses Vertrages ist, eingezeichnet.

2. Die Reitsportanlage ist mit erheblichen Mitteln in der Erwartung gefördert worden, dass der geförderte Verein zu Bau und Unterhaltung und zum Reitsport mit eigenen Leistungen seiner Mitglieder beiträgt. Aus diesem Grunde sind Verpächter und Pächter grundsätzlich nur berechtigt, Mitgliedern des Vereins die Benutzung der Reitsportanlage – einschließlich der Halle, des Stalls und der Freianlagen – zu gestatten. Ausnahmen können in eng umgrenztem Umfang bei Bedarf zwischen Verpächter und Pächter festgelegt werden (Beispiele: Turniere, Lehrgänge).

§ 2
Pachtdauer

1. Das Pachtverhältnis beginnt mit dem _____ .

2. Die Verpachtung erfolgt auf unbestimmte Zeit. Wird die Verpachtung nicht spätestens 6 Monate vor Jahresende – bis zum 30. Juni – schriftlich gekündigt, dann verlängert sich das Pachtverhältnis automatisch um jeweils ein Jahr.

§ 3
Pachtzins

1. Der Pachtzins beträgt monatlich _____ EUR (i.W.: _____ _____ Euro). Er ist jeweils bis zum 3. eines Monats im Voraus an den Verpächter auf das von ihm bezeichnete Konto zu zahlen.

2. Die Aufrechnung des Pächters gegenüber dem Pachtzins mit einer Gegenforderung ist ausgeschlossen, es sei denn, dass die Gegenforderung rechtskräftig festgelegt ist oder vom Verpächter nicht bestritten wird.

§ 4
Wohnungen

1. Die Rechte und Pflichten der Vertragsparteien hinsichtlich der in der Reitanlage gelegenen Wohnungen werden in einem besonderen Mietvertrag festgelegt.

2. Mit der Beendigung des Pachtverhältnisses enden auch die zwischen Verpächter und Pächter begründeten Mietverhältnisse.

§ 5 a)
Verpächtereigenes Inventar

(*Anmerkung:* Entfällt bei pächtereigenem Inventar).

1. Der Verpächter übergibt das zum Grundstück und der Reitanlage gehörige (lebende und tote) Inventar zum Schätzwert. Stückzahl und Schätzwert sind aus der Anlage ersichtlich. Das Pachtverhältnis erstreckt sich auf das Inventar.

2. Der Pächter trägt die Gefahr des zufälligen Untergangs und einer zufälligen Verschlechterung des Inventars. Er kann über die einzelnen Stücke im Rahmen einer ordnungsgemäßen Wirtschaft verfügen. Er hat das Inventar nach den Regeln einer ordnungsgemäßen Wirtschaft zu erhalten. Die von ihm angeschafften Stücke werden mit der Einverleibung in das Inventar Eigentum des Verpächters.

3. Sollen Sachen, die der Pächter über den Bestand des Inventars hinaus anschafft, nicht dem Inventar einverleibt werden, so muss dies der Pächter vorher schriftlich anzeigen.

4. Bei Pachtende hat der Pächter das vorhandene Inventar dem Verpächter zu übergeben. Der Verpächter kann die Übernahme derjenigen vom Pächter angeschafften Stücke ablehnen, die nach den Regeln einer ordnungsgemäßen Wirtschaft für das Grundstück mit Reitanlage überflüssig oder zu wertvoll sind. Mit der Ablehnung geht das Eigentum an den abgelehnten Stücken auf den Pächter über.

5. Ist der Gesamtschätzwert der übernommenen Stücke höher oder niedriger als der Gesamtschätzwert der bei Beendigung der Pacht zu übergebenden Stücke, so hat im ersten Fall der Pächter dem Verpächter, im zweiten Fall der Verpächter dem Pächter, den Unterschiedsbetrag zu ersetzen.

§ 5 b)
Pächtereigenes Inventar

(*Anmerkung:* Entfällt bei verpächtereigenem Inventar)

1. Das (lebende und tote) Inventar ist Eigentum des Pächters, soweit nicht ausdrücklich einzelne Gegenstände in der Anlage unter der Bezeichnung „mitverpachtetes Inventar" aufgeführt sind.

2. Der Verpächter ist bei Pachtende berechtigt und verpflichtet, das Inventar zu übernehmen und zum Schätzwert zu bezahlen. Er genügt dieser Verpflichtung, wenn der Pachtnachfolger den Schätzwert des Inventars ersetzt. Von der Übernahme ausgeschlossen sind solche Inventarstücke, die nach den Regeln einer ordnungsgemäßen Wirtschaft für das Grundstück mit Reitanlage überflüssig oder zu wertvoll sind. Der Pächter ist verpflichtet, 2 Jahre vor Ablauf der Pachtzeit, im Falle einer vorzeitigen Kündigung unverzüglich nach Zugang der Kündigung, dem Verpächter ein Inventarverzeichnis zu übergeben. Der Verpächter ist berechtigt, bei der Aufstellung des Inventarverzeichnisses mitzuwirken.

§ 6
Gewährleistung

1. Gewährleistungsansprüche wegen Mangels eines Pachtgegenstandes stehen dem Pächter nur insoweit zu, als eine schriftlich zugesicherte Eigenschaft fehlt oder der Verpächter einen Mangel arglistig verschwiegen hat.

2. Die Ausübung im Grundbuch nicht eingetragener Grunddienstbarkeiten berechtigt den Pächter nur dann zu einer entsprechenden Minderung des Pachtzinses, wenn er sie zum Abschluss dieses Vertrages nicht kannte, der Verpächter sie aber kannte oder kennen musste.

3. Zeigt sich im Laufe der Pachtzeit ein Mangel, der nicht durch gewöhnliche Ausbesserung beseitigt werden kann, oder wird eine Vorkehr gegen eine nicht vorhergesehene Gefahr erforderlich, so hat der Pächter den Verpächter unverzüglich hiervon zu unterrichten. Das Gleiche gilt, wenn sich ein Dritter Rechte anmaßt. Unterlässt der Pächter die Anzeige, so ist er zum Ersatz des daraus entstehenden Schadens verpflichtet. Bei Gefahr im Verzuge ist der Pächter verpflichtet, selbst die erforderlichen Maßnahmen zu treffen.

§ 7
Instandhaltung

1. Der Pächter hat auf eigene Kosten die Bauten und Anlagen, insbesondere Gebäude, Wege, Gräben, Einfriedungen, Dressur- und Springplätze ordnungsgemäß zu

unterhalten und die gewöhnlichen Ausbesserungen vorzunehmen. Insbesondere hat er folgende Arbeiten auf eigene Kosten durchzuführen:

Innenanstrich bei Ställen und Gebäuden; Streichen der Fenster; Auswechseln einzelner Dachplatten und Wandplatten; Beheben von Frostschäden an Leitungen; Ersatz von Zaunlatten, Innen- und Außenscheiben; Reparaturen von Türen, Türschlössern und Schlüsseln; Unterhaltung des Stalls, der Sattelkammer und der Silos; Instandsetzung der Bande in der Reithalle; Instandhaltung und gegebenenfalls Erneuerung des Reithallenbelages.

2. Bei den Ausbesserungsarbeiten, die über den Umfang der in Abs. 1 beschriebenen hinausgehen, hat der Verpächter 2/3 und der Pächter 1/3 der Kosten zu tragen.

3. Gebäude und sonstige baulichen Anlagen, die dem Verpächter gehören, hat er auf seine Kosten zu ersetzen.

4. Im April jeden Jahres findet durch Verpächter und Pächter eine gemeinsame Besichtigung von Grundstück und Reitsportanlage statt. Bei der Besichtigung ist auch festzustellen, welche Bauarbeiten notwendig und welcher Art (Abs. 1, 2 oder 3) diese sind.

§ 8
Verbesserungen

1. Der Pächter darf Einrichtungen und Verbesserungen vornehmen, die nach den anerkannten Grundsätzen einer ordnungsgemäßen Wirtschaft zweckmäßig sind. Voraussetzung ist, dass der Pächter dem Verpächter vor der Vornahme schriftlich Anzeige macht und der Verpächter
– der Vornahme schriftlich zugestimmt hat oder
– es versäumt hat, binnen 14 Tagen die so genannte Schätzungskommission anzurufen, oder
– die Schätzungskommission durch Schiedsgutachten festgestellt hat, dass die beabsichtigte Maßnahme zweckmäßig ist.

2. Der Verpächter hat dem Pächter bei Pachtende die Aufwendungen zu ersetzen, soweit die Maßnahmen den wirtschaftlichen Wert von Grundstücken und der Reitsportanlage bei Pachtende noch erhöhen oder der Eintritt einer Werterhöhung noch nach Pachtende zu erwarten ist.

3. Der Pächter hat in entsprechender Anwendung von Abs. 1 die Vornahmen von Einrichtungen und Verbesserungen durch den Verpächter zu dulden.

§ 9
Lasten

1. Die auf dem Grundstück ruhenden öffentlichen Abgaben und Lasten trägt der Verpächter.

2. Die nicht auf dem Grundstück ruhenden öffentlichen und alle privaten Abgaben und Lasten trägt jede Partei für sich.

3. Im Einzelnen trägt
   Grundsteuer der Verpächter/Pächter,
   eventuell Erbbauzins der Verpächter/Pächter,
   Verbrauchsabgaben (z.B. Elektrizität, Gas, Wasser, Abwasser), der Verpächter/Pächter,
   Verkehrserschließungskosten, Anliegerkosten der Verpächter/Pächter.

§ 10
Versicherungen

1. Der Verpächter hat die Gebäude, der Pächter das Inventar gegen Feuerschaden zu versichern.

2. Jede Partei kann von der anderen den Nachweis fordern, dass sie die Versicherungen in angemessener Höhe abgeschlossen hat, zu deren Abschluss sie nach Abs. 1 verpflichtet ist. Jede Partei ist ferner der anderen gegenüber berechtigt, von dem Versicherer eine Nachricht zu verlangen, falls die Aufhebung des Versicherungsschutzes droht. In diesem Falle kann die Partei anstelle und für Rechnung der anderen die fällige Prämie zahlen oder die sonst notwendigen Maßnahmen zur Sicherung eines ausreichenden Versicherungsschutzes treffen. Zahlt der Pächter die Prämie, kann er mit seiner Ersatzforderung gegen die Pachtzinsforderung aufrechnen.

3. Im Schadensfall ist die Versicherungssumme zur Behebung des Schadens zu verwenden, es sei denn, dass dies nach der Sachlage nicht angebracht ist.

4. Der Pächter ist verpflichtet, den Betrieb gegen alle aus dem Reitschul- und sportbetrieb, dem Betrieb aller in der Anlage vorhandenen Anlagen und Einrichtungen und aus der Pferdehaltung entstehenden Haftpflichtrisiken zu versichern. Er hat von den Privatpferdebesitzern, die ihre Pferde in den Stallungen der Anlage halten, den Nachweis einer Tierhalterhaftpflichtversicherung zu fordern. Absatz 2 gilt entsprechend.

§ 11
Unterverpachtung

1. Der Pächter ist nicht berechtigt, Grundstück und/oder Reitsportanlage einem anderen ganz oder teilweise zur Nutzung zu überlassen, insbesondere weiterzuverpachten.

2. Überlässt der Pächter den Gebrauch von Grundstück und/oder Reitanlage ganz oder teilweise einem anderen, so hat er dessen Verschulden beim Gebrauch zu vertreten.

3. Für die Untervermietung und Überlassung von Wohnungen gelten die besonderen Bestimmungen des zwischen den Parteien abgeschlossenen Mietvertrages.

§ 12
Reitbetrieb

1. Der Pächter ist verpflichtet, für einen ordnungsgemäßen Reitunterricht durch qualifizierte Kräfte zu sorgen.

2. Der Pächter führt den Reitbetrieb nach einer zwischen den Parteien abgestimmten Reit-, Stall- und Anlagenordnung und nach einem ebenfalls zwischen den Parteien abgestimmten Stundenplan in eigener Verantwortung. Er hat neben dem Breitensport auch den Leistungssport nachdrücklich zu fördern.

3. Der Pächter stellt für den laufenden Reitbetrieb die erforderliche Anzahl von Lehr- und Voltigierpferden.

4. Der Betrieb ist von der Deutschen Reiterlichen Vereinigung (FN) als _____ _____ gekennzeichnet. Der Pächter wird der FN die Verpachtung unverzüglich anzeigen und dafür sorgen, dass die Voraussetzungen der Kennzeichnung selbst während der Pachtdauer erhalten bleiben.

§ 13
Stall- und Pferdepflege

1. Der Pächter ist verpflichtet, für eine ordnungsgemäße Pflege und Fütterung der Pferde zu sorgen. Er sorgt – bei Privatpferden grundsätzlich im Einvernehmen mit deren Eigentümern – für die notwendige tierärztliche Betreuung.

2. Der Pächter ist verpflichtet, das notwendige Stall- und Pferdepflegepersonal einzustellen.

§ 14
Jugendräume und Kantine

Jugendräume und Kantine sind in die Verpachtung auf der Grundlage dieses Vertrages nicht einbezogen.

§ 15
Preise und Entgelte

1. Die Preise und Entgelte, die im Einzelnen in den folgenden Absätzen aufgeführt sind, fließen dem Pächter zu.

2. Die Preise und Entgelte werden in Abstimmung der Vertragsparteien festgelegt und bekannt gegeben. Der Pächter kann verlangen, dass sie jeweils dem Durchschnitt der Preise der anderen Vereine im Kreisreiterverband angeglichen werden.

3. Die Preise für den Reitbetrieb werden festgelegt für:
   3.1   Reitstunde für Erwachsene in Halle und Viereck (Lehrpferde)
   3.2   Reitstunde für Erwachsene in Halle und Viereck (Privatpferde)
   3.3   Reitstunde für Jugendliche in Halle und Viereck (Lehrpferde)
   3.4   Reitstunde für Jugendliche in Halle und Viereck (Privatpferde)
   3.5   Geländezuschlag je Stunde
   3.6   Springstunde für Erwachsene (Lehrpferde)
   3.7   Springstunde für Erwachsene (Privatpferde)
   3.8   Springstunde für Jugendliche (Lehrpferde)
   3.9   Springstunde für Jugendliche (Privatpferde)
   3.10 Voltigierstunde
   3.11 Privatstunde

4. Die Preise für die Pferdeeinstellung werden in folgender Gliederung festgelegt:
   4.1   Pferdebox (Monatsbetrag)
   4.2   Pferdebox (Tagessatz)
   4.3   Freihaltebetrag für das Freihalten einer Box während vorübergehender Nichtbenutzung

5. Die Preise für die Hallenbenutzung, die von Pferdebesitzern zu entrichten sind, die keine Box in der Anlage haben, werden festgelegt:
   5.1   als Monatspauschale
   5.2   als Tagessatz

6. Die Preise für das Bereiten werden zwischen dem Pächter und dem Pferdebesitzer in Einzelabsprachen festgelegt.

7. Der Verpächter ist verpflichtet, bei den Verhandlungen über die Gestaltung der Preise und Entgelte sicherzustellen, dass eine ordnungsgemäße Wirtschaft möglich gemacht und ein angemessener Gewinn erwirtschaftet werden kann.

8. Wenn eine Einigung über die Preise und Entgelte nicht erreicht werden kann, wird die so genannte Schätzungskommission um eine Entscheidung gebeten.

§ 16
Einsichtsrecht

Der Verpächter oder dessen Vertreter ist befugt, Grundstück und Reitsportanlage zu angemessener Tageszeit zu besichtigen.

§ 17
Verjährung

1. Die Ersatzansprüche des Verpächters wegen Veränderungen oder Verschlechterungen sowie die Ansprüche des Pächters auf Ersatz von Aufwendungen oder die Gestattung der Wegnahme einer Einrichtung verjähren in 6 Monaten.

2. Die Verjährung der Ersatzansprüche des Verpächters beginnt zu dem Zeitpunkt, an dem er Grundstück und Reitsportanlage zurückerhält. Die Verjährung der Ansprüche des Pächters beginnt mit Pachtende.

§ 18
Sicherheitsleistung

1. Zur Sicherung aller Ansprüche des Verpächters aus diesem Vertrag hat der Pächter ihm Sicherheit zu leisten.

2. Die Sicherheit besteht in _____ .

3. Der Verpächter ist berechtigt, sich aus dieser Sicherheit zu befriedigen, wenn der Pächter seinen Verpflichtungen trotz Abmahnung nicht nachgekommen ist.

§ 19
Anpassung

1. Soweit während des Laufes des Pachtvertrages eine wesentliche Änderung derjenigen Verhältnisse eintritt, die für die Festsetzung des Vertragsinhaltes maßgeblich waren, und infolgedessen die gegenseitigen Verpflichtungen der Parteien unter Berücksichtigung der gesamten Vertragsdauer in ein grobes Missverhältnis geraten sind, kann jede Partei von der anderen mit Ausnahme der Pachtdauer eine Angleichung nach billigem Ermessen verlangen.

2. Das Verlangen auf Änderung kann nicht vor Ablauf des _____ Pachtjahres erhoben werden. Eine Änderung kann frühestens mit Beginn des Pachtjahres in Kraft treten, das auf das Pachtjahr folgt, in dem das entsprechende Verlangen erhoben worden ist.

§ 20
Schätzungskommission

1. Soweit sich die Parteien nicht selbst einigen, wenn
   - es für ihre Leistungen, Gegenleistungen oder Ersatzleistungen auf den Wert, insbesondere Schätzwert, eine Wertveränderung, Ertragssteigerung und ähnliche Verhältnisse wie die Ordnungsmäßigkeit der Wirtschaft, die Erforderlichkeit oder Zweckmäßigkeit von Maßnahmen ankommt,
   - gemäß § 19 eine Angleichung nach billigem Ermessen vorzunehmen oder
   - für eine unwirksame eine neue Vereinbarung zu treffen oder ein Ausgleich nach billigem Ermessen vorzunehmen ist,
   so erfolgt die Festsetzung durch eine jeweils zu bildende Schätzungskommission.

2. Zu der Schätzungskommission stellt jede Partei einen Sachverständigen als Schätzer. Der Obmann wird im Einvernehmen beider Parteien bestimmt. Einigen sie sich binnen 2 Wochen nach der Bestellung des von einer Partei schriftlich benannten Sachverständigen über die Person des Obmanns nicht, so wird er durch den Direktor der Landwirtschaftskammer _____ auf Antrag einer Partei ernannt. Der Direktor der Landwirtschaftskammer _____ ernennt auch den Sachverständigen derjenigen Partei, die einen Sachverständigen nicht binnen 2 Wochen stellt, nachdem sie schriftlich von der anderen Partei unter Benennung des von ihr gestellten Sachverständigen hierzu aufgefordert wurde.

3. Der Obmann kann weitere Sachverständige für Sonderfragen hinzuziehen. Er entscheidet allein, wenn die übrigen Sachverständigen in ihren Beurteilungen oder in ihren Schätzungen voneinander abweichen.

4. Die Feststellungen der Schätzungskommission sind in einem Schiedsgutachten niederzulegen.

5. Jede Partei trägt die Kosten des von ihr oder für sie benannten Sachverständigen. Die übrigen Kosten des Schätzungsausschusses tragen die Parteien je zur Hälfte.

§ 21
Nebenabreden, Kosten

1. Mündliche Nebenabreden haben keine Gültigkeit.

2. Zusätzliche Vereinbarungen bedürfen der Schriftform.

3. Bei Unwirksamkeit einzelner Bestimmungen dieses Vertrages soll der Vertrag im Übrigen wirksam bleiben. Die Parteien werden anstelle der unwirksamen Bestimmungen neue Bestimmungen vereinbaren.

4. Die mit dem Abschluss dieses Vertrages verbundenen Kosten tragen die Parteien je zur Hälfte.

_____ , den _____

_____   _____
(Verpächter)   (Pächter)

Anmerkung:
Wenn der Betrieb zur freien wirtschaftlichen Nutzung verpachtet werden soll, (d.h. ohne ein reitsportliches Mitspracherecht des Verpächters) dann ist die Variante des § 1 a (nicht 1 b) zu wählen und §§ 12 bis 15 können entfallen. Es sollte jedoch in jedem Falle ein Steuerfachmann hinzugezogen werden.

18.1.9 Verpachtung diverser Werberechte von Reit- und Fahrvereinen

Der Reit- und Fahrverein _____

vertreten durch seinen Vorstandsvorsitzenden _____

(Verein)

und

die Agentur _____

vertreten durch den Geschäftsführer _____

(Agentur)

schließen folgenden

Pachtvertrag:

1. Der Verein verpachtet anlässlich seiner Turnierveranstaltung am _____
   nachfolgend aufgeführte Rechte an die Agentur:
   – Werbeflächen für Banden-/Sichtwerbung, Fahrzeugpräsentation u.Ä. auf dem
   Turniergelände,
   – Anzeigenwerbung im Turnierprogramm (2., 3. u. 4. Umschlagseite),
   – Ausweisung bestimmter Prüfungen für Sponsoren.

2. Die Art und Weise der Werbung ist mit dem Verein im Einzelnen abzustimmen,
   damit sie nicht den gemeinnützigen Aufgaben und Zielen zuwiderläuft.

3. Für die Überlassung der Rechte gem. Ziffer 1 erhält der Verein eine Pauschalver-
   gütung von _____ EUR (alternativ: 90% der Werbeeinnahmen abzüglich
   Agenturkosten) zzgl. gesetzlicher MwSt. (ermäßigter Steuersatz gem. § 12 Abs. 2
   Nr. 8).
   Auf die Vergütung ist ein Abschlag von _____ EUR 6 Wochen vor Be-
   ginn der Turnierveranstaltung, der Rest 2 Wochen nach Beendigung fällig.

4. Änderungen und Ergänzungen dieses Vertrages bedürfen der Schriftform.

_____ , den _____

_____   _____
(Verein)   (Agentur)

18.1.10 Haftungsausschluss Reitunterricht

Der Reitschüler _____

verzichtet auf Ansprüche gegen den Reitlehrer _____

wegen aller ihm durch schuldhaftes Verhalten des Reitlehrers verursachten Personen-, Sach- und Vermögensschäden, soweit diese nicht durch eine Haftpflichtversicherung des Reitlehrers gedeckt sind.

Ferner stellt der Reitschüler den Reitlehrer im Innenverhältnis von Ansprüchen Dritter frei, insbesondere von Ansprüchen seiner Kranken- und Sozialversicherung, soweit diese nicht durch entsprechende Haftpflichtversicherung abgedeckt ist.

Der Reitschüler versichert, dass ihm die mit der Ausübung des Reitsports verbundenen Risiken bekannt sind.

_____ , den _____

_____   _____
(Reitschüler)   (Reitlehrer)

_____
(bei Minderjährigen Unterschrift des Erziehungsberechtigten)

18.1.11 Schutzvertrag
(Pferdekaufvertrag mit Nutzungseinschränkung)

§ 1
Kaufgegenstand

Herr/Frau _____

(Verkäufer)

verkauft

Herrn/Frau _____

(Käufer)

das Pferd _____

_____

(Name, Geschlecht, Abstammung, Farbe, Alter, Abzeichen)

§ 2
Kaufpreis

Der Kaufpreis beträgt _____ EUR. *(Hier wird der Freundschaftspreis oder der symbolische Preis von 1,– EUR eingetragen).*

§ 3
Eigentumsübergang

Der Verkäufer versichert, dass das Pferd sein freies, uneingeschränktes Eigentum und mit Rechten Dritter nicht belastet ist.
Die Übertragung des Eigentums und die Aushändigung des zum oben beschriebenen Pferd gehörenden Abstammungsnachweises erfolgen nach Vertragsabschluss.

§ 4
Haftung

Das Pferd wird verkauft wie besichtigt. Hinsichtlich der gesundheitlichen, reiterlichen Beschaffenheit wird der Zustand als vertraglich vereinbart zugrunde gelegt, der sich nach Besichtigung des Pferdes und/oder Proberittes durch den Käufer darstellt. Der Verkauf erfolgt unter vollständigem Ausschluss jeglicher Haftung.
Evtl. Zusatz: Dass das Pferd einen Ton hat (dämpfig ist ...), ist dem Käufer bekannt.

§ 5
Gefahrübergang

Kosten und Gefahr gehen auf den Käufer über, sobald das Pferd dem Käufer bzw. dessen Beauftragten übergeben ist.

§ 6
Verwendungszweck

Zusätzlich vereinbaren die Parteien:

Das Pferd wird zum Vorzugspreis von _____ EUR verkauft, weil es nur zu Zuchtzwecken/als Freizeitpferd eingesetzt werden soll. Insbesondere darf es nicht zu Turnierzwecken, zu Reitjagden (im springenden Feld), im Schulbetrieb oder gewerblich genutzt werden.

Wenn der Käufer das Pferd veräußern will, hat er es zuvor dem Verkäufer zum festen Ankaufspreis von _____ EUR *(hier ist wiederum der Preis nach § 2 einzusetzen)* anzubieten. Der Verkäufer hat für die Abgabe der Annahmeerklärung eine Frist von 2 Wochen.

§ 7
Vertragsstrafe

Verstößt der Käufer gegen die in § 6 vereinbarten Bestimmungen, zahlt er eine Vertragsstrafe von _____ EUR an den Verkäufer.

§ 8
Auskunft

Der Käufer hat dem Verkäufer auf dessen Verlangen Auskunft über Aufenthalt und Zustand des Pferdes zu geben.

_____ , den _____

_____   _____
(Verkäufer)   (Käufer)

Anmerkung:
Aus dem Sport ausscheidende Pferde können häufig eine sinnvolle Verwendung als Freizeitpferde finden. Der Verkäufer wird in solchem Falle oftmals bereit sein, das Pferd zu einem Freundschaftspreis in gute Hände abzugeben. Das Problem besteht darin, dass der Käufer häufig diese Erwartungen nicht erfüllt. Daher empfiehlt sich ein Vertrag etwa nach vorstehendem Muster.
Der Freundschaftspreis kann z.B. 1,– EUR betragen. Er kann natürlich auch höher sein, wird jedoch deutlich unter dem Preis eines im Sport einsetzbaren Pferdes liegen.
Die Vereinbarung der Vertragsstrafe ist unverzichtbar, um Vertragstreue zu gewährleisten. Der Betrag sollte den Preis, der sich bei einem Verkauf des Pferdes zu Sportzwecken erzielen ließe, deutlich übersteigen.

18.1.12 Reitbeteiligungsvertrag

zwischen

Herrn/Frau _____

(Name, Anschrift)

_____

(im Folgenden „Eigentümer" genannt)

und

Herrn/Frau _____

(Name, Anschrift)

_____

(im Folgenden „Reitbeteiligung" genannt)

wird vereinbart:

1. Die Reitbeteiligung hat das Recht, das dem Eigentümer gehörende Pferd

_____

(Name, Abstammung, ggf. Eintragungsnummer)

mitzunutzen. Eine Übertragung dieser Nutzungsberechtigung auf Dritte sowie die Teilnahme an Jagden, Pferdeleistungsschauen und anderen reitsportlichen Veranstaltungen bedarf der ausdrücklichen Zustimmung des Eigentümers.
Die Nutzungszeiten werden in einem Plan festgelegt/mündlich von Fall zu Fall abgesprochen. Im Einzelfall können Abweichungen vereinbart werden.

2. Die Reitbeteiligung ist verpflichtet, sich am Putzdienst/Stalldienst zu beteiligen. Einzelheiten hierzu werden ebenfalls im Nutzungsplan festgelegt. Bei Verletzung/Krankheit des Pferdes verpflichtet sich die Reitbeteiligung – auch bei Nichterreichen des Eigentümers – den Tierarzt zu verständigen.

3. Für die Ferien- und Urlaubszeiten werden bzgl. der Nutzung und des Putz-/Stalldienstes Sonderregelungen vereinbart.

4. a) Die Nutzung durch die Reitbeteiligung erfolgt unentgeltlich.

   b) Die Reitbeteiligung beteiligt sich mit ____ % an den insgesamt mit _____ EUR veranschlagten Unterhaltskosten für das Pferd (Futter- und Stallkosten, Tierarzt, Schmied und Tierhalterhaftpflichtversicherung), also mit anteilig monatlich _____ EUR. Dieser Betrag ist im Voraus bis zum 3. eines jeden Monats auf das Konto_____ BLZ _____ bei _____ zu überweisen oder in bar zu entrichten.

Am Ende jeden Kalenderjahres (bzw. zum Ende der Reitbeteiligung) werden die tatsächlichen Unterhaltskosten zusammengestellt. Ein sich ergebender Überschuss oder ein Defizit wird anteilig (siehe 4b, Satz 1) auf die Partner verteilt.

5. Die Reitbeteiligung verzichtet auf Ansprüche gegen den Tierhalter wegen aller ihr durch das Pferd verursachten Personen-, Sach- und Vermögensschäden, soweit diese nicht durch die für das Pferd bestehende Tierhalterhaftpflichtversicherung abgedeckt sind.
Ferner stellt die Reitbeteiligung den Tierhalter im Innenverhältnis von Ansprüchen Dritter frei, insbesondere von Ansprüchen ihrer Kranken- und Sozialversicherung, soweit diese nicht durch die für das Pferd bestehende Tierhalterhaftpflichtversicherung abgedeckt werden.
Die Reitbeteiligung versichert, dass sie ihre mit der Ausübung des Reitsports verbundenen Risiken durch den Abschluss einer Unfallversicherung soweit wie möglich abgedeckt hat.

6. Der Vertrag beginnt am _____ und endet am _____ / läuft auf unbestimmte Zeit. Bei Vertragsabschluss auf unbestimmte Zeit ist diese Vereinbarung für beide Seiten mit einer Frist von_____ Tagen zum Monatsende kündbar. Die Kündigung bedarf der Schriftform.

_____ , den _____

_____   _____
(Eigentümer)   (Reitbeteiligung)

_____
(bei Minderjährigen Unterschrift des Erziehungsberechtigten)

Anmerkung:
Der Eigentümer sollte seiner Tierhalterhaftpflichtversicherung mitteilen, dass das Pferd regelmäßig von einer weiteren Person mitgenutzt wird. Holen Sie ggf. Vergleichsangebote weiterer Versicherungen ein.

18.2 Kontenplan für einen Reit- und Fahrverein (in Anlehnung an den DSB-Kontenrahmen)

Vorbemerkung

Dieser Kontenplan ist für alle Buchführungssysteme geeignet und kann bei der Führung eines amerikanischen Journals, bei der Durchschreibe-Buchführung wie auch bei Buchführung über EDV Verwendung finden.

Das Neuartige an diesem Kontenplan ist die klare Einteilung in den ideellen Bereich, den Zweckbetrieb und den wirtschaftlichen Geschäftsbetrieb, wobei die Kosten und Erträge in getrennten Klassen gegenübergestellt werden.

Der Kontenplan hat folgende Gliederung:

Kontenklasse	Bezeichnung
0	Anlage- und Kapitalkonten
1	Finanzkonten
2	Kosten bzw. Ausgaben ideeller Bereich/Vermögensverwaltung
3	Erträge bzw. Einnahmen ideeller Bereich/Vermögensverwaltung
4	Kosten des Zweckbetriebes
5	Erträge des Zweckbetriebes
6	Kosten des wirtschaftlichen Geschäftsbetriebes
7	Erträge des wirtschaftlichen Geschäftsbetriebes
8	Zur freien Verfügung
9	Eröffnungs- und Abschlusskonten

Klasse 0   Anlage- und Kapitalkonten

00	Grund und Boden	
	0001	unbebaute Grundstücke
	0010	bebaute Grundstücke

01	Gebäude, Bauten	
	0110	Reithallen
	0120	Stallungen
	0130	Reitplätze
	0140	Vereinsheim
	0150	Bauten auf fremdem Grund und Boden
	0190	Anlagen im Bau

02	Sonstige Anlagevermögen	
	0200	Pferde
	0210	Reitsättel, Pferdegeschirr
	0220	Hindernisse

	0230	Ausstattung Reithalle und Anlagen
	0240	Vereinsheimausstattung
	0250	Sonstige Ausstattungen
03	Fahrzeuge, Maschinen und Geräte	
	0300	Kraftfahrzeuge
	0310	Anhänger
	0320	Maschinen
	0330	Geräte
04	Betriebs- und Geschäftsausstattung	
	0420	Büroeinrichtung
	0430	Geringwertige Wirtschaftsgüter bis 410,– EUR
05	Beteiligungen	
	0500	Geschäftsanteile
	0510	Wertpapiere
06	Langfristige Forderungen	
	0600	Darlehen mit einer Laufzeit von mindestens 4 Jahren
07	Langfristige Verbindlichkeiten	
	0700	Darlehen
	0710	Hypotheken und Grundschulden
	0720	Sonstige langfristige Verbindlichkeiten
08	Vereinsvermögen	
	0800	Vereinsvermögen
	0810	Zweckgebundene Rücklagen
09	Wertberichtigungen und Rechnungsabgrenzungen	
	0900	Wertberichtigung auf Anlagevermögen
	0910	Wertberichtigungen auf Forderungen
	0920	Reparaturrückstellungen
	0930	Steuerrückstellungen
	0940	Sonstige Rückstellungen
	0960	Aktive Rechnungsabgrenzung
	0980	Passive Rechnungsabgrenzung

Klasse 1   *Finanzkonten*

10	Kasse	
	1000	Hauptkasse
	1001	Nebenkasse 1
	1002	Nebenkasse 2

11   Postscheck
                Postscheckkonto

12   Banken
        1200   Bank 1
        1210   Bank 2

13   Forderungen aus ideellem Bereich/Vermögensverwaltung
        1300   Forderungen an Mitglieder
        1310   Vorauszahlungen an Dachverbände

14   Forderungen aus Zweckbetrieb
        1400   Forderungen aus sportlichen Veranstaltungen
        1460   Geldtransit

15   Sonstige Forderungen
        1500   Forderungen aus wirtschaftlichem Geschäftsbetrieb
        1510   Forderungen aus geselligen Veranstaltungen
        1560   Aufzuteilende Vorsteuer
        1570   Anrechenbare Vorsteuer
        1590   Durchlaufende Posten

16   Verbindlichkeiten
        1600   Verbindlichkeiten aus Lieferungen und Leistungen
                   (Kontokorrent)
        1610   Verbindlichkeiten aus sportlichen Veranstaltungen
                   (ohne Kontokorrent)
        1620   Verbindlichkeiten aus geselligen Veranstaltungen
                   (ohne Kontokorrent)
        1630   Verbindlichkeiten aus sonstigen wirtschaftlichen
                   Geschäftsbetrieben (ohne Kontokorrent)

17   Verbindlichkeiten aus Anzahlungen
        1710   Mitgliederumlagen
        1720   Sonstige Anzahlungen

18   Sonstige Verbindlichkeiten
        1800   Sonstige Verbindlichkeiten
        1810   Löhne, Gehälter und sonstige Vergütungen
        1820   Lohn- und Kirchensteuer
        1830   Sozialversicherung
        1860   Mehrwertsteuer (nicht fällig)
        1870   Mehrwertsteuer (fällig)
        1874   Mehrwertsteuer 7%

1875   Mehrwertsteuer 16%
1880   Umsatzsteuer-Zahllast
1881   Umsatzsteuer-Vorauszahlung 1/11
1890   Verrechnungskonto

Klasse 2   *Kosten bzw. Ausgaben ideeller Bereich/Vermögensverwaltung*
20   Anteilige Personalkosten
      2010   Löhne und Gehälter
      2020   Sozialversicherung
      2030   Aushilfen
      2040   Kilometergelderstattung

21   Anteilige Raumkosten
      2130   Miete und Pacht
      2140   Strom, Gas, Wasser, Heizung
      2150   Reparaturen, Instandhaltungen
      2160   Reinigung

22   Kosten der Mitgliederverwaltung
      2200   Büromaterial
      2210   Porto, Telefon
      2220   Einzugskosten
      2230   Sonstige Kosten

23   Verbandsabgaben und sonstige Beiträge
      2300   Abgaben FN
      2310   Abgaben Landessportbund
      2320   Abgaben Kreissportbund
      2360   Sonstige Abgaben

24   Mitgliederpflege
      2410   Vereinsmitteilungen
      2420   Geschenke, Jubiläen, Ehrungen
      2430   Öffentlichkeitsarbeit

25   Lehr- und Jugendarbeit
      2510   Lehr- und Jugendarbeit

26   Kosten der Vermögensverwaltung
      2610   Kosten für Immobilien
      2620   Kosten der Wertpapierverwaltung
      2640   Gebühren und Steuern für Vermögensverwaltung
      2690   Abschreibung und Wertberichtigung

29   Sonstige Kosten des ideellen Bereichs
    2900   Sonstige Kosten
    2990   Verrechnungskonto Kosten ideeller Bereich

Klasse 3   *Erträge bzw. Einnahmen ideeller Bereich/Vermögensverwaltung*
30   Beiträge
    3000   Mitgliedsbeiträge
    3001   Beiträge Unterabteilung 1
    3002   Beiträge Unterabteilung 2

31   Aufnahmegebühren
    3100   Aufnahmegebühren
    3101   Aufnahmegebühren Unterabteilung 1
    3102   Aufnahmegebühren Unterabteilung 2

32   Spenden
    3200   Zweckgebundene Spenden
    3210   Sonstige Spenden

33   Zuschüsse
    3300   Beihilfen der öffentlichen Hand
    3310   Sonstige Zuschüsse

36   Einnahmen der Vermögensverwaltung
    3600   Mieteinnahmen
    3610   Pachteinnahmen
    3620   Zinserträge
    3630   Erträge aus Wertpapieren

39   Sonstige Einnahmen
    3900   Sonstige Einnahmen
    3990   Verrechnungskonto Einnahmen ideeller Bereich

Klasse 4   *Kosten des Zweckbetriebes*

40   Personalkosten des Sportbetriebes
    4010   Gehalt Reitlehrer
    4020   Sonstige Gehälter und Löhne
    4030   Gesetzliche Sozialaufwendungen
    4040   Aushilfen
    4050   Reisekosten-Erstattungen
    4060   Vergütungen Übungsleiter

41   Kosten des Stallbereiches
      4100   Futter- und Einstreukosten
      4110   Tierarzt und Arzneien
      4120   Hufschmied
      4130   Betriebsbedarf

42   Kosten der Reithalle und der Reitplätze
      4200   Miete, Pacht
      4210   Strom, Gas, Wasser, Heizung
      4220   Instandhaltungen und Reparaturen
      4230   Geringwertige Wirtschaftsgüter
      4240   Abschreibung auf Sachanlagen
      4250   Abschreibung auf lebendes Inventar (Pferde)
      4260   Zinsen Reithalle und Reitplätze

43   Kosten des laufenden Reitbetriebes
      4300   Instandhaltung Sattelzeug
      4310   Instandhaltung Hindernisse
      4320   Versicherungen
      4330   Sonstige Kosten des Reitbetriebes
      4340   Teilnahme an Leistungsprüfungen, Nenn- und Startgelder
                 der vereinseigenen Pferde

44   Verwaltungsaufwand Reitbetrieb
      4400   Betriebskosten Fahrzeuge, Transportmittel
      4410   Kosten Geschäftsstelle
      4420   Sonstige Verwaltungskosten

45   Kosten Durchführung von Leistungsprüfungen, Turnieren und sonstigen
      sportlichen Veranstaltungen
      4500   Miete, Pacht Veranstaltungsgelände
      4510   Herrichtung der Anlagen und Hindernisse
      4520   Geldpreise, Züchterprämien
      4530   Transportkostenentschädigungen
      4540   Unterbringungskosten Teilnehmer
      4550   Ehrenpreise
      4560   Entschädigung Richter, Parcoursbauer
      4570   Vergütungen Kassen- und Ordnungsdienst, Parcoursbau
      4580   Veranstaltungsabhängige Abgaben
      4590   Druck und Herstellung Programm

46   Kosten der Vereinsmitteilungen
      4600   Druckkosten
      4610   Versand
      4620   Honorare

47   Sonstige Kosten Zweckbetrieb
     4700   Nichtanrechenbare Vorsteuer
     4710   Umsatzsteuer
     4790   Verrechnungskonto Kosten Zweckbetrieb

Klasse 5   *Erträge des Zweckbetriebes*

50   Einnahmen Reitbetrieb
     5000   Erlöse Reitunterricht Senioren
     5010   Erlöse Reitunterricht Junioren (bis 27. Lebensjahr)
     5020   Erlöse Voltigieren
     5030   Erlöse Pferdeverleih an Mitglieder
     5040   Erlöse Pferdeausbildung
     5050   Erlöse Anlagenbenutzung durch Mitglieder
     5060   Erlöse Pferdeverkauf
     5070   Erlöse Verkauf sonstige Anlagengegenstände

51   Einnahmen aus sportlichen Veranstaltungen
     5100   Eintrittsgelder
     5110   Nenngelder, Startgelder, Teilnehmergebühren
     5120   Programmverkauf
     5130   Fernsehtantiemen
     5140   Sonstige Veranstaltungseinnahmen

52   Einnahmen aus Verkauf von Vereinszeitschriften
     5200   Einnahmen aus Vereinszeitschrift

53   Zuschüsse für Zweckbetrieb
     5300   Zuschüsse von Verbänden
     5310   Beihilfe von Behörden
     5320   Sonstige Zuschüsse und Beihilfen

59   Sonstige Einnahmen des Zweckbetriebes
     5990   Verrechnungskonto Einnahmen Zweckbetrieb

Klasse 6   *Kosten des wirtschaftlichen Geschäftsbetriebes*

60   Kosten Pensionsstall
     6010   Anteilige Miete, Pacht
     6020   Aufwand eigenes Gebäude
     6030   Strom, Gas, Wasser, Heizung
     6040   Pferdefutter und Einstreu
     6050   Personalkosten Pensionsstall
     6060   Soziale Aufwendungen

6070	Instandhaltung, Reparaturen
6080	Betriebsbedarf
6090	Versicherungen

61 Kosten für gesellige Veranstaltungen

6110	Miete und Pacht
6120	Werbung, Dekoration
6130	Musik
6140	Bewirtung
6150	Abgaben
6160	Vergütungen Kassen- und Ordnungsdienst
6170	Kosten Tombola, Versteigerungen

62 Kosten der Werbeeinnahmen

6210	Gezahlte Provisionen
6220	Instandhaltung Banden- und Reiterwerbung
6230	anteilige Druckkosten Inseratwerbung
6240	anteilige Versandkosten Vereinsmitteilungen
6250	anteilige Honorarkosten
6260	anteilige Verkaufskosten, Programmverkauf

63 Kosten eines Gaststätten-, Kantinenbetriebes

6310	Wareneinkauf Lebensmittel
6320	Wareneinkauf alkoholfreie Getränke
6330	Wareneinkauf alkoholische Getränke
6340	Sonstiger Wareneinkauf
6350	Personalaufwand Gaststättenbetrieb
6360	Sozialaufwendungen Gaststättenbetrieb
6375	Strom, Gas, Wasser, Heizung Gaststätte
6380	Betriebsbedarf
6390	Sonstige Kosten Gaststätte

64 Kosten der Verwaltung des wirtschaftlichen Geschäftsbetriebes

6400	Büromaterial
6410	Porto, Telefon
6420	Zinsen, Bankspesen
6430	Sonstige Verwaltungskosten
6440	Skontiaufwand
6490	Abschreibungen und Wertminderungen

65 Steuern, Versicherungen, Beiträge

6500	Gewerbesteuer
6510	Umsatzsteuer
6520	Körperschaftsteuer

6540 Versicherungen
6550 Sonstige Abgaben und Beiträge

69 Sonstige Kosten des wirtschaftlichen Geschäftsbetriebes
6990 Verrechnungskonto Kosten wirtschaftlicher Geschäftsbetrieb

Klasse 7   *Erträge des wirtschaftlichen Geschäftsbetriebes*

70 Einnahmen aus Pensionspferdehaltung

71 Einnahmen aus geselligen Veranstaltungen
7110 Eintrittskarten
7120 Garderobengebühren
7130 Programmverkauf
7140 Tombolaeinnahmen
7150 Einnahmen aus Versteigerungen

72 Reitanlagenbenutzung durch Nichtmitglieder

73 Werbeeinnahmen
7310 Bandenwerbung
7320 Inseratwerbung

74 Gaststättenumsatz

75 Sonstiger Handelsumsatz

76 Sonstige steuerpflichtige Erträge

77 Skontierträge

79 Sonstige Einnahmen aus wirtschaftlichem Geschäftsbetrieb
7990 Verrechnungskonto Einnahmen wirtschaftlicher Betrieb

Klasse 9   *Eröffnungs- und Abschlusskonten*

9000 Saldovorträge Sachkonten
9008 Saldovorträge Debitoren
9009 Saldovorträge Kreditoren

18.3 Merkblatt und Steuerformulare für Reitbetriebe

18.3.1 Umsatzsteuer bei Pferdepension- und -training
Quelle: Umsatzsteuerkartei 26. Januar 2000, S 7233-9-StH 531, S 7233-6-St0 353

A. Allgemeines
Leistungen, die Pferdepensionen und -trainer z.B. aufgrund von Pferdeeinstellungsverträgen gegenüber Besitzern von Reit- und Rennpferden erbringen, unterliegen dem ermäßigten Steuersatz, wenn die Voraussetzungen des § 12 Abs. 2 Nr. 3 UStG für das **Halten von Vieh (Pensionsviehhaltung)** vorliegen. Eine begünstigte einheitliche Leistung liegt vor, wenn der Pensionsbetrieb verpflichtet ist, folgende Leistungsbestandteile zu erbringen:
❶ Unterbringung (Unterstellung),
❷ Füttern und Tränken sowie
❸ Pflege
des Pferdes.

B. Definition des Pflegebegriffs
Abgrenzungsfragen zum Merkmal „Pflege" sind nach den Bedürfnissen des Pferdes zu beurteilen. Dieses Merkmal ist nur dann erfüllt, wenn der Pensionsbetrieb verpflichtet ist, bestimmte **Mindestleistungen** zu erbringen.

Abzustellen ist auf das Gesamtbild der tatsächlichen Verhältnisse. Es kommt darauf an, dass der Unternehmer im Ergebnis für den ordnungsgemäßen Zustand eines Tieres einzustehen hat. Es ist unschädlich, wenn einzelne Pflegeleistungen zeitweise durch den Tierbesitzer ausgeführt werden und der Pensionsbetrieb dann nicht selbst tätig wird. Es muss jedoch die ständige Leistungsbereitschaft des Unternehmers gegeben sein, die vereinbarten Leistungen jederzeit auch ohne Aufforderung durch den Tierbesitzer zu erfüllen. Der Unternehmer muss hierzu über die erforderliche Organisationsstruktur und geeignetes Personal in hinreichendem Umfang verfügen.

Zur Pflege gehören folgende Leistungen:

❶ **Bewegen** des Pferdes
Nur das der Gesunderhaltung des Tieres dienende Bewegen fällt unter den Pflegebegriff. Eine Pflegeleistung des Pensionsbetriebs liegt nur dann vor, wenn **dieser** verpflichtet ist, das Tier zu bewegen. Es ist hierfür ausreichend, das Tier aus der Box auf eine Weide zu bringen, wo es sich selbst bewegen kann (Weidegang). Nicht unter das Bewegen des Pferdes zur Gesunderhaltung des Tieres fällt der Beritt (siehe weiter unten).

❷ Gewährleistung des Gesundheitszustandes des Tieres durch **Kontrolle** ggf. eigenverantwortliche Veranlassung tierärztlicher Maßnahmen.

❸ Reinigung

Zur Reinigung gehören das zur Verfügung stellen einer sauberen Box (Reinigen der Boxenwände) durch den Pensionsinhaber sowie das Reinigen der Tiere.

❹ Ausmisten des Einstellplatzes

❺ Einstreuen des Einstellplatzes

Nicht zur Pflege gehören folgende Leistungselemente:

Beritt

Der Beritt stellt eine sportliche Betätigung durch den Reiter oder Pensionsinhaber dar; er ist für die Pflege nicht erforderlich. Beritt ist sportliche Betätigung, das Bewegen geht sozusagen im Beritt unter.

Vom Pensionsinhaber erbrachter Beritt stellt – ggf. neben der begünstigten Pflegeleistung – immer eine eigenständige sonstige Hauptleistung dar, die dem allgemeinen Steuersatz unterliegt.

Benutzung der Reitbahn

Diese Leistung hat mit dem Halten von Vieh nichts zu tun, sie ist dem Reiten durch den Pferdebesitzer zuzuordnen und nicht Bestandteil einer Pflegeleistung.

Insoweit liegt eine unselbstständige Nebenleistung zur Hauptleistung vor (zur Beurteilung der Hauptleistung als Vermietung, Betreuung oder Halten von Vieh siehe Abschnitt C.).

Ausbildung und Training

Die **Ausbildung** und das **Training** der Pferde durch geschultes Personal stellen immer selbstständige Sonderleistungen dar, die nicht zur einheitlichen Leistung „Pensionsviehhaltung" gehören und dem allgemeinen Steuersatz unterliegen.

Wird ein Pauschalentgelt gezahlt, ist dieses im Schätzungswege aufzuteilen (z.B. anhand der Kosten nach dem Lohnanteil für das zur Ausbildung und zum Training der Pferde eingesetzte geschulte Personal).

C. Umsatzsteuerliche Beurteilung der Leistungen des Pensionsinhabers
Je nach vertraglicher Gestaltung und Leistungsumfang des Pensionsbetriebs können dessen Gesamtleistungen umsatzsteuerlich wie folgt zu beurteilen sein:

❶ Vermietungsleistung

Ist nur die reine Unterbringung vereinbart (nur Leistung zu A.1) liegt steuerfreie Vermietung einer Box vor (§ 4 Nr. 12 a UStG), wenn eine **bestimmte** Grundstücksfläche unter Ausschluss anderer überlassen wird.

❷ Betreuungs-/Verwahrungsleistung

Sind nur Unterbringung und Füttern/Tränken vereinbart (Leistungen zu A.1 und A.2) liegen steuerbare Betreuungs-/Verwahrungsleistungen vor, die insgesamt nicht nach § 12 Abs. 2 Nr. 3 UStG begünstigt sind, weil keine Pflege erbracht wird (allgemeiner Steuersatz). Das Gleiche gilt, wenn nur einige der in Abschnitt B.1 bis 5 genannten Leistungen ausgeführt werden.

❸ Halten von Vieh

Hat der Pensionsbetrieb Unterbringungs-, Fütterungs- und Pflegeleistungen zu erbringen (vollständige Leistungen gemäß Abschnitt A.1 bis A.3), liegt begünstigtes Halten von Vieh i. S. von § 12 Abs. 2 Nr. 3 UStG vor.

D. Beispiele

Beispiel 1:
Die Pferdepension P bietet Pferdebesitzern zwei Verträge zu wahl an:

1. Pferdeeinstellungsvertrag zu einem Pensionspreis von monatlich 500,– DM.
Leistungen der P:
– Vermietung einer Box (ohne Anspruch auf bestimmten Platz),
– Ausmisten der Boxen und Versorgung mit frischem Stroh,
– tägliches Füttern und Tränken der Pferde,
– Kontrolle der Tiere (ggf. Anforderung eines Tierarztes oder Banachrichtigung des Eigentümers über Besonderheiten) und
– Benutzung der Reitbahn im Freien, der Reithalle sowie der vorhandenen Einrichtungen, wie z.B. Wasch- und Schmiedeplatz, Solarium und Sattelkammer.
Die Pferdebesitzer sind täglich 1 bis 2 Stunden zur aktiven Mitarbeit verpflichtet und müssen die Tiere u.a. selbst bewegen, reiten und striegeln.

Umsatzsteuerliche Beurteilung:
P erbringt eine einheitliche Betreuungsleistung, die insgesamt steuerbar ist. die Überlassung der Reitbahn, der Reithalle und der übrigen Einrichtungen stellen unselbstständige Nebenleistungen dar.

Die Leistung der P unterliegt dem allgemeinen Steuersatz. Es liegt kein begünstigtes Halten von Vieh vor, da die Pferde nicht von P sondern von ihren Bestizern gepflegt werden (kein Bewegen und Reinigen der Tiere durch P).

2. Pferdeeinstellungsvertrag zu einem Pensionspreis von monatlich 1.000,– DM.
Leistungen der P:
– Leistungskatalog wie im 1. Vertrag,
zusätzlich:
– tägliches Bewegen der Tiere, Striegeln und Auskratzen der Hufe (der Pferdebesitzer muss nicht zur Versorgung seines Tieres beitragen) sowie

– Ausbildung und Training durch geschultes Personal.

Da zur Leistung der P nunmehr auch die Pflege der Tiere gehört (alle Leistungs-merkmale gemäß Abschnitt B.1 bis 5 erfüllt), liegen sämtliche Voraussetzungen des § 12 Abs. 2 Nr. 3 UStG vor, die **Pensionsviehhaltung** unterliegt dem ermäßigten Steuersatz.

– Ausbildung und Training unterliegen als selbstständige Leistungen dem allge-meinen Steuersatz.

Beispiel 2:

T ist selbstständier Pferdetrainer; er darf aufgrund besonderer Vereinbarunen mit einem Reiterverein 20 Pferdeboxen, eine Sattelkammer und einen Büroraum nut-zen sowie bei Bedarf auch die Trainingsbahn, die Grasbahn und die Startmaschine.

Den Pferdebesitzern bietet T folgende Leistungen an:

1. Trainingsleistung einschließlich Füttern, Tränken und Pflege 33,– DM/täglich
2. Unterbringung 90,– DM monatlich
3. Stalldungentsorgung 30,– DM monatlich
4. Bahngebühren 25,– DM monatlich
5. Transport zu den Rennen

Die Leistungen zu 2. und 4. werden vertraglich unmittelbar zwischen dem Reiter-verein und dem jeweiligen Pferdebesitzer vereinbart und erbracht.

Umsatzsteuerliche Beurteilung:

Da die Unterbringung der Pferde nicht durch T, sondern unmittelbar durch den Reiterverein erfolgt, kann die Leistung des T gegenüber dem Pferdebesitzer mangels selbst erbrachter Unterbringungsleistung nicht als begünstigtes Halten von Vieh i.S. des § 12 Abs. 2 Nr. 3 UStG angesehen werden. T erbringt folgende selbstständige Leistungen:

– Training,
– Füttern, Tränken und Pflege der Tiere sowie
– Transport zu den Rennen.

Diese unterliegen jeweils dem allgemeinen Steuersatz.

Abwandlung des Beispiels 2:

Die Leistungen zu 2. bis 4. werden unmittelbar zwischen T und dem Pferdebesitzer vereinbart. T bedient sich zur Durchführung der Arbeiten des Reitervereins; er berechnet seinen Kunden lediglich die ihm vom Verein in Rechnung gestellten Beträge weiter.

Umsatzsteuerliche Beurteilung:

Da T die Leistungen zu 2. bis 4. selbst schuldet und auch in eigenem Namen und auf eigene Rechnung gegenüber seinen Kunden abrechnet, erbringt er auch die Unterbringungsleistung. Die Voraussetzungen des § 12 Abs. 2 Nr. 3 UStG für die

Annahme des Haltens von Vieh liegen vor, wenn von T alle Leistungen nach Abschnitt B.1 bis 5 erbracht werden).

Die Leistung des T ist begünstigt, soweit Halten von Vieh vorliegt. Darüber hinaus erbrachte Trainings- und Transportleistungen sind eigenständig zu beurteilen; sie stellen weitere, nicht begünstigte Hauptleistungen dar.

E. Mustervertrag der Deutschen Reiterlichen Vereinigung e.V.
Ein Mustervertrag ist auszugsweise in der Anlage zu dieser Karteikarte abgedruckt (vgl. Kapitel 18.1.2). Auch wenn nicht alle für die Annahme einer Pflege in Teil B. genannten Leistungen vorgesehen sind (z.B. ist das Reinigen der Tiere nicht als Pflichtleistung des Pensionsbetreibs vereinart), ist nach dem Gesamtbild der Verhältnisse doch eine begünstigte Pensionsviehhaltung anzunehmen.

18.3.2 Fragebogen zur Anmeldung einer unternehmerischen Tätigkeit

1. Ausfertigung - Für das Finanzamt bestimmt (VBZ)

X Zutreffendes bitte ankreuzen

Steuernummer / Geschäftszeichen

A. Angaben zur Person d. Unternehmer(s, in)

1. Vor und Zuname des Unternehmers / der Unternehmerin

Anschrift (Straße und Hausnummer, Postleitzahl, Ort)

Religion 1) 2)   Geburtsdatum 1) 2)   Telefon 3)

2. Familienstand 1) 2)

☐ ledig

Tag   Monat   Jahr

☐ verheiratet   ☐ dauernd getrennt lebend   ☐ geschieden   ☐ verwitwet   seit dem

Bei Güterstand der Gütergemeinschaft:
Gehört der Gewerbebetrieb zum Gesamtgut?   ☐ Ja   ☐ Nein

3. Unternehmer/in wurde bzw. wird steuerlich geführt:

☐ Nein   ☐ Ja ⇨ Finanzamt, Steuernummer:

B. Angaben zur Person des Ehegatten 1)

4. Vor- und Zuname des Ehegatten (ggf. Geburtsname)   Geburtsdatum 2)   Religion 2)

5. Ehegatte wurde bzw. wird bereits steuerlich geführt:

☐ Nein   ☐ Ja ⇨ Finanzamt, Steuernummer:

C. Angaben zu Kindern 1)

6. Bitte geben Sie die Anzahl der steuerlich zu berücksichtigenden Kinder an; bei Kindern über 18 Jahre bitte zusätzlich Begründung für die steuerliche Berücksichtigung angeben   Anzahl der Kinder

D. Angaben zum Betrieb d. Unternehmer(s/in)

7. Anschrift der Betriebsstätte, des Ortes der Berufausübung und/oder der Geschäftsleitung   Telefon 3)

8. Das Unternehmen wurde - soweit gewerberechtlich vorgeschrieben - angemeldet am ... bei ...

Beginn der gewerblichen oder beruflichen Tätigkeit des Unternehmens

9. ☐ Das Unternehmen wurde neu gegründet

☐ Ein bereits bestehendes Unternehmen wurde übernommen
Name und Anschrift des früheren Unternehmens

10. Bezeichnung des ausgeübten Gewerbes oder Berufes bzw. der Tätigkeit

Anteile Fertigung   Anteile Handel

Bei gemischten Betrieben   v. H.   v. H.

abweichender Zeitraum von ... bis ...

11. ☐ Das Wirtschaftsjahr weicht vom Kalenderjahr ab

12. Für das laufende Kalender- bzw. Wirtschaftsjahr geschätzter   Umsatz: Gewinn:

E. Weitere Einkünfte 1)

13. Angaben zu anderen Einkünften - auch des Ehegatten
(z.B. aus nichtselbständiger Arbeit, Kapitalvermögen, Vermietung und Verpachtung, Renten o. ä):

Art der Einkünfte	Höhe (jährlich)	bezogen seit	durch	
			Stpfl.	Ehegatten

1) Diese Angaben sind nicht erforderlich, wenn die Besteuerungsgrundlagen nach § 180 AO gesondert festgestellt werden.
2) Diese Angaben sind für Zwecke der Einkommen-/Kirchensteuervorauszahlungen erforderlich.
3) Diese Angaben sind freiwillig; sie erleichtern aber die Zusammenarbeit zwischen Ihnen und dem Finanzamt.

Org 1 FM NRW - Anmeldung einer gewerblichen oder beruflichen Tätigkeit (Fragebogen) - VBZ
Nr.107/16.01 (02.02) OFD Dü - LZ 23

F. Kontoverbindungen 3)

14.	Etwaige Erstattungen sollen künftig auf folgendes Konto überwiesen werden:			
	Kontoinhaber	Name und Ort des Instituts	Bankleitzahl	Kontonummer
	Hiervon abweichend bitte ich, Erstattungen von Betriebssteuern (z.B. Umsatz- und Lohnsteuer) künftig auf folgendes Konto zu überweisen:			
	Kontoinhaber	Name und Ort des Instituts	Bankleitzahl	Kontonummer

G. Angaben/Hinweise zur Umsatzbesteuerung

15.	Der auf das Kalenderjahr umgerechnete Umsatz (Jahresumsatz) zuzüglich darauf entfallender Umsatzsteuer (USt) wird voraussichtlich betragen:
	☐ bis 16.620 € ☐ Es soll gemäß § 19 Abs. 1 Umsatzsteuergesetz (UStG) keine Umsatzsteuer (USt) erhoben werden.
	⇨ USt darf nicht gesondert in Rechnungen ausgewiesen werden - Vorsteuer darf nicht abgezogen werden.
	☐ Es soll gemäß § 19 Abs. 2 Umsatzsteuergesetz USt erhoben werden.
	⇨ USt darf gesondert in Rechnungen ausgewiesen werden - Vorsteuer darf unter den Voraussetzungen des § 15 UStG abgezogen werden.
	☐ über 16.620 € ⇨ Es wird USt erhoben und abgeführt - Regelbesteuerung
16.	Umsatzsteuer-Voranmeldungszeitraum (§ 18 Abs. 2 Nr. 4 UStG)
	Nimmt der Unternehmer seine berufliche oder gewerbliche Tätigkeit auf, ist im laufenden und folgenden Kalenderjahr Voranmeldungszeitraum der Kalendermonat. Das gilt nicht für Kleinunternehmer nach § 19 Abs. 1 UStG.
17.	Benötigen Sie für die Teilnahme am innergemeinschaftlichen Handel eine Umsatzsteuer- Identifikationsnummer? ☐ Ja ☐ Nein

H. Angaben zum Lohnsteueranmeldungsverfahren

18.		insgesamt	davon in der Fertigung
	Zahl der Angestellten, Arbeiter und Auszubildenden (hierzu zählen auch Aushilfskräfte):		
19.	Arbeitnehmer werden beschäftigt und Lohnkonten geführt seit:		
20.	Lohnsteueranmeldungszeitraum für die Anmeldung der abzuführenden Lohnsteuer (§ 41 a EStG)		
	☐ Monat ⇨ abzuführende Lohnsteuer für das Kalenderjahr mehr als 3.000 €.		
	☐ Kalendervierteljahr ⇨ abzuführende Lohnsteuer für das Kalenderjahr mehr als 800 €, aber nicht mehr als 3.000 €.		
	☐ Kalenderjahr ⇨ abzuführende Lohnsteuer für das Kalenderjahr nicht mehr als 800 €.		

Bei der Beantwortung der Fragen hat / haben mitgewirkt 4)

_____

_____

Ich versichere, dass ich die Angaben wahrheitsgemäß nach bestem Wissen und Gewissen gemacht habe.
Ort, Datum

_____

_____
- Eigenhändige Unterschrift -

3) Diese Angaben sind freiwillig; sie erleichtern aber die Zusammenarbeit zwischen Ihnen und dem Finanzamt.
4) Diese Angabe ist freiwillig.

18.3.3 Angaben zum Unternehmen

1. Ausfertigung - Für das Finanzamt bestimmt

X	Zutreffendes bitte ankreuzen
	Steuernummer / Geschäftszeichen

A. Angaben zum Unternehmen

1. a) Firmenbezeichnung

Ort der Geschäftsleitung

Anschrift des Unternehmens

b) Gesetzlicher Vertreter (Vorstand, Geschäftsführer) - Name und Anschrift

c) Empfangsbevollmächtigter - Name und Anschrift - (soweit von 1b abweichend)

2. ☐ Das Unternehmen wurde neu gegründet (in diesem Fall sind die Nrn 3 ff. auszufüllen)

☐ Das Unternehmen wurde nach hier verlegt (nur Nrn 11 und 12 beachten)
Bisheriger Sitz des Unternehmens | Datum der Verlegung

Bisher zuständiges Finanzamt | dortige Steuernummer

3. a) Rechtsform des Unternehmens (z.B. offene Handelsgesellschaft, Kommanditgesellschaft)

b) Besondere Rechtsverhältnisse (z.B. Organschaft, Ergebnisabführungsvertrag) - Bitte Unterlagen beifügen -

4. Gegenstand des Unternehmens

Bei gemischten Betrieben: | Anteil Fertigung v.H. | Anteil Handel v.H.

5. ☐ Ein bereits bestehendes Unternehmen wurde übernommen.
Name und Anschrift des früheren Unternehmers, Steuernummer - soweit bekannt -

6. Das Unternehmen wurde angemeldet bei | am (genaues Datum)

7. ☐ Die Firma wurde in das Handelsregister eingetragen | Datum der Eintragung | Amtsgericht

Beginn der Tätigkeit der Gesellschaft (z.B. Übernahme des Vermögens) am: | Beginn der gewerblichen oder beruflichen Tätigkeit:

☐ Es sind Teilbetriebe vorhanden, und zwar in

8. Das Wirtschaftsjahr weicht vom Kalenderjahr ab: | abweichender Zeitraum von . . . bis . . .

9. a) Genaue Angaben zu allen Unternehmern (Gesellschaftern)

Name und Anschrift	Art der Beteiligung	steuerlich geführt beim Finanzamt . . . / Steuernummer . . .

Org 2 FM NRW - Anmeldung einer Gesellschaft (Fragebogen) - VBZ
Nr. 107/17 (05.97) OFD Dü - St 31 (W6T) - **Blatt** 1 2 **3** 4 5 6

noch A. Angaben zum Unternehmen

		Umsatz	Gewinn
10.	Für das laufende Kalender- bzw. Wirtschaftsjahr geschätzter		

11. ☐ Eine Abschrift ☐ des Gesellschaftsvertrags vom _____ mit etwaigen Nachträgen

☐ der Eröffnungsbilanz

☐ _____ ist / sind beigefügt.

12. Etwaige Erstattungen sollen künftig auf folgendes Konto überwiesen werden:

Kontoinhaber	Name und Ort des Instituts	Bankleitzahl	Kontonummer

Hiervon abweichend bitte ich, Erstattungen von Betriebssteuern (z.B. Umsatz- und Lohnsteuer) künftig auf folgendes Konto zu überweisen:

Kontoinhaber	Name und Ort des Instituts	Bankleitzahl	Kontonummer

B. Angaben zur Umsatzbesteuerung

13. Der auf das Kalenderjahr umgerechnete Umsatz (Jahresumsatz) zuzüglich darauf entfallender Umsatzsteuer (USt) wird voraussichtlich betragen:

☐ **bis 32.500 DM** ☐ Es soll gemäß § 19 Abs. 1 Umsatzsteuergesetz (UStG) keine Umsatzsteuer (USt) erhoben werden.

⇨ USt darf nicht gesondert in Rechnungen ausgewiesen werden - Vorsteuer darf nicht abgezogen werden.

☐ Es soll gemäß § 19 Abs. 2 Umsatzsteuergesetz USt erhoben werden.

⇨ USt darf gesondert in Rechnungen ausgewiesen werden - Vorsteuer darf unter den Voraussetzungen des § 15 UStG abgezogen werden.

☐ **über 32.500 DM** ⇨ Es wird USt erhoben und abgeführt - Regelbesteuerung

14. Umsatzsteuer-Voranmeldungszeitraum (§ 18 Abs. 2 Satz 5 UStG)

☐ Monat ⇨ voraussichtliche Steuer des laufenden Kalenderjahres mehr als 12.000 DM.

☐ Kalendervierteljahr ⇨ voraussichtliche Steuer des laufenden Kalenderjahres mehr als 1.000 DM, aber nicht mehr als 12.000 DM.

☐ keiner ⇨ voraussichtliche Steuer des laufenden Kalenderjahres nicht mehr als 1.000 DM.

15. Benötigen Sie für die Teilnahme am innergemeinschaftlichen Handel eine Umsatzsteuer-Identifikationsnummer? ☐ Ja ☐ Nein

C. Angaben zum Lohnsteueranmeldungsverfahren

		insgesamt	davon in der Fertigung
16.	Zahl der Angestellten, Arbeiter und Auszubildenden (hierzu zählen auch Aushilfskräfte):		

17. Arbeitnehmer werden beschäftigt und Lohnkonten geführt seit:

18. Lohnsteueranmeldungszeitraum für die Anmeldung der abzuführenden Lohnsteuer (§ 41 a EStG)

☐ Monat ⇨ abzuführende Lohnsteuer für das Kalenderjahr mehr als 6.000 DM.

☐ Kalendervierteljahr ⇨ abzuführende Lohnsteuer für das Kalenderjahr mehr als 1.600 DM, aber nicht mehr als 6.000 DM.

☐ keiner ⇨ abzuführende Lohnsteuer für das Kalenderjahr nicht mehr als 1.600 DM.

Bei der Beantwortung der Fragen hat / haben mitgewirkt

_____

_____

Ich versichere, daß ich die Angaben wahrheitsgemäß nach bestem Wissen und Gewissen gemacht habe.

Ort, Datum

_____   _____
                                            - Unterschriften aller Vertretungsberechtigten -

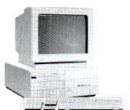

18.3.4 Umsatzsteuer-Voranmeldung

- Bitte weiße Felder ausfüllen oder ☒ ankreuzen, Anleitung beachten -

Fallart	Steuernummer	Unter-fallart
11		56

2002

30 Eingangsstempel oder -datum

Finanzamt

Unternehmer – ggf. abweichende Firmenbezeichnung – Anschrift – Telefon

Umsatzsteuer-Voranmeldung 2002

Voranmeldungszeitraum

bei **monatlicher** Abgabe bitte ankreuzen / bei **vierteljährlicher** Abgabe bitte ankreuzen

02 01	Jan.	02 07	Juli	02 41	I. Kalender-vierteljahr
02 02	Feb.	02 08	Aug.	02 42	II. Kalender-vierteljahr
02 03	März	02 09	Sept.	02 43	III. Kalender-vierteljahr
02 04	April	02 10	Okt.	02 44	IV. Kalender-vierteljahr
02 05	Mai	02 11	Nov.		
02 06	Juni	02 12	Dez.		

Berichtigte Anmeldung (falls ja, bitte eine „1" eintragen) 10

I. Anmeldung der Umsatzsteuer-Vorauszahlung

		Bemessungsgrundlage ohne Umsatzsteuer volle EUR		Steuer EUR	Ct
Lieferungen und sonstige Leistungen (einschließlich unentgeltlicher Wertabgaben)					
Steuerfreie Umsätze mit Vorsteuerabzug					
Innergemeinschaftliche Lieferungen (§ 4 Nr. 1 Buchst. b UStG) an Abnehmer **mit** USt-IdNr.	41				
neuer Fahrzeuge an Abnehmer **ohne** USt-IdNr.	44				
neuer Fahrzeuge außerhalb eines Unternehmens (§ 2a UStG)	49				
Weitere steuerfreie Umsätze mit Vorsteuerabzug (z.B. **Ausfuhrlieferungen**, Umsätze nach § 4 Nr. 2 bis 7 UStG)	43				
Steuerfreie Umsätze ohne Vorsteuerabzug Umsätze nach § 4 Nr. 8 bis 28 UStG	48				
Steuerpflichtige Umsätze (Lieferungen und sonstige Leistungen einschl. unentgeltlicher Wertabgaben)					
zum Steuersatz von 16 v.H.	51				
zum Steuersatz von 7 v.H.	86				
Umsätze, die anderen Steuersätzen unterliegen	35		36		
Umsätze land- und forstwirtschaftlicher Betriebe nach § 24 UStG					
Lieferungen in das übrige Gemeinschaftsgebiet an Abnehmer **mit** USt-IdNr.	77				
Umsätze, für die eine Steuer nach § 24 UStG zu entrichten ist (Sägewerkserzeugnisse, Getränke und alkohol. Flüssigkeiten, z.B. Wein)	76		80		
Innergemeinschaftliche Erwerbe					
Steuerfreie innergemeinschaftliche Erwerbe Erwerbe nach § 4b UStG	91				
Steuerpflichtige innergemeinschaftliche Erwerbe					
zum Steuersatz von 16 v.H.	97				
zum Steuersatz von 7 v.H.	93				
zu anderen Steuersätzen	95		98		
neuer Fahrzeuge von Lieferern **ohne** USt-IdNr. zum allgemeinen Steuersatz	94		96		
Lieferungen des ersten Abnehmers (§ 25b Abs. 2 UStG) bei **innergemeinschaftlichen Dreiecksgeschäften**	42				
Übertrag		zu übertragen in Zeile 45			

USt 1 A – Umsatzsteuer-Voranmeldung 2002 –
Nr. 754/1 (12.01) OFD Dü - St 44

Nordrhein-Westfalen

– 2 –

			Steuer EUR		Ct
44					
45	Übertrag				
46	Umsätze, für die der Leistungsempfänger die Steuer nach § 13b Abs. 2 UStG schuldet (ggf. unter Anrechnung nach § 27 Abs. 4 UStG)	**Bemessungsgrundlage** ohne Umsatzsteuer volle EUR			
47					
48	zum Steuersatz von 16 v.H.	54			
49	zum Steuersatz von 7 v.H.	55			
50	zu anderen Steuersätzen	57	58		
51					
52	Steuer infolge Wechsels der Besteuerungsart/-form sowie Nachsteuer auf versteuerte Anzahlungen wegen Steuersatzerhöhung		65		
53	Umsatzsteuer				
54	**Abziehbare Vorsteuerbeträge** Vorsteuerbeträge aus Rechnungen von anderen Unternehmern (§ 15 Abs. 1 Nr. 1 UStG)				
55	und aus innergemeinschaftlichen Dreiecksgeschäften (§ 25b Abs. 5 UStG)		66		
56	Vorsteuerbeträge aus dem innergemeinschaftlichen Erwerb von Gegenständen (§ 15 Abs. 1 Nr. 3 UStG)		61		
57	Entrichtete Einfuhrumsatzsteuer (§ 15 Abs. 1 Nr. 2 UStG)		62		
58	Vorsteuerbeträge aus Leistungen im Sinne des § 13b Abs. 1 UStG (§ 15 Abs. 1 Nr. 4 UStG)		67		
59	Vorsteuerbeträge, die nach allgemeinen Durchschnittssätzen berechnet sind (§§ 23 und 23a UStG)		63		
60	Berichtigung des Vorsteuerabzugs (§ 15a UStG)		64		
61	Vorsteuerabzug für innergemeinschaftliche Lieferungen neuer Fahrzeuge außerhalb eines Unternehmens (§ 2a UStG) sowie von Kleinunternehmern im Sinne des § 19 Abs. 1 UStG (§ 15 Abs. 4a UStG)		59		
62	Verbleibender Betrag				
63	Steuerbeträge, die vom letzten Abnehmer eines innergemeinschaftlichen Dreiecksgeschäfts geschuldet werden (§ 25b Abs. 2 UStG),				
64	in Rechnungen unberechtigt ausgewiesene Steuerbeträge (§ 14 Abs. 2 und 3 UStG) sowie Steuerbeträge, die nach § 6a Abs. 4 Satz 2 oder § 17 Abs. 1 Satz 2 UStG geschuldet werden		69		
65	**Umsatzsteuer-Vorauszahlung/Überschuss**				
66	Anrechnung (Abzug) der festgesetzten **Sondervorauszahlung** für Dauerfristverlängerung (nur auszufüllen in der letzten Voranmeldung des Besteuerungszeitraums, in der Regel Dezember)		39		
67	Verbleibende Umsatzsteuer-Vorauszahlung .... (bitte in jedem Fall ausfüllen) Verbleibender Überschuss - bitte dem Betrag ein Minuszeichen voranstellen -		83		
68					

II. Sonstige Angaben und Unterschrift

70	Ein Erstattungsbetrag wird auf das dem Finanzamt benannte Konto überwiesen, soweit der Betrag nicht mit Steuerschulden verrechnet wird.
71	**Verrechnung des Erstattungsbetrages erwünscht / Erstattungsbetrag ist abgetreten.** (falls ja, bitte eine „1" eintragen) — 29
72	Geben Sie bitte die Verrechnungswünsche auf einem besonderen Blatt an oder auf dem beim Finanzamt erhältlichen Vordruck „Verrechnungsantrag".
73	Die **Einzugsermächtigung** wird ausnahmsweise (z. B. wegen Verrechnungswünschen) für diesen Voranmeldungszeitraum **widerrufen** (falls ja, bitte eine „1" eintragen) — 26
	Ein ggf. verbleibender Restbetrag ist gesondert zu entrichten.

74	**Hinweis nach den Vorschriften der Datenschutzgesetze:**	- nur vom Finanzamt auszufüllen -
75	Die mit der Steueranmeldung angeforderten Daten werden auf Grund der §§ 149 ff. der Abgabenordnung und der §§ 18, 18b des	11 19
76	Umsatzsteuergesetzes erhoben. Die Angabe der Telefonnummern ist freiwillig.	
77	Bei der Anfertigung dieser Steueranmeldung hat mitgewirkt: (Name, Anschrift, Telefon)	12
78		
79		**Bearbeitungshinweis**
80		1. Die aufgeführten Daten sind mit Hilfe des geprüften und genehmigten Programms sowie ggf. unter Berücksichtigung der gespeicherten Daten maschinell zu verarbeiten.
81		2. Die weitere Bearbeitung richtet sich nach den Ergebnissen der maschinellen Verarbeitung.
82	**Ich versichere, die Angaben in dieser Steueranmeldung wahrheitsgemäß nach bestem Wissen und Gewissen gemacht zu haben.**	
83		
84		Datum, Namenszeichen
85		Kontrollzahl und/oder Datenerfassungsvermerk
86	Datum, Unterschrift	

18.3.5 Lohnsteuer-Anmeldung

– Bitte weiße Felder ausfüllen oder ⊠ ankreuzen und Hinweise auf der Rückseite beachten –

Zeile		
1	Fallart	Unter-fallart
2	Steuernummer	
3	11	62

2002

30 Eingangsstempel oder -datum

Finanzamt

Lohnsteuer-Anmeldung 2002
Anmeldungszeitraum

bei monatlicher Abgabe bitte ankreuzen

bei vierteljährlicher Abgabe bitte ankreuzen

0201	Jan.	0207	Juli	0241	I. Kalender-vierteljahr
0202	Feb.	0208	Aug.	0242	II. Kalender-vierteljahr
0203	März	0209	Sept.	0243	III. Kalender-vierteljahr
0204	April	0210	Okt.	0244	IV. Kalender-vierteljahr
0205	Mai	0211	Nov.		bei jährlicher Abgabe bitte ankreuzen
0206	Juni	0212	Dez.	0219	Kalender-jahr

Arbeitgeber – Anschrift der Betriebsstätte – Telefon

Berichtigte Anmeldung
(falls ja, bitte eine „1" eintragen) . . . **10**
Zahl der Arbeitnehmer (einschl. Aushilfs- und Teilzeitkräfte) **86**

¹) Negativen Beträgen ist ein **Minuszeichen** voranzustellen.
²) Nach Abzug der im Lohnsteuer-Jahresausgleich erstatteten Beträge.

		EURO	Ct
Lohnsteuer ¹) ²)	42		
abzüglich an Arbeitnehmer ausgezahltes Kindergeld	43		
abzüglich an Arbeitnehmer ausgezahlte Bergmannsprämien	46		
abzüglich Kürzungsbetrag für Besatzungsmitglieder von Handelsschiffen	33		
Verbleiben ¹)	48		
Solidaritätszuschlag ¹) ²)	49		
Evangelische Kirchensteuer – ev/lt/rf/fr ¹) ²)	61		
Römisch-Katholische Kirchensteuer – rk ¹) ²)	62		
Jüdische Kultussteuer – jd ¹) ²)	64		
Altkatholische Kirchensteuer – ak ¹) ²)	63		
Gesamtbetrag ¹)	83		

Ein Erstattungsbetrag wird auf das dem Finanzamt benannte Konto überwiesen, soweit der Betrag nicht mit Steuerschulden verrechnet wird.
Verrechnung des Erstattungsbetrags erwünscht/Erstattungsbetrag ist abgetreten.
(falls ja, bitte eine „1" eintragen) **29**
Geben Sie bitte die Verrechnungswünsche auf einem besonderen Blatt oder auf dem beim Finanzamt erhältlichen Vordruck „Verrechnungsantrag" an.
Die Einzugsermächtigung wird ausnahmsweise (z. B. wegen Verrechnungswünschen) für diesen Anmeldungszeitraum **widerrufen** (falls ja, bitte eine „1" eintragen) **26**
Ein ggf. verbleibender Restbetrag ist gesondert zu entrichten.
Ich versichere, die Angaben in dieser Steueranmeldung wahrheitsgemäß nach bestem Wissen und Gewissen gemacht zu haben.
Hinweis nach den Vorschriften der Datenschutzgesetze:
Die mit der Steueranmeldung angeforderten Daten werden auf Grund der §§ 149 ff. der Abgabenordnung und des § 41a des Einkommensteuergesetzes erhoben.
Die Angabe der Telefonnummer ist freiwillig.

Datum, Unterschrift

— Vom Finanzamt auszufüllen —

Bearbeitungshinweis
1. Die aufgeführten Daten sind mit Hilfe des geprüften und genehmigten Programms sowie ggf. unter Berücksichtigung der gespeicherten Daten maschinell zu verarbeiten.
2. Die weitere Bearbeitung richtet sich nach den Ergebnissen der maschinellen Verarbeitung.

11		19	
		12	

Kontrollzahl und/oder Datenerfassungsvermerk

Datum, Namenszeichen/Unterschrift

LST 81 (masch) Nr. 6463 (09 01) – OFD Du-K – St 2

– **LStA** – Lohnsteuer-Anmeldung 2002 –

Hinweise für den Arbeitgeber

Bei Lohnsteuer-Anmeldungen für Zeiträume ab Januar 2002 sind alle Beträge in Euro anzugeben.

Datenübermittlung oder Steueranmeldung auf Papier?

1. Sie sollten zunächst prüfen, ob Sie sich die Abgabe der Steueranmeldungen auf Papier ersparen können. Ggf. können Sie Ihre Steueranmeldungen auf maschinell verwertbaren Datenträgern oder über Datenfernübertragung übermitteln. Einzelheiten erfahren Sie bei Ihrem Finanzamt, Ihrem steuerlichen Berater oder Ihrem datenverarbeitenden Unternehmen.

Abführung der Steuerabzugsbeträge

2. Tragen Sie bitte die einzubehaltenden und zu übernehmenden Steuerabzugsbeträge (auch mit festen oder besonderen Pauschsteuersätzen erhobene Lohnsteuer) jeweils nur in einem Betrag ein und führen Sie den in Zeile 31 ausgewiesenen Gesamtbetrag an das Finanzamt der Betriebsstätte ab. Vergessen Sie bitte nicht, auf dem Zahlungsabschnitt die Steuernummer, den Zeitraum, in dem die Beträge einbehalten worden sind, und je gesondert den Gesamtbetrag der Lohnsteuer, des Solidaritätszuschlags zur Lohnsteuer und der Kirchensteuer anzugeben oder durch Ihre Bank oder Sparkasse angeben zu lassen.

   Sollten Sie mehr Lohnsteuer erstatten, als Sie einzubehalten haben (z. B. wegen einer Neuberechnung der Lohnsteuer für bereits abgelaufene Lohnzahlungszeiträume desselben Kalenderjahrs), kennzeichnen Sie bitte in Zeile 18 den Betrag mit einem deutlichen Minuszeichen. Der Erstattungsantrag ist durch Abgabe der Anmeldung gestellt.

3. Reichen die Ihnen zur Verfügung stehenden Mittel zur Zahlung des vollen vereinbarten Arbeitslohns nicht aus, so ist die Lohnsteuer von dem tatsächlich zur Auszahlung gelangten niedrigeren Betrag zu berechnen und einzubehalten.

4. Eine Eintragung in Zeile 19 (ausgezahltes Kindergeld) kommt grundsätzlich nur bei Arbeitgebern des öffentlichen Rechts in Betracht.

   Zahlen Sie an Ihre Arbeitnehmer Bergmannsprämien nach dem Bergmannsprämiengesetz, sind die von Ihnen ausgezahlten Beträge dem Betrag zu entnehmen, den Sie für Ihre Arbeitnehmer insgesamt an Lohnsteuer einzubehalten haben, und bei der nächsten Lohnsteuer-Anmeldung abzusetzen. Übersteigen die Bergmannsprämien den Betrag, der insgesamt an Lohnsteuer einzubehalten ist, so wird Ihnen der übersteigende Betrag auf Antrag vom Finanzamt ausgezahlt. Der Antrag ist durch Abgabe der Anmeldung gestellt.

   Arbeitgeber, die eigene oder gecharterte Handelsschiffe betreiben, dürfen einen Betrag von 40 % der Lohnsteuer der auf solchen Schiffen in einem zusammenhängenden Arbeitsverhältnis von mehr als 183 Tagen beschäftigten Besatzungsmitglieder abziehen. Dieser Betrag ist in Zeile 21 einzutragen.

5. Abführungszeitpunkt ist

   a) spätestens der zehnte Tag nach Ablauf eines jeden Kalendermonats, wenn die abzuführende Lohnsteuer für das vorangegangene Kalenderjahr mehr als 3000 Euro betragen hat,

   b) spätestens der zehnte Tag nach Ablauf eines jeden Kalendervierteljahrs, wenn die abzuführende Lohnsteuer für das vorangegangene Kalenderjahr mehr als 800 Euro, aber nicht mehr als 3000 Euro betragen hat,

   c) spätestens der zehnte Tag nach Ablauf eines jeden Kalenderjahrs, wenn die abzuführende Lohnsteuer für das vorangegangene Kalenderjahr nicht mehr als 800 Euro betragen hat.

   Hat Ihr Betrieb nicht während des ganzen vorangegangenen Kalenderjahrs bestanden, so ist die für das vorangegangene Kalenderjahr abzuführende Lohnsteuer für die Feststellung des Lohnsteuer-Anmeldungszeitraums auf einen Jahresbetrag umzurechnen.

   Hat Ihr Betrieb im vorangegangenen Kalenderjahr noch nicht bestanden, so ist die auf einen Jahresbetrag umgerechnete, für den ersten vollen Kalendermonat nach der Eröffnung des Betriebs abzuführende Lohnsteuer maßgebend.

6. Im Falle nicht rechtzeitiger Abführung der Steuerabzugsbeträge ist ein Säumniszuschlag zu entrichten. Der Säumniszuschlag beträgt 1% des rückständigen Steuerbetrags für jeden angefangenen Monat der Säumnis.

7. Verbleibende Beträge von insgesamt weniger als 1 Euro werden weder erhoben noch erstattet, weil dadurch unverhältnismäßige Kosten entstehen.

Anmeldung der Steuerabzugsbeträge

8. Übersenden Sie bitte unabhängig davon, ob Sie Lohnsteuer einzubehalten hatten oder ob die einbehaltenen Steuerabzugsbeträge an das Finanzamt abgeführt worden sind, dem Finanzamt der Betriebsstätte spätestens bis zum Abführungszeitpunkt (siehe oben Nummer 5) eine Lohnsteuer-Anmeldung nach diesem Vordruck, der amtlich vorgeschrieben ist. Weitere Vordrucke erhalten Sie kostenlos beim Finanzamt.

   Sie sind aber künftig von der Verpflichtung zur Abgabe weiterer Lohnsteuer-Anmeldungen befreit, wenn Sie Ihrem Betriebsstättenfinanzamt mitteilen, dass Sie keine Lohnsteuer einzubehalten oder zu übernehmen haben.

9. Trifft die Anmeldung nicht rechtzeitig ein, so kann das Finanzamt zu der Lohnsteuer einen **Verspätungszuschlag** bis zu 10 % des anzumeldenden Betrages festsetzen.

10. Um Rückfragen des Finanzamts zu vermeiden, geben Sie bitte in Zeile 16 stets die Zahl der beschäftigten Arbeitnehmer – einschließlich Aushilfs- und Teilzeitkräfte – an.

Berichtigung von Lohnsteuer-Anmeldungen

11. Wenn Sie feststellen, dass eine bereits eingereichte Lohnsteuer-Anmeldung fehlerhaft oder unvollständig ist, so ist für den betreffenden Anmeldungszeitraum eine berichtigte Lohnsteuer-Anmeldung einzureichen. Dabei sind Eintragungen auch in den Zeilen vorzunehmen, in denen sich keine Änderung ergeben hat. Es ist nicht zulässig, nur Einzel- oder Differenzbeträge nachzumelden. Für die Berichtigung mehrerer Anmeldungszeiträume sind jeweils gesonderte berichtigte Lohnsteuer-Anmeldungen einzureichen. Den Berichtigungsgrund geben Sie bitte auf besonderem Blatt an.

18.4 Wichtige Anschriften

Verzeichnis der zuständigen Stellen für die Berufsausbildung zum Pferdewirt

Baden-Württemberg
Regierungspräsidium Karlsruhe
Schlossplatz 1-3, 76131 Karlsruhe
Tel.: Zentrale (07 21) 9 26 0
Frau Meng (07 21) 9 26 37 12 oder 9 26 37 10
Fax: (07 21) 37 05 46

Bayern
Bayerische Landesanstalt für Tierzucht,
Pferdezucht und Pferdesport
Landshamer Straße 11, 81929 München
Tel.: Zentrale (0 89) 92 69 67-0
Frau Rosenberger (0 89) 92 69 67-532/-531
Fax: (0 89) 92 69 67-66

Berlin
Senatsverwaltung für Arbeit,
Berufliche Bildung und Frauen
Storkower Straße 134, 10407 Berlin-Prenzlauer Berg
Tel.: Frau Degner (0 30) 90 22-2533
Frau Peters (0 30) 90 22-2537
Fax: (0 30) 90 22-2874

Brandenburg
Landesamt für Verbraucherschutz und Landwirtschaft
Referat 47 – zuständige Stelle für berufliche Bildung –
Dorfstraße 1, 14513 Teltow OT Ruhlsdorf
Tel.: Frau Dr. Rügen (0 33 28) 43 62 00
Fax: (0 33 28) 43 62 04

Bremen
Landwirtschaftskammer Bremen
Ellhornstraße 30, 28195 Bremen
Tel.: Herr Otten (04 21) 1 67 57 50
Fax: (04 21) 1 67 57 59

Hamburg
Landwirtschaftskammer Hamburg
Brennerhof 121, 22113 Hamburg
Tel.: Herr Reimann (0 40) 78 12 91-21/25
Fax: (0 40) 78 76 93

Hessen
Hessisches Dienstleistungszentrum für Landwirtschaft,
Gartenbau und Naturschutz
Kölnische Straße 48-50, 34117 Kassel
Tel.: (05 61) 72 99-0 – Herr Schal 72 99-309,
Herr Mengers (0 64 41) 92 89-475/40
Fax: (05 61) 72 99-220

Mecklenburg-Vorpommern	Ministerium für Ernährung, Landwirtschaft, Forsten und Fischerei Mecklenburg-Vorpommern, Paulshöher Weg 1, 19061 Schwerin Tel.: Herr Dr. Boedecker, Herr Freygang (03 85) 5 88 64 45 Fax: (03 85) 588-6024/6025
Niedersachsen	Landwirtschaftskammer Hannover Johannssenstraße 10, 30159 Hannover Tel.: Herr Hollmann-Hespos (05 11) 36 65-462 Fax: (05 11) 36 65-505 Landwirtschaftskammer Weser-Ems Mars-la-Tour-Straße 1-13, 26121 Oldenburg Tel.: Herr Hölscher (04 41) 8 01-203 Fax: (04 41) 8 01-204
Nordrhein-Westfalen	Landwirtschaftskammer Rheinland Postfach 19 69, 53009 Bonn Tel.: Frau Fömpe (02 28) 7 03-1494, Frau Lanser 7 03-1529 Fax: (02 28) 7 03 82 29 Landwirtschaftskammer Westfalen-Lippe Postfach 59 25, 48135 Münster Tel.: Herr Schäfers (02 51) 5 99-300, Herr Halbuer 5 99-306, Herr Bunne 5 99-411 Fax: (02 51) 5 99-419
Rheinland-Pfalz	Landwirtschaftskammer Rheinland-Pfalz Bahnhofsplatz 9, 56068 Koblenz Tel.: (02 61) 9 15 93-0 Fax: (02 61) 9 15 93-33
Saarland	Landwirtschaftskammer für das Saarland Dillinger Straße 67, 66822 Lebach Tel.: Zentrale (0 68 81) 9 28-0 oder 9 28-270 Fax: (0 68 81) 9 28-260
Sachsen	Regierungspräsidium Chemnitz, Abteilung Landwirtschaft, Referat Aus- und Fortbildung, Altchemnitzer Straße 41, 09120 Chemnitz Tel.: Herr Drechsler (03 71) 5 32-1832 Fax: (03 71) 5 32-1803
Sachsen-Anhalt	Landesanstalt für Landwirtschaft und Gartenbau Strenzfelder Allee 22, 06406 Bernburg Tel.: Frau Dr. Hunold (0 34 71) 334-110 Fax: (0 34 71) 334-105

Schleswig-Holstein Landwirtschaftskammer Schleswig-Holstein
Holstenstraße 106-108, 24103 Kiel
Tel.: Herr Ahlbrecht (0 45 42) 84 73-14,
Herr Rimkus (04 31) 97 97-274
Fax: (04 31) 97 97-225

Thüringen Thüringer Landesverwaltungsamt,
Abteilung Landwirtschaft
Weimarplatz 4, 99423 Weimar
Tel.: Herr Bellmann (03 61) 37 73 91
Fax: (03 61) 37 73 71 90

Weitere Hinweise:
Die Bundesanstalt für Arbeit hat in Zusammenarbeit mit der FN in der Reihe
„Blätter zur Berufskunde" die Bände I und II, „Pferdewirt" und „Berufsreitlehrer"
herausgegeben, in dem weitere Einzelheiten aufgeführt sind. Bestellungen an
Bertelsmann-Verlag, Bielefeld.

Wichtige Anschriften
Dachverband Deutsche Reiterliche Vereinigung e.V. (FN) –
Bereich Sport, Abteilung Ausbildung,
48229 Warendorf
Tel.: (0 25 81) 63 62-125, Fax: (0 25 81) 63 62-208

Stellenvermittlung Zentrale Fachvermittlungsstelle für Berufe des Reit- und
Fahrwesens und der Pferdezucht beim Arbeitsamt Verden
Lindhooper Straße 9, 27283 Verden/Aller
Tel.: Zentrale (0 42 31) 8 09-0 – 8 09-313 bis -315
Fax: (0 42 31) 80 92 32

Interessenvertretung Bundesvereinigung der Berufsreiter im Deutschen
Reiter- und Fahrerverband
Warendorfer Straße 27, 48291 Telgte
Tel.: (0 25 04) 93 34 33, Fax: (0 25 04) 93 34 30

Über den Pferdewirt Direktorium für Vollblutzucht und Rennen e.V.
Schwerpunkt Rennbahnstraße 154, 50737 Köln
Rennreiten Tel.: (02 21) 74 98-10, Fax: (02 21) 74 98-64
informiert:

Über den Pferdewirt Hauptverband für Traberzucht und Rennen e.V.
Schwerpunkt Gutenbergstraße 40, 41564 Kaarst
Trabrennfahren Tel.: (0 21 31) 9 85 70, Fax: (0 21 31) 51 16 49
informiert:

377

Landwirtschaftliche Hompages/Ministerien

Bundesministerium für Verbraucherschutz, Ernährung und Landwirtschaft (BMVEL)
Rochusstraße 1, 53123 Bonn
Tel. 02 28 / 5 29-0, Fax: 02 28 / 5 29-42 62, Dr. Dieter Schneider, Tel. 5 29-37 72
E-Mail: internet@bmvel.bund.de
Internet: http://www.bmvel.de
Stand: 05.01

Bundesministerium für Verbraucherschutz, Ernährung und Landwirtschaft (BMVEL)
Wilhelmstraße 54, 10117 Berlin
IVBB-Tel. 0 18 88 / 5 29-0, Dr. Dieter Schneider, Tel. 02 28 / 5 29-37 72
E-Mail: internet@bmvel.bund.de
Internet: http://www.bmvel.de
Stand: 05.01

Bayerisches Staatsministerium für Landwirtschaft und Forsten
Ludwigstraße 2, 80539 München
Tel. 0 89 / 21 82-0, Fax: 0 89 / 21 82-26 77, Theo Abenstein, Tel. 21 82-23 46
E-Mail: info@stmlf.bayern.de
Internet: http://www.stmlf.bayern.de
Stand: 05.01

Freie und Hansestadt Hamburg
-Wirtschaftsbehörde- Wirtschaft und Landwirtschaft
Alter Steinweg 4, 20459 Hamburg
Tel. 0 40 / 4 28 41-0, Fax: 0 40 / 4 28 20 76
Bernd Meyer, Tel. 4 28 41-16 27
E-Mail: bernd.meyer@wb.hamburg.de
Internet: http://www.hamburg.de/fhh/behoerden/behoerde_fuer_wirtschaft_und_arbeit/
wirsie/agrar.htm
Stand: 05.01

Hessisches Ministerium für Umwelt, Landwirtschaft und Forsten
Mainzer Straße 80, 65189 Wiesbaden
Tel. 06 11 / 8 15-0, Fax: 06 11 / 8 15-19 41
Renate Gunzenhauer, Birgitt Wagner, Tel. 8 15-11 90, -10 20
E-Mail: oea@mulf.hessen.de ; presse@mulf.hessen.de
Internet: http://www.mulf.hessen.de
Stand: 04.00

Landesregierung Sachsen-Anhalt
Ministerium für Raumordnung, Landwirtschaft und Umwelt
Olvenstedter Straße 4, 39108 Magdeburg
Tel. 03 91 / 5 67-01, Fax: 03 91 / 5 67-19 20, Annette Schütz, Tel. 5 67-19 51
E-Mail: schuetz@mrlu.lsa-net.de
Internet: http://www.sachsen-anhalt.de
Stand: 05.01

Ministerium für Ernährung, Landwirtschaft, Forsten und Fischerei Mecklenburg-Vorpommern
Paulshöher Weg 1, 19048 Schwerin
Tel. 03 85 / 5 88-0, Fax: 03 85 / 5 88-60 24, Marion Zinke, Tel. 5 88-60 03
E-Mail: Im-presse@mvnet.de
Internet: http://www.mv-regierung.de/lm/
Stand: 05.01

Ministerium für ländliche Räume, Landesplanung, Landwirtschaft und Tourismus des
Landes Schleswig-Holstein
Düsternbrooker Weg 104, 24105 Kiel
Tel. 04 31 / 9 88-0, Fax: 04 31 / 9 88-51 01, Eckhard Jacobs, Tel. 9 88-49 17
E-Mail: pressestelle.mlr@landsh.de
Internet: http://www.schleswig-holstein.de
Stand: 05.01

Ministerium für Landwirtschaft, Umweltschutz und Raumordnung des Landes Brandenburg
Heinrich-Mann-Allee 103, 14473 Potsdam
Tel. 03 31 / 8 66-70 01, Fax: 03 31 / 8 66-70 03, Dr. Jens-Uwe Schade, Tel. 8 66-70 16
E-Mail: poststelle@mlur.brandenburg.de
Internet: http://www.brandenburg.de/land/mlur
Stand: 05.01

Ministerium für Umwelt des Saarlandes, Abt. B: ländlicher Raum, Landwirtschaft, Forsten
Saaruferstr. 16, 66117 Saarbrücken
Tel. 06 81 / 5 01-41 02, Fax: 06 81 / 5 01-43 14, Martin v. Hohnhorst, Tel. 5 01-46 90
E-Mail: poststelle@mfu.x400.saarland.de
Internet: http://www.umwelt.saarland.de
Stand: 05.01

Ministerium für Umwelt und Naturschutz, Landwirtschaft und Verbraucherschutz des
Landes Nordrhein-Westfalen
Schwannstr. 3, 40476 Düsseldorf
Tel. 02 11 / 45 66-0 , Fax: 02 11 / 45 66-413, Fr. Röwer, Tel. 45 66-290
E-Mail: angela.roewer@munlv.nrw.de
Internet: http://www.munlv.nrw.de
Stand: 05.01

Ministerium für Wirtschaft, Verkehr, Landwirtschaft und Weinbau des Landes
Rheinland-Pfalz
Pressereferat, Stiftsstraße 9, 55116 Mainz
Tel. 0 61 31 / 16-22 20, -25 48, Fax: 0 61 31 / 16-21 74, Jörg Wagner, Tel. 16-25 49
E-Mail: joerg.wagner@mwvlw.rlp.de
Internet: http://www.mwvlw.rlp.de/start/index.asp
Stand: 05.01

Ministerium Ländlicher Raum Baden-Württemberg
Postfach 10 34 44, 70029 Stuttgart
Tel. 07 11 / 1 26-0, Fax: 07 11 / 1 26-23 79, Michael Reiss, Tel. 1 26-23 54
E-Mail: posteingangsstelle@bwl/mlr.bwl.de
Internet: http://www.mlr.baden-wuerttemberg.de
Stand: 05.01

Niedersächsisches Ministerium für Ernährung, Landwirtschaft und Forsten
Calenberger Straße 2, 30169 Hannover
Tel. 05 11 / 1 20-21 38, Fax: 05 11 / 1 20 23 82
Hanns-Dieter Rosinke, Tel. 1 20-21 38
E-Mail: Hanns-Dieter.Rosinke@ml.niedersachsen.de
Internet: http://www.niedersachsen.de/ML1.htm
Stand: 05.01

Sächsisches Staatsministerium für Umwelt und Landwirtschaft
Archivstraße 1, 01097 Dresden
Tel. 03 51 / 5 64-0, Fax: 03 51 / 5 64 -22 09, Kornelia Müller, Tel. 5 64-22 24
E-Mail: info@smul.sachsen.de
Internet: http://www.smul.sachsen.de/de/wu/index.html
Stand: 05.01

Senatsverwaltung für Wirtschaft und Technologie
Referat IV B - Standortentwicklung, Grundsatzfragen der Wirtschaftsförderung
Martin-Luther-Straße 105 , 10820 Berlin
Tel. 0 30 / 90 13-0 , Fax: 0 30 / 90 13-80 50, Patricia Neis , Tel. 90 13-81 12
E-Mail: poststelle@senwitech.verwalt-berlin.de
Internet: http://www.berlin.de/home/Land/SenWiTech/
Stand: 05.01

Thüringer Ministerium für Landwirtschaft, Naturschutz und Umwelt
Referat 124
Beethovenplatz 3 , 99096 Erfurt
Tel. 03 61 / 3 79-00 , Fax: 03 61 / 37 99-950, Petra Möller , Tel. 37 99-921
E-Mail: poststelle@tmlnu.thueringen.de
Internet: http://www.thueringen.de/de/tmlnu/
Stand: 05.01

18.5 Literaturverzeichnis

Balssen, Eilert: **Bewertung unterschiedlicher Aufstallungsformen für
Pferde.** Diplomarbeit, Gießen 1976

Brodersen, Dagmar: **Ökonomische
Probleme der Reitervereine –
dargestellt am Beispiel eines Kosten-
rechnungssystems.** Dissertation,
Gießen 1981/82

Deutsche Landwirtschaftsgesellschaft
(DLG): **Die neue Betriebsabrechnung
– Der Leitfaden für Beratung und
Praxis –, Band 197**, Frankfurt a. Main
2000

Deutsche Reiterliche Vereinigung (FN):
Pferdehaltung in Gruppen. FNverlag,
Warendorf

Deutsche Reiterliche Vereinigung (FN):
**Richtlinien für Reiten und Fahren,
Band 4: Haltung, Fütterung, Gesund-
heit und Zucht. FN**verlag, Warendorf

Deutsche Reiterliche Vereinigung (FN):
**Orientierungshilfen Reitanlagen-
und Stallbau. FN**verlag, Warendorf

Haring, H. J. F.: **Entwicklungstenden-
zen für die Gestaltung von Tier-
haltungssystemen in der Praxis –
Pferdehaltung. Sonderdruck aus
Band 52 der Züchtungskunde.** Verlag
Eugen Ulmer, Stuttgart,
September/Oktober 1981

**KTBL: Datensammlung Pferde-
haltung – Deutsches Warmblut,**
Februar 1976

Landwirtschaftskammer Westfalen-
Lippe: **Vielfalt vom Hof**, Münster,
2001

Lemmerbrock, H.: **Pensionspferdehaltung als Einkommensalternative
landwirtschaftlicher Unternehmer
in Schleswig-Holstein, Betriebswirtschaftliche Mitteilungen der Landwirtschaftskammer Schleswig-
Holstein**, Nr. 517, Kiel, 1998

Mertens, W.: **In Handbuch
Schweineerzeugung**, DLG-Verlags
GmbH, Frankfurt a. Main, 1999

Schnitzer, Ulrich: **Reitanlagen und
Beispielentwürfe**, KTBL-Schrift Nr.
162

Schnitzer, Ulrich: **Untersuchungen
zur Planung von Reitanlagen.** KTBL
Bauschrift Nr. 6

18.6 Stichwortverzeichnis

18.7 Weiterführende Literatur aus dem FN*verlag*

1. Richtlinien / Regelwerke / Offizielle Prüfungsbücher der FN

Richtlinien für Reiten und Fahren
Deutsche Reiterliche Vereinigung (Hrsg.):

- Band 1: Grundausbildung für Reiter und Pferd, 27. Auflage 2000.

- Band 2: Ausbildung für Fortgeschrittene, 13. Auflage 2001.

- Band 3: Voltigieren, Neuauflage 2002.

- Band 4: Haltung, Fütterung, Gesundheit und Zucht, 10. Auflage 1999.

- Band 5: Fahren, 7. Auflage 2002.

- Band 6: Longieren, 7. Auflage 1999.

Band 1 bis 6 auch in englischer Sprache lieferbar!

Regelwerke

- APO – Ausbildungs- und Prüfungs-Ordnung 2000. Deutsche Reiterliche Vereinigung (Hrsg.), 2. Auflage 2002.

- LPO – Leistungs-Prüfungs-Ordnung 2000. Deutsche Reiterliche Vereinigung (Hrsg.), 4. Auflage 2002.

- Anhang Voltigieren – LPO 2000 (Kürkatalog, Formblätter). Deutsche Reiterliche Vereinigung (Hrsg.), 1. Auflage 2000.

- Aufgabenheft 2000 – Reiten – Nationale Aufgaben gem. LPO 2000. Deutsche Reiterliche Vereinigung (Hrsg.), 1. Auflage 1999.

- Aufgabenheft 2000 – Reiten – Internationale Aufgaben gem. LPO 2000 (Inhalt). Deutsche Reiterliche Vereinigung (Hrsg.), 1. Auflage 1999.

- Aufgabenheft 2000 – Fahren – Nationale und internationale Aufgaben gem. LPO 2000. Deutsche Reiterliche Vereinigung (Hrsg.), 1. Auflage 1999.

Offizielle Prüfungsbücher der FN

- Trainingsprogramm für Basispass und Reitabzeichen Kl. IV. CD-ROM und Begleitheft in Mappe. Deutsche Reiterliche Vereinigung (Hrsg.), 1. Auflage erscheint im Herbst 2002.

- FN-Abzeichen – Die Reitabzeichen der Deutschen Reiterlichen Vereinigung. Deutsche Reiterliche Vereinigung (Hrsg.), 2. Auflage 2001.

- **CD-ROM:** Fit für das Reitabzeichen. Deutsche Reiterliche Vereinigung (Hrsg.), 1. Auflage 2001.

- FN-Abzeichen – Basispass Pferdekunde. Deutsche Reiterliche Vereinigung (Hrsg.), 2. Auflage 2002.

- FN-Abzeichen – Deutscher Reitpass. Deutsche Reiterliche Vereinigung (Hrsg.), 1. Auflage 2002.

- Deutscher Reit-Pass – Fragen und Antworten. Deutsche Reiterliche Vereinigung (Hrsg.), 5. Auflage 2000.

2. Lehrbücher und Ratgeber

- ABC für Reitanfänger. Der Begleiter für den Einstieg in den Reitsport. Kronenberg, Michaela, 1. Auflage erscheint im Herbst 2002.

- Der Reiter formt das Pferd. Bürger, Udo / Zietzschmann, Otto. Reprint-Ausgabe der Erstauflage 1939, erscheint im Herbst 2002.

- Reitlehre und Tiermedizin im Einklang. Der Werdegang des erfolgreichen Pferdes. Pourtavaf, Ariane / Meyer, Herbert / Nolting, Björn, 1. Auflage erscheint voraussichtlich im Herbst 2002

- Die Deutsche Reitlehre – Der Reiter. Deutsche Reiterliche Vereinigung (Hrsg.), 1. Auflage 2000.

- Die Deutsche Reitlehre – Das Pferd. Deutsche Reiterliche Vereinigung (Hrsg.), 1. Auflage 2002.

- DENK-SPORT Reiten. Die faszinierende Logik der Ausbildungsskala. Strick, Michael, 2. Auflage 2002.

- Die Brücke zwischen Mensch und Pferd. Pourtavaf, Ariane / Meyer, Herbert, 2. Auflage 2001.

- Balance in der Bewegung. Dietze, Susanne von, 3. Auflage 1999. Auch als Video lieferbar! Buch und Video ebenfalls in engl. Sprache lieferbar!

- Allround-Wettbewerbe. Hamacher, Ralf / Deutsche Reiterliche Vereinigung (Hrsg.), 1. Auflage 2000.

- Allround Gelände. Reitsport in Wald und Flur, auf Wegen und Straßen. Hamacher, Ralf / Deutsche Reiterliche Vereinigung, 1. Auflage 2001.

- Kinder aufs Turnier. So geht's los! Deutsche Reiterliche Vereinigung (Hrsg.), 1. Auflage 2001.

- **CD-ROM:** Ausbildungsbegleitende Arbeitsaufträge zur Vorbereitung auf die Pferdewirtprüfung. Arnold, Dietbert, 1. Auflage 2001.

- Quadrillenreiten. Oese, Erich, Musikteil von Grillo, Gabriela, 1. Auflage 1992.

- Gymnasium des Pferdes. Steinbrecht, Gustav, Reprint der Ausgabe von 1884, 15. Auflage 1993.

- Orientierungshilfen Reitanlagen- und Stallbau. Deutsche Reiterliche Vereinigung (Hrsg.), 10. Auflage 2001.

- Wörterbuch der Reiterei und des Fahrsports. Deutsch-Englisch. Simon-Schön, Bianca, 4. Auflage 1999.

- Urlaub im Sattel – Deutschlands schönste Ferienhöfe. FN-anerkannte und DLG-geprüfte Pferdebetriebe. Deutsche Reiterliche Vereinigung / DLG (Hrsg.), Neuauflage 2001.

- Die Fahrlehre. Lamparter, Christian, 8. Auflage 1996.

- Anspannen und Fahren. Achenbach, Benno von, Reprint der Ausgabe von 1922, 7. Auflage 1995.

- FN-Handbuch Schulsport. Reiten und Voltigieren in der Schule. Deutsche Reiterliche Vereinigung (Hrsg.), 1. Auflage 1997.

- Sportlehre – Lernen, Lehren und Trainieren im Pferdesport. Deutsche Reiterliche Vereinigung (Hrsg.), 2. Auflage 1998.

- Pferdesportler fit gemacht. Chmiel, Claus, 3. Auflage 2000.

- Das Heilpädagogische Voltigieren und Reiten mit geistig behinderten Menschen. Kaune, Wilhelm, 3. Auflage 1999.

- Partnerschaftlich miteinander umgehen. Kröger, Antonius 1. Auflage 1997.

- Identifikation von Pferden. FEI, 4. Auflage 2000.

- Pferdehaltung in Gruppen. Deutsche Reiterliche Vereinigung (Hrsg.), 2. überarb. Auflage 1989.

- Die Beurteilung des Warmblutpferdes. Rau, Gustav, 4. Auflage 1999.

- Hinweise zum Konditionstraining der Military-Pferde. Springorum, Dr. Bernd, 4. Auflage 1999.

- Leitfaden für Notfallmedizin im Pferdesport. Ein Handbuch für Tierärzte. Dyson, Sue, 1. Auflage 1998.

- Der Huf und sein nagelloser Hufschutz. Hertsch, Prof. Dr. Bodo / Höppner, Stefanie / Dallmer, Helmuth, 2. Auflage 1997.

- Anatomie des Pferdes. Hertsch, Prof. Dr. Bodo, 3. Auflage 2000.

- **CD-ROM:** Pferdefütterungsprogramm WINration. Rationsberechnung per Computer. Arnold, Dietbert / Müller, René, 1. Auflage 2001.

EDITION*pferd*

- Pferdekauf heute. Rahn, Dr. Antje / Fellmer, Eberhard / Brückner, Sascha, z.Zt. nicht lieferbar, Neuauflage erscheint 2002.

- Fahren lernen leicht gemacht mit mentalem Training. Hölzel, Dr. Petra und Dr. Wolfgang, 1. Auflage 1997.

- Doppellonge – eine klassische Ausbildungsmethode. Gehrmann, Wilfried, 1. Auflage 1998. Auch als Video lieferbar!

- Erfolgreicher Reiten mit mentalem Training. Schinke, Beverley und Robert, 1. Auflage 1999.

- Physiotherapie für Pferde. Kleven, Helle Katrine, 2. Auflage 2001. Auch als Video lieferbar!

- Handbuch „Jagdreiten". Ein Leitfaden für „Schleppjagd" und „Reitjagd ohne Hunde". Stegmann, Hubert / Dörken, Günther, 1. Auflage 1999.

- Westernreiten Step by Step. Maschalani, George, 1. Auflage 2001.

- Voltigieren lernen – lehren. Gast Ulrike / Rüsing-Brüggemann, Britta, Neuauflage 2001.

- Springpferde-Ausbildung heute. Pollmann-Schweckhorst, Elmar, 1. Auflage erscheint 2002.

  Diese Reihe wird fortgesetzt!

3. Lehrmaterial für Ausbilder

- Folienmappe. Lehren und Lernen rund ums Pferd – Basismappe.* Deutsche Reiterliche Vereinigung (Hrsg.), 4. überarbeitete Auflage 2002.

- Ergänzungsblätter zur Basismappe „Lehren und Lernen rund ums Pferd".* Deutsche Reiterliche Vereinigung (Hrsg.), 1. Auflage 2002.

- Lehren und Lernen rund ums Voltigieren.* Deutsche Reiterliche Vereinigung (Hrsg.), 1. Auflage 2002.

- Lehren und Lernen rund ums Longieren.* Deutsche Reiterliche Vereinigung (Hrsg.), 1. Auflage erscheint voraussichtlich Ende 2002/Anfang 2003.

- Lehren und Lernen rund ums Fahren.* Deutsche Reiterliche Vereinigung (Hrsg.), 1. Auflage erscheint voraussichtlich Ende 2002/Anfang 2003.

- Lehren und Lernen rund um den Beitensport.* Deutsche Reiterliche Vereinigung (Hrsg.), 1. Auflage erscheint voraussichtlich Ende 2002/Anfang 2003.

- FN-Handbuch Pferdesport*. Deutsche Reiterliche Vereinigung (Hrsg.), 4. Auflage 2000.

- Karteikasten. Reitenlehren Lernen. Gast, Ulrike und Christiane / Rüsing-Brüggemann, Britta, 2. Auflage 1999.

- Ausbilden • Betreuen • Coachen im Pferdesport – Die Broschüre. Gast, Ulrike / Ahsbahs, Björn / Deutsche Reiterliche Vereinigung, 1. Auflage 1999.

- FN-Ausbildervideos*. Ausbilden • Betreuen • Coachen im Pferdesport. Teil 1: Der Ausbilder. Teil 2: Unterrichtspraxis. Teil 3: Prüfung und Wettkampf. Deutsche Reiterliche Vereinigung (Hrsg.). VHS-System, je ca. 22 Min.

- Das Berufsbild Pferdewirt. Schwerpunkt Reiten. Bundesvereinigung der Berufsreiter im Deutschen Reiter- und Fahrerverband (Hrsg.), VHS-System, 26 Min.

*   wird direkt von der FN geliefert, nicht über den Handel erhältlich.

4. Lehrtafeln

FN-Lehrtafeln, im Großformat 100 x 70 cm mit Aufhängevorrichtung. Deutsche Reiterliche Vereinigung (Hrsg.), 30 Tafeln mit den Themen:
• Für Pferde giftige Pflanzen • Hufschlagfiguren • Lage erkennbarer Veränderungen • Zäumungen • Farben und Abzeichen • Der Sitz des Reiters • Exterieur • Vordergliedmaße und Hintergliedmaße • Eingeweide • Zahnalterbestimmungen • Auge und Sehvermögen • Skelett • Muskulatur • Hufe • Kreislauf • Atmungsorgane • Einspänner-Brustblattgeschirr • Zweispänner-Brustblattgeschirr • Einspän-

ner-Kumtgeschirr • Zweispänner-Kumtgeschirr • Achenbachleine • Anspannungsarten • Verkehrssicherheit des Wagens • Distanzen • Zweifache Kombinationen • Dreifache Kombinationen • Hindernisarten/Hindernistypen • Voltigieren D-Pflicht • Voltigieren C-Pflicht • Voltigieren A/B-Pflicht

Die FN-Lehrtafeln sind auch als FN-Pferdetafeln DIN-A4-Mappen, Set 1, 2 und 3 (Format 29,7 x 21 cm) erhältlich.

5. Videos
FN-Lehrfilmserie

- Teil 1: Der Sitz des Reiters. VHS-System, ca. 33 Min.

- Teil 2: Der Weg zum richtigen Sitz. VHS-System, ca. 28 Min.

- Teil 3: Grundausbildung des Reiters im dressurmäßigen Reiten. VHS-System, ca. 26 Min. Auch in englischer Übersetzung lieferbar!

- Teil 4: Grundausbildung des Reiters im Springreiten. VHS-System, ca. 20 Min.

- Teil 5: Grundausbildung des Reiters im Geländereiten. VHS-System, ca. 29 Min.

- Teil 6: Fortgeschrittene Ausbildung im Springreiten. VHS-System, ca. 30 Min.

Diese Reihe wird fortgesetzt!

- Faszination Geländereiten. FN-Video der Deutschen Reiterlichen Vereinigung und des Bundestrainers der Vielseitigkeitsreiter, Martin Plewa. VHS-System, ca. 45 Min.

- Spielend reiten lernen – Anfängerausbildung für Kinder. FN-Video von Isabelle von Neumann-Cosel. VHS-System, ca. 35 Min.

- In allen Sätteln gerecht – Grundausbildung für Kinder und Jugendliche. FN-Video von Isabelle von Neumann-Cosel. VHS-System, ca. 45 Min.

- Rund ums Pferd mit Nicole Uphoff. VHS-System, ca. 45 Min.

- Faszination Pferd. Isenbart, Hans-Heinrich. VHS-System, ca. 45 Min.

- Doppellonge. Gehrmann, Wilfried. VHS-System, ca. 50 Min.

- Physiotherapie für Pferde – Praktische Anleitung zur Massage und Dehnung. Kleven, Helle Katrine. VHS-System, ca. 40 Min.

- Balance in der Bewegung. Dietze, Susanne von. VHS-System, ca. 45 Min. Auch in engl. Übersetzung lieferbar!

- Historischer Reitsport 1: Besuch beim Dressurreiter Josef Neckermann. VHS-System, ca. 20 Min.

- Historischer Reitsport 2: Fritz Thiedemann und sein Meteor. VHS-System, ca. 20 Min.

6. Jahrbücher

- Jahrbuch Zucht. Deutsche Reiterliche Vereinigung (Hrsg.), jährlich 3 Bände

- Jahrbuch Sport. Deutsche Reiterliche Vereinigung (Hrsg.), jährlich 3 Bändde

- **CD-ROM:** Leistungen und Daten aus Pferdezucht und -sport. Deutsche Reiterliche Vereinigung (Hrsg.), jährlich ab 2000.

7. Kinderbücher

Hufeisenbilderbücher zum Vorlesen und für Erstleser!

- Das Pferdebuch für Kinder. Geschrieben von Isabelle von Neumann-Cosel, illustriert von Theora Krummel, 2. Auflage 1999.

- Das Ponybuch für Kinder. Geschrieben von Isabelle von Neumann-Cosel, illustriert von Theora Krummel, 1. Auflage 1996.

- Das Buch vom Pferdepflegen für Kinder. Geschrieben von Isabelle von Neumann-Cosel, illustriert von Theora Krummel, 1. Auflage 1997.

- Das Buch vom Pferdestall für Kinder. Geschrieben von Isabelle von Neumann-Cosel, illustriert von Theora Krummel, 1. Auflage 1997.

- Das Buch vom Reiten lernen für Kinder. Geschrieben von Isabelle von Neumann-Cosel, illustriert von Jeanne Kloepfer, 1. Auflage 1997.

- Das Buch vom Voltigieren für Kinder. Geschrieben von Ulrike Rieder, illustriert von Silke Ehrenberger, 1. Auflage 1999.

Hufeisensachbücher ab Lesealter und für fortgeschrittene Leser!

- Kleines Hufeisen – Großes Hufeisen – Kombiniertes Hufeisen. So klappt die Prüfung. Geschrieben von Isabelle von Neumann-Cosel, illustriert von Jeanne Kloepfer, 2. Auflage 2000 (Nachdruck Januar 2002).

- Pferde – meine besten Freunde. Geschrieben von Isabelle von Neumann-Cosel, illustriert von Jeanne Kloepfer, 1. Auflage 1997.

- In der Reitschule. Geschrieben von Susanne Kappmeier, illustriert von Jeanne Kloepfer, 1. Auflage 1997.

- Pferdepflege macht Spaß. Geschrieben von Isabelle von Neumann-Cosel, illustriert von Jeanne Kloepfer, 1. Auflage 1998.

- Kleine Ponys – große Pferde. Geschrieben von Susanne Kappmeier, illustriert von Jeanne Kloepfer, 1. Auflage 1998.

- Im Stall und auf der Weide. Geschrieben von Isabelle von Neumann-Cosel, illustriert von Jeanne Kloepfer, 1. Auflage 1998.

- Reiterferien sind ein Traum. Geschrieben von Susanne Kappmeier, illustriert von Silke Ehrenberger, 1. Auflage 1998.

- Dressur ist Gymnastik für Pferde. Geschrieben von Isabelle von Neumann-Cosel, illustriert von Jeanne Kloepfer, 1. Auflage 1999.

- Keine Angst vor Hindernissen. Geschrieben von Isabelle von Neumann-Cosel, illustriert von Jeanne Kloepfer, 1. Auflage 1999.

- Draußen ist Reiten am schönsten. Geschrieben von Isabelle von Neumann-Cosel, illustriert von Jeanne Kloepfer, 1. Auflage 2000.

Beide Reihen werden fortgesetzt!

8. Jugendreitlehre

- Das Pferdebuch für junge Reiter. Neumann-Cosel, Isabelle von, gezeichnet von Jeanne Kloepfer, fotografiert von Jean Christen, völlige Neuauflage 1999.

9. Spiele

- Kleines, Großes, Kombiniertes Hufeisen. Fragen • Antworten • Tipps. Gast Ulrike und Christiane/Rüsing-Brüggemann, Britta, 6. Auflage 2002.

- Sattelfest?! Fragen und Antworten. Gast, Ulrike und Christiane, 1. Auflage 2000.

- Longenfest?! Fragen und Antworten. Gast, Ulrike und Christiane, 1. Auflage 2000.

- Leinenfest! Fragen und Antworten. Gast, Ulrike und Christiane, 1. Auflage 2001.

- Basispass Pferdekunde. Fragen • Antworten • Tipps. Gast, Ulrike und Christiane, 1. Auflage 2002.

- **CD-ROM:** Knobelspaß für Pferdefreunde. Das tolle Quiz mit Lerneffekt rund ums Hufeisen. Deutsche Reiterliche Vereinigung (Hrsg.), 1. Auflage 2001.

Alle Titel sind über den Buchhandel und in Reitsportfachgeschäften erhältlich!

Fordern Sie das neue Gesamtverzeichnis an beim

FNverlag,
**Postfach 11 03 63,
48205 Warendorf**
Tel.: (0 25 81) 63 62-154 / -254
Fax: (0 25 81) 63 62-212
E-Mail: vertrieb-fnverlag@fn-dokr.de

Online-Shopping
www.fnverlag.de